ÉTUDES ET ESSAIS SUR LA RENAISSANCE
sous la direction de Mireille Huchon
62

Jean de Léry ou l'invention du sauvage

Frank Lestringant

Jean de Léry ou l'invention du sauvage

Essai sur l'*Histoire d'un voyage faict en la terre du Bresil*

PARIS
CLASSIQUES GARNIER
2016

Frank Lestringant, spécialiste de la Renaissance, est professeur à l'université Paris-Sorbonne. Ses travaux portent sur les voyages au long cours et la littérature des guerres de Religion. Il a notamment édité et commenté l'*Histoire d'un voyage faict en la terre du Bresil* de Jean de Léry (Paris, 1994) et *Les Tragiques* d'Agrippa d'Aubigné (Paris, 1995).

ISBN 978-2-406-05723-9 (livre broché)
ISBN 978-2-8124-5429-5 (livre relié)
ISSN 2105-8814

AVERTISSEMENT SUR LA TROISIÈME ÉDITION

Rédigé dans l'enthousiasme et l'urgence il y a une quinzaine d'années, ce livre rapidement épuisé exigeait une mise à jour. À l'époque, les contraintes du calendrier, dépendantes de l'actualité pédagogique de l'agrégation, en avaient suspendu la rédaction en plein cours. Une nouvelle édition fut l'occasion de donner l'œuvre révisée, augmentée d'un chapitre sur l'hospitalité des Indiens qui fermait le livre par là où il avait commencé, à savoir l'apologue de l'huître éponyme – *Léry-oussou* –, dont les deux écailles se refermaient l'une sur l'autre. Les pages consacrées en épilogue à Claude Lévi-Strauss et à Michel de Certeau appelaient également des compléments. C'était l'esquisse de deux articles d'hommage publiés depuis, qui forment la conclusion du livre, en même temps que son ouverture vers l'actualité de notre troisième millénaire[1]. Certaines objections, en matière de théologie notamment[2], auraient mérité une réponse plus circonstanciée, qui se trouvera ailleurs.

Deux autres chapitres ont été ajoutés à cette troisième édition. Il s'agit d'abord de l'étude de trois chapitres en triptyque (XIV à XVI) de l'*Histoire d'un voyage*, de la guerre à l'incroyance des Indiens. La troisième partie ajoute aux « Résonances », après les Psaumes et Rabelais, le faisceau d'échos que le Brésil suscite en Afrique, à travers la relecture

1 « Léry-Strauss : Jean de Léry's *History of a Voyage to the Land of Brazil* and Claude Lévi-Strauss's *Tristes Tropiques* », *Viator. Medieval and Renaissance Studies*, vol. 32, 2001, p. 417-430 ; « Lectures croisées de Jean de Léry : à propos du "bréviaire de l'ethnologue" », in Christian Delacroix, François Dosse, Patrick Garcia et Michel Trebitsch dir., *Michel de Certeau. Les chemins de l'histoire*, Paris, Éditions Complexe, 2002, p. 55-75.

2 Je pense à l'article d'Andrea Frisch, « In a Sacramental Mode : Jean de Léry's Calvinist Ethnography » (*Representations*, 77, Winter 2002, p. 82-106), dont la principale faiblesse est de vouloir tirer de la théologie calviniste du sacrement, au demeurant fort bien exposée, une application immédiate à la démarche ethnographique de Jean de Léry. L'auteur de cette étude est ainsi amené à minimiser la part fondamentale de l'expérience corporelle et sensorielle au bénéfice du témoignage intérieur.

de Jean Léon l'Africain. C'est le principal apport de la quatrième édition de l'*Histoire d'un voyage*, qui montre comment, au fil des réimpressions, le Brésil se peuple d'échos des autres parties du monde. Je remercie les éditeurs de m'avoir autorisé à reprendre ces pages, qui ont été complétées et remaniées pour la circonstance[1].

À celles et à ceux qui ont pris la patience de lire cette étude aux différentes phases de son élaboration, j'adresse mes remerciements très sincères, et notamment à mon épouse Maryvonne pour sa relecture patiente et à Nicolas Fornerod pour ses précieuses suggestions critiques.

Paris, le 25 juillet 2015

1 Ces deux articles, ici remaniés et intégrés à l'ensemble, forment désormais les chapitres VII et XI de l'ouvrage. Ils avaient respectivement pour titre : « Sous le signe de l'épée : l'histoire morale du Brésil, d'après les chapitres XIV à XVI de l'*Histoire d'un voyage* de Jean de Léry », *Énoncer/dénoncer l'autre. Discours et représentations du différend confessionnel à l'époque moderne*, sous la direction de Chrystel Bernat et Hubert Bost, Turnhout, Belgique, Brepols, 2012, p. 211-222 ; et « Léry l'Africain ou Jean Léon au Brésil », *Asdiwal. Revue genevoise d'anthropologie et d'histoire des religions*, n ° 3, 2008, p. 75-97 ; puis (sous le titre modifié) : « Léon l'Africain au Brésil », *in* François Pouillon dir., *Léon l'Africain*, Paris, Karthala et IISMM, 2009, p. 269-288.

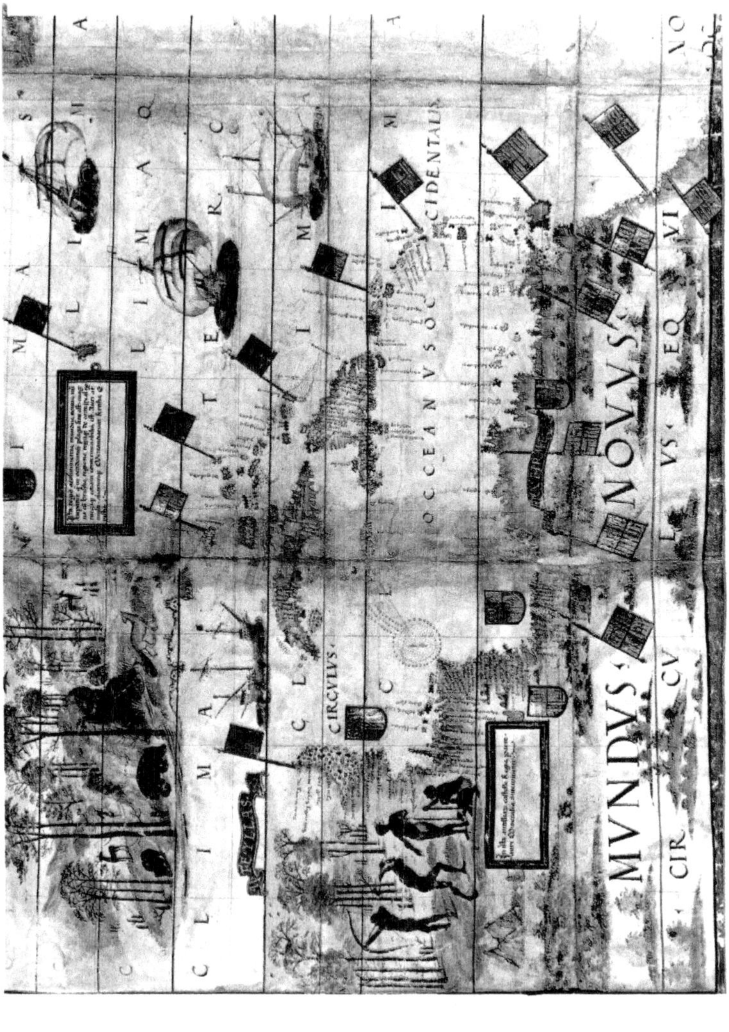

ILL. 1 – Le tropique paradisiaque : l'Atlantique et le Nouveau Monde, de la Floride au Brésil. – Lopo Homem (?), *Atlas Miller*, 1519, Paris, BnF, Cartes et Plans.

OUVERTURE

Pour une Renaissance au long cours

« PHEBOL VOYRA THELEME »

Nous sommes aux dernières pages du *Tiers Livre des faits et dits héroïques du bon Pantagruel*. Panurge, qui ne sait toujours pas s'il doit ou non se marier, son ami le bon géant Pantagruel et leurs joyeux compagnons sont prêts à s'embarquer au port de Thalasse près Saint-Malo pour aller en direction des îles occidentales à la quête du mot de la Dive Bouteille. Le narrateur suspend alors son récit pour un éloge circonstancié du Pantagruélion, cette herbe mystérieuse et toute-puissante qui est le lin ou ce chanvre dont on fait les cordages et les voiles, mais qui ouvre aussi à l'esprit humain des territoires de rêve et de cauchemar.

Rabelais, au passage, paraphrase la préface du livre XIX de l'*Histoire naturelle* de Pline : « O monde téméraire et pervers… », s'écriait le naturaliste latin, méprisant comme ses compatriotes les choses de la mer. Que, de préférence au blé ou au mil, on cultivât une herbe sans usage alimentaire, mais capable de précipiter des centaines d'hommes d'un coup dans la mort, lui paraissait le comble de l'aberration. Quelle folie est celle de l'homme qui préfère aux saines céréales « ce qui sert à engolfer les vents, les orages et les tourbillons, comme si le flot de l'eau n'était assez bastant (= suffisant) pour charrier ce superbe animal[1] ! » De cette avidité résultent des naufrages et la perte d'âmes nombreuses qui paient bien chèrement la recherche aveugle du profit matériel. À la suite de Pline, l'humaniste Polydore Vergile, dans son petit traité *Des inventeurs des choses*, sorte d'encyclopédie portative renfermant l'histoire des arts et techniques depuis les origines du monde, condamnera avec force les

1 Pline l'Ancien, *Histoire naturelle*, trad. Antoine Du Pinet, Lyon, Charles Pesnot, 1581, livre XIX, « Préface », t. II, p. 69.

« mille sortes et usages de lin », chose à ses yeux « digne d'exécration », qui fait que « maints sont péris, plusieurs hommes dévorés et ensépulturés au ventre des Baleines, Esturgeons et autres genres de poissons[1] ».

Or Rabelais est loin de reprendre à son compte l'anathème. Conformément au genre de l'éloge paradoxal, le voici qui retourne la déploration en célébration. Nul reproche désormais, mais, par simple renversement du propos, un hymne à l'ingéniosité humaine, qui, non contente de cultiver son jardin, s'élance hardiment sur les mers à la recherche de terres inconnues. La complainte d'un esprit timoré, que l'ouverture d'un monde jusque-là confiné effare, s'inverse en un vibrant éloge de la navigation et de l'expansion de l'humanité à travers l'espace océanique. Tel serait l'esprit de la Renaissance, insultant à la prudence des Anciens, se moquant volontiers de leur paresse et de leur couardise, proclamant sur les éléments dominés une souveraineté sans limite.

À vrai dire, le propos de Rabelais est plus ambigu. Tout en s'amusant à contredire son modèle latin, il le reproduit fidèlement, lui empruntant par exemple la topique des *impossibilia* ou *adunata*. Les contraires se rencontrent; les antipodes se rejoignent et se contemplent face à face. « Taprobrana a veu Lappia [...]. Boreas a veu le manoir de Auster : Eurus a visité Zephire » : Ceylan a vu la Laponie; le vent du nord a vu le logis du vent du sud; le vent d'est a rendu visite au vent d'ouest. Les bornes fixées par les Anciens sont franchies et donc abolies : l'Océan, cette ceinture hermétique qui contenait le monde habité dans sa nasse et l'enfermait étroitement; la zone torride, de part et d'autre de l'équateur, brûlée de nuées ardentes, emplie d'un air irrespirable, sous laquelle, à présent, « voltent » les humains; les deux tropiques qui ne sont plus des frontières dangereuses, mais des seuils propices et des ouvertures béantes sur la mer enfin libre.

La maîtrise globale sur le monde se traduit d'emblée chez Rabelais, comme plus tard chez André Thevet, le cosmographe des derniers Valois, par la vision simultanée (impraticable en fait) de « l'un et l'aultre pole en veue à fleur de leur orizon[2] ». Le regard de l'homme coïncide alors avec le regard des dieux posé sur la sphère. On conçoit l'inquiétude légitime

1 Polydore Vergile, *Les Inventeurs des choses qui ont estre*, Paris, Jean Ruelle, 1544, III, VI, f. cviii v°.

2 Voir F. Lestringant, *L'Atelier du cosmographe ou l'image du monde à la Renaissance*, Paris, Albin Michel, 1991, chap. I.

de ces derniers, qui craignent d'être détrônés et de perdre à tout le moins le privilège de leur omniscience. D'où le conseil impuissant qu'ils réunissent en toute hâte sur l'Olympe, et le vœu pieux qu'ils formulent alors d'y apporter remède un jour. Cette délibération au sommet n'aura pas de suite, et pour cause. L'homme désormais est maître de l'univers. Mettant à profit les vents jusque-là redoutés, ses navires sillonnent la sphère, franchissent les gouffres marins. Les soldats, les missionnaires, les marchands pénètrent jusqu'au cœur des continents les plus reculés, gravissent les monts les plus inaccessibles et descendent au fond des mines recueillir l'or et l'argent natifs.

Cette page de Rabelais, où l'enthousiasme est à la mesure de l'ironie, montre le paradoxe à l'œuvre dans la géographie des humanistes. Les hommes de la Renaissance proclament l'ouverture du monde et la conquête de nouveaux horizons. Mais ce chant de liesse à la gloire de l'inventivité humaine s'exprime paradoxalement dans les termes mêmes, dans les termes étroits de la géographie ancienne. Le seul nom inédit dans toute cette page d'éloge cosmographique n'est pas un emprunt aux grandes navigations ; c'est le mot grec de Thélème, un lieu d'utopie, un non-lieu. Mais Thélème, l'abbaye imaginaire fondée par Frère Jean, est aussi le nom de la volonté, volonté de Dieu ou volonté naturelle des hommes.

Si bien que comme la description utopique de Thélème, qui clôt le *Gargantua*, et dont la seule et unique règle consiste en « Fay ce que vouldras », l'éloge du Pantagruélion pourrait bien proclamer la souveraine et nouvelle liberté de l'homme, pourvu toutefois qu'il l'exerce et la conduise selon les règles de la raison, pourvu encore qu'il se tienne dans le cadre dessiné par les doctes des anciens temps. L'idéal de la Renaissance transparaîtrait alors dans cette géographie héritière des Latins et des Grecs où s'est glissé, à la manière d'une anomalie topographique, l'emblème de la volonté :

> Phebol voyra Theleme : Les Islandoys et Engronelands boyront Euphrates[1].

Boire et voir sont chez Rabelais deux actes apparentés, deux actions cousines, deux moyens de connaissance complémentaires qui associent étroitement l'âme et le corps. Voir le monde ou le boire, c'est tout un.

1 Rabelais, *Tiers Livre*, chap. LI, *OC*, éd. Mireille Huchon, Paris, Gallimard, « Bibliothèque de la Pléiade », 1994, p. 508.

C'est toujours la même soif inextinguible, l'abîme dévorant de la curiosité humaine qui, tout en le reproduisant et en le confirmant largement, ne se satisfait pas de ce monde ancien, mais le fait craquer de toutes parts, en déchire les coutures, le gonfle et le remodèle à sa guise, au gré de son immense appétit.

Géographie ouverte, a-t-on dit de la géographie de la Renaissance. C'est que le monde lui-même n'a pas trouvé tout-à-fait sa forme définitive. Si les continents sont presque au complet, la Terre Australe flotte entre trois océans, étendant ses immenses tentacules jusqu'au détroit de Magellan, à « Java la Grande » et au cap de Bonne-Espérance. Quant à l'Amérique, si elle a forme et contours, sa profondeur est conjecturale. Le bras pendant de la Basse-Californie ne cesse de se détacher d'elle pour former une île et se ressouder ensuite. Terre-Neuve, pourtant fréquentée depuis longtemps par les pêcheurs basques et bretons, éclate en une poussière d'îlots, s'agglomère en solide promontoire, en quête de la forme insulaire déchirée à l'extrême où elle se fixera après un bon siècle d'errements. Les fontanelles du monde-enfant, humide encore des profondeurs marines d'où il est sorti, ne sont pas refermées. Ces interstices permettent glissements et dérives, d'autant que le calcul de la longitude, pour deux siècles encore, reste approximatif. Quatre des cinq continents sont bien arrimés au fond marin, mais pour ces quatre blocs solides, que de milliers d'îles inconstantes, que d'archipels innombrables dont la nébuleuse semble agitée par les courants en un tourbillon incessant !

De ce flottement et de ces ouvertures, la fiction rabelaisienne, comme déjà celle de Thomas More, sait tirer profit, transportant l'Orient en Occident, le Midi au Septentrion, inventant, sur les confins de la mer glaciale, là où retentissent les paroles gelées, des Sporades de l'ouest, retrouvant dans les mêmes parages un double mont semblable au Parnasse, mais habité par des muses infernales. Dans une large mesure, les deux versants du monde se répondent, ascendant et paradisiaque à l'Orient, déclinant et infernal à l'Occident. Mais ce schéma n'est pas exclusif de tout autre : Christophe Colomb, lors de son troisième voyage, place le Paradis terrestre aux sources de l'Orénoque, mais il est vrai qu'il croit se trouver en Asie et donc en Extrême-Orient. Guillaume Postel, kabbaliste chrétien et voyageur infatigable, le situe quant à lui au pôle Nord, ce pôle qui attire l'aiguille aimantée de la boussole comme il aimante les âmes affamées de salut.

TOUTE LA MÉMOIRE DU MONDE

Ces constructions cosmologiques, qui peuvent nous paraître archaïques, subsistent fort avant dans le siècle, et coexistent parfois avec les très réelles avancées de la science géographique. C'est que la carte, au XVIe siècle, n'est pas isochrone ; elle ne donne pas à voir l'état présent du monde. Elle est avant tout une mémoire, mais une mémoire éclatée, qui juxtapose des fragments de miroir venus d'époques inégalement reculées dans le temps. Marco Polo y côtoie Amerigo Vespucci et Jacques Cartier. Le fabuleux Jean de Mandeville y est admis au même titre que Hernan Cortés ou Antonio Pigafetta, le chroniqueur du voyage de Magellan et de Sébastien Del Cano autour du monde. Rabelais ne montrait-il pas Gargantua recommandant à son fils Pantagruel l'apprentissage de la cosmographie, non pour elle-même, mais pour retenir les faits de l'Histoire ?

> Qu'il n'y ait histoire que tu ne tienne en mémoire présente, à quoi te aidera la Cosmographie de ceux qui en ont écrit[1].

Préfaçant plus tard l'*Atlas* de Gérard Mercator, Josse Hondius dira dans le même sens que la géographie est la « mémoire artificielle de l'Histoire ». En situant dans les lieux juxtaposés de la carte les événements du passé, elle permet de les conserver, et surtout elle les tient à disposition du lecteur. Ce dernier, à tout moment, est capable de les retrouver d'un simple coup d'œil, sans longue recherche et en se laissant guider par l'invitation au voyage que contient toute feuille d'atlas. La carte d'Asie nous restitue instantanément la présence d'Alexandre et de ses vastes conquêtes ; celle de la Méditerranée les guerres civiles du temps de César ou d'Octave. Un plan de Jérusalem, ville au milieu des nations, nous délivre tout un pan de l'histoire sainte.

Cette inertie de la mémoire géographique explique qu'en dépit du progrès des connaissances ce soit le plus connu et le plus parcouru qui suscite le plus d'intérêt. Nonobstant l'élargissement du monde, la plupart des relations de voyage ont trait à l'espace traditionnel du Proche

---

1 Rabelais, *Pantagruel*, chap. VIII, *OC*, « Bibliothèque de la Pléiade », p. 244.

et du Moyen-Orient. Comme si les grandes navigations n'avaient pas eu lieu, comme si l'Amérique et les Indes restaient à découvrir, c'est vers la Turquie et la Palestine sous domination ottomane que se concentre l'attention des diplomates et des marchands. L'alliance de François Ier avec Soliman contrebalance la crainte qu'inspire la montée du péril turc. De plus, les voies, habituelles depuis les Croisades, du pèlerinage en Terre sainte, par Venise, la mer Égée et Constantinople, continuent d'être fort fréquentées. Le modèle narratif reste longtemps l'*Itinerarium* de l'Allemand Bernhard von Breydenbach, doyen de Mayence (1485), adapté en français par le carme Nicole Le Huen sous le titre de *Grant Voyage de Hierusalem* (1488). Un récit décousu inclut des renseignements pratiques et des digressions sur les sectes et hérésies de l'Église d'Orient, une description sommaire de l'Islam et une lamentation sur les lieux saints aux mains des infidèles. Mettant leurs pas à leur tour dans ceux du doyen de Mayence, les pèlerins Jean Thénaud (1512), Jacques Le Saige (1519) et Denis Possot (1532) mêlent, dans le style des chroniques médiévales, le détail anecdotique de l'itinéraire aux curiosités légendaires ou miraculeuses. Après avoir connu une décadence entre 1520 et 1550, par suite des critiques que lui ont adressées Évangéliques (Érasme, Rabelais) et Protestants (Luther, Calvin), le pèlerinage reprend vigueur au lendemain du Concile de Trente. C'est du déclin du XVIe siècle que datent les best-sellers en la matière, le *Discours du voyage d'outre-mer au S. Sepulchre* de Gabriel Giraudet (1575) et surtout les *Voyages* du gentilhomme breton Jacques de Villamont, imprimés vingt-quatre fois entre 1595 et 1620[1].

Avec les *Observations de plusieurs singularités* du naturaliste Pierre Belon du Mans (1553), la *République des Turcs* de l'hébraïsant et turcophile Guillaume Postel, premier professeur de langues orientales au Collège royal, l'ancêtre du Collège de France institué par François Ier (1560), et enfin les *Navigations et pérégrinations* de l'ingénieur et géographe Nicolas de Nicolay (1567), l'esprit nouveau souffle sur les confins orientaux de la Méditerranée. La cueillette des simples à travers l'herbier des îles de l'Archipel, la collecte de manuscrits anciens dans les couvents du mont Athos ou du Sinaï et le recueil de plans de villes et de costumes permettent à ces voyageurs éclairés de faire coïncider leur expérience personnelle avec les vestiges de la science antique.

---

1 Voir Marie-Christine Gomez-Géraud, *Le Crépuscule du Grand Voyage. Les récits des pèlerins à Jérusalem (1458-1612)*, Paris, Champion, 1999.

On voit qu'encore et toujours le voyage sert de prétexte à l'encyclopédie. C'est surtout l'objet de l'enquête qui change peu à peu : les reliques et les miracles sont remplacés par les médailles et antiques, les peaux de crocodiles et les momies qui vont bientôt remplir les cabinets de curiosités. La relation de voyage en terre lointaine est le réceptacle d'une mémoire collective qu'elle est bien souvent chargée de confirmer. Au XVIe siècle, il est rare que la personnalité du voyageur soit fortement marquée, que ses exploits ou les avanies qu'il subit constituent l'essentiel de l'intérêt, que le récit même soit fortement articulé et fermement conduit. On est toujours plus proche de l'inventaire que de l'aventure, du magasin de curiosités que du témoignage ou de la confidence.

LE PASSÉ DU NOUVEAU MONDE

Tout récit de voyage en recouvre un autre, à l'infini. Cela est également vrai des nouveaux horizons. Car le palimpseste géographique n'est pas le privilège de l'ancien monde. Sous les sables vierges du Brésil, qu'il visite en 1555, dans la compagnie du chevalier de Villegagnon, parti fonder sous le tropique du Capricorne une France Antarctique de quatre arpents, le cordelier André Thevet, futur cosmographe du roi, découvre l'empreinte des leçons antiques et du livre *Des inventeurs* de Polydore Vergile. Énée fuyant Troie en flammes, son père Anchise sur son dos, l'a en quelque sorte précédé dans ce lointain exil, où Didon, reine de Carthage, revêt les traits inattendus d'une vieille Indienne cannibale. Du reste, les mythes d'origine des Indiens Tupinamba confirment les fables des Anciens. Des *Métamorphoses* d'Ovide à la tradition orale des Tupinamba, la « pensée sauvage » prouve sa pertinence et son universalité. Les plus valeureux des chefs indigènes, dont le « demi-géant » Quoniambec, roitelet indien à la force herculéenne, entrent bientôt dans la galerie prosopographique des *Vrais Pourtraits et Vies des hommes illustres*, aux côtés de César, de Charlemagne et de Tamerlan[1].

1 André Thevet, *Les Vrais Pourtraits et Vies des hommes illustres Grecz, Latins et Payens, recueilliz de leurs tableaux, livres, medalles antiques et modernes*, Paris, veuve Jacques Kerver et Guillaume Chaudière, 1584.

Le palimpseste que propose Jean de Léry, le rival protestant de Thevet, auteur en 1578 de l'*Histoire d'un voyage faict en la terre du Bresil*, est d'une autre sorte. C'est la Bible qui affleure dans cette image dégradée de l'Éden qu'offre le Brésil des Tupinamba mangeurs d'hommes. Le récit de la Création et de la Chute se lit dans la nature luxuriante du Nouveau Monde et dans la société des Indiens dont les mœurs brutales forment contraste avec elle. Il se pourrait que cette *Histoire*, au sens étymologique de « témoignage », inaugure le récit de voyage moderne. À la collection hétéroclite de singularités chère encore à Thevet, Léry substitue une narration fortement unifiée par une subjectivité dont l'aventure psychologique et spirituelle devient le sujet même du livre. Face à cette personne qui se découvre dans son odyssée australe, l'autre brille d'une présence inaccoutumée et ambiguë : le mythe du noble sauvage remonte dans notre littérature à ce récit de conversion.

Cependant, même ici, il subsiste quelque chose de l'imaginaire ancien. Dans le témoignage à maints égards si moderne de Léry, où Claude Lévi-Strauss a vu « le bréviaire de l'ethnologue[1] », et qui se conclut par l'aveu inouï : « Je regrette souvent que je ne suis parmi les sauvages[2] », on a la surprise de découvrir une image de l'Enfer conforme à l'archétype médiéval : dans cette gravure sommaire, des démons à face de singe et de truie, à jambes de bouc ou de griffon, tourmentent les infortunés Indiens qui ploient l'échine sous les coups[3]. Des diables ailés fendent les airs et font escorte aux poissons volants. D'autres, juchés dans des arbustes, ont la face poupine et les griffes recourbées du bradype, ce fameux paresseux ou aï-aï, dont la légende voulait qu'il se nourrît de vent. Or ce tableau, qui surgit en 1580, dans la deuxième édition de l'*Histoire d'un voyage faict en la terre du Bresil*, n'est pas seulement la rémanence erratique d'un imaginaire révolu. Il est l'une de ses illustrations les plus significatives, et les plus tardives aussi. Il fait partie intégrante du projet idéologique et littéraire de Jean de Léry. Ces traces insolites de l'Enfer en pays sauvage tendent à montrer que les peuples nouveaux ne sont nullement épargnés par les conséquences funestes du péché originel, qu'ils les subissent au

1 Claude Lévi-Strauss, *Tristes Tropiques*, Paris, Plon, 1955, chap. IX, p. 89.

2 Jean de Léry, *Histoire d'un voyage faict en la terre du Brésil*, éd. F. Lestringant, Paris, LGF, Le Livre de Poche, « Bibliothèque classique », 1994, p. 508. C'est à cette édition que renverront, sauf indication contraire, toutes nos références. Cette édition est indiquée par le sigle *H1V*.

3 Jean de Léry, *H1V*, p. 383, illustration 20.

contraire plus violemment que les nations de l'Ancien Monde heureusement rachetées par le don gratuit de la grâce[1].

Étrange et proche seizième siècle ! Un regard superficiel serait prompt à y déceler les progrès de la raison et de la tolérance associées. L'ouverture, sans doute, est réelle ; la crise de la conscience européenne en est à ses premiers symptômes. Mais les certitudes les plus fondamentales ne sont guère remises en cause avant Léry et juste après lui Montaigne, lequel proclamera, près d'un siècle après la Découverte, que « chacun appelle barbarie ce qui n'est pas de son usage[2] ». Le voyage, dans ces conditions, confirme les préjugés bien plus qu'il ne les sape. Il vérifie l'existence des Amazones et des Géants, quitte à les repousser dans les profondeurs de l'hémisphère austral. Le voyageur va chercher au-delà des mers, au péril de la vie, la confirmation de ses chimères les plus tenaces. L'Amazonie est née de la mythologie antique, la Californie des romans de chevalerie. Dans le nom de la Floride se mêlent inextricablement le jour des Rameaux ou de Pâques fleuries, date de sa découverte, et la luxuriance végétale d'une forêt débordant sur la mer, jusqu'à couvrir les proches Sargasses d'une floraison flottante.

Au déclin du XVIe siècle, la relation du voyage de Sir Walter Raleigh en Guyane montre des « Blemmies » de face et de dos, hommes sans tête et sans cou portant le visage au milieu de la poitrine, et les inévitables Amazones archères, perçant à coups de flèches leurs prisonniers masculins pendus par les pieds, d'après une gravure d'André Thevet[3]. Un paresseux ébahi passe avec lenteur au milieu de ces peuples fabuleux tirés des confins légendaires de la géographie antique. Rien, semble-t-il, n'a changé depuis le *Livre* de Jean de Mandeville, souvent réimprimé au XVIe siècle et qui donnait un catalogue assez complet des merveilles héritées d'Hérodote, de Pline et des *Étymologies* d'Isidore de Séville. En fait, si la légende perdure, son territoire est progressivement rogné au bénéfice de l'exploitation et

1 Voir sur ce point Frank Lestringant, *Le Huguenot et le sauvage. L'Amérique et la controverse coloniale, en France, au temps des guerres de Religion*, 3e édition, Genève, Droz, 2004, « Prologue », p. 19-37.

2 Montaigne, *Essais*, I, 31 : « Des Cannibales », éd. Pierre Villey, Paris, PUF, 1965, p. 205. La rédaction de ce chapitre publié en 1580, dans la première édition des *Essais*, n'est pas antérieure à 1579.

3 Sir Walter Raleigh, *Brevis et admiranda descriptio regni Guianae, auri abundantissimi, in America, seu Novo Orbe, sub linea aequinoctilia siti : quod nuper admodum, annis nimirum 1594. 1595 & 1596. per generosum dominum Dn Gualtherum Ralegh Equitem Anglum detectum est* [...], Nuremberg, C. Lochner, pour Levinus Hulsius, 1599.

de la conquête des nouveaux mondes. Le légendaire n'a plus rien alors de répulsif, c'est un obstacle incitatif qui précipite au contraire les colonisateurs au-delà des mers, pour réduire à l'inexistence ces derniers vestiges d'un âge où l'on ne s'éloignait guère des rivages familiers.

LÉRY ET LA « RÉVOLUTION DU CROYABLE »

Léry, dans cette évolution au long cours, représente assurément un jalon. Son récit, parce qu'il vient après celui de Thevet et le réfute, est à lire aussi comme une « méthode de l'histoire ». La préface nourrie qu'il emploie à corriger les bourdes et autres mensonges du cosmographe du roi rattache son entreprise à la « nouvelle histoire » du XVIe siècle. Léry met à profit cette préface, très augmentée dans la troisième édition de 1585, pour administrer une leçon de méthode. L'œuvre de l'adversaire lui offre un contre-exemple idéal : ce que l'on pourrait appeler le *paradigme cosmographique* définit en négatif les critères de l'histoire vraie. Si la « Préface » de 1585 consacre à chacune des récriminations de Thevet de longs et ironiques commentaires de textes – sur Quoniambec, les « baleines et tortues de Thevet », la « Ville-Henry » qui n'existait pas, etc. –, c'est afin d'esquisser de proche en proche une manière de code de l'historien. Ce code a d'abord trait à l'éthique du métier : il s'agit bien évidemment d'écrire une relation authentique de ce que l'on a vu – garantie suprême de l'*autopsie* (la « vue par soi-même ») – ou de ce qui est avéré par des témoignages autorisés. En ce sens, Léry ne peut que dénoncer le fait que Thevet s'aide de scribes pour la rédaction de ses ouvrages, ce mensonge quant au signataire contaminant le propos[1]. Mais il concerne encore les aspects rhétoriques du discours, et principalement l'élocution et la disposition : il est certain, selon Léry, que Thevet est incapable non seulement d'écrire par lui-même, mais de « disposer les matieres par ordre, apres qu'elles lui sont façonnées par d'autres[2] ».

1 J. de Léry, *Histoire d'un voyage faict en la terre du Bresil*, 3e éd., Genève, Antoine Chuppin, 1585, Preface, f. qq 8 v°, et qqq 2 v°.

2 *Ibid.*, f. qq 8 v°. Le grief est repris de François de Belleforest qui parlait en connaissance de cause.

Surtout Thevet n'a aucun sens du style que doit suivre l'historien exact. Il mêle au ton élevé que suppose cette noble matière des expressions familières ou triviales, comme « avoir bon nez[1] », ou d'un usage que le contexte rend parfaitement amphibologique – « l'experience seule fait sages les fols[2] ». De manière générale, le bon historien doit strictement se garder des figures, qui établissent entre la vérité et sa réception un écran trompeur. À proscrire tout particulièrement, la métaphore et l'hyperbole. La première, parce qu'elle opère une confusion d'objets, en transférant à l'un les qualités de l'autre. Par exemple, le chef tupinikin Quoniambec, dont Thevet fait un éloge disproportionné, serait, selon ses termes, « esmaillé et fleuronné de raritez fort exquises, apartenantes tant au corps, qu'à l'esprit[3] ». Sur quoi Léry s'insurge. Se peut-il

> qu'il esmaille et fleuronne les hommes, ce qui appartient plustost aux champs, prez, tableaux de peintures, et autres choses metaliques, qu'artistement on peut graver et decorer[4] ?

L'hyperbole est plus pernicieuse encore : quand Thevet désigne la case de treillis du même Quoniambec par le terme emphatique de « palais », il induit le lecteur en erreur : il vaudrait mieux parler à cet égard d'« un tect à pourceaux[5] ». L'écriture de l'histoire[6] doit respecter l'expression droite. Or Thevet cultive l'écart de langage – et cela, pourrait-on dire, jusque dans la présentation matérielle de ses fastueux in-folios, ornés de très nombreuses gravures, mais ne renfermant que « baliverneries ». Il est

> bien grand dommage que les mensonges et impostures de Thevet (lesquelles possible à la façon de ses semblables il nommera *Piae fraudes*), ayent esté si

1 *Ibid.*, f. qq 7 r°.
2 *Ibid.*, f. qq 7 v°.
3 A. Thevet, *Les Vrais Pourtraits et vies des hommes illustres*, Paris, veuve J. Kerver et G. Chaudière, livre VIII, chap. 149, f. 661 v°.
4 J. de Léry, *HIV*, 3e éd, 1585, Preface, f. qq 6 r°.
5 *Ibid.*, f. qqq 5 r°.
6 Michel de Certeau, *L'Écriture de l'Histoire*, Paris, Gallimard, 1975, essai dont tout un chapitre, p. 215-248, a pour objet « l'écriture historienne » de Léry. Pour une conception éthique de l'histoire en tous points comparable à celle que formule ici Léry, on se reportera à l'analyse que Claude-Gilbert Dubois a consacrée à La Popelinière, grand utilisateur par ailleurs du témoignage de celui-là : C.-G. Dubois, *La Conception de l'histoire en France au XVIe siècle (1560-1610)*, Paris, Nizet, 1977, p. 124 *sqq.*

> bien elabourez, tant à l'Imprimerie qu'aux pourtraicts, tailles et figures, aussi belles à la verité, que fausses en la représentation pour la pluspart[1].

Une dernière fois, par le livre – il s'agit en l'occurrence du recueil des *Hommes illustres*, imprimé par Guillaume Chaudière et orné de 230 portraits gravés en taille-douce par Léonard Gaultier[2] – se révèle l'écart scandaleux du *trope*. Comment un bel objet, produit d'une soigneuse élaboration, peut-il simultanément être faux, c'est-à-dire n'entretenir aucun rapport avec le réel ?

La leçon de méthode que Léry délivre publiquement au seuil de son *Histoire* ne le met pas à l'abri de l'erreur, et Thevet, à son tour, saura le prendre en défaut. Ainsi, au chapitre des poissons, Léry ne peut s'empêcher de rapporter le « recit d'un sauvage à l'auteur, touchant un poisson ayant mains et teste de forme humaine[3] ». Le sauvage en question, voyant ce monstre marin s'agripper à sa barque, lui coupe la main, qui tombe dedans et se révèle avoir cinq doigts « comme celle d'un homme ». Bien plus, de douleur l'animal sort la tête de l'eau, qui elle aussi a forme humaine. Enfin il jette un cri avant de disparaître. Léry entoure ce récit suspect de quelques précautions oratoires. Il ne garantit nullement l'exactitude du fait, et constate quant à lui qu'il n'a rien observé de tel « tant durant neuf mois que j'ay esté en plaine mer, sans mettre pied à terre qu'une fois, qu'en toutes les navigations que j'ay souvent faites sur les rivages[4] ». La restriction vient un peu tard et trahit malgré tout l'attirance invincible pour le merveilleux. Thevet ne laissera pas passer si belle occasion de se venger d'un censeur d'habitude plus circonspect sur les miracles de nature. Il se gaussera de ces « sereines » et autres poissons humains auxquels Léry accorde si libéralement crédit. Autre cas où Léry baisse sa garde critique : la rencontre, lors d'une escapade en forêt dans l'intérieur des terres, sans guides indigènes, d'un énigmatique reptile qui le laisse pétrifié près d'un quart d'heure. Le

1 J. de Léry, *H1V*, 3e éd., 1585, f. qqq 6 r°. *Cf.* Léry, *H1V*, 1580, p. 88, note 1.

2 Selon l'attribution qu'a proposée naguère Jean Adhémar, *Inventaire du fonds français : Graveurs du seizième siècle*, t. II, Paris, Bibliothèque Nationale, p. 108 *sqq.* Dans un article intitulé « André Thevet, collectionneur de portraits » (*Revue archéologique*, 1942-1943, p. 31-54), le même auteur ne se prononçait plus sur l'identité du ou des artistes (peut-être flamands) employés par Thevet.

3 J. de Léry, *H1V*, chap. XII, p. 300-301.

4 *Ibid.*, p. 302.

monstre halète, ouvre une gueule béante et darde comme il se doit des yeux étincelants[1].

La conquête du probable est toujours précaire. Mais on peut dire que dans cette quête incertaine Léry est mieux armé que ses prédécesseurs. Sa culture de chrétien réformé le tient en alerte devant les vérités reçues et les certitudes admises, ce qui l'entraîne, il est vrai, dans le sens opposé de l'hypercritique, comme en témoignent les sarcasmes dont il accable le cosmographe du roi. Ensuite la pratique de l'examen de conscience l'amène à prendre en compte la part d'erreur et de subjectivité inhérente à tout jugement, voire à toute observation. Cette mise en scène de la subjectivité analysante est une grande nouveauté du récit de voyage au XVIe siècle, déjà perceptible chez le catholique Pierre Belon du Mans, mais totalement absente chez Thevet. Or le progrès méthodologique est impensable sans cette autocritique récurrente, qui repasse à chaque étape le cours antérieur de l'aventure, et de lieu en lieu corrige et retouche le récit expérimental.

Troisième élément de cette « révolution du croyable » : la crise que traverse la communauté huguenote, luttant pour sa survie tant au Brésil qu'en France, constitue sans doute une expérience historique douloureuse, mais incomparable du point de vue de ses conséquences intellectuelles, précieuse infiniment pour la cruelle lucidité à laquelle elle permet d'accéder. Léry, jeune cordonnier protestant qui a fui sa Bourgogne natale pour Genève, et Genève pour le Brésil, est l'observateur privilégié de l'ébranlement des valeurs qui secoue alors la vieille Europe. De cette crise morale et spirituelle surgissent une distance critique et un « regard éloigné[2] » sur la société et sur soi, d'où vont naître au cours de l'âge classique, avec les utopies, les robinsonnades et les rêveries primitivistes, les ferments d'une nouvelle « crise de la conscience européenne », moins tragique sans doute, mais plus profonde et plus durable, celle-là même dont est faite notre modernité.

---

1 *Ibid.*, chap. X, p. 269. Voir ci-après le quatrième chapitre, p. 81.

2 J'emprunte à dessein cette expression à Claude Lévi-Strauss, *Le Regard éloigné*, Paris, Plon, 1983.

LE VOYAGE COMME PHILOSOPHIE ET COMME THÉOLOGIE PRATIQUES

Il faut enfin ajouter une dernière composante au récit de Léry : la dimension de roman d'apprentissage, ou plutôt de récit de formation. Le voyage au XVIe siècle est aussi un art de vivre et une philosophie. À preuve Montaigne qui aurait volontiers passé sa vie « le cul sur la selle[1] ». Le voyage, tel que l'expose l'auteur des *Essais*, est à l'image de la vie même. C'est un sujet « ondoyant et divers » que l'homme, passager sur cette terre, éternel exilé séparé de sa patrie céleste. C'est pourquoi il est peu de voyages qui ne comportent une dimension allégorique. Quand Thevet publie sa *Cosmographie de Levant* en 1554, récit d'un itinéraire oriental somme toute assez banal, avec excursion au Sinaï et semaine sainte à Jérusalem, il y découvre après coup et comme en raccourci le « décours de pérégrination humaine » qui conduit chacun d'entre nous de la naissance à « la cité de Jérusalem supernelle[2] ». Sur cette voie qui conduit à la promesse du ciel, il y a eu bien des embûches, le risque du naufrage, la menace des corsaires, la faim et la soif.

Pour Montaigne, émule d'Héraclite et de Lucrèce, le mouvement qui met en branle le corps et l'âme, au rythme tour à tour paisible ou saccadé de la monture, décrit le statut même de la condition humaine. Incapable de fixer son être et *a fortiori* de le définir, l'individu tente alors d'en suivre la fuite incessante, d'en épouser les glissements successifs et les passages de jour en jour, de minute en minute. Le grand voyage que Montaigne entreprend de juin 1580 à novembre 1581 à travers l'Allemagne du Sud, la Suisse, l'Autriche et l'Italie, l'instruit de sa propre « vanité » et de celle d'autrui. Mais c'est surtout l'occasion de vérifier de lieu en lieu l'inépuisable variété des mœurs et des caractères. De ce voyage exemplaire, il retire, en même temps qu'une leçon de tolérance religieuse et politique, le sentiment euphorique d'une adéquation toujours

1 Sur ce thème, voir la biographie « cavalière » de Jean Lacouture, *Montaigne à cheval*, Paris, Éditions du Seuil, 1996.

2 André Thevet, *Cosmographie de Levant*, Lyon, 1554 et 1556 (rééd. en fac-similé annoté, Genève, Droz, 1985), p. 6.

précaire à soi, dans la nonchalance de la promenade ou l'enthousiasme de la course, et toujours au risque de la perte.

Au siècle dernier, on a qualifié Léry de « Montaigne des voyageurs[1] ». Bien avant le *Supplément au Voyage de Bougainville*, il inaugure la féconde tradition du « voyage philosophique » chère au siècle des Lumières, et que Claude Lévi-Strauss ressuscitera dans *Tristes Tropiques*. Léry a vingt-trois ans quand il séjourne parmi les Indiens Tupinikin de la baie de Rio de Janeiro, vingt ans de plus lorsque paraît l'*Histoire d'un voyage*, empreinte d'une nostalgie bien compréhensible. Le livre s'est nourri de toutes les désillusions de l'homme précocement mûri dans les épreuves des guerres de Religion, et de l'amère méditation tirée de Job et des prophètes de l'Ancien Testament. Léry jette alors sur le passé un regard où la mélancolie se teinte de tendresse. Il se souvient de la brève année de son séjour austral où il partageait l'amitié des sauvages, associé à leurs fêtes, à leurs chasses et à leurs guerres, témoin d'une naissance[2], de banquets rituels et de leurs funérailles, observant et notant leurs mœurs, depuis le berceau « jusques à la fosse[3] ».

Face aux Indiens Tupinamba vertueux, généreux, mais privés de la grâce divine, Léry découvre aussi le privilège de son élection. Ce drame de la vocation, d'où surgit l'attachante et contradictoire personnalité d'un huguenot fasciné par l'« ensauvagement » toujours possible de ses camarades de souffrance et d'exil, témoigne du trouble des consciences : si le XVIe siècle a si fortement rêvé l'homme libre et nu du Nouveau Monde, c'est qu'il contemplait en lui une sorte de double à la fois désiré et redouté. La barbarie est bien d'ici, non de là-bas : au temps des guerres de Religion, Léry, comme Montaigne et avant lui, dresse acte de ce renversement des certitudes.

Mais alors que le regard de Montaigne est détaché et reste toujours serein, même quand il prête aux Cannibales débarqués à Rouen des paroles de fierté et de sursaut scandalisé devant un enfant-roi et le spectacle des pauvres mourant de faim à la porte des riches[4], celui de Léry est en définitive d'une dureté et d'un pessimisme tragiques qui

1 Paul Gaffarel, introduction à Jean de Léry, *Histoire d'un voyage*, Paris, A. Lemerre, 1880.
2 J. de Léry, *HIV*, chap. XVII, p. 430-431.
3 *Ibid.*, chap. XIX, p. 479.
4 Montaigne, *Essais*, I, 31, éd. P. Villey, Paris, PUF, 1965, p. 213-214. Ces deux scandales seront vitupérés ensuite par Jean-Jacques Rousseau au terme du second *Discours*.

frappent et surprennent, d'autant qu'il s'y mêle cette tendresse pour l'humanité primitive et dénuée de tout que l'on retrouvera dans une page célèbre de *Tristes Tropiques*[1]. On a évoqué à juste titre le pessimisme historique de Léry ; il faudrait parler plus largement de son pessimisme anthropologique. Montaigne oublie parfois, quand il se transporte par l'imagination dans les fictions des poètes ou dans les républiques idéales inventées par l'Antiquité, la triste condition de l'homme pécheur. Il estime que la « police » de ces nations-là « surpasse, non seulement toutes les peintures dequoy la poësie a embelly l'age doré, et toutes ses inventions à feindre une heureuse condition d'hommes, mais encore la conception et le desir mesme de la philosophie[2] ». Léry sans doute vante pour sa part « l'humanité de ces gens, lesquels nous appellons barbares[3] ». Avant Montaigne encore, il estime leur mode de vie très supérieur et plus digne de louanges que le nôtre. Mais croit-il réellement en leur bonheur, quand ce bonheur terrestre est transitoire et que les flammes de l'Enfer sont le terme probable de cette existence sans Dieu ? En dépit de tous les risques intellectuels qu'elle comporte, la leçon de relativisme que donne à lire le chapitre « Des Cannibales » n'exclut ni l'euphorie ni même l'enthousiasme. Celle de Léry, au contraire, a pour arrière-plan la conscience angoissée du péché originel et de ses conséquences implacables, et pour horizon indépassable le terrible, quoique juste, jugement de Dieu au dernier jour.

1 Claude Lévi-Strauss, *Tristes Tropiques*, Paris, Plon, 1955, p. 355-356.
2 Montaigne, *Essais*, I, 31, p. 206.
3 J. de Léry, *HIV*, p. 462.

PREMIÈRE PARTIE

L'INVENTION DU RÉCIT DE VOYAGE

JEAN DE LÉRY LE BRÉSILIEN

HISTOIRE D'HUÎTRE

En tupi, Léry signifie une huître. L'auteur nous le rappelle à plusieurs reprises dans le cours de son récit. La description de la « rivière » de Guanabara, autrement dit le Rio de Janeiro, au chapitre VII, est l'occasion pour Léry de ruiner les fictions cartographiques de son rival et prédécesseur Thevet[1], mais aussi de mentionner ce fait infime en apparence : les petites « islettes » inhabitées de ce bras de mer ont leurs rivages rocheux tapissés d'huîtres, « qu'ils nomment *Léripés* ». Le narrateur précise encore : « Nous faisions ordinairement bouillir de grandes potées de ces *Leripés*, dont aucuns desquels en les ouvrans et mangeans nous y trouvions des petites perles[2] ».

La rencontre est fortuite, mais heureuse. Léry va exploiter cette coïncidence onomastique entre tupi et français pour remotiver son nom, pour en faire en quelque sorte un nom brésilien, aussi solidement attaché à cette terre naguère inconnue de lui que l'huître à son rocher. La remotivation de ce patronyme qui est un nom d'origine, le nom d'un petit village de Bourgogne, va dans le même sens que l'écriture « d'encre de Brésil » des brouillons de l'*Histoire*[3]. Le nom apporte la preuve du voyage en pays lointain comme l'encre rouge est la trace indélébile de l'ailleurs devenu récit. Cette encre de brésil qui conserve en séchant la couleur de son origine apporte la preuve d'une réalité inouïe, celle du Brésil des mangeurs d'hommes. Car le nom du pays vient de celui d'un arbre à la sève rouge, le *pau brasil* ou bois braise, connu durant le Moyen Âge, et dont on fait une teinture et de l'encre. Ce bois précieux

1 Voir ci-après le chapitre III.
2 J. de Léry, *H1V*, chap. VII, p. 207.
3 *Ibid.*, « Preface », p. 61.

se négocie à Anvers, d'où il est revendu dans les villes drapantes de Flandre ; cette encre doit s'écrire fraîche car elle se conserve mal, ainsi que nous l'apprend Girolamo Ruscelli – *alias Alessio Piemontese*, « Alexis Piémontais » – dans son livre des *Secrets*[1]. Le Brésil est donc un arbre avant que d'être un pays. Par l'encre de Brésil, le témoignage de Jean de Léry s'enracine dans la réalité lointaine qui l'autorise et lui donne son assise et son socle – sa souche, devrait-on dire[2]. Mais déjà par son nom, qui est un nom d'huître, un nom qui s'attache à son lieu et y adhère si fortement qu'il est difficile de l'en arracher, Léry *est* Brésilien.

Non pas qu'il faille déceler ici la croyance dans le pouvoir de prédiction du nom, ou voir l'indice d'une prédestination dans ce « froid rencontre », qui n'est peut-être qu'un calembour providentiel. Mais la Bible, que Léry pratiquait chaque jour, lui enseignait de nombreux précédents de récits tirés de noms propres, de destins secrètement inscrits dans l'assemblage apparemment arbitraire de sons composant tel nom de personne ou de lieu. Par une pratique courante à la Renaissance, et qui relève en particulier de la poétique de l'éloge ou du blâme, qu'il s'agisse du blason ou de l'épigramme, Léry, en réalité, forge une « allusion » sur son nom. Loin de dévoiler une essence cachée, ou bien au contraire de manifester le vide et l'arbitraire de la langue, l'allusion onomastique définit un espace de communication. Comme dans la rime équivoquée chère aux Grands Rhétoriqueurs, la rencontre de noms qui « consonnent » produit « une vérité improvisée », une vérité de convenance, « qui s'accommode fort bien de la probabilité rhétorique et même du jeu[3] ».

Léry donc, en brésilien, sera une huître, une grosse huître, *Lery-oussou*. Le récit étiologique de ce baptême tupi est rapporté au chapitre XVIII, à propos de l'accueil pour le moins empressé que les Indiens réservent à l'étranger de passage. Comme les Indiens se montrent incapables de prononcer le prénom du narrateur et encore moins de le retenir (« comme

---

1 Girolamo Ruscelli, *alias* Alessio Piemontese, *Les Secrets du seigneur Alexis Piemontois*, Paris, 1564 ; 2e éd., Lyon, G. Rouillé, 1565, « Seconde Partie », p. 29-30. *Cf.* Girolamo Cardano, *De la subtilité et subtiles inventions*, Paris, G. Le Noir, 1556, livre VIII, f. 175 v°-176 r°, à propos du « Brasilium arbre » : « Sa vertu est excellente pour la teinture et pour ecrire, et par plusieurs manieres ceste encre rouge est preparée [...] ».

2 Voir sur ce point M.-Ch. Gomez-Géraud et F. Lestringant, préface à *D'encre de Brésil. Jean de Léry écrivain*, Orléans, Paradigme, 1999.

3 François Cornilliat, *« Or ne mens ». Couleurs de l'éloge et du blâme chez les Grands Rhétoriqueurs*, Paris, Champion, 1994, p. 95.

de faict, au lieu de dire Jean ils disoyent Nian[1] »), le truchement ou interprète lui souffle l'idée d'employer plutôt son « surnom », c'est-à-dire son nom de famille. Léry, nous est-il redit, « signifie une huitre en leur langage ». La trouvaille est bien accueillie. Les Indiens s'en tiennent satisfaits et s'étonnent même de découvrir dans cet étranger presque un des leurs. En adoptant un tel nom, en effet, Léry a suivi l'usage indigène, qui consiste à donner aux nouveau-nés des noms de choses ou d'animaux, « tout ainsi que nous faisons aux chiens et autres bestes de par deçà[2] ». Et Léry de fournir toute une série d'exemples : « comme *Sarigoy*, qui est un animal à quatre pieds : *Arignan*, une poule : *Arabouten*, l'arbre du Bresil : *Pindo*, une grande herbe, et autres semblables ».

Léry est donc né une deuxième fois, « rené ». C'est comme une nouvelle naissance à la mode brésilienne, un avatar, une métamorphose : « Et de faict, ajoute le narrateur, je puis asseurément dire que jamais Circé ne metamorphosa homme en une si belle huitre, ne qui discourust si bien avec Ulisses que j'ay depuis ce temps-là fait avec nos sauvages[3] ». Il s'agit plus exactement d'un rite d'adoption. Les Indiens ont éclaté de rire en apprenant ce nom qui leur est familier : « Vrayement voila un beau nom, et n'avions point encores veu de *Mair*, c'est à dire François, qui s'apelast ainsi ». Le rire de l'Indien n'a rien ici d'énigmatique ou de secret. Il signe une complicité, il entérine une connivence.

De manière insistante, Léry rappelle que cela se fit « en son premier voyage » parmi les *Toüoupinambaoults* habitant la terre ferme, trois semaines seulement après son arrivée dans l'île de Villegagnon. Cette escapade en « terre continente », qui sera suivie de bien d'autres, est d'autant plus importante qu'elle est décrite comme une initiation. Le rite d'adoption est complété quelques heures plus tard par une épreuve alimentaire. Arrivant vers la fin de la même journée dans un second village où l'on vient de tuer un prisonnier dont les pièces sont encore sur le « boucan », Léry est invité à manger de la chair humaine. La nuit est tombée et la scène se passe à la clarté tremblante des feux, au milieu des cris, des sifflets et des chants de la fête. Épuisé par une journée de marche dans la forêt, le voyageur s'assoupit d'un mauvais sommeil traversé de cauchemars. Soudain, un Indien surgit, brandissant un pied humain « cuict et

1 J. de Léry, *H1V*, p. 450.
2 *Ibid.*, chap. XVII, p. 432.
3 *Ibid.*, chap. XVIII, p. 451.

boucané » au-dessus de lui. Léry s'effraie, croit qu'on veut le manger, et tremble de peur et de froid jusqu'au matin. C'est alors que le truchement, qui a « riblé » toute la nuit avec les sauvages, le découvre « non seulement blesme et fort defait de visage, mais aussi presque en la fievre[1] ». Léry lui fait part de son désir de s'enfuir au plus vite et, comme le truchement s'étonne, il comprend sa méprise. Il a interprété comme une menace visant sa propre chair l'invite à manger. Tout s'achève dans un éclat de rire général – une « risée » que firent les sauvages, « de ce que sans y penser, ils me l'avoyent baillée si belle ». Par la vertu du rire, le tabou est levé – ou du moins suspendu. Cette scène à demi rêvée délivre l'une des clefs possibles de l'*Histoire*[2]. Léry cesse d'avoir peur d'être mangé, ou, ce qui revient au même, de manger l'autre. Il est devenu Brésilien.

Or Léry, sans le savoir, a touché au cœur même du symbolisme cannibale. Contrairement à l'interprétation que les Européens étaient enclins à donner du rite, l'anthropophagie des Tupinamba était moins une communion qu'un baptême[3]. À la suite de l'exécution du prisonnier, le bourreau changeait de nom et donc d'identité. Il y avait à cela une précaution magique. Il s'agissait de protéger le meurtrier du retour de l'esprit du mort, assoiffé de vengeance. Le changement de nom était destiné à égarer le vengeur, et s'étendait également aux épouses du meurtrier rituel, selon Staden[4]. De manière concomitante, le meurtrier se livrait à toute une série de rites de purification, tels que jeûne, abstinence, tonsure et incisions corporelles. Dans ses moindres déplacements, il se faisait porter, de manière à ne pas souiller la terre. Mais plus profondément, son acte conférait au meurtrier sa véritable identité. Le nom qu'il avait porté jusque-là n'était qu'un nom provisoire, un nom d'emprunt, un sobriquet. De même, les Nambikwara rencontrés par Claude Lévi-Strauss prennent soin de tenir secrets leurs noms propres, employant couramment, pour donner le change, des noms d'objets ou d'animaux, tels que « lièvre » ou « sucre[5] ».

---

1 *Ibid.*, p. 453.

2 Pour cette interprétation, voir F. Lestringant, *Une sainte horreur, ou le voyage en Eucharistie (XVIe-XVIIIe siècle)*, Paris, PUF, 1996, p. 109-111 ; 2e édition revue et corrigée, Genève, Droz, « Titre courant », 2012, p. 129-137.

3 Je dois cette remarque à Eduardo Viveiros de Castro, *Araweté. Os deuses canibais*, Rio de Janeiro, Jorge Zahar editor/Anpocs, 1986 ; trad. anglaise augmentée, *From the Enemy's Point of view. Humanity and Divinity in Amazonian Society*, University of Chicago Press, 1992.

4 Cité par Suzanne Lussagnet, éd., André Thevet, *Le Brésil et les Brésiliens*, Paris, PUF, 1953, p. 282, note 2.

5 Claude Lévi-Strauss, *Tristes Tropiques*, Paris, Plon, 1955, chap. XXVI, p. 317.

Certes, autant que l'on sache, Léry n'est pas allé jusqu'à consommer de la chair humaine. Bien au contraire, il se scandalise de certains « truchements de Normandie » qui, « surpassans les sauvages en inhumanité », se vantent « d'avoir tué et mangé des prisonniers[1] ». L'horreur, la sainte horreur de Léry pour l'anthropophagie ne fait pas de doute, même s'il s'y mêle une sourde fascination. Il reste que Léry décrit avec une surprenante lucidité l'amorce d'une expérience de naturalisation. Une voie, soudain, s'est ouverte à lui, qui aurait pu le conduire, sans obstacle et presque sans réticences, à la fusion avec l'autre.

L'EXCURSION BRÉSILIENNE (1557-1558)

D'humble origine, Jean de Léry est né en 1534 en Bourgogne, dans le village de La Margelle. Il est cordonnier de son état, – « maistre rapetasseur de souliers », comme le dira méchamment Thevet[2]. C'est sa conversion, sans doute précoce, à la Réforme, qui, en ces temps de persécution grandissante, donne figure de destin à l'existence ordinaire de cet artisan et lui ouvre soudain les plus vastes horizons.

Léry est réfugié de fraîche date à Genève, lorsqu'en 1556 il se joint à la petite mission envoyée par Calvin à Villegagnon, le chef de l'éphémère « France Antarctique » du Brésil. À l'instigation de l'amiral de Coligny une colonie avait été implantée, au mois de novembre 1555, à l'entrée de la baie de Rio de Janeiro, dans une région que les Portugais n'occupaient pas encore. Il s'agissait de concurrencer l'impérialisme ibérique, en s'attaquant au maillon le plus faible de la chaîne de possessions que l'Espagne et le Portugal avaient établie au Nouveau Monde. Dans le même temps la concorde religieuse entre catholiques et protestants était instaurée à l'échelle du modeste établissement, première étape pour transformer cette tête de pont en colonie de refuge.

1 Jean de Léry, *HIV*, chap. XV, p. 370.

2 André Thevet, *Histoire d'André Thevet Angoumoisin, Cosmographe du Roy, de deux voyages par luy faits aux Indes Australes, et Occidentales*, édition critique par Jean-Claude Laborie et Frank Lestringant, Genève, Droz, « Travaux d'humanisme et Renaissance », 2006, p. 182.

Mais les dissensions ne tardent pas à se faire jour entre Villegagnon et les nouveaux arrivants sur la question de l'Eucharistie. Le différend éclate le jour de la Pentecôte 1557, lorsqu'on célèbre la Sainte Cène. Refusant de se rallier à la conception symboliste du sacrement que défend le pasteur Pierre Richer, venu tout spécialement de Genève, Villegagnon estime que le pain et le vin sont « réellement changés au corps et au sang du Seigneur[1] ». En revanche, son adversaire insiste sur le rapport purement intellectuel entre les espèces de la Cène – pain et vin – et le corps du Christ – chair et sang – remonté au ciel où il siège depuis lors à la droite de Dieu[2]. Après les Réformateurs Jean Calvin et Théodore de Bèze, après Richer qui est leur porte-parole au Brésil, Léry répète que, dans l'institution de la Cène par le Christ, « ces paroles et locutions sont figurées ; c'est-à-dire, que l'Écriture a accoutumé d'appeler et de nommer les signes des sacrements du nom de la chose signifiée[3] ». Adepte d'une lecture rhétorique de l'Évangile, c'est un partisan des tropes, ou, comme l'on disait plaisamment au XVIe siècle, un « tropiste ». Le trope en question est la métonymie, ce trope de la contiguïté qui opère par transfert de la chose signifiée à la chose signifiante, et qui fait que l'on parle du drapeau pour l'armée, du laurier pour la victoire et du rameau d'olivier pour la paix[4]. Or la sémiologie calviniste, héritière du *De doctrina christiana* de saint Augustin et plus récemment du nominalisme médiéval, est une sémiologie de la disjonction. Elle repose sur le présupposé, plusieurs fois affirmé dans l'*Institution de la Religion Chrestienne* et constamment repris ensuite par les théologiens réformés, de Bèze à Du Plessis-Mornay, que le signe implique absence, comme le sceau royal sur le parchemin qu'il scelle renvoie à la personne absente du roi.

On en appelle à l'arbitrage de Calvin, et Guillaume Chartier, le second pasteur envoyé par Genève, rembarque sur-le-champ, pour prendre avis du théologien. Le divorce est inéluctable. Pierre Richer a demandé à Villegagnon de rejeter non seulement la transsubstantiation catholique, comme « fort lourde et absurde[5] », mais aussi la consubstantiation ou « impanation » des luthériens. Pour Léry, ces dogmes barbares méritent d'être confondus avec l'omophagie des Ouetacas, les plus sauvages d'entre

1 J. de Léry, *H1V*, chap. VI, p. 175.
2 *Ibid.*, chap. VI, p. 161-196.
3 *Ibid.*, chap. VI, p. 176.
4 Sur l'interprétation métonymique de la Cène, voir F. Lestringant, *Le Cannibale, grandeur et décadence*, Paris, Perrin, 1994, chap. 6, p. 129.
5 L'expression est de J. de Léry, *H1V*, chap. VI, p. 175.

les sauvages, lesquels, comme chiens et loups, « mâchent et avalent toute crue » la chair de leurs ennemis[1].

L'Indien devient alors le seul recours pour la minorité huguenote chassée de l'île-refuge. Non pas, bien sûr, le Waitaca (ou « Ouetacas » de Léry) incapable de cuire sa viande, mais le Tupinikin ami des Français, maître du feu de cuisine et qui tient table ouverte. De fait, la querelle eucharistique précipite l'éclatement de la colonie. En révolte contre Villegagnon qu'ils complotent de « jeter en mer[2] », bientôt réduits à célébrer leur culte de nuit pour éviter tout scandale, les calvinistes entament la grève de la corvée, puis s'exilent en terre ferme, accueillis à bras ouverts et dès lors protégés par les Indiens cannibales que le chef catholique redoutait tant.

De novembre 1557 à janvier 1558, c'est la paradoxale accalmie auprès de tribus réputées pour leur férocité, dont les réfugiés huguenots, deux fois exilés, goûtent l'hospitalité généreuse et frugale. Ces brèves retrouvailles avec l'Éden perdu sont suivies d'une série ininterrompue d'épreuves. Cela commence par la famine en mer lors de la traversée du retour. Le navire s'est égaré vers le nord, alors que toutes les ressources sont épuisées. L'anthropophagie n'est esquivée que par hasard ou par fortune, les côtes de Bretagne surgissant in extremis. À cette occasion, Léry raconte que « certains d'entre nous » en vinrent jusque-là, « de manger leurs collets de maroquins et cuirs de leurs souliers[3] ». Comme le suggère Nicolas Fornerod, l'affranchissement de Léry vis-à-vis de l'interdit alimentaire a pu lui permettre « d'ingérer son ancienne condition de cordonnier », en l'occurrence ses chaussures, qu'il a probablement mangées afin d'assurer sa survie[4]. Dans son récit il ne fait nulle part allusion à son ancien métier, un métier promptement avalé comme ses souliers.

Mais les malheurs ne s'arrêtent pas là : trois des « Genevois » retournés vers Villegagnon, dont le catholicisme retrouvé ne souffre plus la moindre opposition, sont exécutés par noyade, après jugement sommaire. Un peu plus tard, le 15 mars 1560, alors que Villegagnon est rentré en France pour se justifier auprès du roi et de la cour, c'est la perte de la colonie reconquise par les Portugais. Dans cette défaite, il n'est pas interdit de voir, entre autres facteurs, l'ultime conséquence de l'échec de la controverse eucharistique.

---

1 J. de Léry, *H1V*, chap. VI, p. 177. *Cf.* chap. V, p. 153.

2 *Ibid.*, chap. VI, p. 194.

3 *Ibid.*, chap. XXII, p. 529.

4 Nicolas Fornerod, « Frank Lestringant, *L'Expérience huguenote au Nouveau Monde (XVIe siècle)*, 1996 », *Bibliothèque d'humanisme et Renaissance*, t. 65, n° 1, 2003, p. 222.

LE RETOUR EN FRANCE ET LES DÉBUTS DU PRÉDICATEUR (1560-1562)

De retour à Genève, Léry hésite de longs mois entre sa profession de cordonnier, le métier d'aubergiste de Jeanne Rachel, sa première femme, qu'il a épousée le 28 mai 1559, et une vocation de pasteur qui tarde à s'imposer. Cordonnier de formation, Léry a voulu être hôtelier, profession sans doute plus enviable et plus lucrative, mais qui exigeait à Genève une moralité éprouvée. Bourgeois de la ville à partir du 5 août 1560, Léry avait demandé le 2 du même mois à relever « l'enseigne du boucestaing » – du bouquetin – qui lui avait été cédée par « M. Jehan Chautemps », son beau-frère. En réponse, le Conseil lui ordonnait de vaquer à son métier de cordonnier. Même demande et même opposition le 19 août. L'année suivante, le lundi 5 mai 1561, Léry revient à la charge et requiert qu'on lui octroie cette fois « la coppe d'or pour enseigne, pour tenir logis ». Comme précédemment sans doute, le refus du Conseil est motivé par la « mauvaise vie » passée de sa femme.

Léry lui-même n'est pas exempt de tout reproche. Le 17 juillet 1561, le Consistoire de Genève est averti « comment Pierre et Claude Espaulle, avecq Jehan de Lery et aultres », ont bu en la cave de Maître Didier, au lieu d'aller au prêche. Réprimande s'ensuit, et promesse de châtiment[1].

Las de ces rebuffades répétées et n'ayant pas d'autre moyen de subsistance, le couple obtient la permission de quitter Genève pour aller en France, en quête d'une meilleure fortune. Les vœux du Conseil accompagnent Léry, « en esperance qu'il vivra selon la reformation evangelique et qu'il viendra rendre son debvoir selon sa promesse et serment ». Preuve qu'à cette date, sa vocation de pasteur n'est pas décidée, et que son engagement même au service de la Réforme n'est pas encore très ferme.

1 Registres du Consistoire de Genève, 18, f. 82 v° (17 juillet 1561) : « A esté aussi advisé d'advertir Monsieur le Lieutenant de faire faire la visite les dimenches et jours de mercredys mieulx qu'on n'a faict par cy-devant, car tout le monde ne tient plus compte d'aller aux presches si ce n'est qu'on les en chastie. Et aussi soyt adverty comment Pierre et Claude Espaulle, avecq Jehan de Lery et aultres, ont beu en la cave de Maistre Didier, et pour ce il y mette la main, et sus les aultres taverniers, et admoneste ses officiers de mieulx faire leur debvoir qu'ilz ne font. » Je remercie Nicolas Fornerod de m'avoir communiqué ce document.

Ce départ se situe au lendemain de la séance du 7 décembre 1561. On ne sait par quelle métamorphose Léry devient alors, en l'espace de quelques mois, un prédicateur zélé de l'Évangile. Le fait est que le 26 avril 1562, on le retrouve à Belleville-sur-Saône prêchant « ouvertement en une grange près le port ». Léry s'est-il de lui-même improvisé prédicateur ? Ses études de théologie ont dû être aussi hâtives que sommaires, mais la véhémence de sa parole est telle qu'elle suscite le « grand regret » et les « grandes menaces » des prêtres et moines du lieu[1]. Lyon étant bientôt réduite à la Réforme, les menaces se changent en prières, et le clergé demande qu'on le laisse sortir. « Cela leur fut aisément accordé », conclut Théodore de Bèze[2]. Le 4 mai l'iconoclasme sévit, et le dimanche de la Pentecôte, la Cène est administrée. De toute évidence, Léry a joué un rôle clé dans la propagation de la Réforme en Beaujolais.

Cette conversion personnelle, Léry la fera remonter, dans son essai d'autobiographie, à une date antérieure à l'aventure brésilienne. Elle se produit en fait durant la période cruciale et d'exceptionnelle tolérance qui suit l'édit de janvier 1562. La vocation de Léry est inséparable de l'explosion de la prédication protestante qui caractérise ce moment d'attente et d'espoir avant le massacre de Wassy et la prise d'armes de Condé.

LE TEMPS DES ÉPREUVES, DE BELLEVILLE À SANCERRE (1563-1573)

Mais le voilà bientôt emporté dans la tourmente des guerres de Religion, prédicateur à Belleville-sur-Saône, puis pasteur à Nevers (1564) et à La Charité-sur-Loire (1569). En tant que pasteur de La Charité, il participe en mai 1572 au synode national de Nîmes, en présence de Théodore de Bèze. C'est à La Charité que le surprend ce que Michelet a appelé la « saison des Saint-Barthélemy », et qui s'étend du 24 août au début d'octobre 1572, quand une véritable épidémie de massacres, depuis l'épicentre de Paris, se propage par ondes inégales dans les diverses provinces du Royaume.

1 [Théodore de Bèze,] *Histoire ecclesiastique des Eglises reformées au royaume de France*, Anvers [Genève], impr. de Jean Rémy [Jean de Laon pour Louis Du Rozu], 1580, t. III, p. 415.

2 *Ibid.*

Réfugié dans la citadelle de Sancerre, qui résiste près d'un an aux troupes catholiques du gouverneur Claude de La Châtre, Léry est chargé des négociations qui aboutissent à la capitulation de la ville le 20 août 1573.

L'année suivante Léry publie l'*Histoire memorable de la ville de Sancerre*, sobre chronique du siège et de la famine, dont le modèle sous-jacent est la *Guerre des Juifs* de Flavius Josèphe[1]. Comme dans Jérusalem assiégée par Titus, la faim est telle qu'une mère mange son enfant. L'incompréhensible défaite qui accable le parti protestant, trop confiant dans son élection divine et trop sûr de son rachat, aboutit un instant à la tentation du doute et de l'abandon : l'*Histoire memorable de Sancerre* prolonge ainsi la méditation de Job sur des malheurs apparemment injustifiés. Mais pour finir, toujours à l'imitation de Job, au destin duquel s'identifie, aux heures les plus sombres de la guerre civile, la minorité huguenote, Léry surmonte l'épreuve qui frappe l'orgueil des justes. La saison des Saint-Barthélemy et son cortège d'horreurs apportent en définitive à la petite troupe des fidèles persécutés la confirmation d'un destin d'exception, qui fait d'eux le nouveau peuple élu marchant vers la Terre Promise. Mais celle-ci n'est plus de ce monde : l'accomplissement de la promesse divine est rejeté à la fin des temps, dont le désordre des choses signale du reste l'imminence.

Le récit du siège de Sancerre est en même temps un plaidoyer *pro domo*, Jean de Léry ayant à répondre des accusations portées contre lui dans son rôle controversé de négociateur. Il a en effet joué double jeu, à l'instar de Flavius Josèphe, passé du statut de résistant à celui de « collaborateur » avec la puissance romaine[2]. Se fondant sur l'analyse du manuscrit partiel conservé à la bibliothèque d'Aix-en-Provence, Bruna Conconi a confirmé cette hypothèse[3]. Comme le prophète Jérémie lors de la déportation du peuple juif à Babylone, Léry prêche l'acceptation du désastre. Il condamne l'obstination de ses coreligionnaires dans leur résistance au roi Charles IX, pourtant responsable de la Saint-Barthélemy, au nom de l'intelligence supérieure des fins – incompréhensibles pour tout autre – d'une Providence divine particulièrement sévère.

L'*Histoire memorable de Sancerre* est enfin un fragment d'autobiographie qui annonce par le ton et par des souvenirs exotiques glissés ici et là – sur

1 Comme l'a montré Géralde Nakam dans l'introduction de son édition *Au lendemain de la Saint-Barthélemy, guerre civile et famine. L'Histoire mémorable du siège de Sancerre (1573)*, Paris, Anthropos, 1975.

2 F. Lestringant, *Le Huguenot et le sauvage*, Genève, Droz, 2004, chap. II, p. 114-125.

3 Bruna Conconi, *Le Prove del testimone*, Bologne, Pàtron editore, 2000, chap. III, p. 71-119.

le hamac et l'anthropophagie notamment – la matière et l'inspiration de la relation brésilienne, encore à paraître à cette date.

L'*HISTOIRE D'UN VOYAGE* OU LE BRÉSIL RETROUVÉ

À l'automne 1577, Léry adresse au Conseil de Genève une demande d'autorisation d'impression pour son voyage au Brésil. Le 16 octobre, l'éditeur Claude Juge lui paie 340 livres tournois pour l'*Histoire d'un voyage faict en la terre du Bresil.* En outre, Léry recevra cinquante exemplaires de son livre. Le contrat, établi à Genève par-devant le notaire Noël Cornillaud, est contresigné par le célèbre juriste François Hotman et l'ancien secrétaire de Calvin, Charles de Jonvilliers[1]. Publiée l'année suivante dans la même ville, avec, pour un certain nombre d'exemplaires, la fausse adresse de La Rochelle, l'*Histoire d'un voyage* constitue la somme d'une vie et, par le regard nostalgique qu'elle porte sur les enfances de l'humanité, une œuvre unique dans la littérature européenne de la Renaissance. Dans l'immédiat elle réplique aux assertions calomnieuses répandues par André Thevet, le catholique cosmographe des rois de France, sur le compte des « Genevois » du Brésil, qui auraient été la cause de la perte de la colonie. Il s'agit donc pour Léry de rétablir une vérité et de laver de tout soupçon la mémoire des trois martyrs immolés au Nouveau Monde pour la défense de la foi calviniste. Une fois de plus, par conséquent, l'autobiographie est inséparable de l'apologie militante, et le récit de vie étroitement solidaire de la défense et illustration de la Cause outragée. Mais ce qui, chez tout autre, aurait donné lieu à un exposé dogmatique sans grâce ou à un pamphlet acide, comme il en fut

1 Archives d'État de Genève, Notaire Noël Cornillaud 1, f. 290 v°, 16 octobre 1577. *Cf.* le Registre des Conseils de Genève, pour la demande de permission d'imprimer : Archives d'État de Genève, R.C. 72, fol. 149 r°, 11 novembre 1577. – Publiée sous l'adresse d'Antoine Chuppin, l'*Histoire d'un voyage* fut en réalité financée par l'éditeur Claude Juge, ci-devant conseiller et trésorier du roi de France auprès de la confédération helvétique, négociant en armes et soierie, habitant de Genève après la Saint-Barthélemy. Sur ce personnage central dans le milieu éditorial genevois et ses rapports avec Jean de Léry, voir Hans Joachim Bremme, *Buchdrucker und Buchhändler zur Zeit der Glaubenskämpfe. Studien zur Genfer Druckgeschichte 1565-1580*, Genève, Droz, 1969, p. 38, 137 et 183.

beaucoup publié à l'époque, devient, par la vertu d'un style « naïf » et, plus encore, d'une passion communicative pour le Brésil et ses habitants « naturels », le premier essai d'anthropologie digne de ce nom publié en France.

Cependant que l'*Histoire d'un voyage* est progressivement augmentée par son auteur au fil de six éditions successives, et que des traductions latines s'en diffusent dans toute l'Europe, Léry poursuit sa carrière de pasteur, d'abord en Bourgogne, sa province natale. De 1576 à 1582, il est pasteur de Couches, en Saône-et-Loire, puis de Couches et Saint-Bérain-sur-Dheûne, à six kilomètres de là. En 1582, il entreprend des démarches pour lever des soldats contre le comte de Raconis, lieutenant du duc de Savoie. En février 1583, il sollicite le baron de Digoine pour dresser une église à Savigny-lès-Beaune, où ce dernier a toute « seigneurie et justice[1] ».

En 1585 paraît la troisième édition, considérablement augmentée, de l'*Histoire d'un voyage*, qui rencontre quelque opposition à Genève, relativement à la longue addition au chapitre XV, concernant les massacres perpétrés « contre les pauvres fidèles » en 1562 et à nouveau dix ans plus tard, au moment de la Saint-Barthélemy. Le Conseil de Genève renouvelle toutefois sa permission, d'autant que Léry a eu la prudence, pour ne pas dire la décence, de mettre le roi de France hors de cause[2]. Évoquant « la sanglante tragedie, qui commença à Paris le 24. d'Aoust 1572 », il ajoute en effet : « laquelle nostre Roy, à bon droict, declare par son Edict de paix, estre advenue à son tres-grand regret et desplaisir[3] ».

La même année 1585, Léry revient à Genève, pour une fin de carrière apaisée dans les cantons helvétiques. Le 5 mai 1589, il prête serment

1 *Correspondance de Théodore de Bèze*, publiée par Alain Dufour, Béatrice Nicollier et Hervé Genton, t. XXIV, *année 1583*, Genève, Droz, 2002, lettre 1565, de Jean de Léry à Théodore de Bèze, p. 32-33.

2 Archives d'État de Genève, R.C. 80, fol. 135 r°, 15 septembre 1585 : « S. Jean de Lery. Estans veu le livre qu'il a augmenté contenant l'histoire de l'Amerique, mesmes l'endroict où il faict ung recit par le menu des massacres et cruaultés commises en France contre les paouvres fideles, ce qu'il semble à aucuns ne debvoir estre tolleré et que Messieurs en oultroians la permission de l'imprimer ne l'ont ainsy entendu. Neantmoings, a esté arresté, d'aultant qu'il ne l'a imprimé sans congé, mesmes après avoir esté veu par M. de La Faie, et d'ailleurs que ce recit n'est qu'une histoire simple, sans nommez les aucteurs, et mesmes qu'il en descharge le roy, arresté qu'on laisse l'impression telle qu'elle est faicte ». Je remercie Nicolas Fornerod de m'avoir communiqué ce document.

3 Jean de Léry, *HIV*, chap. XVbis, p. 583.

aux seigneurs de Berne de « prêcher et annoncer fidèlement la parole de Dieu au peuple qui [lui] sera commis[1] ». On le voit successivement diacre à Aubonne, dans le canton de Vaud, et à partir de 1595 pasteur à L'Isle (aujourd'hui L'Isle-et-Montricher), où il meurt de la peste entre le 26 février et le 6 mai 1613. En dépit d'une légende tenace, il ne semble pas avoir été pasteur à Vufflens, qui est le berceau de la famille de Saussure. Devenu veuf, il s'est remarié avant 1600 à Aymée de Bailly, elle-même veuve d'un ministre de Coppet, et qui lui survivra.

LA CALLIOPE CHRESTIENNE

À côté de sa prose, sans cesse augmentée, Léry cultive les muses. En 1594, il collabore au second livre de *La Calliope chrestienne* du pasteur Benoît Alizet[2]. Réchappé des persécutions qui l'affligèrent dans sa Bourgogne natale, Alizet est perclus de douleurs. L'auteur ne fait pas profession de poésie, déclare-t-il dans sa Préface. Il s'est contenté d'enclore en quelques rimes les conceptions de son esprit. Non point, ajoute-t-il, « à l'issue d'un festin délicieux, ou après avoir ronflé son saoul dans un lit bien apprêté, ou couché sur l'herbe verte dessous une touffe d'arbres », mais « au lit d'infirmité, parmi les grandes afflictions et tentations[3] ». Sur l'anagramme de son nom, « L'aise bien tot », Léry compose un sonnet, qui se conclut par le tercet suivant :

> Courage, cigne doux, entonne chants fideles,
> Jusqu'à ce que par don du seul bon et parfaict,
> Prennes L'AISE BIEN TOT, puis ton corps soit refait[4].

---

1 Voir ci-après l'appendice du premier chapitre, p. 45.

2 Benoît Alizet, *La Calliope Chrestienne, ou Recueil de Prieres, Consolations & Meditations spirituelles*, Genève, De l'imprimerie de Gabriel Cartier, 1593 ; *Second Livre de la Calliope Chrestienne, de Benoît Alizet*, Genève, De l'imprimerie de Jacob Stoer, 1594. – Benoît Alizet est évoqué dans *La France protestante* d'Eugène et Émile Haag, 2e éd. sous la direction de Henri Bordier, Paris, Fischbacher, 1884, t. IV, col. 1037-1041. Sur la poésie « anti-mondaine » de Benoît Alizet, voir Jacques Pineaux, *La Poésie des protestants de langue française (1559-1598)*, Paris, Klincksieck, 1971, p. 388-391.

3 Benoît Alizet, *La Calliope Chrestienne*, 1593, f. *iij r°.

4 Benoît Alizet, *Second Livre de la Calliope Chrestienne, de Benoît Alizet*, Genève, Jacob Stoer, 1594, p. 4.

Alizet répond par un nouveau sonnet « À Jean de Lery sur l'anagramme de l'Autheur, et l'epigramme par luy envoyé », qui s'achève par la reprise de l'anagramme déjà citée :

Or quoy que proceder puisse de ceste main,

Les vices sont de moy, les fautes mon ouvrage.
Le bien, si bien y a, c'est un pur don, et gage
D'avoir L'AISE BIEN TOT, de mon Dieu tres humain[1].

Pasteur comme lui, Léry est un proche ami d'Alizet : on en veut pour preuve quatre strophes adressées par Alizet « À Jean de Léry M[inistre] du sainct Evangile estant venu visiter l'Autheur en ses langueurs », qui se terminent par le quatrain suivant :

Gemisse donc le char foible dessous le fais,
Et secoue l'Esprit au danger à toute heure
De verser en chemin : puis que d'heur nous demeure
Repos, amour, salut, au Dieu qui nous a faits[2].

Rechute du malade, et nouveaux vers du « demi-mort », adressés « au mesme après quelque relasche de convalescence ». Quatre quatrains d'alexandrins se concluent sur la résignation et l'espérance :

J'approuve nonobstant du pere les biensfaicts,
J'adore sa justice et sa misericorde
Envers ce demi mort. Ami, sus donc, accorde
Avec moy chant d'honneur au parfait des parfaicts[3].

Après la publication de *La Calliope*, Léry récidive, et fait part à l'auteur, « sur la lecture faite de sa Calliope », du sonnet suivant :

J'oy chanter d'Alizet la saincte Calliope,
Et suis un des tesmoins des consolations,
Qu'il a d'elle receu par inspirations,
Servans à son esquif, comme bon vent en poupe.

O langoureux heureux, separé de la troupe,
Des malades chagrins en leurs afflictions,

1 Benoît Alizet, *Second Livre de la Calliope Chrestienne*, livre II, p. 22 (notée 20).
2 *Ibid.*, p. 41-42 (notée 44).
3 *Ibid.*, p. 42 (notée 44).

Crachans contre le ciel par execrations,
Et ainsi redoublant leur peine avec la coulpe !

Car il ne donne rien au faux destin fatal :
Mais rend graces à Dieu, en son bien et son mal :
Trainant son pesant faix en son vaisseau debile.

Alizet, ton bon vent, tes souspirs et tes pleurs,
Te poussent de la mer de tes maux et douleurs,
Au seur port du vray Dieu qui te rend tout facile[1].

Enfin, deux ans plus tard, en 1596, le *Troisiesme Livre de la Calliope Chrestienne de Benoit Alizet* contient un dernier sonnet de Léry « Sur le troisieme livre de sa Calliope, traitant de la glorification des enfans de Dieu » :

Pour rapeler les Juifs en la Chrestienne Eglise,
Avancer aux pescheurs les jugemens de Dieu,
Faire aspirer au ciel, et ne cheoir au bas lieu,
À ce nostre Alizet deux fois la main a mise.

Sur sa fin poursuyvant en sa saincte entreprise,
Pour ne demeurer point de la course au milieu,
Il nous enflamme encor par un celeste feu
Au desir du haut lieu de la gloire promise.

Donques tous ceux qui sont de l'Eternel instruicts
Reconoistront ici quels sont les derniers fruits
Et biens perpetuels des fils de sa clemence :

C'est que ressuscitans en vrais membres de Christ,
Reluisans ils auront, ainsi qu'il est escrit,
Glorification perdurable et immense[2].

Benoît Alizet est « proche de septante ans, cassé de coups de pierre, / Au lict d'infirmitez par Christ vivifié[3] ». Quelques années plus tard, Léry

1 *Ibid.*, p. 73-74.

2 Benoît Alizet, *Troisiesme Livre de la Calliope Chrestienne*, Genève, Jacob Stoer, 1596, f. a ij r°.

3 Benoît Alizet, *La Calliope chrestienne, / ou Sommaire de la pure doctrine touchant la Creation du monde, le peché de l'homme, la Redemption et Glorification des enfans de Dieu. Le tout descrit en vers François, et compris en TROIS LIVRES remplis de Consolations et Meditations Spirituelles : Par BENOIT ALIZET, de Chastillon de Dombes. Seconde édition*, [Genève,] De l'imprimerie d'Antoine Blanc, 1596, f. A2 r°. Exemplaire consulté : Bibl. de l'Arsenal, Rés. 8-BL-10328. Contrairement à ce qu'affirme Jacques Pineaux, *La Poésie des protestants*, *op. cit.*, p. 388, note 1, Benoît Alizet est donc né, non pas « vers 1540 », ce qui en ferait le cadet de Jean

déclare à son tour : « À soixante et cinq ans ainsi suis parvenu[1] ». Moins rhumatisant sans doute que son confrère, remarié, vieillissant, augmentant pour une cinquième édition l'*Histoire d'un voyage* de nouveaux emprunts et de nouvelles lectures, il meurt en 1613, âgé de soixante-dix-huit ou soixante-dix-neuf ans. Dans les dernières années de sa vie, malgré des absences répétées dues à la maladie et à l'âge, Léry tient scrupuleusement le registre des baptêmes, indiquant le jour et l'heure de la naissance, fait rare dans ce type de document au XVIe siècle[2].

---

de Léry, né en 1534, mais en 1526 ou 1527, ce qui le conduit en 1596, comme il le dit, à près de « septante ans ».

1 J. de Léry, *HIV*, p. 56.

2 Je dois ces dernières informations à l'obligeance de Christine Tourn, spécialiste des archives du canton de Vaud.

APPENDICE
Serment prêté par Léry devant le Conseil de Berne (5 mai 1589)

« Predigkanten Rodel » I (1546-1607), Staatsarchiv des Kantons Bern / Archives de l'État de Berne, cote : B III 21, n° 871[1].

871

Je soubsigné, suyvant le serment que j'ay presenter et presté à nos souverains et treshonnorez Seigneurs de Berne, promets de prescher et annoncer fidellement la parolle de Dieu au peuple qui me sera commis, et en avoir soing comme le pasteur doit avoir de son troupeau. Je promets aussi d'estre loyal et fidelle à l'Estat de nosdits souverains Seigneurs et procurer le bien et advancement d'iceluy autant qu'il me sera possible. Fait le 5 de may 1589.

J. Delery.

1 Document découvert et transcrit par Nicolas Fornerod, de l'Université de Genève, qui trouve ici l'expression de ma sincère gratitude.

JEAN DE LÉRY, TÉMOIN DE SON SIÈCLE

L'HISTOIRE DE L'*HISTOIRE*

Vingt ans après, avec la première édition, en 1578, de l'*Histoire d'un voyage faict en la terre du Bresil*, nouvelle excursion, par la mémoire cette fois, sur les rivages de l'Amérique. Désormais la controverse théologique et politique est au centre du projet. C'est en effet pour répliquer aux « digressions fausses, piquantes et injurieuses » dont André Thevet a émaillé sa *Cosmographie* de 1575 à l'encontre des ministres envoyés par Calvin au Brésil, que Léry décide de publier son « recueil Ameriquain ». Deux fois rédigé, deux fois perdu dans le bouleversement des guerres civiles – en 1563, à Lyon, à La Charité-sur-Loire en 1572 –, et recouvré comme par miracle « l'an passé 1576 », le texte de l'*Histoire* conjugue à la description du Brésil et de ses habitants, qui remplit l'essentiel des chapitres VII à XX, la reprise d'une diatribe éteinte depuis 1562 et qui avait eu pour cible le chevalier Nicolas Durand de Villegagnon, responsable de la mort de trois des « Genevois[1] ».

Le détour par les « Toüoupinambaoults » ramène à présent à la défense de « la cause pour laquelle nous fismes ce voyage en l'Amerique ». Dans le rôle de l'adversaire honni et ridiculisé, Villegagnon – mort en 1572 – est

1 Sur l'affaire de l'Ile Coligny et ses séquelles littéraires, on consultera, outre l'ouvrage ancien d'Olivier Reverdin, *Quatorze calvinistes chez les Topinambous : Histoire d'une mission genevoise au Brésil (1556-1558)*, Genève, Droz, 1957, la thèse de l'École des Chartes de Geneviève Guilleminot, *Religion et politique à la veille des guerres civiles. Recherches sur les impressions françaises de l'année 1561*, mémoire dactylographié, 1977, t. I, p. 139-143, et t. II, n° 323 à 345, ainsi que F. Lestringant, « Calvinistes et Cannibales. Les écrits protestants sur le Brésil français (1555-1560) », *BSHPF*, 1980 (t. CXXVI), p. 9-26 et 167-192 ; étude reprise dans *L'Expérience huguenote au Nouveau Monde (XVIe siècle)*, Genève, Droz, 1996, chap. IV, p. 77-118.

remplacé par Thevet. Quant à la « conversion » tardive et inopinée, par laquelle Jean de Léry, le plus jeune et peut-être le moins diligent des membres de l'éphémère Église de la « France Antarctique », en devient après coup le porte-parole et le chroniqueur, ses causes sont à rechercher à la fois dans une stratégie personnelle – celle d'une vocation d'écrivain engagé qui se découvre sur le tard, au lendemain du siège de Sancerre de 1573[1] – et dans une stratégie globale : ce que l'on pourrait appeler un « front protestant européen », qui rassemble, à partir des années 1580, les puissances du Nord de l'Europe – au premier rang desquelles l'Angleterre et la Hollande – dans une politique d'expansion conduite à l'échelle du monde.

L'examen de la croissance continue qui affecte le texte de Léry au fil des six éditions successives parues du vivant de l'auteur (1578, 1580, 1585, 1594, 1599-1600 et 1611), permet de saisir l'évolution d'un dessein. Simple recueil de « choses vues », tel qu'il se donne à lire à l'origine, l'ouvrage tend de plus en plus vers la compilation, semée, comme le reconnaîtra lui-même Léry dans son « Advertissement » de 1600, de « plusieurs belles fleurs cueillies çà et là ». Métamorphose d'un livre qui tient non seulement à un changement de genre – du témoignage de l'*histôr* à la compilation du commentateur –, mais aussi, et plus profondément, à une transformation du système d'autorités qui le justifie et lui confère son caractère authentique.

DE L'AUTOPSIE À LA « CONFÉRENCE »

Au départ en effet – et le titre l'indique explicitement –, l'*Histoire* procède de l'« autopsie » : c'est là sa seule et parfaite justification. C'est parce que Léry a fait ce voyage au Brésil et qu'il a vu de ses propres yeux ce dont il parle, qu'il peut assurer le lecteur de la vérité de son dire. Bien plus, le « plus voir, qu'avoir[2] », pour reprendre la devise

1 La carrière de Jean de Léry a été retracée par Géralde Nakam, *Au lendemain de la Saint-Barthélemy, guerre civile et famine. Histoire mémorable du siège de Sancerre (1573) de Jean de Léry*, Paris, Éditons Anthropos, 1975, p. 11-40.

2 La devise que Léry s'invente sur le tard – elle apparaît dans l'édition de 1599 en guise de signature d'un « Sonnet de l'Autheur » qui est alors la septième pièce liminaire de l'*Histoire d'un voyage* – aurait pu tout aussi bien être celle de son adversaire André Thevet.

léryenne, condamne comme fable le propos antérieur de Thevet. Une autopsie chasse la précédente, et la frappe d'inanité. Ainsi en usait déjà Hérodote à l'égard de son prédécesseur Hécatée de Milet, et l'argument vaudra ensuite contre lui-même dans la bouche de Ctésias de Cnide ou de Flavius Josèphe[1].

Une fois que Léry a obtenu une sorte de reconnaissance involontaire de la part de l'adversaire – qui a jugé nécessaire de lui répondre longuement dans *Les Vrais Pourtraits et vies des hommes illustres* de 1584[2] –, il exploite son avantage en recourant à une tactique un peu différente. Le principe d'autopsie est maintenu, mais il est complété et prolongé par la référence à des garants extérieurs : témoignage de l'arquebusier hessois Hans Staden, prisonnier pendant neuf mois des Tupinikin anthropophages et dont l'expérience pathétique annonce, de manière inverse, sa propre aventure ; mais aussi comparaisons et parallèles avec la Floride de Nicolas Le Challeux, revue par Urbain Chauveton (dès la troisième édition de 1585), la Virginie de Thomas Harriot (en 1599-1600), l'Afrique de Jean Léon et de Lodovico di Varthema, tous écrivains qui à quelque titre sont eux-mêmes des témoins directs, c'est-à-dire des « historiens ».

De la sorte, Léry élargit le principe d'autopsie, pour créer une solidarité de garants qui cautionnent ses dires. Le texte de l'*Histoire* dès lors change de nature. Il devient une somme de témoignages convergents, et n'est plus ce reflet immédiat d'une aventure unique, tel qu'il se donnait à lire à l'origine.

Dans la riposte en plusieurs temps qu'il élabore à partir de 1584, Thevet va renchérir en sens inverse. Il pousse le principe d'autopsie

Voir notamment de celui-ci la *Cosmographie de Levant* (Lyon, Jean de Tournes et Guillaume Gazeau, 1554 et 1556 ; rééd. en fac-similé, Genève, Droz, 1985), chap. III, p. 21, où se lit cet éloge de la curiosité et des voyages : « Toutefois la navigacion est louable et necessaire, pour voir et connoitre la maniere de vivre des estranges nacions qui sont outre mer, pour estre le vray moyen d'atteindre à celle perfeccion de jugement, et integrité d'esprit tant requise et souhaitée de tous ceus qui ont quelque sentiment d'avoir esté formez à l'image et semblance de ce bon Dieu, qui toutes choses soutient, alimente, et regit. Les hommes donq pour le grand desir qu'ilz ont les uns de voir et entendre, les autres de trafiquer et faire quelque proufit en marchandise, s'exposent à ceste mer cruelle, horrible et dangereuse [...] ».

1 Sur la notion d'« autopsie » ou vue par soi-même, voir François Hartog, *Le Miroir d'Hérodote*, Paris, Gallimard, 1980, p. 303-306, où est incidemment rappelée la polémique de Léry contre Thevet.

2 André Thevet, *Les Vrais Pourtraits et vies des hommes illustres Grecz, Latins, et Payens*, Paris, veuve J. Kerver et Guillaume Chaudière, 1584, t. II, I, 19, f. 37 r°, et VIII, 149, f. 661-662.

jusqu'à son exténuation. Dans la logique solipsiste du « cosmographe de quatre rois », il ne saurait être question de rechercher en dehors de lui-même la vérité de son discours. Sa réponse différée à l'*Histoire d'un voyage* sera précisément l'*Histoire d'André Thevet, de deux voyages par luy faits aux Indes Australes, et Occidentales*, où l'autopsie se dédouble par le truchement d'un premier voyage fictif, rejeté dans le flou chronologique des années 1550-1553. Bégaiement par lequel le cosmographe vieillissant tente de prouver à son jeune ennemi qu'il a deux fois plus d'expérience, et partant, deux fois plus d'autorité que lui.

Léry, qui avait répliqué dès 1585 aux attaques contenues dans les *Hommes Illustres* de 1584, ne devait jamais connaître cette tardive réponse que Thevet voulait définitive et qui ne fut pas publiée. On sait, d'après un passage du manuscrit, que la rédaction s'en étendit au moins jusqu'à l'année 1588[1].

De la première édition, imprimée en 1578 à Genève « pour Antoine Chuppin » – mais dont quelques exemplaires portent l'adresse de La Rochelle[2] – à la « seconde édition » publiée en 1580 par le même éditeur, le développement est aisé à suivre. Léry, dont l'ouvrage a rencontré quelque succès, pousse son avantage. Cette seconde édition « reveue, corrigee et bien augmentee », ajoute notamment au corpus des cinq gravures initiales – qui déjà, pour deux d'entre elles (l'ananas aux pieds du couple d'Indiens et la salutation larmoyante), étaient redevables à Thevet – trois bois gravés de facture plus grossière qui apparaissent directement calqués sur la *Cosmographie universelle*[3] : une scène de bataille

1 Au feuillet 148 r° : « l'année passée mil cinq cens quatre vingts sept ».

2 Notamment BnF : Rés. Oy 1361 et Arsenal 8° H.1573. Voir la bibliographie de G. Atkinson, *La Littérature géographique de la Renaissance*, Paris, Picard, 1927, n° 261, que l'on complétera par celle de Paul Chaix, Alain Dufour et Gustave Moeckli, *Les Livres imprimés à Genève de 1550 à 1600*. Nouvelle édition, revue et augmentée par G. Moeckli, Genève, Droz, 1966, p. 91-92. À compléter par la base GLN15-16 de Jean-François Gilmont : www.ville-ge.ch/musinfo/bd/bge/gln/. *Cf.* Jean-François Gilmont, *Les éditions imprimées à Genève, Lausanne et Neuchâtel aux XVe et XVIe siècles*, Préface de Alexandre Vanautgaerden, Genève, Droz, « Travaux d'humanisme et Renaissance », 2015.

3 Les emprunts iconographiques de Léry à Thevet ont été signalés pour la plupart par William C. Sturtevant dans son étude : « First Visual Images of Native America », *in* Fredi Chiappelli, *First Images of America*, Berkeley-Los Angeles, University of California Press, 1976, t. I, p. 417-454, et en particulier p. 442. Il convient toutefois d'ajouter à la liste des emprunts recensés le curieux ananas de la p. 107 (*H1V*, p. 213), coiffé d'un triple toupet de feuilles, qui provient indiscutablement de la *Cosmographie universelle* de Thevet (Paris, P. L'Huillier et G. Chaudière, 1575, t. II, f. 936 r°; rééd. par Suzanne Lussagnet,

(entre les p. 230 et 231[1]), le massacre du prisonnier (p. 214[2]), et le paysage rempli de démons que Bernadette Bucher a improprement nommé « l'enfer brésilien[3] », et qui emprunte à Thevet l'énigmatique et « rêveuse » figure de l'« haüt » ou paresseux, pour reprendre l'expression de Gustave Flaubert[4], ainsi que la triade de poissons volants s'éloignant à tire d'ailes du continent maudit (p. 235).

On peut juger par là de l'assurance avec laquelle Léry procède désormais ; sans plus prendre la précaution de se démarquer de l'adversaire qu'il s'est choisi, et qu'il ne connaît que par ses ouvrages[5], il n'hésite pas à lui emprunter des compositions graphiques aisément identifiables. Thevet, du reste, dénoncera le plagiat de ses gravures et de sa relation imprimée « à Paris, devant que Lery fust au monde[6] ». Mais celui-ci l'avait prévenu par une remarque ironique figurant dans la « Preface » de 1578 :

Le Brésil et les Brésiliens par André Thevet, Paris, P.U.F. 1953, p. 151), où la gravure a pour titre : « Nana, fruit tres-savoureux ». Les fruits ronds dans une coupelle qui font pendant au premier plan à droite au « nana », dans la même planche de Léry, pourraient être les fruits de « l'arbre Choine », déjà représentés par Thevet dans sa *CU*, f. 953 r° (S. Lussagnet, p. 235).

1 J. de Léry, *H1V*, p. 339, 2.

2 J. de Léry, *H1V*, p. 367, 2.

3 *Ibid.*, p. 383, 1. Voir Bernadette Bucher, *La Sauvage aux seins pendants*, Paris, Hermann, 1977, p. 242. Il s'agit moins d'une représentation de l'Enfer selon la cosmogonie des Tupinamba que du paysage du Brésil réel, où les Indiens apparaissent tourmentés, à cause de leur absence de religion, par de très tangibles démons, dont quelques poissons volants et trois bradypes à l'expression passablement égarée.

4 Thevet, *CU*, f. 941 r° (S. Lussagnet, p. 175). Gustave Flaubert s'est en effet servi de la *Cosmographie universelle* d'André Thevet – ou tout au moins de sa riche iconographie – pour composer l'un des derniers épisodes de la *Tentation de saint Antoine* (version de 1874). La filiation directe de Thevet à Flaubert, si étonnante qu'elle soit, a été établie par Jean Seznec (« Saint Antoine et les monstres. Essai sur les sources et la signification du fantastique de Flaubert », New York, *P.M.L.A.*, 1943, p. 209) et se trouve vérifiée par l'analyse du *Carnet 16*, rédigé vers 1872, où on lit cette exacte description de la gravure en cause : « *Haüt* : bête qui se nourrit de vent, quadrupède, ours tête humaine, griffes énormes. Est attaché par le cou à un arbre. La figure est douce, rêveuse. » Voir le tome VIII des *Œuvres complètes*, Paris, Club de l'honnête homme, 1973, p. 384. Dans la *Tentation* (p. 570 de l'édition de l'Intégrale, Le Seuil, 1964), Flaubert aura oublié que l'Haüt ou *Ahuti* est un « quadrupède » et il le fera entrer dans la liste des « oiseaux qui se nourrissent de vent ». La gravure des poissons volants que Léry intègre à sa composition de la p. 235 figurait chez Thevet au f. 976 v° de la *CU.*

5 J. de Léry, *H1V*, p. 87 : « n'ayant jamais veu Thevet, que je sache, ny receu desplaisir de luy pour mon particulier ».

6 A. Thevet, *H2V*, f. 106 v°.

> Et m'asseure bien que si en lisant ceste mienne histoire, il y voit quelques traits des choses par luy tellement quellement touchees, qu'incontinent, suyvant son style accoustumé, et la bonne opinion qu'il a de soy, il ne faudra pas de dire : Hà, tu m'as desrobé cela en mes escrits[1].

L'HÉRITAGE D'UNE QUERELLE

Léry a opéré une petite transformation narrative dans l'épisode de la séparation du mois de janvier 1558, entre l'*Histoire des Martyrs* de Jean Crespin (1564) et la première édition de l'*Histoire d'un voyage* (1578). Dans la seconde version de cet événement crucial et hautement symbolique, Léry remplace Richer dans la barque des condamnés. Dressant alors le théâtre de son élection personnelle, il évince le guide spirituel de la colonie dans ce geste d'hésitation du vaisseau au canot : pas suspendu entre France et Brésil, entre Dieu et les hommes. C'est à cette épreuve décisive, où la mort est en quelque sorte « traversée » par le narrateur et au terme retournée en rédemption, que Léry doit de pouvoir reprendre en son nom l'héritage symbolique de l'odyssée protestante au Brésil. Cette substitution est en effet la figure d'une autre. Dans la « scène primitive », Léry prend la place de Richer ; en réalité, l'*Histoire* de 1578 éclipse la *Réfutation* de 1561, dont elle intègre, en son chapitre VI, l'essentiel de la matière[2].

Ce long chapitre de trente-trois pages – qui s'augmentera peu dans les éditions ultérieures – relate le double conflit théologique (transsubstantiation contre manducation spirituelle) et politique (tyrannie du roi de l'Antarctique contre consistoire) qui se cristallise vers la Pentecôte 1557 et aboutit dans les semaines suivantes à la dislocation de la colonie. Sur cette question entre toutes délicate, Léry ne pouvait que s'en tenir à la *doxa* énoncée une vingtaine d'années plus tôt par Richer – ce « Petrus Richelius » qu'il cite en bonne part[3] et dont il a selon toute vraisemblance le texte sous les yeux au moment où il retrace l'historique de la mission

1 J. de Léry, *H1V*, p. 83.

2 Voir mon étude citée ci-dessus à la note 2, *BSHPF*, 1980, p. 11-14, pour l'interprétation symbolique de cette transformation textuelle.

3 J. de Léry, *H1V*, chap. VI, p. 183.

genevoise. Ainsi « la croix et le flageolet » pendus au cou du cyclope Villegagnon, aveugle et nu[1], font allusion à la gravure satirique figurant aux liminaires de la *Refutation*, mais aussi à une autre estampe intitulée le *Renversement de la grand marmite* et publiée sans doute la même année, où Villegagnon apparaît nu, la croix de Malte sur le sein gauche et un diadème de plumes en tête, en « roi cannibale[2] ».

Héritier d'une diatribe ordonnée dans ses moindres détails par son prédécesseur, Léry se permet tout juste d'apporter quelques nuances à la version autorisée des faits. Par exemple, certain supplice perpétré par un homme de main du « tyran d'Amérique » sur le corps d'un « François nommé La Roche », coupable de trahison, emprunte des formules précises au libelle de 1561. Villegagnon, qui assiste à la bastonnade administrée jusqu'à l'évanouissement de la victime, ordonne, après que celle-ci a eu le ventre rompu de coups, qu'on la retourne « de l'autre part[3] ». L'*Histoire* reprend cette péripétie minuscule : « cest inhumain disoit, Corps S. Jaques paillard, tourne l'autre[4] ».

Léry a tenu à « vraisemblabiliser » l'anecdote rapportée par Richer, en transportant le bâton des mains de Villegagnon lui-même – dans la version initiale – à l'« un de ses satellites » chargé d'exécuter les basses besognes du maître, et en livrant au lecteur l'identité – un dénommé La Roche – et la fonction sociale – un menuisier – de la victime. Par les retouches légères qu'il opère sur le factum original, l'auteur de l'*Histoire* accroît l'apparence de vérité de son récit – destiné non plus seulement à l'auditoire des calvinistes convaincus, mais à un public sensiblement élargi, celui des honnêtes gens que scandalisent les mensonges du cosmographe. De plus, par une recherche stylistique qui multiplie les attestations d'authenticité – « je vis[5] » – et transpose au discours direct, plus vivant, les lourdes constructions latines de la *Refutation*, qu'il agrémente de surcroît de quelques jurons, Léry renforce le caractère de crédibilité

1 *Ibid.*, p. 191. La gravure accompagnant la *Refutation* est intitulée « POLYPHEME ». Au-dessous on peut lire ce quatrain satirique : Ce Monstre hideux, grand, difforme et terrible / D'avoir perdu son œil, est fort fasché, / Mais pour soulas de son œil arraché / La fluste pend à son col treshorrible.

2 Voir sur ce point F. Lestringant, « Le Cannibale et la marmite », *Bulletin du bibliophile*, 1996, 1, p. 82-107. Repris dans *Le Huguenot et le sauvage*, 3e édition, Genève, Droz, 2004, p. 421-448.

3 P. Richer, *Refutation*, f. 29 r°.

4 J. de Léry, *HIV*, p. 188.

5 *Ibid.*, p. 189.

de son témoignage. Mais le substrat demeure inchangé : habillée en *Histoire* au sens de « témoignage personnel », la *Refutation* transparaît dans tout ce chapitre VI, qui rénove, bien plus qu'il ne la renouvelle, la diatribe genevoise du début des années soixante.

La « troisième édition » de l'*Histoire d'un voyage*, en 1585, considérablement augmentée par rapport aux deux précédentes – la seule Preface comprend vingt pages d'un long ajout relatif au « ferial Quoniambec[1] » et autres perles recueillies de la lecture des *Hommes illustres* –, indique un changement d'orientation et de ton. Désormais sûr de sa réussite, Léry savoure les délices d'une victoire facilement acquise : non seulement il « confute » les nouvelles erreurs de Thevet, mais il se permet de le ridiculiser, au chapitre III de l'*Histoire*, en en faisant le personnage principal d'une procession burlesque où figurent en bonne place le « demi-géant » Quoniambec, les épaules chargées de deux canons « bien affutez », et les Amazones du « pays de Lanternois ». Grimpé sur le dos d'une tortue gigantine et lui-même « couvert d'une rondelle de ces tant espesses coquilles qu'une harquebuze ne les peut traverser[2] », Thevet est réduit au comique équipage d'un « batelleur et charlatan », escorté par toutes les créatures fantastiques – géants cannibales et femmes guerrières – jaillies de sa fertile imagination. Ce triomphe parodique, où la « merveilleuse Tortue de Thevet » tient lieu de char d'apparat, célèbre par contrecoup la gloire réelle de Léry, promu seul historien véridique quant aux choses du Brésil.

---

1 L'expression apparaît dans la troisième édition (1585), chap. X, p. 146. Le long développement de la Preface, dont le volume double exactement par rapport à la seconde édition de 1580, se situe aux feuillets qq4-qqq6. La « manque, et mal nommee troisième Édition » de 1594 ne comprend aucun de ces compléments.

2 J. de Léry, *H1V*, chap. III, p. 136, note 1. Dans sa 36e *Serée* (Lyon, Pierre Rigaud, 1618, t. III, p. 295), le libraire et conteur Guillaume Bouchet, qui cite toujours Léry en bonne part, fera rire de manière analogue sur le compte de Thevet, en rapportant l'anecdote d'un passant qui s'était endormi sur le dos d'une tortue « pensant que ce fust une pierre » et « se trouva porté si loing hors de son chemin qu'il ne sçavoit où il estoit ». Conclusion : « Tous ceux de la Seree se prenans à rire, celuy qui parloit de ces porte-maisons, va dire, si vous ne le croyez, vous aurez plustost faict de vous en prendre à Thevet, que de l'aller veoir ».

VERS UNE « NOUVELLE HISTOIRE »

Mais la contre-attaque ne se développe pas seulement au plan personnel et confessionnel. Elle comporte un aspect méthodologique. C'est pour répondre à cette question du statut de l'histoire, que Léry, dans cette troisième édition de son aventure brésilienne, adopte le point de vue systématique de la « conférence » : en intégrant à sa relation personnelle d'autres témoignages concordants (ce sont, dès 1585, Benzoni, traduit et commenté par Chauveton, le Portugais Osorio, l'Espagnol Lopez de Gomara, mais aussi les autorités traditionnelles de Plutarque, de Flavius Josèphe et de Chalcondyle[1]), Léry consolide l'autopsie initiale par une série de garants extérieurs. Manière de conjurer les risques de dérapage de la figure, et d'illustrer par un comparatisme peu à peu généralisé l'« art poétique » de l'historien, tel qu'il vient d'être défini.

Ce système d'autorités est particulièrement développé au chapitre XV de l'*Histoire*, consacré à l'étrange cas de l'anthropophagie américaine. Dès 1585 Chalcondyle sur la chute de Constantinople et les méfaits de Vlad III, *alias* Dracula, Théodore de Bèze sur les horreurs des guerres de Religion, puis à partir de 1599 Bartolomé de Las Casas sur la destruction des Indes Occidentales, apportent des témoignages d'une horreur infiniment plus révoltante que celle des Tupinamba festoyant sur le corps de leur victime.

Sans parler du caractère obsessionnel dévolu à l'image du cannibale – et que certaines circonstances de la vie de Jean de Léry peuvent expliquer[2] –, on perçoit dans ce tableau une intention double : d'une part – et c'est le trait qui conclut cette vaste digression – l'anthropophagie tupinamba

1 Plutarque : *H1V*, 1585, chap. VII, p. 95-96 ; Flavius Josèphe : chap. XV, p. 232 ; Chalcondyle : chap. XV, p. 243 *sqq.*

2 La famine à bord du navire lors du retour vers la France en 1558 (*Histoire d'un voyage*, chap. XXII) est redoublée quinze ans plus tard par la disette extrême que connaît Sancerre assiégée en 1573 et qui culmine dans un épisode de cannibalisme. Voir sur ce point les excellentes pages de G. Nakam, *op. cit.*, p. 98-106. *Cf.* F. Lestringant, « Catholiques et Cannibales. Le thème du cannibalisme dans le discours protestant au temps des guerres de Religion », *in* J.-C. Margolin et R. Sauzet éd., *Pratiques et discours alimentaires à la Renaissance*, Paris, Maisonneuve et Larose, 1982, p. 233-245 ; du même, *Le Cannibale, grandeur et décadence*, Paris, Perrin, 1994, chap. 6, p. 124-142 : « Jean de Léry ou l'obsession cannibale ».

accuse par comparaison l'extrême barbarie des soi-disant chrétiens de l'Europe. Le comparatisme, qui joue de la fonction spéculaire attachée au sauvage, implique une condamnation morale. Mais simultanément l'historien du Brésil fait montre d'une préoccupation strictement épistémologique : tous ces parallèles – avec les anciens Juifs, les Turcs, les catholiques français, les Espagnols de la *Conquista* – conduisent à rendre vraisemblable et presque anodin le spectacle de référence que représente le cannibalisme américain. Dès lors, retour est fait à l'aventure singulière de l'*Histoire*, et le témoignage de Léry devient exemplaire d'une vérité universelle dont les empreintes se retrouvent sur les quatre continents et aux époques les plus diverses de l'histoire humaine. Non seulement « on ne pourra revoquer legerement en doute ce que beaucoup d'historiens tesmoignent », comme le dit l'« Advertissement » de la quatrième édition[1], mais la « variété » ainsi rassemblée autour d'une expérience première fera éclater au terme l'évidence de l'unité. Par-delà les tribulations des corps et les violences de l'Histoire, s'affirme l'admirable dessein du Créateur, dont Léry est l'humble et fidèle témoin.

Une telle économie – à la fois polémique, descriptive et théologique – de la « conférence » se rencontrait déjà chez Henri Estienne, du moins si l'on en croit le projet affiché par le titre de son *Traité preparatif à l'apologie pour Herodote* de 1566 : la « conformité des merveilles anciennes avec les modernes » y apparaît de prime abord destinée à autoriser les invraisemblances les plus criantes du Père de l'Histoire. On sait que l'ouvrage attaque par ricochet le scandale des modernes mœurs de l'Église romaine, et c'est à la satire des ordres mendiants qu'il est essentiellement consacré. Mais, comme on l'a vu pour l'*Histoire* de Léry, les deux interprétations ne s'excluent pas. Justifier les Tupinamba par les crimes des catholiques, c'était aussi accuser ces derniers. De même, rendre compte des apparentes fables d'Hérodote par les « miracles » de la dogmatique romaine, c'est dénoncer le caractère impie de celle-ci.

La « conformité » – ce concept-clé de la critique historique au XVIe siècle, que Léry a peut-être emprunté dans cet usage particulier à Henri Estienne – est donc fondatrice d'une vérité. Elle suppose d'emblée un « intertexte », réseau serré des « histoires » qui se correspondent et se confirment mutuellement, et que, dès 1585, Léry va intégrer à sa relation. Pour établir par exemple la « conformité des Ameriquains avec

1 J. de Léry, *HIV*, p. 597 et 600, « Advertissement de l'Autheur » (1599 et 1611).

les Afriquains » et de ceux-là avec « ce qui se fait et voit en Europe[1] », Jean Léon, Thomas Harriot et Jacques Le Moyne de Morgues – ces deux derniers au sujet respectivement de la Virginie et de la Floride – rejoignent en 1599 Lopez de Gomara et Girolamo Benzoni à l'intérieur du corps de l'*Histoire* – eux-mêmes « confirmés » en 1611 par Lodovico di Varthema et Francisco Alvares. De la sorte, la progression infinie, entre 1585 et 1611, de l'*Histoire* de Léry l'apparente à ces collections de récits de voyages, comme celles de Théodore de Bry ou de Richard Hakluyt, dont l'essor est contemporain : œuvres à croissance illimitée, qui s'augmentent au fil des années ou même des décennies de nouveaux matériaux « confirmatifs » et hétérogènes. Entre ces collections et l'*Histoire*, il existe de plus des rapports de fécondation réciproque : sous une forme résumée, la relation de Léry passe en 1592 dans le tome III des *Grands Voyages* de Théodore de Bry, tandis que, par un mouvement inverse, les deux premiers volumes de la série alimentent le comparatisme de l'*Histoire* dans sa quatrième édition (1599-1600). Telle gravure de John White représentant la confection par les Algonquins de Virginie d'un canoë monoxyle fournit à Léry la matière d'un commentaire sur la « façon ancienne des Bresiliens pour abbatre un arbre », qui était de « mettre le feu au pied[2] ».

L'intertexte – au sens où Gérard Genette définit ce terme –, c'est-à-dire « la relation de coprésence entre deux ou plusieurs textes[3] », se développe, au fil des éditions successives de l'*Histoire d'un voyage*, sur un double plan : à l'intérieur même de la relation léryenne, un agrégat composite de bribes de récits de voyages fait progressivement son entrée – sédiments dont les strates juxtaposées composent l'épaisseur d'une « conformité » ; à l'échelon supérieur, cette relation est prise dans des ensembles plus vastes qui l'intègrent comme l'un de leurs matériaux de base. Ainsi en va-t-il des abondantes scholies de Chauveton sur Benzoni et plus encore de l'*Americae tertia pars* de Théodore de Bry, qui rassemble dans

1 *Ibid.*, p. 596.

2 *Ibid.*, chap. XIII, p. 309, note 1. D'après le commentaire de la gravure XI de la suite virginienne (Francfort, Thédore de Bry, 1590). Sur les dessins de John White qui ont servi de modèles aux gravures de Th. de Bry pour le premier tome des *Grands voyages*, voir : Paul H. Hulton et David B. Quinn, *The American Drawings of John White, 1577-1590, with Drawings of European and Oriental Subjects*, Londres, Trustees of the British Museum, 1964, 2 vol. in-folio.

3 Gérard Genette, *Palimpsestes. La littérature au second degré*, Paris, Le Seuil, 1982, p. 8.

le même volume des *Grands voyages* le témoignage du Hessois Hans Staden, celui de Léry et les lettres adressées du Brésil par Nicolas Barré, le lieutenant de Villegagnon.

Cette prolifération à la fois interne et externe témoigne du rôle nodal dévolu, dès son apparition en 1578 dans le champ littéraire européen, à l'*Histoire d'un voyage faict en la terre du Bresil*. Avant cette date, ce que Marcel Bataillon appelait « le corpus huguenot relatif à l'Amérique[1] » représente un ensemble des plus réduits : les lettres de Nicolas Barré, les deux notices du livre des martyrs de Jean Crespin, une dizaine de libelles et de pièces de controverse, dont le plus marquant est la *Refutation* de Pierre Richer, telle scène de la *Comedie du pape malade* de Conrad Badius[2]. Ensuite, à partir et autour de l'*Histoire* se constitue un réseau d'écrits étroitement solidaires, qui va rejeter dans l'ombre pour plusieurs siècles l'œuvre, pourtant fondatrice quant à l'ethnographie de l'ancien Brésil, du cosmographe André Thevet. C'est d'abord, en 1579, l'*Histoire nouvelle du Nouveau Monde*, glosée par Urbain Chauveton d'après Benzoni, et augmentée de nombreux parallèles avec la description de Léry ; puis en 1586, l'*Histoire notable de la Floride* de René de Laudonnière, dont le texte est littéralement arraché des mains de Thevet, qui l'avait gardé par devers lui pendant vingt ans[3]. En cette même année 1586, une édition latine de Léry accompagne, sous le titre collectif d'*Historia Indiae Occidentalis*[4], le récit de Benzoni. De 1590 à 1592 paraissent les trois premiers volumes de l'*America* de Théodore de Bry qui comprennent, dans l'ordre de publication, le *Merveilleux et estrange rapport* [...] *des commoditez qui se trouvent en Virginie* de Thomas Harriot (1590), la *Brevis narratio* floridienne de Jacques Le Moyne de Morgues (1591) et, complémentairement évoquée par les relations de Hans Staden et de Léry, l'« histoire du Brésil, province mémorable »

1 Marcel Bataillon, art. cité, p. 45.

2 Conrad Badius, *La Comedie du Pape malade et touchant à la fin* [...]. *Traduite de vulgaire Arabic en bon Romman et intelligible par Thrasibule Phenice*, Genève, 1561, vers 783-1050. La scène met en présence l'Outrecuidé (Villegagnon) et son valet Philaute dans le décor repoussant d'un Brésil caractérisé comme une « orde province ». *Cf.* Helen A. Shaw, *Conrad Badius and the Comedie du Pape malade*, Philadelphia, University of Pennsylvania, 1934, p. 124-134.

3 Voir sur cette affaire F. Lestringant, « Les Séquelles littéraires de la Floride française », *BHR*, 1982 (t. XLIV), p. 7-36, et 1983 (t. XLV), p. 331-341 ; du même, *Le Huguenot et le sauvage*, *op. cit.*, chap. v, p. 250-277.

4 Voir la bibliographie de P. Chaix, A. Dufour et G. Moeckli, p. 115.

(1592). Dans les premières années du XVIIe siècle, l'*Histoire d'un voyage*, largement compilée par ailleurs par Jacques-Auguste de Thou, La Popelinière et Marc Lescarbot[1], était à ce point divulguée que l'on en trouve des *excerpta* à la fin d'une édition des *Mores, leges, et ritus omnium gentium*, le fameux compendium de Joannes Boemus dont la fortune est immense pendant toute la Renaissance[2].

Le triomphe de Jean de Léry, c'est en définitive la constitution, en l'espace d'une trentaine d'années, d'un intertexte explicite qui s'étend de proche en proche à l'histoire universelle du monde et se diffuse par de multiples canaux dans l'Europe entière. En face de cette polyphonie textuelle, consciemment élaborée et servie, autant que par l'indéniable qualité littéraire d'un témoignage, par un système de reconnaissance mutuelle entre « historiens » ou imprimeurs le plus souvent de même confession – Léry, Chauveton, La Popelinière, De Bry, etc. – et par un ensemble de relais éditoriaux allant de Genève à Francfort et à Londres, la présence monolithique de la *Cosmographie* d'André Thevet qui s'était proclamée « universelle » et qui prétendait ne rien devoir à personne – cette œuvre d'auteur profondément datée sombrait après une édition unique en 1575. Signe sans doute qu'en ce tournant de l'âge classique l'histoire du monde tendait à devenir une œuvre collective et toujours inachevée. Indice encore de l'efficacité grandissante des réseaux de collecte et de diffusion et des solidarités idéologiques ou confessionnelles dont Léry, à partir du succès initial de son livre, avait remarquablement su jouer.

1 Marc Lescarbot, *Histoire de la Nouvelle France*, Paris, 1609, 1612 et 1618. L'historique circonstancié de la France Antarctique, aux chap. XXI à XXX du livre I, est retracé d'après Léry.

2 *Mores, leges, et ritus omnium gentium, per I. Boëmum Aubanum, Teutonicum, ex multis clarissimis rerum scriptoribus collecti. Ex Nicol. Damasceni historia excerpta quaedam ejusdem argumenti. Itidem et ex Brasiliana I. Lerii historia* [...], Genevae, apud I. Tornaesium, 1620. Les « excerpta leriana » occupent les p. 387 à 406 de ce recueil, et retiennent surtout de l'*Histoire* ce qui a trait à la description physique des Indiens (âge, stature, nudité) et à leur nourriture (manioc, mil). Pour ce qui est de la fortune de J. Boemus à la Renaissance, voir Jean Céard, *La Nature et les prodiges. L'insolite au XVIe siècle, en France*, Genève, Droz, 1977, p. 274-275.

L'UTOPIE REFUSÉE

FICTIONS CARTOGRAPHIQUES
DU BRÉSIL (CHAPITRE VII)

Le meilleur exemple que Léry puisse donner de la fable cosmographique chez Thevet réside dans une sorte d'« utopie » cartographique[1]. Sur le bord occidental de la baie de Rio de Janeiro, Thevet a établi en terre ferme, ceinte de remparts et d'un fossé, une capitale imaginaire, dont le nom, qui est un hommage au défunt roi Henri II, oscille entre les formes symétriques de Ville-Henry et Henryville. Léry tire argument de l'« equivoque » pour conclure au caractère fictif du référent : « bonnet rouge, ou rouge bonnet [...], c'est tousjours tout un, assavoir rien que de la peinture[2] ». De toute évidence, Léry n'a pas lu son coreligionnaire Jacques Grévin, dont l'*Hymne à Monseigneur le Dauphin* vantait dès 1558 cette « nouvelle ville » des antipodes, construite « dessoubs noz pieds[3] ». Mais il connaît fort bien, et dans les moindres détails, comme on sait, la polémique consécutive à la perte de la colonie et au supplice des trois martyrs huguenots du Brésil.

Nulle mention de Ville-Henry dans les *Singularitez de la France Antarctique* de 1557. Mais Thevet a très bien pu éditer à son retour du Brésil, et dans les mêmes années que son livre, un « placard » représentant le site de la France Antarctique, placard gravé et imprimé qui aurait été perdu depuis. Plusieurs autres feuilles volantes d'une facture

1 Pour le dossier de cette controverse géographique, je renvoie à mon étude « Fictions de l'espace brésilien à la Renaissance : l'exemple de Guanabara », in Christian Jacob et F. Lestringant éd., *Arts et légendes d'espaces. Figures du voyage et rhétoriques du monde*, Paris, Presses de l'École normale supérieure, 1981, p. 205-256.

2 Jean de Léry, *HIV*, chap. VII, p. 203-204.

3 Jacques Grévin, *Hymne à Monseigneur le Dauphin*, Paris, Martin L'Homme, 1558 (BnF : Rés. Ye 1017), f. C4 v°, v. 620-623.

assez grossière et représentant des vues topographiques ont été publiées sous son nom à la fin de 1562 et au début de 1563, en 1568 encore, célébrant les victoires catholiques des premières guerres de Religion : sièges de Bourges et de Rouen, batailles de Dreux et de Saint-Denis[1].

Cette invention était mise par Pierre Richer sur le compte de Villegagnon[2]. Richer ironisait sur le « jardin non clos » d'« Henricopole », où l'on aurait pu à grand peine « tenir dix porceaux », ce qui donnait la mesure exacte de la souveraineté imaginaire exercée par le « roi d'Amérique ». La même année, Conrad Badius, dans *La Comedie du Pape malade*, faisait dire à « l'Outrecuidé », *alias* le chevalier de Villegagnon, sorte de Matamore austral près de retourner en France et regrettant déjà son fief de quatre arpents :

> Quoy donc ? faut-il que j'abandonne
> Ce mien royaume et ma couronne ?
> Que deviendroit mon Colligni
> Si bien remparé et muni,
> Ma Ville-henri, cité tant belle,
> Qui semble une Naple nouvelle ?

À quoi rétorquait le valet Philaute, opposant aux appétits donquichottesques de son maître un solide bon sens :

> Mais un Jericho devriez dire :
> Car les murs y crevent de rire
> Qui sont de boue et de crachat
> Pour loger un chien ou un chat[3].

Léry hérite de ce tableau caricatural, mais selon son habitude il réinsère dans cet Éden inverse la présence de l'Indien – qu'avaient soigneusement omise et Richer et Badius. C'est entendu, Henryville ne

---

1 Voir sur ce point F. Lestringant, *André Thevet, cosmographe des derniers Valois*, Genève, Droz, 1991, chap. v, p. 140-153. À compléter par *« Sous la leçon des vents ». Le monde d'André Thevet, cosmographe de la Renaissance*, Paris, Presses de l'Université Paris-Sorbonne, « Imago Mundi » n° 6, 2003, p. 33.

2 Pierre Richer, *La Refutation des folles resveries, execrables blasphemes, erreurs et mensonges de Nicolas Durand, qui se nomme Villegaignon* [Paris, Nicolas Édouard ?], 1561, f. 17 r°-v°. Texte transcrit dans F. Lestringant, *L'Expérience huguenote au Nouveau Monde*, Genève, Droz, 1996, p. 114-115.

3 Conrad Badius, *La Comedie du Pape malade et touchant à sa fin*, éd. Helen A. Shaw, Philadelphie, University of Pennsylvania, 1934, p. 128, v. 855-864.

correspond à aucune réalité, sinon, ajoute Léry, à ces « quelques maisonnettes » bâties par les « manouvriers » de la colonie. On est en droit de penser que celles-ci ont été construites sur le modèle des « loges » ou « logis » qui abritaient les Français dans leur île,

> desquels comme les sauvages en ont esté les architectes, aussi les ont-ils bastis à leur mode, assavoir de bois ronds, et couverts d'herbes[1].

À ce détail près, Léry relance en 1578 une polémique ancienne, qu'il se contente d'actualiser et de recentrer sur le personnage de Thevet. Il est vrai qu'il peut s'appuyer, pour justifier ce déplacement, sur une pièce à conviction toute récente. La *Cosmographie universelle* a été publiée dans l'intervalle, montrant, dans l'une de ses planches, la prise par l'escadre portugaise de Mem de Sa, le 15 mars 1560, de l'« Isle et fort des François[2] ». Presque imperceptible en bordure, et rangée à gauche de la baie en entrant, au-dessus de la « riviere de Cariobe », se découvre une « Henryville » aux bastions crénelés et munis de canons, à l'emplacement approximatif où s'élèvera plus tard la ville portugaise de Saint-Sébastien. On comprend mal pourquoi l'armada assaillante laisse intacte sur ses arrières cette citadelle, pour concentrer ses tirs d'artillerie sur l'île minuscule où s'élève l'imperceptible « Fort des Françoys ». En réutilisant sans doute une carte publiée à son retour du Brésil et aujourd'hui perdue, Thevet conjuguait l'anachronisme à l'hyperbole. En 1575, la France Antarctique avait disparu corps et biens depuis trois lustres.

La forme inverse et symétrique de Ville-Henry se rencontrera plus tard dans une carte du *Grand Insulaire et Pilotage* (*circa* 1586) intitulée « Gouffre [ou golfe] de la riviere de Ganabara ou Janaire[3] ». La ville imaginaire de Thevet se trouve désormais au milieu de la terre ferme : ceinturée de fossés, elle est baignée par un fleuve tributaire d'un lac qui correspond sans doute à la lagune Rodrigo de Freitas, en arrière d'Ipanema et Leblon.

Arrêtons-nous un instant sur cette dernière représentation, que Léry n'a pu connaître, mais dont il a peut-être eu entre les mains le prototype, publié, selon ses dires, « en l'an 1558 », donc à l'époque

1 J. de Léry, *H1V*, chap. VII, p. 201.

2 André Thevet, *La Cosmographie universelle*, Paris, L'Huillier et Chaudière, 1575, II, XXI, 2, f. 908 v°.

3 Paris, BnF, Cartes et Plans, Ge DD 2987, n° 9480.

des *Singularitez*[1]. Toute la baie de Rio de Janeiro est reconstruite en fonction de l'île occupée par les Français, « L'Isle aux françoys » de la carte. Celle-ci, face au goulet et au-delà du « ratier », barre l'entrée de la baie à la manière d'un verrou. Au fond de la baie, et orientée sur un axe parallèle à la première île, une île beaucoup plus grande, plantée d'arbres, où apparaissent deux maisons, « L'Isle des margaiatz », qui correspond à l'actuelle Ilha do Governador ou île du Gouverneur. Les Indiens Margajats ou Marakaia – « chats sauvages » – sont les ennemis héréditaires des Tupinikin alliés des Français. Leur nom passera dans la langue classique pour désigner un langage incompréhensible, un homme inculte ou grossier, ou encore, selon Littré, un galopin.

Un passage de l'*Histoire d'un voyage* raconte comment par une belle nuit de 1557, « pendant que nous estions là », les « Margajas » de la Grande Ile, bien qu'assujettis depuis longtemps, furent saccagés et taillés en pièces par les Tupinikin, qui en firent sur-le-champ des « carbonnades », rôtissant et mangeant jusqu'aux petits enfants à la mamelle[2]. L'île des Margajats représente donc une île sujette, une dépendance de l'île aux Français, un terrain de chasse à l'homme pour les alliés indiens et un réservoir de main-d'œuvre esclave pour Villegagnon qui rachète les rescapés du massacre. Ailleurs Léry nous dit que cette « grande isle » entrait aussi dans des relations de troc plus pacifiques. C'est là que les colons venaient chercher en barque « des farines et autres choses necessaires[3] ».

Autour et à partir de l'îlot occupé par Villegagnon, qui a retenu le nom de ce dernier dans la choronymie actuelle, et qui avait d'abord été baptisée du nom de Coligny, le promoteur de l'expédition, les contours de la baie sont redessinés sur un plan géométrique, les rivages formant un arc de cercle approximatif. On note que l'îlot est totalement hors d'échelle, surdimensionné par rapport à sa taille réelle, de quelques centaines de mètres de longueur. De la sorte, il contrôle la rade et la contrée environnante, une rade « tant spacieuse que toutes les navires du monde y seroyent à l'ancre seurement », écrivait le pilote Nicolas Barré[4].

1 J. de Léry, *HIV*, chap. VII, p. 201.
2 *Ibid.*, chap. XV, p. 371.
3 J. de Léry, *HIV*, chap. VII, p. 207.
4 Nicolas Barré, *Copie de quelques lettres sur la navigation du chevallier de Villegaignon es terres de l'Amerique oultre l'æquinoctial*, Paris, 1557, réédité par Henri Ternaux-Compans, in

La reconstruction utopique du « Gouffre de la riviere de Ganabara ou Janaire » rappelle la structure spatiale décrite par Thomas More au début du livre II de l'*Utopie*. L'île d'Utopie se présente paradoxalement comme un cercle vide : croissant de terre évidé embrassant un vaste port naturel « qui laisse traverser les navires en toutes régions, au grand profit et utilité des humains[1] ». Encore convient-il, pour pénétrer dans cet abri intérieur, de franchir une passe des plus dangereuses. Celle-ci est commandée par un rocher escarpé, « au milieu de la distance et intervalle entre les deux cornes de cette île », que les Utopiens ont pris soin de fortifier[2]. La maîtrise de l'îlot situé en plein goulet transforme une rive redoutable et semée d'écueils en un havre profond et de prime abord insoupçonné.

Le détroit franchi – ce qui suppose, pour l'équipage du vaisseau montant, l'alliance des Utopiens et le secours de leurs pilotes –, la terre hostile se retourne, à la façon dont on retourne un gant, en une mer intérieure paisible, que couronne un amphithéâtre de cultures et de cinquante-quatre villes équidistantes du centre théorique que représente le milieu de la rade.

Certaines des conséquences politiques qu'entraîne une telle disposition fictive s'opposent, il est vrai, au schéma développé par Thevet. Ainsi l'absence de centre visible, abîmé dans les flots du vaste golfe creusant l'île, implique chez More l'égalité géométrique des cités et celle de tous les citoyens qui les composent. Ni prince ni véritable « ville capitale », même si Amaurote est le siège du gouvernement. Rien qui corresponde, par conséquent, à cette « Ville Henry » qui a fait couler beaucoup d'encre.

Le rapprochement s'impose toutefois sur un autre plan. Il est manifeste que dans l'Utopie de More aussi bien que dans le Guanabara de Thevet, les impératifs stratégiques vont de pair avec l'accomplissement du symbole. La perfection circulaire et utérine d'un espace presque totalement refermé sur lui-même – à l'exception d'un étroit conduit qui assure la communication avec l'extérieur –, offre non seulement l'image d'une puissance et d'un bonheur préservés dans leur clôture, mais elle assure

Archives des voyages, t. I, Paris, 1840, p. 109.

1 Thomas More, *L'Utopie*, traduction du latin par Jean Le Blond (1550), revue par Barthélemy Aneau (1559), révisée et modernisée par Guillaume Navaud, Paris, Gallimard, « Folio », 2012, II, p. 105.

2 *Ibid.*, p. 105-106.

de plus, dans les termes les plus concrets, la possibilité même d'une telle image. En raison de sa configuration géographique, l'île creuse et fermée est naturellement protégée de toute agression extérieure, si bien qu'une poignée d'hommes adroitement placés « pourrait empêcher le débarquement d'une grande armée ».

La construction fictive se développe en conséquence sur deux plans : elle poursuit, dans un espace remodelé en fonction d'un projet, l'image d'un fantasme – vieux rêve de régression heureuse ou projection hors des vicissitudes et des contraintes de l'histoire –, mais simultanément, elle ne cesse de penser en termes militaires et tactiques. La fiction procède de la sorte, à chaque pas, en chaque point de son tracé, selon un calcul des plus lucides et des moins désintéressés. Logique onirique, si l'on veut, où, une fois posée la situation imaginaire initiale, les conséquences rationnelles en sont déduites en toute rigueur.

DU BON USAGE DE L'UTOPIE

Léry considère cette cartographie comme une pure moquerie, et qui plus est, un crime de lèse-majesté. La *Refutation* de Pierre Richer, déjà, voyait dans cette invention l'effet d'une démesure satanique :

> d'avantage ce temeraire flateur, est bien si audacieux et outrecuidé, qu'il ose imposer nom au Ciel, à la Terre, et à la Mer, non comme faisoit Adam, le commun pere des mortels, auquel premierement furent proposées les choses ausquelles il devoit le nom imposer, mais ce qu'il n'a jamais foullé de ses pieds, ce qu'il n'a jamais mis devant ses yeux, mais ce qu'il a seulement conceu d'une vaine opinion, et entendement non rassis, il appelle France Antartique [...]. Voyla les Tours, les Boullevers, et les edifices de Durand[1].

C'était là l'une des plus belles marques de l'« outrecuidance » de Villegagnon que de vouloir rivaliser avec Adam en nommant une seconde fois les objets de la Création. Nomination parodique et contraire à la volonté divine qu'elle singe, puisqu'elle s'applique à de purs néants

1 Pierre Richer, *Refutation*, *op. cit.*, f. 17 v°. Texte transcrit dans F. Lestringant, *L'Expérience huguenote*, *op. cit.*, p. 115.

verbaux, « villes et chasteaux » nés tout armés « d'une folle et insensée imagination ». Le blasphème du chevalier de Malte est donc reconduit par le cosmographe du roi.

Chez Léry toutefois, la profanation commise attente moins à la gloire de Dieu qu'à celle du monarque, seul lésé en l'affaire. Thevet ne se moque pas tant du Très-Haut que de « la memoire de son Prince », feu le roi Henri II, dont il détourne et manipule le nom avec une insolente légèreté. En témoigne l'espèce de jeu de bascule qui, de carte en carte, renvoie indéfiniment de Ville-Henry à Henryville et vice-versa. Il est significatif que Léry, dans la troisième édition de l'*Histoire d'un voyage* en 1585, ajoute à ce propos une référence tirée de Plutarque et non pas de la Bible. César Auguste et Alexandre servent d'exemples de la révérence que l'on doit maintenir envers « l'auctorité du Prince » :

> Car non sans cause Plutarque dit de Cesar Auguste, qu'il se courrouçoit qu'on escrivit quelque chose de luy, si ce n'estoit bien gravement, et par excellents personnages : commandant aux magistrats qu'ils ne souffrissent son nom estre ainsi vilipendé és jeux des basteleurs et jouëurs de farces. Et semblablement Alexandre le grand prohiba par Edit general, qu'il ne fut pourtrait par aucun peintre que par Appelles : comme certes il faut que l'auctorité du Prince soit en tout maintenue et gardée[1].

La fable d'Henryville constitue un crime de lèse-majesté sans aucun doute, puisque en cela Thevet mésuse du sceau royal, le vidant de sa substance et de son efficace. Il se montre par conséquent indigne de sa charge officielle de cosmographe du roi. Mais la souveraineté ainsi bafouée est d'abord humaine, aux yeux de Léry, de sorte que le blasphème ne remonte pas du roi vers Dieu.

Dans la caricature que Pierre Richer traçait de Villegagnon, il y avait quelque chose de grandiose, voire de prométhéen : on assistait à la révolte du blasphémateur contre l'ordre immémorial du monde. Léry, quant à lui, prend soin de distinguer. Il se garde bien de mêler le spirituel avec le temporel, ce qui a pour résultat de faire redescendre la controverse du ciel vers la terre, et de réduire d'autant la stature de l'adversaire et victime. Thevet n'a plus rien du « cyclope » effrayant que stigmatisait Pierre Richer en Villegagnon. Indigne dès lors du bûcher, il mérite tout au plus les risées que lui attirent ses mensonges et ses vantardises.

1 J. de Léry, *HIV*, chap. VII, p. 204, note 1.

Soit ! Henryville n'est qu'une cité de papier, ou, comme le dit Léry, « rien que de la peinture ». Il serait pourtant excessif de vouer son auteur aux peines éternelles. En réplique à la démesure du cosmographe-démiurge, Léry, d'un trait de plume, se contente donc de lui « raser une ville[1] », le punissant comme un gamin dont on renverse le château de cartes.

Cette accusation de lèse-majesté sera combattue par Marc Lescarbot dans son *Histoire de la Nouvelle France* publiée au tournant du XVIIe siècle, à l'époque où Champlain jette les fondements d'un Canada français. Pourtant favorable à Léry, dont il compile par ailleurs l'*Histoire d'un voyage*, il le contredit sur ce point précis. En peignant une ville imaginaire « à côté gauche de ce Port de Ganabara sur la terre ferme », Thevet n'a nullement insulté à la majesté de son prince, il a simplement tenté d'en orienter la volonté et d'en infléchir l'action :

> Mais soit qu'il y ait ville ou non, je n'y trouve point sujet de blame si on a égard au temps que les François possedoient cette terre, ayant fait cela, à fin d'inviter le Roy à avancer cette entreprise[2].

La fiction n'est donc pas le contraire de la vérité. Ayant valeur d'anticipation, elle permet au géographe de jouer avec plus d'efficacité son rôle de conseiller du prince. Non content de rejoindre la volonté du souverain, il l'anticipe ou la détourne dans le sens de l'expansionnisme colonial.

On voit par cet exemple comment Léry se montre sourd à l'esprit d'utopie. Le regard qu'il porte sur le Brésil n'est pas tourné vers l'avenir mais vers le passé. « Je regrette souvent que je ne suis parmi les sauvages », écrit-il au terme de son odyssée[3]. Ce regret n'entraîne nulle volonté de retour sur les lieux. Ce qui est perdu est perdu. Il y a dès lors comme une jouissance secrète à rêver l'inaccessible, à se transporter par l'esprit loin du présent et de ses malheurs. C'est tout le bonheur du mélancolique que de se projeter ainsi dans la distance, pour contempler de loin et d'en haut le paradis dont il est séparé.

---

1 *Ibid.*, p. 205.

2 Marc Lescarbot, *Histoire de la Nouvelle France*, Paris, Jean Millot, 1609, p. 208-209. Sur la controverse suscitée par cette géographie fantastique, voir F. Lestringant, « Fictions de l'espace brésilien à la Renaissance », art. cité, en particulier p. 234-247. Pour un regard amusé sur « la cosmographie imaginaire » de Thevet, lui-même dépeint comme « un futurologue à l'état rustique », *cf.* Gilles Lapouge, *Équinoxiales*, Paris, Flammarion, 1977, et Livre de Poche, 1979, p. 50-56.

3 J. de Léry, *HIV*, chap. XXI, p. 508.

Sans doute Léry nous dit que l'entreprise coloniale avait toute chance de réussir, n'eût été la trahison de Villegagnon, et d'alléguer à ce propos le témoignage d'un capitaine Fariban, de Rouen, chargé du transport des futurs colons :

> on avoit dés la mesme année deliberé de passer sept ou huict cens personnes dans de grandes Hourques de Flandres pour commencer de peupler l'endroit où nous estions[1].

Léry voit grand, très grand, et imagine un Brésil d'ores et déjà peuplé de « plus de dix mille François ». Mais tout cela est à l'irréel, et ne vise en réalité qu'à accabler Villegagnon, déclaré seul coupable de la perte de la France Antarctique. Par ricochet Thevet est atteint, lequel tient mordicus à cette appellation devenue obsolète. Si seulement Villegagnon ne s'était pas « révolté » et n'avait pas apostasié la religion réformée, les Français

> possederoyent maintenant sous l'obeissance du Roy un grand pays en la terre du Bresil, lequel à bon droit, en ce cas, on eust peu continuer d'appeler France Antarctique[2].

C'est la seule et unique fois que Léry emploie l'expression, avec une pointe d'ironie bien perceptible. Rien désormais ne pourra ressusciter cette France des antipodes, ce royaume où l'on marche la tête en bas ! Dans le même sens, un pamphlet protestant de 1561 parlait de l'« Antartique foy » de Villegagnon[3].

Léry refuse dans l'utopie la forgerie et le machiavélisme. Il raisonne en moraliste puritain, ennemi du mensonge, quand bien même utilitaire. Et pourtant l'utopie, dans sa version française, est une création protestante. Le potier Bernard Palissy, l'architecte et ingénieur militaire Jacques Perret, tous deux huguenots, imaginent jardins et cités idéaux, propres à servir de refuge à leurs coreligionnaires persécutés. Le jardin de Palissy, tel que le dessine la *Recepte veritable* en 1563, est rempli d'inscriptions tirées des livres sapientiaux de la Bible[4]. Le livre d'architecture mili-

1 *Ibid.*, p. 506.

2 *Ibid.*, *ad loc.*

3 *La Response aux lettres de Nicolas Durant, dict le chevalier de Villegaignon, addressées à la Reyne mere du Roy*, s. l., 1561, f. 8 r° (Bibl. de la S.H.P.F. : André 1076-2).

4 Bernard Palissy, *La Recette véritable (1563)*, éd. F. Lestringant et Ch. Barataud, Paris, Macula, 1996. *Cf.* F. Lestringant, « Le Jardin des origines : Palissy et du Bartas », in

taire et civile de Jacques Perret, au tournant du XVIIe siècle, flanque ses bastions et contrescarpes de versets des Psaumes de David[1]. La Parole n'est donc pas incompatible avec la fiction topographique ; la profession de foi réformée avec la projection imaginaire, qui plie et pétrit le réel à sa guise. On le constate un peu plus tard avec l'*Histoire d'Antangil*.

LE PARADIGME UTOPIQUE : ANTANGIL

Publiée en 1616 à Saumur, un siècle exactement après l'*Utopie* de Thomas More, l'*Histoire du grand et admirable royaume d'Antangil* a été qualifiée de « première utopie française[2] ». Ce n'en est que la deuxième, à vrai dire, puisqu'il faut tenir compte d'*Alector ou le Coq*, « histoire fabuleuse » que l'humaniste Barthélemy Aneau publie à Lyon en 1560, et qui contient la description d'une cité idéale, dans la lignée des architectures visionnaires du Quattrocento italien, celles de Francesco di Giorgio Martini et de Filarete, et plus récemment de Pietro Cataneo[3].

Hervé Brunon, éd., *Le Jardin, notre double. Sagesse et déraison*, Paris, Éditions Autrement, coll. « Mutations », 1999, p. 101-123.

1 Jacques Perret, *Des fortifications et artifices, architecture et perspective de Jacques Perret gentilhomme savoysien*, s. l. n. d. [1601]. Voir l'étude de Bruna Conconi, « Il Salmo e il Compasso, ovvero gli artifici di un inventore Riformato », *Studi di Letteratura francese*, XIX, « Cinquecento visionario tra Italia e Francia », Florence, Olschki, 1992, p. 411-436.

2 *Histoire du grand et admirable royaume d'Antangil. Incogneu jusques à présent à tous Historiens et Cosmographes : composé de six vingts Provinces très-belles et très-fertiles. Avec la description d'icelui, et de sa police nom-pareille, tant civile que militaire. De l'instruction de la jeunesse. Et de la Religion. Le tout comprins en cinq livres*, À Saumur, Par Thomas Portau, 1616. Réédité par Frédéric Lachèvre sous le titre : *La Première Utopie française. Le Royaume d'Antangil (inconnu jusqu'à présent) réimprimé sur l'unique édition de Saumur, 1616*, avec des éclaircissements de Frédéric Lachèvre, Paris, La Connaissance, 1933. – La préface de Frédéric Lachèvre est à corriger et à compléter par les études de Jean Céard, « La Fortune de l'*Utopie* de Thomas More en France au XVIe siècle », in *La Fortuna dell'Utopia di Thomas More nel dibattito politico europeo del '500. II giornata Luigi Firpo 2 marzo 1995*, Florence, Leo S. Olschki editore, 1996, p. 43-74 (voir notamment p. 61-65), et Frank Lestringant, « Huguenots en Utopie, ou Le genre utopique et la Réforme (XVIe-XVIIIe siècles) », *BSHPF*, t. 146, avril-juin 2000, p. 253-306.

3 Barthélemy Aneau, *Alector ou le Coq, histoire fabuleuse*, (Lyon, Pierre Fradin, 1560), éd. par Marie Madeleine Fontaine, Genève, Droz, 1996, chap. XXIV. Sur la dimension utopique de l'œuvre et les réserves qu'il convient d'émettre à ce sujet, voir l'ample et riche introduction de M. M. Fontaine, t. I, p. XIII-XX.

Du paradigme utopique, *Antangil* est l'illustration un peu scolaire. On ne sait rien de son auteur qui a signé des initiales I.D.M.G.T., sauf qu'il était protestant et peut-être tourangeau, en relation avec les Pays-Bas. On a parlé tour à tour du pasteur Joachim Du Moulin et de Jean de Moncy[1]. Il reste que cette utopie est la première à illustrer le mythe de la Terre Australe, ce vaste continent s'étendant de Java à la Terre de Feu, plus grand par conséquent que les deux Amériques ensemble, objet des rêves d'empire des puissances du Nord de l'Europe, et simultanément pôle de fixation privilégié des utopies narratives de l'âge classique. Le mythe de la terre australe avait été lancé quelque trente ans plus tôt par le livre des *Trois Mondes* de La Popelinière, un protestant lui aussi, désireux d'ouvrir aux pays de la Réforme, huguenots de France, Anglais et Hollandais, une aire d'expansion coloniale au moins égale au Nouveau Monde conquis par l'Espagne et le Portugal[2].

Antangil n'est pas un nom forgé à plaisir ; c'est le nom d'une baie située au nord-est de Madagascar. La carte qui accompagne le texte comporte 129 noms de lieux. Ce sont en réalité pour la plupart des noms communs tirés d'un lexique malais et javanais inclus dans le *Journal de voyage* de l'amiral hollandais Jacob Corneliszoon Van Neck[3]. Nul hasard si cette utopie, qui choisit pour site le continent austral entre le trentième et le cinquantième parallèle et en énumère les richesses potentielles, est dédiée à « Messieurs les Estats des Provinces unies du païs bas ».

L'ouvrage se distribue en cinq livres. Les quatre derniers exposent avec une extrême minutie le programme utopique proprement dit, sous les quatre rubriques suivantes : « De l'excellente police de cet Empire », « De la police militaire », « De la nourriture et instruction de la jeunesse », « De la religion de ce peuple ». Le premier livre est un tableau géographique de ce vaste empire situé au sud de « la grande Jave » et compris entre le trentième et le cinquantième degré de latitude australe. Limité, « du côté de notre pôle », par l'océan Indien, et vers

1 Attribution proposée par Alexandre Cioranescu, « "Le Royaume d'Antangil" et son auteur », *Studi Francesi*, VIIe année, 19, 1963, p. 17-25.

2 Lancelot Voisin de La Popelinière, *Les Trois Mondes (1582)*, éd. critique par Anne-Marie Beaulieu, Genève, Droz, « Travaux d'humanisme et Renaissance », n° CCCX, 1997. Voir en outre F. Lestringant, *Le Huguenot et le sauvage*, *op. cit.*, Genève, 2004, p. 346-356, 390-394 et 453-455.

3 Jean Céard, art. cité, p. 64-65. *Cf.* Claire Pierrot, *La Fortune de* l'Utopie *de Thomas More en France à la Renaissance*, thèse de l'Université Paris X-Nanterre, décembre 2002, p. 446-452.

l'Antarctique, par de « hautes montagnes toujours pleines de neige », il déploie dans sa verticalité tout un éventail de climats.

Le Royaume d'Antangil est en « terre continente », mais il reproduit le dispositif insulaire de l'Utopia de More, lisible en filigrane. Deux fleuves, Iarrit et Bachil, bornent l'empire à l'est et à l'ouest, découpant dans le continent austral un rectangle allongé du sud au nord, « comme quarré longuet », dit joliment le commentaire. Ce rectangle délimité par des frontières naturelles est ouvert jusqu'au centre par un grand « goulphe » nommé Pachinquir, profond de cent lieues et large de dix-sept. Équidistant des deux fleuves frontaliers et suivant le même axe longitudinal, ce golfe reçoit lui-même quatre fleuves, « lesquels, après avoir couru la plus part de ce Royaume, se desgorgent en icelui ». On pense aux quatre fleuves du Paradis terrestre, jaillis de la fontaine de vie au milieu du jardin. Mais c'est ici l'inverse : venus des extrémités du royaume et déroulant leurs méandres jusqu'à la Méditerranée verticale que figure le golfe de Pachinquir, ils convergent vers le centre. Sangil, la capitale, siège du gouvernement et de l'église principale, est située tout naturellement « au bout du Goulphe de Pachinquir », c'est-à-dire au centre géométrique de la carte. De même dans l'Utopie de Thomas More, Amaurote est établie au centre et au fond de la baie qui échancre le cercle insulaire et le réduit à la forme d'un croissant. Ce croissant presque refermé est perceptible à l'état de rémanence, dans l'approximatif fer à cheval que dessine la géographie carrée d'Antangil.

Comme toute utopie, le royaume d'Antangil est replié sur lui-même et difficilement accessible de l'extérieur. Hormis les deux fleuves frontaliers, dont l'embouchure forme deux havres naturels, la côte de l'océan est encombrée de basses et de rochers qui la rendent inabordable. L'entrée du golfe de Pachinquir – « doux et tranquille, comme le nom le porte » – représente l'accès le plus sûr. Encore est-elle rétrécie par la présence d'une île, Corylée, qui obstrue les trois quarts de sa largeur. Restent, de part et d'autre, deux passes étroites, qu'il est aisé de contrôler. Sur l'île d'estuaire se dresse un volcan « ou Vésuve » en éruption perpétuelle, qui remplace avantageusement un phare.

L'extension verticale du royaume, bande longitudinale prélevée sur le continent, fait coexister tous les climats, du plus froid et sec au plus chaud et humide, « ce qui le rend d'autant plus délectable et riche, possédant lui seul tout ce que les autres contrées n'ont qu'en partie[1] ». Antangil est tout l'univers, sinon dans son étendue, du moins dans sa variété. Quatre bandes climatiques s'étagent du sud au nord, froid et sec sur les basses pentes des monts Sariché, opulents en pâturages et en bétail ; tempéré ensuite ; excessif en chaleur et sécheresse aux abords du tropique du Capricorne, qui barre la carte au tiers de sa hauteur ; tempéré à nouveau et pluvieux au-delà du tropique vers l'équateur, en raison du voisinage de la mer et des vents qui s'y lèvent, cette dernière observation, précise l'auteur, allant « contre la reigle des anciens ». Pareille diversité climatique a pour conséquence la production de toutes les richesses imaginables, depuis les minerais extraits des montagnes méridionales jusqu'aux perles que l'on pêche à l'entrée du golfe de Pachinquir, « dont les unes sont blanches et claires comme celles que nous voions en nostre Europe, les autres incarnattes et brillantes comme rubis et escarboucles[2] ». Dans l'intervalle se recueillent les productions exotiques les plus variées, « comme cocos, ananas, bananas, mangoas, bétel, palmites, mirobolans, canelle, poivre, girofle, gingembre, mastic, benjoin, graine guaiac, brésil et plusieurs autres fruicts, bois et drogues exquises ».

Bref, c'est un second paradis terrestre. Rien d'étonnant si parmi les animaux qui remplissent ce royaume, la gent volatile est la plus nombreuse :

> L'on diroit à voir la quantité et diversité des oiseaux qui sont en ces contrées, que c'est le propre et particulier lieu, auquel Dieu le Créateur leur a apresté leur nourriture, ou qu'il vueille donner ce contentement aux habitans de ce Royaume par dessus les autres peuples, de les voir chanter et voler en l'air[3].

On y rencontre les oiseaux des deux mondes, sans compter de plus merveilleux encore, comme le légendaire paradisier :

> Les oiseaux de paradis qu'on nomme Mamucos, dont personne ne sçait l'origine par-deçà, se voient pendus aux Caneliers et Girofliers, les femelles couvans leurs petits sur le dos des masles, vivans de la manne, rosée et bonnes odeurs.

La parenté est évidente entre la cosmographie de Thevet et l'utopie d'Antangil. Ici et là l'espace est redessiné en fonction d'une prise

1 *Histoire d'Antangil*, éd. F. Lachèvre, *op. cit.*, p. 30.
2 *Ibid.*, I, IV, p. 33.
3 *Ibid.*, I, VII, p. 37.

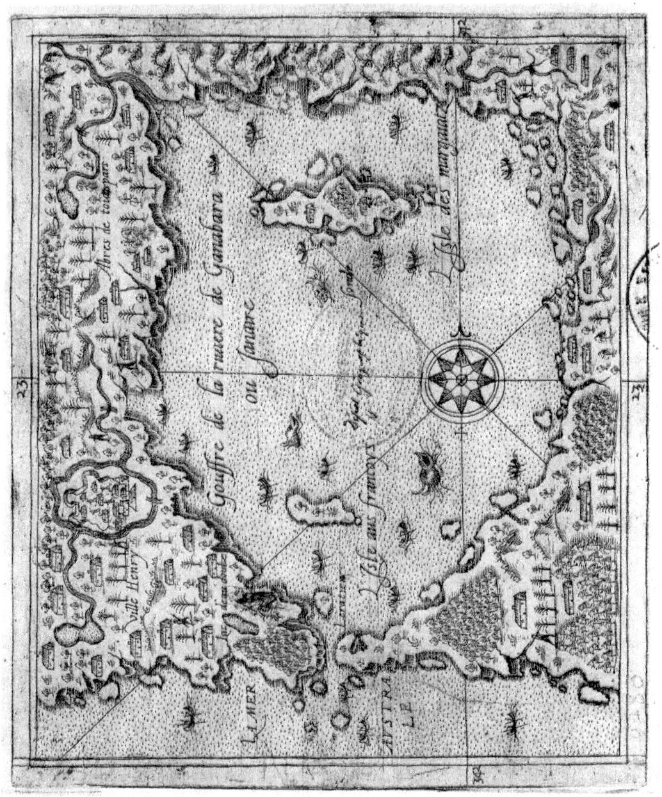

Ill. 2 – André Thevet, « Gouffre de la riviere de Ganabara [Guanabara] ou Janaire », carte en taille-douce destinée au *Grand Insulaire et Pilotage*, *circa* 1586. – BnF, Cartes et Plans, Rés. Ge DD 2987, n° 9480.

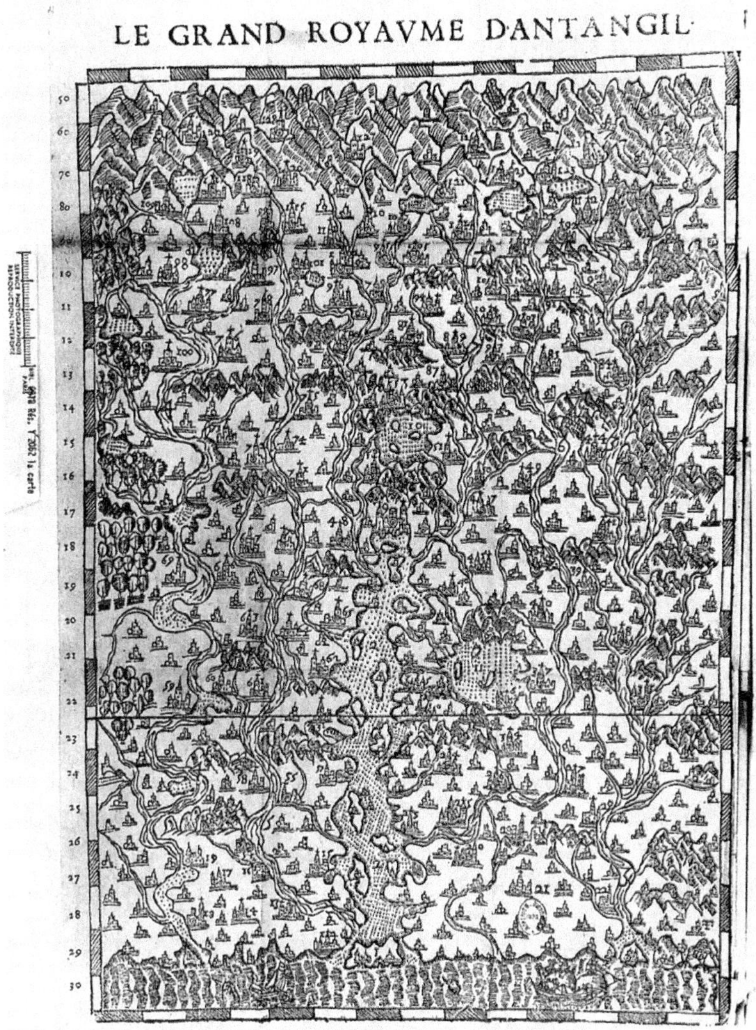

Ill. 3 – Anonyme, « Le Grand Royaume d'Antangil », carte insérée dans I.D.M.G.T., *Histoire du grand et admirable royaume d'Antangil. Incogneu jusques à présent à tous Historiens et Cosmographes* [...]. *Le tout comprins en cinq livres*, À Saumur, Par Thomas Portau, 1616. – Paris, BnF, Rés. Y2.2062.

de possession symbolique. Le projet politique oriente et modèle en profondeur la géographie. La projection utopique, dans les deux cas, a pour corollaire un prospectus de propagande coloniale vantant les richesses naturelles de la terre à conquérir. Ces deux textes accompagnés de cartes réalisent l'alliance de la prospective géopolitique la plus audacieuse et d'un paradis terrestre des plus attirants. L'Utopie et le pays de Cocagne se rejoignent. L'avenir table sur des rêves immémoriaux et aussi sur l'espoir de gains très tangibles. À côté de la carte du Rio de Janeiro, Thevet propose dans son *Grand Insulaire* celle d'une mythique « Isle de Thevet », située sur le littoral du Brésil, quelque part entre le Rio Massiambu et la baie de Laguna, dans l'État actuel de Santa Catarina, et dont il nous assure que « pour les excellences qui rayonnent en elle », elle « semble estre un second Paradis terrestre[1] ».

On observe en outre que les deux cartes du « Gouffre de la riviere de Ganabara » et du « Grand royaume d'Antangil » se superposent sans difficulté [ill. 2 et 3]. Dans les deux cas, la perspective est à la fois frontale et surplombante, comme si le cartographe hésitait entre la vue cavalière et la vision aérienne. L'avant-plan, en bas, est occupé par la mer chargée de plusieurs barques ou de navires marchands. Très logiquement, c'est le point de vue porté depuis le navire de haut bord sur le pays à découvrir ou à occuper. Le rivage de la mer est tracé à la règle, schématisé sous la forme d'une horizontale rectiligne, qu'affronte le regard venu du large, et au milieu exact de laquelle s'ouvre une échancrure, d'abord étroite, puis s'élargissant en profondeur. Une île bloque l'entrée et la contrôle. D'autres îles en arrière multiplient les obstacles et relaient en quelque sorte cette première barrière protectrice.

L'axe vertical de la construction est le méridien, mais tandis que le gouffre de Janaire s'enfonce vers le Nord, celui de Pachinquir s'oriente droit au Sud. Le vingt-troisième parallèle coupe la baie de Janaire au tiers de sa profondeur ; dans la carte d'Antangil, c'est le tropique du Capricorne, voisin d'un demi-degré, qui sectionne à même hauteur le

1 André Thevet, *Le Grand Insulaire et Pilotage*, *circa* 1586-1588, Paris, BnF, Ms fr. 15452, f. 260 r°. Texte et carte reproduits dans Suzanne Lussagnet éd., *Les Français en Amérique pendant la deuxième moitié du* XVI*e siècle. Le Brésil et les Brésiliens par André Thevet*, Paris, PUF, 1953, p. 314.

continent austral. La principale différence entre les deux cartes réside dans la place prépondérante accordée à la terre dans *Le Grand Royaume d'Antangil*, alors que l'espace maritime est dominant chez Thevet. Au reste, ce n'est qu'affaire de proportion. La structure commune est bien lisible en filigrane des deux cartes : transparaît, sous-jacent aux deux fictions cartographiques, le croissant presque refermé sur lui-même de l'Utopie de More.

LA CARTE ET LE CORPS

L'*Histoire d'un voyage faict en la terre du Bresil* ne comporte pas de carte, à la différence de la plupart des ouvrages de Thevet. Dans l'iconographie de la première édition, toute la place est prise par le corps érotisé de l'Indien. Les paysages, plagiés de Thevet ou maladroitement reconstruits de bric et de broc à partir de lui, ne feront leur apparition que plus tard, dans la seconde édition de 1580. Ils se réduisent à trois et montrent une scène de combat, le massacre du prisonnier et « l'Enfer brésilien », peuplé de bradypes et de poissons volants[1].

L'iconographie de l'*Histoire* se compose essentiellement de cinq figures en plan rapproché, au format vertical de la page, cinq portraits de nus arrangés en couples ou en groupes. Parmi eux, un intrus : dans la scène de la salutation larmoyante, un Français habillé de pied en cap et barbu fait son apparition, assis dans un hamac entre Indienne éplorée et Indien indifférent[2]. On serait tenté de voir dans cette figure énigmatique, dont les doigts écartés cachent à demi le visage, dans l'intervalle du bonnet de matelot et du col fraisé, le propre portrait de l'auteur se cachant pour rire, riant du bon tour qu'il joue au lecteur.

Au départ, si le Brésil de Thevet est une carte, celui de Léry est un corps. L'*Histoire* ouvre d'emblée sur une intimité chaude et

1 Voir sur ce point Frank Lestringant, « L'iconographie de l'*Histoire d'un voyage faict en la terre du Bresil* (1578-1611) de Jean de Léry : sources et fortunes », *Le Livre du Monde, le Monde des Livres. Mélanges en l'honneur de François Moureau*, Paris, PUPS, 2012, p. 717-755.

2 J. de Léry, *HIV*, p. 448.

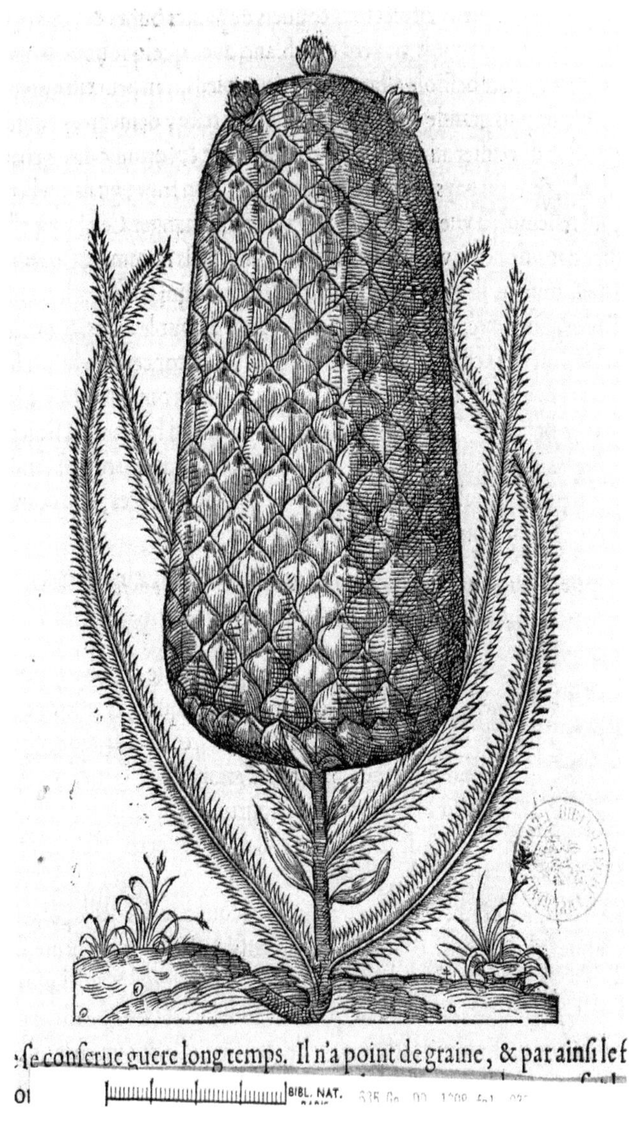

ILL. 4 – « Nana, fruit fort excellent », l'ananas,
d'après André Thevet, *Les Singularitez de la France Antarctique*,
Paris, chez les héritiers de Maurice de la Porte, 1557, f. 89 v°.

Ill. 5 – Famille Tupinamba à l'ananas et au hamac. Jean de Léry, *Histoire d'un voyage*, Genève, 1578, chap. VIII.

heureuse : la famille indienne avec ananas et hamac est la première image qui s'impose au regard[1]. L'unité de base de la société tupinamba, selon Léry, c'est la cellule familiale à l'européenne, telle que la met en scène cette gravure-programme [ill. 4]. Le père, arborant arc et flèches, est représenté dans ses fonctions de guerrier et de chasseur. Enlaçant tendrement son époux et placée légèrement en retrait, la mère tient un enfant rond et joufflu dans le traditionnel bandeau de portage. Le hamac au fond de la composition, l'ananas au premier plan et les fruits de l'arbre « choyne » dans une coupelle, ces deux derniers détails empruntés à Thevet, confèrent à l'idyllique scène de genre la touche d'exotisme nécessaire. L'ananas, droit sur sa tige frêle, s'élance comme une pointe de flèche vers le ciel. Il est surmonté de trois petits toupets végétaux artistement disposés, en parfaite symétrie[2]. À droite de la composition, aux pieds de la mère à l'enfant, les fruits dans une coupe, grands « comme une moyenne citrouille », précise le commentaire, sont imités d'une autre gravure de Thevet[3].

Viennent ensuite, beaucoup plus loin dans le livre, le guerrier-bourreau à la massue, la poitrine et les cuisses scarifiées, deux fois présent, dans le chapitre de la guerre tout d'abord, puis dans celui du sacrifice[4] ; le danseur et le sonneur de maracas, entre perroquet perché et singe accroupi[5] ; les deux panneaux formant diptyque de la salutation larmoyante et des funérailles, avec, à chaque fois, le hamac tendu en travers de la composition[6].

La voie où Léry s'engage est décidément opposée à la projection utopique. C'est celle de la rêverie primitiviste, du regard jeté en arrière, au risque de la statue de sel en quoi fut changée la femme de Lot, abandonnant Sodome à regret. Le rêve de Jean de Léry n'est pas l'utopie, c'est plutôt la robinsonnade, future invention protestante, comme chacun sait[7].

1 *Ibid.*, p. 213.

2 F. Lestringant, « L'iconographie de l'*Histoire d'un voyage* », art. cité, p. 722-723.

3 André Thevet, *Les Singularitez de la France Antarctique*, 1557, f. 105 r°. Commentaire au feuillet précédent, f. 104 v°. *Cf. Le Brésil d'André Thevet. Les Singularités de la France Antarctique (1557)*, Paris, Chandeigne, 2011, p. 275. Commentaire à la p. 276.

4 Jean de Léry, *HIV*, 2de éd., 1580, chap. XIV, p. 207, et chap. XV, p. 222 ; *HIV*, p. 350.

5 *Ibid.*, chap. XVI, p. 246.

6 *Ibid.*, chap. XVIII, p. 284 ; chap. XIX, p. 301.

7 Voir Lise Andries *et alii*, *Robinson*, Paris, Éditions Autrement, « Figures mythiques », 1996 ; en particulier les contributions de F. Lestringant et Michel Baridon.

Au lieu d'une projection politique globale, c'est le choix de l'escapade individuelle et de l'isolement, au risque de la perte et de l'endotisme. L'individualisme et le bricolage de survie, de préférence à la solution collective et planifiée[1]. Durant son séjour de dix mois au Brésil, Léry ne cesse de fuguer en terre ferme, s'égarant dans la forêt tropicale, pour la frayeur de se perdre et le bonheur de se retrouver ensuite, accueilli à bras ouverts par des Indiens à l'hospitalité proverbiale. L'une de ces escapades, particulièrement longue et mouvementée, donne matière à plusieurs anecdotes disséminées dans le cours du récit. J'ai déjà évoqué la première dans l'ouverture de ce livre[2]. S'étant risqués sans guide indigène à l'intérieur des terres, Léry et deux de ses compagnons sont surpris par un gigantesque reptile, iguane ou caïman, qui les contemple avec avidité, tout en soufflant puissamment[3]. Lorsqu'ils parviennent le lendemain soir, après deux jours et une nuit d'errance, épuisés et affamés, dans le village de *Pavo*, ils sont reçus et festoyés, non sans qu'on leur ait lavé les pieds et les jambes « de belle eau claire », selon l'usage antique[4].

Dans cette robinsonnade avant la lettre, il s'agirait moins de civiliser le sauvage que de vivre en bonne intelligence avec lui, partageant ses us et coutumes, à l'exception, bien sûr, des plus cruelles comme le cannibalisme, devisant familièrement avec lui de Dieu et de la Providence sous les ombrages remplis d'aras. L'*Histoire d'un voyage* nous conserve de cette idylle à peine esquissée quelques traces fugitives : les courses en terre ferme, les propos échangés en marchant, l'accueil au soir dans les villages indiens bruyants de chants et de rires, les psaumes chantés dans la forêt retentissante « d'une infinité d'oyseaux rossignolans[5] ».

---

1 Dans sa thèse fondamentale sur *L'Utopie narrative en France et en Angleterre 1675-1761*, (Oxford, The Voltaire Foundation, 1991, p. 243), Jean-Michel Racault insiste sur les convergences plutôt que sur les divergences entre utopie et robinsonnade. Il propose néanmoins les distinctions suivantes : « les deux genres ne se distinguent que par le statut plus ou moins activement impliqué du personnage narrateur, par la dimension de la société imaginaire représentée, par l'accent mis, dans un cas, sur les questions individuelles de la survie matérielle et de la rédemption religieuse, dans l'autre, sur le problème collectif de l'organisation des rapports humains au sein d'une communauté ».

2 Voir ci-dessus l'Ouverture, p. 23, à l'appel de la note 1.

3 J. de Léry, *H1V*, chap. X, p. 268-269. Voir ci-après le quatrième chapitre, pages 92-93.

4 J. de Léry, *H1V*, chap. XVIII, p. 461-463.

5 *Ibid.*, chap. XVI, p. 417. Voir ci-après le sixième chapitre du présent ouvrage, p. 149-173.

Vers la fin de leur séjour au Brésil, quand, rejetés par un Villegagnon colérique et apostat, ils doivent trouver refuge en terre ferme, Léry et ses camarades rencontrent l'épreuve rédemptrice. À la fin d'octobre 1557, à peine huit mois après leur arrivée, les quatorze huguenots chassés de l'île Coligny, nouvelle « Babel dans l'entre-deux de l'Univers[1] », se retrouvent sur le site de la Briqueterie, clairière argileuse ouverte sur la baie et bordée de huttes de palmes. La communauté des croyants vient de rejoindre son lieu naturel où elle connaît, avant les orages du retour, deux mois d'une paix évangélique, vivant en parfaite harmonie avec les Indiens du voisinage.

Comme l'expliquera le ministre Pierre Du Moulin, auteur en 1618 d'un traité *De la vocation des pasteurs*, qui précède d'un siècle tout juste le *Robinson Crusoé* de Daniel Defoe, l'élection du chrétien réformé se révèle lors d'une séparation brutale, de celles qui résultent d'une tempête ou d'un naufrage. Imaginons, nous dit Du Moulin, un fidèle « porté seul par naufrage ou autrement en quelque isle barbare », exactement comme Robinson plus tard, et qu'ayant appris la langue des indigènes, il se mette à les instruire dans la religion chrétienne, « et qu'à sa parole plusieurs se convertissent[2] ». Son devoir, bien sûr, est de dresser une église : le voici donc promu pasteur *de facto*. Il aura reçu à ce moment-là une sorte de légitimité transcendante qu'aucune église, qu'aucune institution humaine ne lui auront conférée. Comme le naufragé imaginé par Du Moulin, comme plus tard Robinson instruisant Vendredi, Léry et ses compagnons, une fois retranchés de la colonie tyrannique de Villegagnon et rendus au contact du monde sauvage, n'ont de compte à rendre qu'à Dieu.

Au rebours de ce qui se passe dans l'église catholique, où l'ordination est transmise par un prêtre à un autre, la vocation pastorale est subite et inopinée. Telle fut l'alliance conclue au désert du Sinaï entre Moïse et Dieu. Par définition, cette grâce est imméritée. Même sans la caution du rite, la vocation vaut en vertu de l'efficace immédiate du Saint-Esprit, qui descend sur l'élu et l'emplit de sa force. Comme l'île du pasteur Du

1 Michel de Certeau, *L'Écriture de l'Histoire*, Paris, Gallimard, 1975, p. 232.

2 Pierre Du Moulin, *De la vocation des pasteurs*, Sedan, 1618, livre I, chap. IX, p. 44. Je dois cette référence à Bernard Cottret qui l'a mise en œuvre dans une communication intitulée « Amitié et fidélité au XVIe siècle : la correspondance de Calvin et de Louis du Tillet (janvier-décembre 1538) », *Shakespeare, la Renaissance et l'amitié*, éd. Richard Marienstras et Dominique Goy-Blanquet, Amiens, Université de Picardie, 1998, p. 84-104.

Moulin ou celle de Robinson, La Briqueterie est un espace sans clergé ni hiérarchie, et dans lequel la volonté de Dieu agit directement à travers la poignée de fidèles rassemblée en Son nom.

Tout cela ne serait rien encore, s'il n'y avait, dans cet exil et cet isolement, qui constituent ici le préalable nécessaire à l'expérimentation exotique et à la mise à distance critique du monde de référence, l'invention du sauvage.

DEUXIÈME PARTIE

L'INVENTION DU SAUVAGE

Tupy or not Tupy.

Oswald DE ANDRADE, *Manifesto antropofago*, 1928.

JUSQU'À L'EXHAUSTION

THEVET ET LÉRY : L'INVENTAIRE ET L'AVENTURE

L'*Histoire d'un voyage* ne serait pas telle, elle n'aurait ni cette verve ni cette profondeur insolemment subjectives sans le précédent que constituent *Les Singularitez de la France Antarctique* d'André Thevet, ouvrage abondamment illustré publié en 1557 et dont les liminaires renferment les Odes de deux des plus illustres poètes de la Pléiade, Jean Dorat et Étienne Jodelle. C'est devenu un exercice rhétorique obligé que d'opposer les deux œuvres[1].

Or, si on les place en vis-à-vis, on s'aperçoit que les deux ouvrages combinent en des proportions inverses l'*aventure* et l'*inventaire*, ces deux composantes fondamentales de tout récit d'itinéraire[2]. L'aventure enveloppe l'inventaire, lui donnant sens et dynamisme, mais de façon très lâche chez Thevet, de manière beaucoup plus nécessaire et récurrente chez Léry. Le pluriel du titre de Thevet est de lui-même tout un programme. L'inventaire des singularités du Brésil apparaît plutôt désordonné : c'est un pêle-mêle de merveilles, où les richesses naturelles sont mêlées aux

1 Le parallèle le plus convaincant se lit sous la plume de Michel Jeanneret, « Léry et Thevet : comment parler d'un monde nouveau ? », *Mélanges à la mémoire de Franco Simone*, t. 4, Genève, Slatkine, 1983, p. 227-245. Étude reprise, corrigée et mise à jour dans F. Lestringant et M.-Ch. Gomez-Géraud éd., *D'encre de Brésil. Jean de Léry écrivain*, Orléans, Paradigme, 1999.

2 Ce jeu entre l'aventure et l'inventaire, pôles complémentaires entre lesquels oscille tout récit de voyage, a été mis en lumière par Réal Ouellet, « Le Discours fragmenté de la relation de voyage en Nouvelle-France », *Sagggi e Ricerche di Letteratura francese*, vol. XXV, 1986, p. 183 : « En fait, toute relation repose sur la tension entre un ordre thématique et une chronologie événementielle ». *Cf.* Rémi Ferland et Réal Ouellet, « Les Sauvages de Lahontan : enfants de la Nature ou porte-parole des Lumières », *in* Gilles Thérien éd., *Les Figures de l'Indien*, Université du Québec à Montréal, 1988, p. 257-269.

traits culturels, où les Amazones légendaires cohabitent avec les très réels Indiens anthropophages. Le catalogue est ordonné au contraire de manière systématique chez Léry, qui commence par un portrait en pied des Tupinamba, poursuit par la faune, la flore et les mœurs des Brésiliens, chaque chapitre découpant à l'intérieur du savoir exotique une région bien délimitée : « grosses racines et gros mil » (chap. IX) ; « animaux, venaisons, gros lezards, serpens et autres bestes monstrueuses de l'Amerique » (chap. X) ; « oyseaux..., grosses chauve-souris, abeilles, mousches, mouschillons et autres vermines estranges » (chap. XI) ; « d'aucuns poissons plus communs » (chap. XII) ; « des arbres, herbes, racines, et fruicts exquis que produit la terre du Bresil » (chap. XIII).

L'INVENTAIRE DE LA FAIM (CHAPITRES IX À XIII)

L'homme, comme l'enseigne l'Écriture sainte, mais aussi l'histoire naturelle des Anciens, de Pline notamment, est la fin de la Création. La Nature n'est ni indifférente ni marâtre. Elle obéit à un plan et à une intention, elle est régie par une providence. Dieu, dans la Genèse, a créé le ciel et la terre, et toutes les créatures pour le service de l'homme, seul être créé à Son image (Genèse, 1, 26-28).

Cette finalité se traduit par une hiérarchie. Comme le rappelle Philippe Du Plessis-Mornay au début de son traité *De la verité de la Religion chrestienne*, il y a « quatre degrés de choses », celles qui sont, celles qui vivent, celles qui sentent et celles qui entendent. Dans l'ordre, ces quatre degrés correspondent 1) aux éléments et aux minéraux ; 2) aux plantes ; 3) aux animaux ; 4) à l'homme, qui tout à la fois domine et récapitule la Création. L'homme est en effet, entre tous les êtres, le seul qui tout à la fois est, vit, sent et entend. Au-dessus de l'homme, on ne trouve que Dieu, de sorte que, tout naturellement, et c'est là la première preuve de Son existence, « l'homme nous mène à Dieu[1] ». Il suffit de gravir l'échelle des êtres, ou, pour emprunter une métaphore

1 Philippe Du Plessis-Mornay, *De la verité de la Religion chrestienne*, Anvers, Christophle Plantin, 1581, chap. I, p. 3.

voisine, de remonter la chaîne des créatures pour découvrir le Principe et le Premier Moteur.

La bonne méthode descriptive, que suit Léry, « deduisant les choses par ordre[1] » et faisant implicitement la leçon à son devancier, est donc de commencer par un portrait de l'homme, et tel est l'objet du chapitre VIII, « Du naturel, force, stature, nudité, disposition et ornemens du corps, tant des hommes que des femmes sauvages Bresilliens ». Passé ce préambule, que l'on peut lire comme une magnifique variation sur le thème de la *dignitas hominis*, tout l'inventaire du monde est orienté suivant cette perspective téléologique. Les créatures, bêtes et plantes, sont décrites en fonction de leur utilité pour l'homme, ou au contraire de leur nocivité : les animaux comestibles sont faits pour être mangés, de même que les productions du sol, les légumes et les fruits. Cette finalité explique pourquoi l'inventaire s'ouvre par le manioc et le caouin, qui sont le pain et le vin des sauvages, c'est-à-dire la base de leur alimentation solide et liquide (chap. IX).

Ensuite sont énumérés les animaux suivant les trois éléments où ils habitent, la terre (chap. X), l'air (chap. XI) et l'eau (chap. XII). Telle est la distribution traditionnelle de l'histoire naturelle durant tout le Moyen Age et encore à la Renaissance : animaux terrestres, volatiles et aquatiles, la taxinomie animale se fondant moins sur la morphologie que sur le milieu au sens large. Sans doute Aristote, qui accordait une grande importance à l'anatomie, avait-il proposé une classification très proche du système linéen[2]. Mais l'ordre que retient Léry, comme avant lui Belon, Rondelet ou Gesner, procède, nul ne s'en étonnera, de la Bible. Le texte de la Genèse (I, 20-25) explique en effet que les animaux aquatiques et aériens sont créés le cinquième jour à partir de l'eau, tandis que les animaux terrestres le sont le sixième jour à partir de la terre. Le récit canonique introduit de la sorte « des ruptures ontologiques fortes entre les animaux qui volent, ceux qui nagent, et les "bestes" qui vivent sur terre[3] ».

C'est pourquoi, au chapitre X de l'*Histoire d'un voyage*, les mammifères quadrupèdes sont réunis aux reptiles et aux batraciens. On trouve

1 J. de Léry, *HIV*, p. 237.
2 Laurent Pinon, *Livres de zoologie de la Renaissance, une anthologie (1450-1700)*, Paris, Klincksieck, 1995, p. 36.
3 *Ibid.*

également dans cette « classe » des reptiles amphibies comme le crocodile ou *jacaré*. De la même manière, les chauves-souris sont rangées avec les oiseaux, tout comme les insectes et la « vermine » (chap. XI). De même encore, la catégorie des poissons inclut, à côté des poissons proprement dits, les cétacés, dont la baleine, et les mollusques, dont les vigneaux, sans oublier des créatures plus ou moins fantastiques, telles que les « sirènes et tritons », qui sont des mammifères marins (chap. XII, p. 302).

De plus, les trois éléments sont inventoriés tour à tour selon leur rapport de proximité à l'homme : il est inévitable de commencer par les animaux terrestres, nos plus proches voisins, et tout aussi logique de poursuivre par les volatiles, puisque l'homme, seul de tous les animaux, selon un adage venu d'Ovide, a la face tournée vers le ciel[1]. Les aquatiles ne viennent qu'en troisième lieu, l'eau étant inférieure à l'air, au double sens hiérarchique et local. Il s'ajoute à cela une raison qui tient au récit de la Genèse : les poissons, contrairement aux oiseaux et aux animaux terrestres, n'ont jamais été nommés par Adam (Genèse, 2, 19-20). Comme le souligne Frédéric Tinguely, ils n'ont donc pas « d'identité propre et n'existent que *par rapport* aux espèces peuplant le ciel et la terre[2] ». L'universelle analogie permet du moins de leur donner un nom d'après les quadrupèdes terrestres et les oiseaux qui ont été énumérés précédemment. Il y aura donc la vache marine et l'araignée de mer, l'hippocampe ou cheval marin, le marsouin qui est un cochon des mers, et que Léry nous montre soufflant et ronflant, comme le ferait un « porc terrestre[3] ». Le requin – ou *requien* – tout pareillement a « la gueule aussi fendue que celle d'un loup ou d'un dogue d'Angleterre ». Il ne s'en faut pas moins « donner garde, qu'on feroit sur terre de quelque mauvais et dangereux chien[4] ». Léry rappellera du reste cette « commune opinion

1 Ovide, *Métamorphoses*, I, 85 : « Os homini sublime dedit ». Ce thème platonicien est souvent repris dans l'Antiquité : Cicéron, *Des lois*, I, IX, 27 ; *De la nature des dieux*, II, LVI, 140 ; Salluste, *Catilina*, I ; Germanicus, *Les Phénomènes d'Aratos*, 11-12. Chez les modernes, on peut citer Du Bartas, *La Sepmaine*, VI, 493-498, et d'Aubigné, *Les Tragiques*, VII, 499.

2 Frédéric Tinguely, « Jean de Léry et les vestiges de la pensée analogique », *Bibliothèque d'humanisme et Renaissance*, t. LVII, 1995, n° 1, p. 25-44. Voir en particulier p. 31. Article repris dans M.-Ch. Gomez-Géraud et F. Lestringant éd., *D'encre de Brésil. Jean de Léry écrivain*, Orléans, Paradigme, 1999. Du même, *Le Voyageur aux mille tours. Les ruses de l'écriture du monde à la Renaissance*, Paris, Champion, 2014.

3 J. de Léry, *HIV*, p. 131.

4 *Ibid.*, p. 133-134.

qu'il y a dans la mer de toutes les especes d'animaux qui se voyent sur terre[1] ». Cette opinion n'est pas seulement une idée généralement reçue, qui a permis par exemple à la propagande luthérienne de découvrir des monstres tels que le « veau-moine » et l'« évêque de mer[2] » comme sûrs présages de la chute de l'Église romaine ; c'est l'un des principes sur lesquels repose l'*Histoire naturelle* de Pline.

Dans la hiérarchie des êtres, les végétaux viennent après les animaux, les choses « qui vivent seulement » après celles « qui sentent », pour reprendre les termes de Du Plessis-Mornay ; ou comme le dit Léry, les choses ayant « ame vegetative » après celles qui ont « vie, mouvement et sentiment[3] ». Les « arbres, herbes, racines et fruicts » sont donc décrits dans un chapitre à part, le dernier des quatre qui sont consacrés à l'histoire naturelle du Brésil (chap. XIII). On a vu toutefois que Léry commettait une entorse à ce principe : le blé et le vin des sauvages sont traités en priorité, précédant même le catalogue des animaux. Dans ce cas, le principe d'utilité prime sur le principe hiérarchique. Il s'agit en l'occurrence de végétaux « humanisés », de plantes dont la dignité est relevée dès lors qu'elles sont entrées dans la sphère de la culture.

Le principe d'utilité se vérifie à l'échelon inférieur de la description. À l'intérieur de chaque chapitre, c'est la valeur d'usage qui ordonne la classification. L'exposé commence toujours par les créatures mangeables, les indigestes ou vénéneuses étant rejetées en fin de chapitre. Prenons l'exemple du chapitre X, « Des animaux, venaisons, gros lezards, serpens, et autres bestes monstrueuses de l'Amerique ». Léry le déclare d'entrée de jeu : « Pour doncques descrire les bestes sauvages de leur pays, lesquelles quant au genre sont nommées par eux *Soo*, je commenceray par celles qui sont bonnes à manger[4] ». Même amorce au chapitre suivant, qui traite des oiseaux : « Je commenceray aussi ce chapitre des oiseaux (lesquels en general nos *Toüoupinambaoults* appellent *Oura*) par ceux qui sont bons à manger[5] ».

1 J. de Léry, *HIV*, p. 301-302.

2 Ambroise Paré, en 1585, se fera encore l'écho de ces monstres dans son traité *Des monstres et prodiges*, éd. J. Céard, Genève, Droz, 1973, p. 103, fig. 41 et 42 : « Monstre marin ayant la teste d'un Moyne, armé, et couvert d'escailles de poisson » ; « Figure d'un monstre marin, ressemblant à un Evesque vestu de ses habits pontificaux ».

3 J. de Léry, *HIV*, chap. XIII, p. 306.

4 *Ibid.*, chap. X, p. 257.

5 *Ibid.*, chap. XI, p. 276.

Un second critère de classement se combine aussitôt au premier : celui de la taille. Pline déjà, à l'intérieur de chaque groupe, commençait par les animaux les plus grands (l'éléphant, la baleine, l'autruche), « privilégiant ainsi d'emblée ceux qui se prêtent à des récits merveilleux[1] ». De même Léry, dans le chapitre des animaux terrestres, décrit tout d'abord le tapir ou « tapiroussou », qui est « presque de la grandeur, grosseur et forme d'une vache[2] ». À l'intersection des deux critères, de comestibilité et de taille, le tapir est la bête qui donne le plus de viande. C'est donc à elle que revient l'honneur d'être nommée en premier. Le tapir offre non seulement sa chair, qui a « presque le mesme goust que celle de bœuf », mais aussi son cuir, dont les Indiens font leurs « targes », « rondelles » et boucliers. Le cas échéant, et dans les situations de famine extrême, ce cuir de tapir, grillé sur la braise ou bouilli, fournit une nourriture appréciée. Dans le même chapitre, le tapir est suivi par les cerfs et biches, puis par le pécari, qui est une sorte de sanglier ou de porc sauvage. Ce trio de bêtes comestibles amène cette phrase récapitulative : « Les trois susdits animaux, assavoir le *Tapiroussou*, le *Seouassou*, et *Taiassou* sont les plus gros de ceste terre du Bresil[3] ».

Viennent ensuite les autres « sauvagines », de moindre grosseur, qui se mangent pour la plupart, agouti, tapiti, pag, sarigue et tatou. Pour la taille, elles sont comparées tour à tour à « un cochon d'un mois », au lièvre, à l'écureuil, au chien braque, au putois et au hérisson. Nouvelle récapitulation touchant « les susdits animaux qui sont les plus communs pour le vivre de nos Ameriquains[4] ».

Les animaux suivants se mangent encore, mais avec plus de réticence, car ils inspirent de la crainte ou de l'horreur. Il s'agit de reptiles et de batraciens entremêlés, crocodiles ou *jacarés*, lézards de diverses tailles, crapauds-buffles à la peau rouge, serpents gros et petits, comestibles ou venimeux. Cette seconde section du chapitre, qui marque un éloignement progressif de l'humain et un apprivoisement de plus en plus malaisé de la réalité exotique, aboutit à une anecdote merveilleuse : la

1 Laurent Pinon, *op. cit.*, p. 37.

2 J. de Léry, *HIV*, chap. X, p. 257. Pour la description de cet animal, voir Frédéric Tinguely, « Jean de Léry et les métamorphoses du tapir », *Littératures*, n° 41, automne 1999, p. 33-45. *Cf. Le Voyageur aux mille tours. Les ruses de l'écriture du monde à la Renaissance*, Paris, Champion, 2014, chap. VI, « Les Métamorphoses du tapir », p. 97-110.

3 J. de Léry, *HIV*, p. 261.

4 *Ibid.*, p. 264.

rencontre, au coin d'un bois et « le long d'une profonde vallée », d'un lézard monstrueux, « beaucoup plus gros que le corps d'un homme, et long de six à sept pieds », « l'un des pieds devant levé, la teste haussée et les yeux estincelans ». Thevet se moquera de ce rare trait de fantastique présent dans le récit de Léry[1].

On remarque toutefois que le fantastique ici ne tient pas à une vision erronnée de l'animal, qui pourrait être, plutôt que le *sucuri* ou anaconda, le plus gros serpent d'Amérique du Sud, un iguane, voire un caïman de grande taille[2]. Le fantastique réside ici dans une impression d'effroi, de peur panique, que le texte s'efforce de restituer. Le merveilleux avec Léry se subjectivise. C'est le regard de l'observateur qui rend le spectacle étrange. Léry se tient ici sur le bord du merveilleux, un merveilleux incomplètement rationalisé et rendu avec une vérité et une présence remarquables. La peinture des circonstances est particulièrement soignée : la configuration des lieux, une clairière encaissée dans la forêt tropicale, l'heure de midi, la chaleur étouffante, l'absence de guides Indiens, le narrateur et ses compagnons d'escapade confrontés pour cette seule fois, sans truchements d'aucune sorte, avec une réalité qu'ils ne comprennent pas. C'est ensuite le « quart d'heure » interminable d'un vis-à-vis où les adversaires se regardent, mutuellement fascinés et pétrifiés. Le dénouement enfin, quand la bête s'enfuit, ou plutôt se retire, dans un « grand bruit et fracassement de fueilles et de branches ».

Cet intermède narratif, qui introduit une pause dans le catalogue et produit soudain une forte tension dramatique, prépare l'évocation d'un animal franchement hostile à l'homme, le *janouare* ou jaguar, une « beste ravissante », c'est-à-dire une bête de proie. Au lieu d'être mangé par l'homme, cet animal le mange, trois personnes la même semaine « en l'un de leurs villages ». Par la suite, Léry raccrochera à l'évocation de ce redoutable prédateur celle des chiens importés d'Europe, inconnus des Indiens et leur inspirant une belle peur, à juste titre quand il s'agit des molosses anthropophages du conquistador Vasco Nunez de Balboa[3].

1 *Ibid.*, p. 268, note 4.

2 Philippe Billé opte pour un caïman en raison des « escailles blanchastres, aspres et raboteuses comme coquilles d'huitres ». Voir Philippe Billé, *La Faune brésilienne dans les écrits documentaires du* XVI*e siècle*, Paris, Champion, 2009, p. 164.

3 J. de Léry, *H1V*, p. 270-271, note 1.

Après ce point culminant d'étrangeté et de violence, l'inventaire reprend son cours énumératif avec le sous-chapitre des singes, guenons et autres « marmots », qui ne se mangent guère, sauf en cas d'extrême nécessité, et peuvent servir d'animaux de compagnie. Le chapitre se termine par l'évocation de deux singularités zoologiques, détachées de la description générale en raison de leur « difformité » exceptionnelle. La première est le paresseux ou Hay, « de la grandeur d'un gros chien barbet », la face « approchante de celle de l'homme », « les jambes velues comme celle d'un Ours, et les griffes fort longues[1] ». Cet animal apparaît d'autant plus « monstrueux » qu'on croyait qu'il vivait de vent. Infatigable chasseur de curiosités, Flaubert, dans *La Tentation de saint Antoine*, en fera un oiseau, un drôle d'oiseau qui se nourrit de vent. L'autre animal est le coati, que Léry confond sans doute avec le grand fourmilier, rapprochement que suggère la comparaison de son groin, « long de plus d'un pied, rond comme un baston », avec « le bourdon ou le chalumeau d'une cornemuse[2] ». La paresse de la mémoire le métamorphose en créature à la Jérôme Bosch : ce coati-fourmilier serait à sa place dans l'Enfer musicien qui forme le panneau droit du *Jardin des délices*. C'est un gryle, une cornemuse montée sur pattes, des pattes si grêles que l'animal sans cesse penche d'un côté ou d'autre, « ou se laisse tomber tout à plat ».

On constate en définitive, allant de pair avec une extrême bigarrure de surface, une cohérence et une sûre progression dans le programme descriptif. L'esthétique de la *varietas* s'accommode de pareille rigueur méthodique. Ce chapitre X n'est pas un pur chapitre d'histoire naturelle. La faune qu'il décrit est constamment définie par rapport à l'homme, en fonction de critères d'utilité, tels que la comestibilité, l'usage domestique, le danger qu'elle représente ou bien au contraire son aptitude à l'apprivoisement – à l'« humanisation », serait-on tenté de dire.

L'homme, soit ! mais quel homme ? On s'aperçoit que l'homme qui sert de référent ultime à la description se dédouble. Il y a d'abord l'Indien et sa culture matérielle, qui inclut dans le cercle de ses pauvres possessions la flore, la faune et la géographie d'un Brésil où il erre de génération en génération, sans vêtements et sans écriture, en maître des lieux peu exigeant. Il y a d'autre part le colon affamé, débarqué avide de son bateau vermoulu et tirant nourriture de tout. Le premier sert de

1 *Ibid.*, p. 274.
2 *Ibid.*, p. 275. Identification proposée par Philippe Billé, p. 165, suivant Plinio Ayrosa.

truchement au second. Il le guide et met à sa disposition ses techniques de chasse, de pêche et de jardinage. Il lui enseigne l'usage des plantes et des animaux, le secret des simples et des médecines, la maîtrise des poisons. Le second, sans retard, s'adapte et conquiert. Bien plus, il jette sur le Nouveau Monde le réseau d'analogies que, tel un filet, il ramène vers l'Ancien, arrime l'inconnu au connu, assure de la sorte son emprise : l'âne-vache, le hérisson cuirassé pareil à un « gantelet d'armes » vivant, le lièvre à tête de cornemuse, etc., tous ces « miroirs brisés » dont parle Michel de Certeau[1] marquent les étapes d'une reconnaissance qui est déjà conquête. De sorte que si on peut affirmer que l'Indien est la fin de la Nature américaine dans son état natif et inculte, l'Européen est la fin de l'Indien et de la nature déjà humanisée qu'il a en quelque sorte préparée pour lui.

Mais il arrive que l'intermédiaire se dérobe. Il suffit que le sauvage s'éclipse pour que le colon soudain seul éprouve ce flottement du regard, cette peur primitive de l'enfant, comme devant l'iguane monstrueux, béant, soufflant et dardant des yeux étincelants venus du fond des âges.

Dans ce livre où le cannibalisme occupe une place centrale, la dévoration n'est pas seulement un fantasme ou une hantise, c'est le mode d'appropriation par excellence de l'autre, par ingestion de l'étrangeté, par phagocytage de l'exotique. L'animal le plus étrange est celui qui ne se mange pas, qui vous regarde à distance et semble vous manger des yeux :

> J'ay pensé depuis, suyvant l'opinion de ceux qui disent que le lezard se delecte à la face de l'homme, que cestuy-là avoit prins aussi grand plaisir de nous regarder que nous avions eu peur à le contempler[2].

Tout ou presque du Brésil se consomme. On le verra lors du retour vers la France, avec l'épisode de la famine en mer, quand on mange jusqu'aux singes et perroquets, et du dernier perroquet jusqu'au bec et aux « pieds[3] » ; quand, bien plus, les passagers décharnés ne trouvant plus que mordre, sucent et rongent des pièces de bois de Brésil, bois sec pourtant « et sans humidité sur tous autres[4] ». Ce bois de braise qui a donné son nom au

1 Michel de Certeau, *L'Écriture de l'Histoire*, Paris, Gallimard, 1975, p. 228.
2 J. de Léry, *H1V*, chap. X, p. 269.
3 *Ibid.*, chap. XXII, p. 537.
4 *Ibid.*, p. 534.

pays et sa couleur de sang au récit, ce bois brésil qui symbolise la cupidité des blancs face à la sagesse immémoriale du sauvage, immobile et presque sédentaire en sa forêt natale, est donc pour finir ingéré par le voyageur contraint par la faim. Si la France Antarctique n'a pu retenir ses colons et les manger d'une certaine manière, ces derniers en revanche mangent le Brésil au sens le plus littéral du terme. Ils mordent dans sa substance rougeoyante. Ils la ruminent fibre après fibre, humectant leurs lèvres tuméfiées à cette sève de sang, un sang d'encre qu'ils boivent en guise de viatique, sur le point de rendre l'âme et désespérant d'arriver au port.

Mais, Dieu merci, les voici en baie d'Audierne, puis devant « le beau et spacieux havre du Blavet », sur le futur site de Lorient, où ils débarquent. Ce qui reste de la cargaison de bois de Brésil, et qui n'a été ni jeté à la mer ni grignoté, sera vendu à La Rochelle au meilleur prix[1]. Tout n'est pas perdu. Le Brésil est négociable, il se mange et il se vend.

LE PHILOSOPHE NU (CHAPITRES XIII, XV, XVI, XVIII, XXI)

L'histoire naturelle s'humanise encore par un autre biais. Dans l'économie narrative de l'*Histoire d'un voyage*, le catalogue des animaux et des plantes ne relève pas uniquement de l'inventaire. Il permet d'introduire ici et là des pans d'aventure subjective. Léry se raconte en décrivant la réalité inouïe à laquelle il est confronté. On a rappelé la scène de l'iguane monstrueux. Il faudrait parler, toujours à propos du bois braise, des chemises mises à blanchir et ressorties rouges de la lessive où l'on avait jeté de la cendre d'*oraboutan*[2]. Ou encore du gros orteil du narrateur sucé par un vampire durant la nuit et laissant le hamac tout ensanglanté[3].

C'est en ce sens que l'histoire naturelle est aussi le récit d'une initiation, une histoire morale. Cette histoire morale se sert de l'Indien

1 *Ibid.*, p. 538.
2 *Ibid.*, chap. XIII, p. 309-310.
3 *Ibid.*, chap. XI, p. 288-290.

comme d'un détour allégorique. Comme chez Montaigne, le détour par autrui permet de mieux se connaître soi-même. Mais le regard final, ce regard qui revient est sans complaisance aucune et sans tendresse particulière.

Le sauvage, juge du civilisé. Le procédé de la « révolution sociologique », pour reprendre l'expression de Roger Caillois à propos des *Lettres persanes*[1], remonte au moins dans notre civilisation à saint Augustin, ou du moins à un sermon apocryphe dans lequel l'évêque d'Hippone rend compte d'une mission en Éthiopie auprès de peuples monstrueux, les uns sans tête, les autres avec un seul œil au milieu du front, mais fort chastes et d'une grande piété. La conclusion est la suivante : « O immense misère des Chrétiens ! voici que des païens sont devenus les docteurs des fidèles, que des pécheurs et des prostituées ont devancé les fidèles dans le royaume du Christ[2] ! »

De ce détour critique par le plus lointain et le plus exotique, Léry, juste avant Montaigne, fait un usage presque systématique et d'une radicalité sans précédent. Léry toutefois nous engage à observer une distinction dans le tableau des mœurs tupinamba, entre ce qui relève de « ceste vie terrienne » d'une part et d'autre part ce qui concerne la vie éternelle – autrement dit, entre le profane et le sacré. En effet, l'éloge du Brésilien comporte une importante réserve, touchant à la religion.

Il reste que sur cette terre l'Indien vit mieux que nous. Léry revient à plusieurs reprises sur l'idée d'une vie détachée des biens de ce monde et donc moins que la nôtre engluée dans la chair – au sens large – et sujette à ses tourments inévitables. C'est le point principal du portrait moral de l'Indien au chapitre VIII :

> tout ainsi qu'ils ne puisent, en façon que ce soit en ces sources fangeuses, ou plustost pestilentiales, dont decoulent tant de ruisseaux qui nous rongent les os, succent la moëlle, attenuent le corps, et consument l'esprit : brief nous empoisonnent et font mourir pardeçà devant nos jours : assavoir en la desfiance,

1 Roger Caillois, préface à Montesquieu, *Œuvres complètes*, Paris, Gallimard, « Bibliothèque de la Pléiade », 1947, t. I, p. V : « J'appelle ici révolution sociologique la démarche de l'esprit qui consiste à se feindre étranger à la société où l'on vit, à la regarder du dehors comme si on la voyait pour la première fois… »

2 S. Augustin, *Ad fratres in eremo sermo XXXVII* (Migne, P.L., XL, col. 1304). Cité par Jean Céard, *La Nature et les prodiges. L'Insolite au XVIe siècle, en France*, Genève, Droz, 1977, p. 48.

> en l'avarice qui en procede, aux procez et brouilleries, en l'envie et ambition, aussi rien de tout cela ne les tourmente, moins les domine et passionne[1].

Le Brésilien ressuscite le philosophe nu de l'Antiquité, ce gymnosophiste cher à Platon, Aristote et Plutarque. Nu et en bonne santé, il ignore l'empire criminel des passions qui nous dévorent. Le chapitre XVI, de « ce qu'on peut appeler religion [...] », qui est le plus critique à l'égard des Indiens, les exonère pourtant de tout blâme en ce qui concerne cette vie terrestre :

> car pour l'esgard de ceste vie terrienne, j'ay jà monstré et monstreray encor, qu'au lieu que la pluspart par deçà estans trop adonnez aux biens de ce monde n'y font que languir, eux au contraire ne s'y fourrans pas si avant, y passent et vivent alaigrement presques sans souci[2].

Si l'on veut bien s'en tenir à « la police des sauvages », l'éloge est sans réserve. Quoiqu'ils ignorent « les loix divines et humaines » (comprendre : le message évangélique), et qu'ils soient « conduits seulement par leur naturel, quelque corrompu qu'il soit », ils n'en vivent pas moins « en paix les uns avec les autres », mieux incomparablement que les soi-disant chrétiens[3]. Leur hospitalité digne des patriarches de la Bible témoigne de « l'humanité de ces gens, lesquels neantmoins nous appellons barbares[4] ».

C'est déjà du Montaigne : « nous les pouvons donq bien appeller barbares, eu esgard aux regles de la raison, non pas eu esgard à nous, qui les surpassons en toute sorte de barbarie[5] ». Mais Léry ne s'en tient pas au point de vue général et abstrait de la *declamatio*, genre dont relève l'essai « Des Cannibales », libre exercice de pensée poursuivi, hors de toute contingence historique ou politique, jusqu'à ses ultimes conséquences[6]. Léry, qui a passé près d'un an au Brésil, se place au plan pratique de l'expérience, et sa conclusion est d'autant plus surprenante : il y a plus de sécurité à vivre parmi les Cannibales qu'entre Français de confessions différentes ! Étrange paradoxe que ce modèle de vie chrétienne tiré de

---

1 J. de Léry, *H1V*, chap. VIII, p. 212.
2 *Ibid.*, chap. XVI, p. 421.
3 *Ibid.*, chap. XVIII, p. 439.
4 *Ibid.*, p. 462.
5 Montaigne, *Essais*, I, 31, éd. P. Villey, Paris, PUF, 1965, p. 210.
6 Sur le genre de la *declamatio*, voir Jacques Chomarat, *Grammaire et rhétorique chez Érasme*, Paris, Les Belles Lettres, 1981, t. II, p. 935 *sqq.*

la contemplation des Indiens anthropophages ! Les guerres de Religion, que Léry a traversées ensuite, ne sont pas étrangères à ce constat :

> tellement que les ayant experimentez, je me fierois, et me tenois de fait lors plus asseuré entre ce peuple que nous appellons sauvages, que je ne ferois maintenant en quelques endroits de nostre France, avec les François desloyaux et degenerez : je parle de ceux qui sont tels[1].

Au moment de rembarquer pour l'Europe et de prendre congé définitivement du Brésil, Léry dira ses regrets d'une nation plus remplie d'humanité que celle où la Providence l'a fait naître. C'est la fameuse confidence, presque inouïe dans la littérature du XVIe siècle : « Je regrette souvent que je ne suis parmi les sauvages[2]... ». Cette phrase, il est vrai, est à double détente : elle exalte le sauvage pour mieux enfoncer le chrétien prétendu. On ne saurait donc la dissocier de son contexte moral et polémique. Il s'agit de stigmatiser l'ingratitude de la mère-patrie, par le détour du plus lointain et du plus barbare en apparence. Il reste que dans sa formulation abrupte et sa situation presque conclusive, cette réflexion, qui résume le sentiment du livre, ouvre à un avenir philosophique particulièrement fécond.

Résultant de tout ce qui précède – « ainsi que j'ay amplement monstré en ceste histoire » –, cette confidence tout à la fois nostalgique et accusatrice montre aussi comment le prophète chez Léry ne se tient jamais très loin de l'ethnographe et du curieux. L'imprécation est prête à fuser sur la fin de la phrase. Elle n'est formulée ici qu'en sourdine : « ... parmi les sauvages, ausquels [...] j'ay cogneu plus de rondeur qu'en plusieurs de par-deça, lesquels à leur condamnation, portent titre de Chrestiens[3] ».

– *À leur condamnation* : l'incise est à prendre très au sérieux. Il ne s'agit pas tant d'une condamnation morale que d'une malédiction prophétique. C'est de la damnation éternelle qu'il est question. Tel est le sort réservé aux hypocrites[4] et aux sépulcres blanchis « de par-deçà ».

Nous en revenons à la proposition de tout à l'heure : « le sauvage, juge du civilisé ». Mais le tribunal dont il s'agit désormais n'est autre que celui du Jugement dernier, constamment présent à l'horizon de

---

1 J. de Léry, *HIV*, chap. XVIII, p. 464.
2 *Ibid.*, chap. XXI, p. 508.
3 *Ibid.*, à la suite.
4 *Ibid.*, chap. XVIII, p. 462 : « les receptions hypocritiques de ceux de par deçà ».

l'histoire et plusieurs fois évoqué par Léry dans son livre. L'éloge du sauvage, de celui qui n'est en aucune manière le bon sauvage, et qui n'est encore que le libre, que le noble sauvage – *Noble Savage*, disent assez justement les anglo-saxons – a pour arrière-plan l'eschatologie chrétienne. Le tableau du Brésil flotte au-dessus de l'abîme, l'abîme où verse déjà le monde de la fin des temps. Dans ce théâtre des derniers jours, le sauvage tient au moins deux rôles distincts, celui de probable damné, dont on reparlera plus loin, et celui de témoin à charge dans le procès instruit contre les mauvais chrétiens. C'est le second de ces rôles qui nous intéresse ici.

Ce témoin, au moins à trois reprises, se lève du banc de l'accusation. La première fois, c'est au chapitre XIII, « Des arbres, herbes, racines… », à propos du bois de Brésil. Ce chapitre botanique commence tout naturellement par le bois le plus célèbre, celui qui a donné son nom au pays[1]. Après sa couleur, son tronc et sa feuille, est décrite la manière d'en charger les navires à dos d'hommes, c'est-à-dire à dos d'Indiens, d'autant qu'il n'y a « chevaux, asnes ni autres bestes pour porter, charrier ou traisner des fardeaux en ce pays-là[2] ». Cette production végétale est donc orientée vers l'Europe, comme si les indigènes n'en avaient pas l'usage. On apprendra incidemment, au cours de la conversation qui suit, que les Indiens, n'ignorant nullement les propriétés tinctoriales du bois brésil, « en usoyent pour rougir leurs cordons de cotton, plumages et autres choses[3] ». Mais bien sûr, ils ne l'exploitent pas à cette échelle. Tout se passe comme si cette production typiquement exotique était d'emblée détournée et accaparée par les intrus venus d'Europe qui en font leur encre, en teignent leurs vêtements d'apparat et surtout fondent sur son trafic des profits indus. Léry semble oublier que son récit a d'abord été écrit « d'ancre de Brésil » et que c'est de là, pour commencer, qu'il tire son autorité[4] ; que, de plus, la consommation de planchettes de bois brésil, lors du voyage de retour vers la France, quand la faim s'est embarquée avec les passagers, l'empêche peut-être tout simplement de mourir de consomption. Léry, ici, réagit avec toute l'intransigeance du

1 *Ibid.*, chap. XIII, p. 306.
2 *Ibid.*, p. 308.
3 *Ibid.*, p. 311.
4 *Ibid.*, « Preface », p. 61.

moraliste déclamant contre le luxe et la superfluité d'habits ; avec une véhémence inspirée qui rappelle les prophètes de l'Ancien Testament et annonce les diatribes les plus violentes que les Philosophes et leurs héritiers lanceront contre le colonialisme.

C'est là-dessus que va porter la critique d'« un vieillard d'entre eux », condamnant l'avarice insensée des Européens qui risquent leur vie pour si peu de chose. Ce dialogue séduira au XVIIIe siècle les Philosophes, pour ses grâces surannées et surtout pour l'acte d'accusation dressé contre les colonisateurs. Tour à tour l'abbé Prévost et l'abbé Raynal s'en empareront, et Diderot s'en servira pour les adieux du vieillard tahitien dans le *Supplément au Voyage de Bougainville*[1]. Cette prosopopée « sauvage » ne manque ni de noblesse ni de véhémence. Mais l'artifice rhétorique y est particulièrement sensible, de sorte qu'à chaque pas, presque sous chaque mot, le concept européen perce sous la pensée sauvage – ou du moins prétendue telle. Voici en effet la « sentence notable et plus que philosophale » de l'éloquent vieillard nu et chenu :

> Vrayement [...] à ceste heure cognois-je, que vous autres *Mairs*, c'est à dire François, estes de grands fols : car vous faut-il tant travailler à passer la mer, sur laquelle (comme vous nous dites estans arrivez par-deçà) vous endurez tant de maux, pour amasser des richesses ou à vos enfans ou à ceux qui survivent apres vous ? la terre qui vous a nourris n'est-elle pas aussi suffisante pour les nourrir ? Nous avons (adjousta-il) des parens et des enfans, lesquels, comme tu vois, nous aimons et cherissons : mais parce que nous nous asseurons qu'apres nostre mort la terre qui nous a nourri les nourrira, sans nous en soucier plus avant nous nous reposons sur cela[2].

Léry échappe, on le voit, à la platitude et au conformisme de ses imitateurs indirects et lointains. Il n'a pas seulement en mémoire Plutarque et les mots dorés des Anciens. Sa péroraison, notamment, est portée par le souffle puissant de la Bible :

> Partant outre que ceste nation, que nous estimons tant barbare, se moque de bonne grace de ceux qui au danger de leur vie passent la mer pour aller

1 Sur cette postérité de Léry au siècle des Lumières, voir F. Lestringant, *L'Expérience huguenote au Nouveau Monde (XVIe siècle)*, Genève, Droz, 1996, p. 347-361 : « Le Bréviaire des Philosophes ». *Cf. D'encre de Brésil*, chap. 13 : « L'Expérience coloniale de la France du seizième siècle (Brésil et Floride) dans l'*Histoire des deux Indes* : sources, réécritures, représentations ».

2 J. de Léry, *H1V*, chap. XIII, p. 311-312.

> querir du bois de Bresil à fin de s'enrichir, encor y a-il que quelque aveugle qu'elle soit, attribuant plus à nature et à la fertilité de la terre que nous ne faisons à la puissance et providence de Dieu, elle se levera en jugement contre les rapineurs, portans le titre de Chrestiens, desquels la terre de par-deçà est aussi remplie, que leur pays en est vuide, quant à ses naturels habitants[1].

Ce pasteur des Antipodes, en mission chez les Tupi, retrouve par instinct le ton fulminant, le ton d'imprécateur du pseudo Augustin, retour du pays des Cyclopes et des Blemmies, lesquels, comme on sait, sont sans tête et sans cou, et ont les yeux et la bouche au milieu de la poitrine. Qu'ils soient difformes ou mangent de la chair humaine importe peu, en vérité. L'essentiel est que par leur bouche, quelque rébarbative ou bizarrement placée qu'elle soit, s'exprime une vérité qui les dépasse et qui heurte de plein fouet les certitudes conquérantes de l'Européen.

Cette imprécation de style biblique et prophétique, où Léry fait ample démonstration du « langage de Canaan », ce français mâtiné d'hébraïsmes que les catholiques dénonçaient et moquaient chez les huguenots[2], annonce le réquisitoire qui clôt le chapitre XV consacré aux cannibalismes comparés des deux mondes[3], et plus loin encore, au chapitre XVI, la malédiction jetée contre les athées, qui ont le front de nier la résurrection de la chair :

> je leur oppose à cela les Indiens du Peru : lesquels au milieu de leur fausse religion, voire n'ayans presques autre cognoissance que le sentiment de nature, en desmentans ces execrables se leveront en jugement contre eux[4].

Car même sur le chapitre délicat de la religion, sur lequel il nous faudra revenir, on s'aperçoit que les Indiens font la leçon aux chrétiens – ou du moins aux mauvais chrétiens, qui sont l'immense majorité. Leur croyance en une survie de l'âme après la mort, leur terreur en se ressouvenant des persécutions nocturnes du démon servent à stigmatiser la malignité trop manifeste des « plus qu'endiablez Atheistes, dont la terre est maintenant couverte par-deçà », et qui nient avec une égale

1 *Ibid.*, chap. XIII, p. 312.

2 Voir par exemple Agrippa d'Aubigné, *Histoire universelle*, IX, III, éd. A. Thierry, t. V, Genève, Droz, 1991, p. 342-343. *Cf. Les Tragiques*, II, 442 : « Si vous ne prononcez de Canaan la langue », où l'expression a le sens de « langage sincère et véridique ».

3 J. de Léry, *HIV*, chap. XV, p. 375-376.

4 *Ibid.*, chap. XVI, p. 393.

insolence Dieu et le diable[1]. Pour finir, Léry se hausse prophétiquement à la stature du Juge suprême, tonnant et foudroyant. Les « rapineurs », ces suceurs du sang et de la moelle d'autrui, sont envoyés et « confinés » au Brésil, pour être les jouets des Indiens anthropophages, qui leur serviront dès ici-bas « de demons et de furies[2] ». Quant aux « athéistes » et blasphémateurs, ils sont jetés sans ménagement en Enfer :

> je leur fais encor trop d'honneur de leur bailler ces barbares pour docteurs : sans plus parler pour le present de tels abominables, je les renvoye tout droit en enfer, où ils sentiront les fruicts de leurs monstrueuses erreurs[3].

Déjà chez Thevet on rencontrait ce *topos* de l'apologétique missionnaire : dans sa simplicité édénique, le sauvage en remontre aux prétendus sages de l'ancien monde, pleins de leur vain savoir et remplis d'un orgueil satanique. Son exemple, quelque imparfait qu'il soit, condamne par contraste la témérité des « damnables athéistes[4] ». Mais ce qui fait l'originalité profonde de Léry sur ce point, c'est l'insistance dramatique avec laquelle il s'adresse à ses contemporains. Le sentiment de l'urgence apocalyptique n'a peut-être été ressenti avant lui, avec une telle violence, que par Bartolomé de Las Casas, l'évêque du Chiapas et l'apôtre des Indiens, qui voyait dans les désastreuses victoires de la Conquista la certitude de la destruction imminente du monde[5].

1 *Ibid.*, chap. XVI, p. 390.
2 *Ibid.*, chap. XIII, p. 312-313.
3 *Ibid.*, chap. XVI, p. 393.
4 Voir André Thevet, *Le Brésil d'André Thevet. Les Singularités de la France Antarctique (1557)*, Paris, Chandeigne, 2011, chap. XXXVII, p. 198 : « Ce pauvre peuple, quelque erreur ou ignorance qu'il ait, si est-il beaucoup plus tolérable, et sans comparaison, que les damnables athéistes de notre temps [...] » ; *ibid.*, p. 200 (à propos des devoirs dus aux morts) : « Plût à Dieu que plusieurs d'entre nous eussent semblable opinion (j'entends sans erreur), l'on ne retiendrait pas le bien d'autrui, comme l'on fait aujourd'hui sans crainte ni vergogne ».
5 Voir sur ce point Alain Milhou, introduction à Bartolomé de Las Casas, *La destruction des Indes (1552)*, traduction de Jacques de Miggrode (1579), présentée et annotée par Alain Milhou et Jean-Paul Duviols, Paris, Éditions Chandeigne, 1995, p. 52-63.

L'ÉPREUVE EXOTIQUE (CHAPITRES XV ET XVI)

Pour Léry, l'exotique est familier, mais en un sens très différent de ce que l'on voyait par exemple chez Rabelais qui introduit le mot en français, en le glosant aussitôt, selon un procédé habituel à la langue du XVIe siècle, par le terme plus compréhensible de « pérégrin[es] ». C'est au début du *Quart Livre*, à l'occasion de l'escale à Medamothi[1]. Il s'agit en l'espèce des « marchandises exotiques et pérégrines » exposées sur le môle et dans les docks de l'île de « nulle part », qui est la première étape, étape hautement symbolique, de la navigation de Pantagruel et de Panurge à destination de l'oracle de Bacbuc. L'allégorie n'est pas absente de l'univers rabelaisien. Elle y est même omniprésente, voire constitutive. Mais le processus allégorique a pour effet chez lui de figer des traits humains en objets matériels, vices et scandales métamorphosés en écueils, récifs ou monstres marins. Tout autre chose chez Léry : l'allégorie, ou mieux, le détour sémantique par autrui, n'est pas figé, il est mouvant et n'atteint jamais à la réification du même sous les traits de l'autre. Il y a, dans l'*Histoire d'un voyage*, une réticence, pour ne pas dire une résistance de l'autre à servir de support à l'exégèse morale. C'est ce dont témoigne à l'évidence le rire de l'Indien. Que signifie en vérité cette insolence de l'Indienne qui se moque de l'Évangile et court de gaîté de cœur au banquet où elle sera mangée ? Quel sens donner à cette joie truculente d'un Brésilien qui, du rire aux larmes, met au défi la raison de l'Européen[2] ? D'où cette limite rencontrée par l'allégorèse et au-delà de laquelle s'étend l'espace indéfini d'un questionnement sans réponse.

Car la grille de lecture allégorique et morale que Léry projette sur le Brésil et ses habitants pourrait à la longue être lassante et surtout appauvrissante quant au contenu ethnographique. Lassante par le

1 Rabelais, *Quart Livre*, chap. II, in *Œuvres complètes*, éd. M. Huchon, Paris, Gallimard, « Bibliothèque de la Pléiade », 1994, p. 540. Je renvoie à mon étude « L'Exotisme en France à la Renaissance de Rabelais à Léry », *in* Dominique de Courcelles éd., *Littérature et exotisme XVIe-XVIIIe siècles*, Paris, École des chartes, « Études et rencontres de l'École des chartes », 1997, p. 5-16 ; reprise dans F. Lestringant et M.-Ch. Gomez-Géraud éd., *D'encre de Brésil. Jean de Léry écrivain*, Orléans, Paradigme, 1999, chap. 4.

2 Voir ma préface à J. de Léry, *H1V*, p. 15-39 : « Léry ou le rire de l'Indien ».

caractère mécanique d'un procédé qui consiste à poser, de chapitre en chapitre, le sauvage en juge du civilisé. Appauvrissante dans la mesure où cette moralisation filée et continuée de l'autre finit par lui retirer toute épaisseur et toute substance. Si le référent ultime de l'Américain est le Français, alors qu'importe la réalité même de celui-là ? On voit que l'on retombe insensiblement dans le piège de l'ethnocentrisme, en dépit des intentions louables proclamées d'entrée de jeu. Telle est justement la critique adressée à Léry et Montaigne par Tzvetan Todorov dans *Nous et les autres*[1].

En fait, Léry échappe largement à ce reproche, et son *Histoire* délivre un enseignement moral autrement plus complexe, autrement plus flou aussi que cet emblème du Bon Sauvage qu'il annonce peut-être, mais auquel on ne saurait le réduire. Des chapitres aussi nourris et contradictoires que ceux qui concernent le corps et ses parures (VIII), le cannibalisme rituel (XV) ou la religion (XVI) montrent bien qu'il existe dans le parallèle entre l'ancien et le nouveau, le sauvage et le civilisé, un flottement et un doute fondamentaux. Quelle que soit la leçon exprimée chaque fois en conclusion, au-delà ou en-deçà du sens obvie, on constate une singulière porosité entre l'objet et le sujet de l'énonciation, entre l'observateur et l'observé. La rhétorique contrastée de l'éloge et du blâme s'accompagne souterrainement d'une affinité troublante entre les deux termes mis en rapport. La certitude moralisatrice du pasteur de l'Église réformée est par endroits minée par cette sourde appréhension de l'inquiétante étrangeté du sauvage. Ce sentiment d'*Unheimlichkeit* se révèle sur le mode tragique. Pourquoi faut-il que, par-delà comme par-deçà, l'homme dévore son prochain, en raison d'une contrainte inexprimable ? Comment se fait-il que sur le nouvel Éden plane, ailes déployées, l'ange de l'Apocalypse[2] ? Et que le Nouveau Monde, avant l'accomplissement des temps, avant même l'âge de son déclin naturel, soit inexorablement condamné, promis à une destruction imminente ?

Sans doute ces constats tragiques n'aboutissent-ils pas à la remise en cause des dogmes du christianisme, bien au contraire. La doctrine du péché originel sort renforcée de ce détour par autrui ; le dogme calviniste

1 Tzvetan Todorov, *Nous et les autres. La réflexion française sur la diversité humaine*, Paris, Éditions du Seuil, 1989, p. 302-303.

2 J. de Léry, *HIV*, chap. XVI, p. 417.

de la double prédestination apporte, en théorie du moins, les réponses souhaitables aux questions les plus dérangeantes. Face à l'Indien qui résiste et se montre rétif à la Parole, l'élu reste le chrétien, en dépit de sa paresse à croire et à mettre en pratique la loi d'amour.

Il reste que c'est sans doute de Léry que date ce trouble, ce tremblement lié à la découverte d'une vérité bouleversante entre toutes, vérité seulement entr'aperçue à ce stade, que l'exotisme n'est pas ailleurs, dans les objets du monde, mais en soi, au plus intime de l'être.

C'est en cela que consiste « l'épreuve exotique » : elle entraîne l'exhaustion d'un passé enfoui, que le récit de voyage en pays lointain permet, par le plus long détour qui soit, de retrouver non sans effroi ni souffrance. On en veut pour preuve le gonflement progressif du chapitre XV de l'*Histoire*, consacré à l'anthropophagie rituelle des Brésiliens, et qui finira par doubler de volume au fil des cinq éditions, pour offrir le tableau comparé des cruautés commises ici et là de par le monde.

Il faut suivre de strate en strate ce lent travail d'exhaustion. D'abord Léry tend à allégoriser l'anthropophagie. Quand il amorce le tournant réflexif du par-delà vers le par-deçà, il évoque spontanément non pas l'anthropophagie réelle de Sancerre ou d'ailleurs en France, dont il a pourtant été le témoin oculaire, mais l'anthropophagie figurée des exploiteurs et des prêteurs sur gages. Il y a là comme un noyau dur qu'il est impossible de pénétrer du premier coup. Montaigne, venant après Léry, éprouvera la même difficulté à parler crûment, nûment, du cannibalisme de « par-deçà[1] ». Quand il allégorise le Cannibale et en fait l'instrument critique de l'Européen, Montaigne glisse imperceptiblement vers le sens figuré. La force du tabou est telle qu'elle entraîne cette dérive irrésistible :

> Je pense qu'il y a plus de barbarie à manger un homme vivant qu'à le manger mort, à deschirer, par tourmens et par geénes, un corps encore plein de sentiment, le faire rostir par le menu, le faire mordre et meurtrir aux chiens et aux pourceaux (comme nous l'avons, non seulement leu, mais veu de fresche memoire, non entre des ennemis anciens, mais entre des voisins et concitoyens, et, qui pis est, sous pretexte de pieté et de religion), que de le rostir et manger apres qu'il est trespassé[2].

1 Je renvoie ici aux excellentes pages de Claude Rawson, « Indiens et Irlandais : Montaigne, Swift et le cannibalisme », *in* Frank Lestringant éd., *La France-Amérique (XVIe-XVIIIe siècles)*, Paris, Champion, 1998, p. 491-529.

2 Montaigne, *Essais*, I, 31, éd. P. Villey, p. 209.

Sans doute la torture judiciaire constitue-t-elle un scandale aux yeux de Montaigne qui la dénoncera à nouveau dans le chapitre « De la cruauté » (II, 11). Il est non moins vrai que les animaux domestiques, tels que chiens, porcs, mais aussi chevaux, ont servi d'auxiliaires aux bourreaux, dans la guerre inexpiable que catholiques et protestants se sont livrée plus de trente ans durant en France. Telle gravure particulièrement saisissante du propagandiste catholique Richard Verstegan nous montre un cheval anthropophage mangeant de l'avoine dans le ventre ouvert d'un prêtre[1]. Mais on voit aussitôt que les chiens et les pourceaux servent d'exutoire commode. Ils ne sont pas les seuls à avoir mangé de la chair humaine durant les guerres de Religion. Les hommes leur ont montré l'exemple, aucun des lecteurs de Montaigne ne pouvait l'ignorer.

Léry, de même, n'évoque pas d'emblée les cas de cannibalisme réel dûment observés par lui à son retour en France. Pour dresser le parallèle des anthropophagies respectives de l'ancien et du nouveau monde, le premier exemple qui lui vient à l'esprit est celui des usuriers qui sucent le sang et la moelle, et par conséquent mangent vivants « tant de vefves, orphelins et autres pauvres personnes auxquels il vaudroit mieux couper la gorge tout d'un coup, que de les faire ainsi languir[2] ». Les Juifs ne sont pas nommés. Toutefois on reconnaît au passage un vieux cliché antisémite qui confond dans la personne du Juif exécré les deux crimes également condamnables du prêt usuraire et de l'anthropophagie. L'incarnation la plus célèbre de ces deux crimes indissociables, que relie une secrète homologie, est le personnage de Shylock dans *Le Marchand de Venise*, lequel, ne pouvant recouvrer sa créance perdue, exige de l'emprunteur une livre de sa chair située le plus près du cœur. La référence au prophète Michée autorise chez Léry ce passage du réel au symbolique :

> Voila aussi pourquoy le Prophete dit, que telles gens escorchent la peau, mangent la chair, rompent et brisent les os du peuple de Dieu, comme s'ils les faisoyent bouillir dans une chaudiere[3].

1 Richard Verstegan, *Theatrum crudelitatum haereticorum nostri temporis. Pro Deo et pro ecclesia*, Anvers, Christophe Plantin, pour Adrien Hubert, 1587 ; *Theatre des cruautez des hereticques de nostre temps. Traduit du latin en françois*, *ibid.*, 1588. Voir ma réédition du *Théâtre des cruautés des hérétiques de notre temps*, Paris, Chandeigne, « Magellane », 1995, p. 109.

2 Léry, *HIV*, chap. xv, p. 375.

3 Michée III, 3. Cité par Léry, *HIV*, *loc. cit.* Sur ce vieux cliché antisémite et son actualité à la Renaissance, voir notamment Anthony Pagden, *The Fall of natural man. The American Indian and the origins of comparative ethnology*, Cambridge, 1986, p. 82 ; citant Norman

Comme dans le réquisitoire dressé, à propos du bois brésil, contre les « rapineurs », sangsues d'autrui, « gouffres insatiables » dévorateurs de leurs semblables[1], le cannibalisme, une fois encore, représente autre chose que lui-même. C'est un signe mobile, un signifiant susceptible de recouvrir les signifiés les plus divers. Amplifiant ce chapitre, Léry ne va cesser d'ajouter à ce principe de nouvelles illustrations.

De façon à « justifier ou, du moins, ne pas tant abhorrer nos Bresiliens », Léry produit une longue théorie d'exemples, qui fait se succéder le cannibalisme des « Juifs du temps de Trajan[2] », les « cruautez execrables d'Amurat et de Mechmet » d'après Chalcondyle[3], celles de Vlad III surnommé Dracula[4], et les horreurs des guerres de Religion, préalablement enrôlées dans l'*Histoire ecclesiastique françoise* de Théodore de Bèze[5]. L'énumération se clôt sur un triptyque cannibale, où la litanie des supplices précédemment évoqués prend place dans le triple décor simultané des boucheries brésilienne, turque et française, qui étalent à l'envi leurs pièces de chair humaine et leurs troncs mutilés[6]. Ce théâtre tragique, d'une horreur toute sénéquienne, est dressé dès 1585. Mais il s'accroîtra encore, dans la quatrième édition de 1599, des « cruautez Espagnoles plus qu'abominables » rapportées d'après le dominicain Bartolomé de Las Casas, pour former à ce moment-là, corps étranger enkysté dans l'*Histoire*, un chapitre à part entière.

S'il s'agissait tout bonnement d'une tactique d'esquive[7], le résultat en serait pour le moins paradoxal. Au lieu de se borner aux anthropophages du Brésil et au caractère spécifique de leurs rites sanglants, Léry nous entretient de toutes les violences dont l'histoire nous a rendus témoins. Le cannibalisme est partout. Il n'a plus de lieu propre. Au siècle suivant,

---

Cohn, *Europe's inner demons*, St Albans, 1976, p. 1-2. *Cf.* Jean-Claude Margolin, « Liberté de conscience ou intolérance ? Réflexions sur quelques "histoires juives" à la Renaissance », *La Liberté de conscience (XVIe-XVIIe siècles). Actes du Colloque de Mulhouse et Bâle*, Genève, Droz, 1991, p. 191-216. Comme le rappelle ce dernier, p. 209, la légende de Simon de Trente, jeune chrétien sacrifié par des Juifs en une parodie de la crucifixion, rencontra à la fin du XVe siècle un large écho, dans la région de Nuremberg notamment.

1 Léry, *HIV*, chap. XIII, p. 312-313.

2 Léry, *HIV*, chap. XV, p. 374, note 1, ajout de troisième édition (Genève, 1585).

3 Léry, *HIV*, chap. XV*bis*, p. 572-574.

4 Léry, *HIV*, chap. XV*bis*, p. 574-577.

5 Léry, *HIV*, chap. XV*bis*, p. 578-584.

6 *Ibid.*, p. 584-586.

7 J'ai développé cette argumentation dans *Le Cannibale, grandeur et décadence*, Paris, Perrin, 1994, chap. 6, p. 124-142.

le pasteur Charles de Rochefort, un fervent lecteur de Léry, appliquera aux Caraïbes des Petites Antilles les mêmes conclusions :

> Par ces exemples, il paroit assez que nos Cannibales, ne sont pas tant *Cannibales*, c'est à dire *Mangeurs d'hommes*, bien qu'ils en portent particulierement le nom, que beaucoup d'autres Nations Sauvages[1].

Léry, par avance, a poussé ce raisonnement à ses ultimes conséquences. N'étant pas telle où l'on pensait la trouver, chez les plus barbares d'entre les barbares, la violence anthropophage est partout ailleurs, y compris chez les chrétiens prétendus, voire au sein de la communauté réformée elle-même. Au cours de sa vie tumultueuse, Léry en a fait l'amère expérience. De sorte que le détour ramène au point de départ et la périphérie au centre.

THÉÂTRES ANATOMIQUES (CHAPITRES VIII ET XV*bis*)

« Des cruautez exercées par les Turcs, et autres peuples : et nommément par les Espagnols, beaucoup plus barbares que les Sauvages mesmes » : ce chapitre additionnel, rédigé pour l'essentiel dès 1585, mais présenté de manière autonome à partir de 1599 seulement, est construit sur une réduplication des mêmes anecdotes, la première fois rapportées comme récit et témoignage (le plus souvent livresque, mais aussi vécu ou vu sur des peintures, placards de propagande et autres « cartes »), la seconde fois représentées comme spectacle, données à voir comme composantes d'un tableau vivant. Il est indéniable que cette présentation vise à l'effet de stupeur[2]. Le déballage d'horreurs en tous genres est bien fait pour émouvoir le lecteur, promu spectateur de scènes insoutenables. D'où l'exagération et la surenchère de la description qui sélectionne le plus horrible dans les documents recueillis, et pour finir associe en une composition vraisemblable et totalisante des éléments d'abord épars.

1 Charles de Rochefort, *Histoire naturelle et morale des Iles Antilles*, Rotterdam, 1658, II, 20, p. 487.
2 J. de Léry, *HIV*, chap. xv*bis*, p. 571-595.

Cette architecture de corps suppliciés, dont le modèle est en quelque sorte offert par la pyramide de têtes humaines édifiée par Turacan, capitaine d'Amurat II, rappelle les gravures contemporaines du catholique anglais Richard Rowlands, *alias* Richard Verstegan, dont le *Theatre des cruautez* paraît à Anvers, sur les presses de Christophe Plantin, en 1587[1]. Chacune des vingt-neuf gravures en taille-douce de ce recueil illustré, où l'image est complétée par un sizain gnomique placé au-dessous et des légendes sur la page opposée, associe des scènes de supplices empruntées à des lieux et à des temps divers, regroupées en vue de produire sur le lecteur le choc émotionnel maximal. Par ce procédé de montage, l'horreur atteint à un paroxysme et à une densité visuelle bien faits pour rallier au « bon » parti les tièdes et les hésitants. De la même manière, Léry agglomère les anatomies rompues, rassemble des supplices géographiquement dispersés, afin de produire un théâtre grand-guignolesque centré sur le cannibalisme.

Le volet ottoman, qui ouvre ce triptyque des cruautés, n'est pas, à proprement parler, consacré à l'anthropophagie, à la différence des deux autres. Mais le détail des oiseaux de proie nichant par milliers dans les orbites et les cavités thoraciques d'une forêt de cadavres, d'après Chalcondyle, se trouve amplifié et précisé dans la version picturale des horreurs orientales, assurant de la sorte la liaison à l'imaginaire de la dévoration du corps humain.

Le *Théâtre*, au sens de dispositif optique, de mise en scène spectaculaire, agit sur les sens plutôt que sur l'esprit, en appelle au corps et aux tripes, pour mieux captiver l'âme d'un lecteur promu spectateur. Tel est le ressort de l'*enargeia* ou « évidence » qui donne à voir plutôt qu'à lire, à toucher plutôt qu'à comprendre[2]. Léry avait déjà recouru à ce procédé au chapitre VIII de l'*Histoire* pour décrire la panoplie vestimentaire des Indiens et des Indiennes. Dans un cas comme dans l'autre, il s'agit d'une opération en deux temps, analyse et tableau, construction et vision. Ou pour reprendre les termes de Léry, la « déduction bien ample[3] », c'est-à-dire l'inventaire minutieux, est tout à la fois suivie et couronnée d'un « épilogue » où le lecteur est invité à « s'imaginer en

1 Richard Verstegan, *Theatre des cruautez*, *op. cit.* Voir la préface à ma réédition, Paris, 1995, p. 7-44.

2 Voir Perrine Galand-Hallyn, *Les Yeux de l'éloquence. Poétiques humanistes de l'évidence*, Orléans, Éditions Paradigme, 1995.

3 J. de Léry, *HIV*, chap. VIII, p. 226.

son entendement », à « contempler », à « voir », coopérant de la sorte avec l'écrivain à la production d'une illusion parfaite, au simulacre de la vie même. En d'autres termes, le narrateur et descripteur commence par fournir au lecteur un outillage, que ce dernier est invité à utiliser, sous contrôle, pour construire sa propre représentation.

Tel est le principe directeur du chapitre VIII, « Du naturel, force, stature, nudité, disposition et ornemens du corps [...] ». Après l'éloge de la santé physique et morale des sauvages, « tant des hommes que des femmes », l'homme, qui a traditionnellement la préséance sur la femme, est méticuleusement décrit dans sa nudité première et ses parures successives. Ce serait, en prose, une sorte de blason du corps masculin, pareil à ces blasons du corps féminin qui, deux générations plus tôt, ont fleuri dans la poésie marotique, à Ferrare, à Lyon, à Paris et Fontainebleau. À vrai dire, Léry ne décrit pas les parties du corps, mais seulement les divers attributs dont ce corps est paré, en les localisant. Le corps est en ce sens une surface d'inscription, un support à ornements et le cas échéant à vêtements. C'est un mannequin. Tour à tour sont évoqués la peau glabre de l'Indien, les techniques dépilatoires dont il use, l'étui pénien, les lèvres et joues percées, le nez écrasé, la peinture du corps au génipat, les pendentifs et colliers de coquilles ou d'os, le duvet collé sur la peau, les diverses plumasseries arborées lors des fêtes, les pendants d'oreilles, les sonnettes de danse, les maracas ou hochets rituels. À cette panoplie exotique s'ajoutent pour finir les vêtements que les Indiens troquent avec les marins de Normandie et dont ils s'affublent comiquement, découvrant leur derrière, se dénudant à la première occasion. Voilà donc en quinze pages « la deduction bien ample » de « tout ce qui se peut dire touchant l'exterieur du corps, tant des hommes que des enfants masles Ameriquains[1] ».

Vient alors le deuxième moment de l'exposé, où l'inventaire initial se recompose en un tableau, ou plutôt dans une série de tableaux vivants. La collection d'attributs décrits un à un est à présent adaptée à un support en chair et en os. Ce sont, en guise d'épilogues, pour reprendre le mot de Léry, quatre portraits en pied de l'Indien, « habillé » et déshabillé à volonté. Le discours est à la deuxième personne du pluriel, alternant les modes impératif et indicatif. Le narrateur tient le rôle du maître des cérémonies ; le lecteur, directement associé à la mise en scène, est invité

1 *Ibid.*

à jouer les habilleuses : « couvrez-luy tout le corps », « revêtez-le », « vous le chaussez et habillez », etc. Avec toute l'habileté d'un prestidigitateur, ce dernier s'exécute promptement, docilement.

Le premier portrait du sauvage le montre nu avec pour « contenance » (l'objet qu'il porte habituellement) l'arc et les flèches, tout le corps « peinturé » de génipat ; le deuxième, couvert de petites plumes hachées menu, teintes en rouge, comme « poil follet » ; le troisième, le corps au naturel ou « emplumassé », mais revêtu de ses « habillements, bonnets et bracelets de plumes de diverses couleurs » ; le quatrième enfin, « moitié nud et moitié vestu », affublé « de nos frises de couleurs, ayant l'une des manches verte, et l'autre jaune[1] ». En somme, le portrait craché d'un fol, auquel il ne manque que la marotte. Christian Marouby voit dans ce défilé de mode naturiste « le geste profondément caractéristique de la démarche primitiviste », une « opération purement négative qui comme tout dévoilement est censée rapprocher de la nature des choses ». L'opération dessinerait une ligne de partage entre civilisé et primitif : « Déshabiller l'homme civilisé, ce serait l'exposer dans sa faiblesse ; mettre le sauvage à nu, par contre, ce n'est rien lui enlever d'essentiel, mais le révéler dans toute la force de sa nature[2] ». Toujours est-il que ces habillages et déshabillages se déroulent sur le mode ludique, suscitant alternativement l'admiration et le rire. Le sauvage devient un objet manipulable, fantoche qu'animent les gestes recroisés et complices de l'auteur et du lecteur. Il n'a rien ici de l'inquiétante étrangeté de la rieuse, dont on ne sait si le rire est complice ou moqueur, de connivence ou de défi. Le défilé de mode sauvage est un rite d'apprivoisement et d'appropriation.

L'opération devrait pouvoir se renouveler sur le corps de l'Indienne, évoquée ensuite. C'est ce que laisse prévoir, du reste, la phrase de transition :

> Mais laissant pour maintenant un peu à part nos *Toüouopinambaoults* en leur magnificence, gaudir et jouir du bon temps qu'ils se scavent bien donner, il faut voir si leurs femmes et filles, lesquelles ils nomment *Quoniam* (et depuis que les Portugais ont frequenté par delà en quelques endroits *Maria*) sont mieux parées et attifées.

---

1 *Ibid.*, p. 228.

2 Christian Marouby, *Utopie et primitivisme. Essai sur l'imaginaire anthropologique à l'âge classique*, Paris, Éditions du Seuil, 1990, p. 129.

Or, contrairement à toute attente, ce corps résiste. L'Indienne n'est pas manipulable au même degré que l'Indien. Déjà, la simple décence interdit qu'on l'habille et la déshabille à volonté. Le narrateur s'adresse à un public de lecteurs masculins, de sorte que la promiscuité, licite tant qu'on reste entre hommes, est frappée d'interdit dès qu'il s'agit d'une femme. C'est pourquoi seul le premier temps de la démonstration est répété. Les femmes, nous dit Léry, sont aussi nues que les hommes, plus nues même, s'il est possible. Leurs parures, en effet, sont plus discrètes ; elles ne se font point fendre les lèvres ni les joues, « et par consequent ne portent aucunes pierreries au visage ». Il est vrai qu'elles se fardent, se couvrent la face de peintures géométriques et se « chamarrent » en bleu, jaune et rouge. Mais « elles ne se peinturent pas si souvent le corps, les bras, les cuisses et les jambes que font les hommes[1] ». Leur peau, à l'exception du visage, reste nue.

Passé l'inventaire rapide de leurs parures et « attifets », le deuxième temps du théâtre anatomique est supprimé, remplacé par une étrange scène que Michel de Certeau, à juste titre, a rapprochée du sabbat des sorcières, dont la trouble légende, à l'époque, fascine l'imaginaire masculin et suscite le féroce intérêt des juges et des inquisiteurs. La femme indienne, à la différence de l'homme, ne se prête pas au jeu du travestissement. Pas question pour le lecteur de l'imaginer, encore moins de l'habiller de ses propres mains. Elle devra se vêtir elle-même, se rhabiller sous la contrainte. Très exactement sous la menace du fouet, comme un animal rétif. Ce n'est plus du jeu, c'est un dressage et un exorcisme tout à la fois. Le fait est que les Indiennes refusent à toute force de se couvrir, même par jeu, comme le font les hommes :

> tant y a neantmoins que quoy que nous leur ayons plusieurs fois voulu bailler des robbes de frise et des chemises (comme j'ay dit que nous faisions aux hommes qui s'en habilloyent quelques fois), il n'a jamais esté en nostre puissance de les faire vestir : tellement qu'elles en estoyent là resolues (et croy qu'elles n'ont pas encor changé d'avis) de ne souffrir ni avoir sur elles chose quelle qu'elle soit[2].

Les plus obstinées, les plus scandaleuses dans leur résistance au vêtement sont les femmes esclaves que Villegagnon a rachetées à ses

1 J. de Léry, *H1V*, chap. VIII, p. 231.
2 *Ibid.*, p. 231-232.

alliés indiens. Vivant parmi les colons français retranchés dans le fort Coligny, coupées de leurs forêts natales, séparées du continent et isolées de l'air ambiant par l'étoffe étrangère qu'on les force à porter et qui les emprisonne, elles s'en débarrassent dès qu'elles le peuvent. La violence de ce rejet est proprement inadmissible, révoltante, insoutenable. Non seulement les Indiennes refusent de se prêter au jeu du vêtement et de voiler leur nature, mais elles rejettent insolemment la complicité à l'acculturation que l'on attend d'elles. Sans reconnaissance aucune pour ceux qui les ont arrachées à la mort et à la dévoration, elles les provoquent. Ces femmes insatiables, « inlassablement actives, et voraces aussi, les premières à pratiquer l'anthropophagie[1] », menacent la communauté des hommes venus d'Europe, pour la plupart des célibataires sans femmes.

« Cest animal se delecte si fort en ceste nudité », écrit Léry, que non seulement les Indiennes libres refusent de s'habiller « en façon que ce fust », mais aussi :

> quoy que nous fissions couvrir par force les prisonnieres de guerre que nous avions achetées, et que nous tenions esclaves pour travailler en nostre fort, tant y a toutesfois qu'aussitost que la nuict estoit close, elles despouillans secretement leurs chemises et les autres haillons qu'on leur bailloit, il falloit que pour leur plaisir et avant que se coucher elles se pourmenassent toutes nues parmi nostre isle. Brief, si c'eust esté au chois de ces pauvres miserables, et qu'à grands coups de fouets on ne les eust contraintes de s'habiller, elles eussent mieux aimé endurer le halle et la chaleur du Soleil, voire s'escorcher les bras et les espaules à porter continuellement la terre et les pierres, que de rien endurer sur elles[2].

Comme l'a bien vu Michel de Certeau, l'Indienne nue représente le comble de l'altérité sauvage : « un nouveau monde se lève de l'autre côté de l'océan avec l'apparition des femmes tupies, nues comme Vénus au milieu de la mer dans le tableau de Botticelli[3] ». Cette nudité pourrait être le signe de l'innocence, la marque d'une origine divine, une épiphanie charnelle montée d'au-delà des mers, aussi mystérieuse et incompréhensible que le rire qui l'anime. Dans la « nuit close » où cette nudité rayonne soudain, elle est plus inquiétante que désirable. La

---

1 M. de Certeau, *L'Écriture de l'Histoire*, *op. cit.*, p. 243.

2 J. de Léry, *HIV*, chap. VIII, p. 233.

3 M. de Certeau, *op. cit.*, p. 242.

sauvagerie de « ces femmes de nuit folles de plaisir » fascine et menace[1]. Leur bacchanale nocturne évoque irrésistiblement le sabbat des sorcières et le démon incarné, un démon féminin, comme il se doit.

Retour à l'ordre, au grand soleil et au travail productif : la dévoreuse d'hommes blancs – *vagina dentata* –, dans l'économie d'exploitation de la minuscule colonie insulaire, est contrainte « à grands coups de fouets » de s'habiller. Le prétexte ne trompe personne : on protège l'Indienne en la fouettant ; on épargne, en le frappant, un corps soumis au travail à outrance. Le vêtement protège la peau de l'Indienne des hottes de terre et de cailloux qu'on la force à porter « continuellement ». En réalité, c'est le maître qui doit être mis à l'abri d'un désir intolérable. Rien d'étonnant si Léry approuve ailleurs la « bonne ordonnance » de Villegagnon qui punit de mort toute relation sexuelle avec les femmes et filles indigènes[2].

Alors que la description du corps masculin était suivie de quatre « épilogues » distincts, théâtre de marionnettes splendidement ou comiquement dévêtues, pour sa punition l'Indienne n'a droit à rien : « Partant sans en faire ici autre épilogue, que le lecteur, par ceste narration les contemple comme il luy plaira[3] ». La femme sauvage est privée d'épilogue. Licence et censure tout à la fois : le narrateur ne veut pas se commettre dans les fantasmes du lecteur, qu'il aura pourtant servis avec une parfaite ambiguïté.

Ce premier théâtre anatomique mettait en scène le corps quant à « l'extérieur ». Le second, proprement insoutenable, examine les parties internes. Dans le vis-à-vis des chapitres VIII et XV*bis*, dans ce contraste des chairs vivantes et des chairs à l'agonie, on retrouve la dichotomie qui présidait à la description des animaux des chapitres X à XII, et qui faisait se succéder l'examen des « parties extérieures » et celui des « parties intérieures ». Comme le disait Pierre Belon au début de son *Histoire de la Nature des oyseaux*, il est nécessaire aux médecins, pour leur dernière intention qui réside « en la conservation et integrité de noz corps », d'« estre exercitez sur la cognoissance, tant des exterieures que interieures parties des corps, non seulement humains, mais aussi des animaux, laquelle ne peuvent mieux aquerir que par la frequente

1 *Ibid.*, p. 243.
2 J. de Léry, *HIV*, chap. VI, p. 180.
3 J. de Léry, *HIV*, chap. VIII, p. 233.

dissection d'iceux[1] ». Léry n'est pas médecin des corps, mais des âmes. Il lui faut fouiller plus avant que le chirurgien, jusqu'à l'horreur, jusqu'au dégoût.

Dans le second théâtre des corps qu'est le théâtre des cruautés, le lecteur n'est plus interpellé que pour *voir*. Il y aurait malséance à lui demander tout autre service comme de manipuler les tristes reliques, ou de disposer artistement les pièces détachées et les morceaux anatomiques. Loin de jouer les habilleuses funèbres, il est appelé à voir – et c'est déjà trop. Le spectacle, dans sa violence et son caractère insoutenable, s'organise de lui-même sans l'adjuvant du lecteur ni même du narrateur, sans le secours d'aucun être humain. L'indéfini, l'impersonnel, la construction passive sont là pour tourner la difficulté :

> faisant pour la fin comparaison de cruauté à cruauté, qu'on face maintenant trois Tableaux joints l'un à l'autre, au premier desquels nos sauvages Bresiliens soyent au vif representés [...], puis toute ceste chair humaine soit par eux mangée, avec les morgues et gestes qu'on voudra [...]. Au second soyent pourtraits, Turacan, avec son Turban, faisant construire sa pyramide de testes d'hommes. Puis Amurat et Mechmet [...]. Puis un troisieme où vous verrez les furieux et endiablés François[2].

L'inhumanité du spectacle proscrit toute complicité comme toute connivence. Il n'y a pas de place ici pour le jeu ni pour le dialogue. Ce n'est plus dans la sympathie que s'éveille cet opéra macabre, mais dans l'hallucination partagée du cauchemar.

Naturellement, les deux chapitres forment un violent contraste : le portrait des sauvages brésiliens, nus, peints et « emplumassés » aboutissait à l'éloge de leur simplicité adamique. Il fallait, *in extremis*, le rappel de la Chute et de la sortie d'Éden pour contenir cette apologie dans les bornes du licite[3]. Le « théâtre des cruautés » du chapitre XV*bis*, au contraire, déploie aux yeux du lecteur le paysage de l'Enfer, remonté des profondeurs de la terre jusqu'à sa surface. C'est du reste, dans sa version ultime de 1599-1600, le dernier mot du chapitre. Effrayé par le spectacle qu'il a suscité avec tant de vérité, l'écrivain, promu sorcier et thaumaturge, lance une dernière conjuration :

---

1 Pierre Belon du Mans, *L'Histoire de la nature des oyseaux*, I, X, fac-similé de l'édition de 1555, avec introduction et notes de Philippe Glardon, Genève, Droz, 1997, p. 36.

2 J. de Léry, *HIV*, chap. XV*bis*, p. 584-585.

3 J. de Léry, *HIV*, chap. VIII, p. 235-236.

> Et ainsi n'y ayant peintre, ni industrie humaine qui peust representer ni exprimer la millieme partie des abominables cruautez Espagnoles, afin d'estre pourtraite d'un pinceau Satanique, je la renvoye en enfer[1].

L'exorcisme joue à plusieurs reprises dans le texte. Pour conjurer le mal, et cette menace que les morts font peser sur les vivants, il faut les éloigner à toute force. Le plus loin est le mieux. Tout d'abord, pour clore le volet consacré aux guerres de Religion, le théâtre des cruautés est « renvoyé » en Amérique même, loin des misères de la France et de l'Europe. C'est alors l'évocation, d'après Las Casas traduit par le protestant Jacques de Miggrode, des cruautés des Espagnols au Nouveau Monde pendant tout le demi-siècle qu'a duré la Conquista. L'ennemi espagnol, champion du catholicisme en Europe et dans le monde, représente le bouc émissaire idéal, un autre infiniment plus maléfique et menaçant que le Brésilien mangeur d'hommes. Le problème est que l'Espagnol fait retour, étant d'ici comme de là-bas. Ses cruautés débordent et refluent de l'Amérique, où elles se sont d'abord exercées et ont atteint un premier paroxysme, sur l'Europe, où elles ont connu une tardive recrudescence, aux Pays-Bas sous le duc d'Albe, puis en Franche-Comté et dans le bailliage de Gex, sur quoi s'achève la description. L'Enfer est en définitive la seule issue à ce débordement démoniaque. C'est le gouffre où doit s'engloutir l'abomination de la désolation. C'est enfin l'horizon eschatologique vers lequel roule inexorablement l'humanité pécheresse, plus criminelle que victime, enracinée dans le mal et rachetée pour une part infime.

RETOUR À SANCERRE, OU L'AVEU (CHAPITRE XV*bis*)

« Sans, dis-je exagerer les choses, car elles sont ainsi passées[2]... » La leçon du triptyque des cruautés est paradoxale, mais guère inattendue. Le pire n'est pas là où l'on pense, chez le Turc détesté ou dans la terre des féroces Brésiliens, mais au cœur de la France des guerres de Religion, dans ces villes affamées, où l'anthropophagie renaît comme aux âges les

1 J. de Léry, *HIV*, chap. xv*bis*, addition de 1599-1600, p. 595.
2 *Ibid.*, p. 586.

plus sombres de l'humanité, et dans l'amas de ces foules sans défense passées au fil de l'épée.

Un tel comparatisme anthropologique, dont le cannibalisme est le leitmotiv, serait pur artifice rhétorique, s'il ne débouchait sur un aveu, souvenir douloureux repoussé au terme de la litanie des violences recensées sur les quatre continents. Il s'agit, nous dit Léry, d'« un acte qui me fait fremir toutes les fois que j'y pense[1] » et dont la révélation a attendu sept ans et la troisième édition de l'*Histoire* pour pouvoir être faite au public. C'est la prise d'assaut d'une petite ville par « les nôtres », sans doute en Bourgogne, où Léry a passé l'essentiel de son ministère pastoral : une ville innommée – et « pour cause » –, prise au coucher du soleil, et sa population égorgée, le sang coulant par les ruelles en pente. L'horreur se découvre au matin, quand on dénombre cent cinquante corps, dont sept femmes et trois enfants.

Léry, pasteur aux armées, est appelé sur les lieux. Les femmes en pleurs, en cris, certaines hurlantes de douleur et insultant les soldats, se pressent autour de lui. Léry s'efforce de ramener l'ordre et le calme, fait rassembler les corps qu'on apporte sur des échelles en guise de brancards et commande de les enterrer dans trois fosses communes creusées tout exprès, l'une dans la chapelle, les deux autres dans des jardins et chenevières.

Le choc est d'autant plus brutal qu'un soldat ivre ou conduit par le diable menace de pousser dans la fosse le pasteur qui s'apitoie sur le sort d'une femme qui a perdu dans la boucherie mari, frères et enfants. Partagé entre le désespoir et la colère, Léry est tenté d'appeler sur lui et la communauté qu'il sert, à la manière des prophètes de l'Ancien Testament, le juste jugement de Dieu. Il faut imaginer ce pasteur tout vêtu de noir, en collet et chapeau, la barbe grise de patriarche tombant en pointe sur la poitrine, levant l'index vers le ciel et jetant l'anathème sur la troupe de ses coreligionnaires, au milieu des cadavres ramassés et jetés sans suaire dans la terre meuble d'un jour de pluie.

Mais passé l'instant de la révolte, son imprécation s'achève en prière : « Dieu vueille avoir pitié de nous tous[2] ». Prière redoublée après la comparaison de la cruauté des Français dégénérés avec celle des lions, tigres, ours et jaguars de l'Amérique, et qui forme la clausule du chapitre dans l'édition de 1585 : « Priant Dieu derechef leur vouloir pardonner et les remettre en leur bon sens ». *Amen*.

---

1 J. de Léry, *HIV*, chap. XV*bis*, addition de 1585, p. 588.

2 J. de Léry, *HIV*, p. 591.

On peut regretter que Léry n'ait pas arrêté là sa copie, et qu'à cet aveu de culpabilité il ait jugé nécessaire d'opposer, par un long ajout de l'avant-dernière édition, le contrepoids, laborieux et attendu, des cruautés espagnoles dans les deux mondes. Le discours officiel du parti prenait le dessus sur la confession personnelle. La faute, révélée au terme d'une hécatombe verbale, se trouvait engloutie, recouverte à son tour par une nouvelle avalanche de corps meurtris et mutilés, cette fois pour la détestation de l'ennemi et le service de la Cause.

Cette ville n'est pas Sancerre et ne peut être Sancerre, mais elle lui ressemble comme deux gouttes d'eau. C'est une ville forte de nature, une citadelle sur une éminence, une ville en pente dominant les vignobles, où le sang coule, comme le vin des pressoirs après la vendange. Lieu douloureux, citadelle de la déroute et du doute suprême, cette Sancerre bis pourrait bien attirer sur elle, sinon le feu du ciel, du moins les vengeances de Dieu. L'interrogation est la même que celle qui s'était élevée au milieu de l'été 1573, après la découverte de la fille mangée par ses parents : comment les justes peuvent-ils devenir criminels ? comment le mal a-t-il pu surgir du sein même de la communauté qui s'était vouée au Seigneur, dans l'exercice rigoureux de la religion « réformée » ? En d'autres termes, et pour le dire plus simplement, comment est-il possible de trahir, en toute bonne foi, Dieu et les hommes ? On sait que la question s'est posée avec une particulière acuité à Jean de Léry, lors de la reddition de Sancerre.

Loin de l'émerveillement suscité par les « marchandises exotiques et peregrines » du môle de Medamothi chez Rabelais, Léry entrevoit à ce moment une autre forme d'exotisme, un exotisme intérieur qui a tout pour effrayer. D'un tel exotisme, l'aventure de Léry nous enseigne que la connaissance est précaire, la conquête jamais assurée et la jouissance des plus amères. Pourtant ce qui est révélé est bientôt censuré, non dans le silence et l'effacement, mais dans l'excès d'une parole torrentielle et démonstrative qui rejette sur l'autre, cet autre providentiel qu'est le catholique espagnol, l'inexhaustible culpabilité qui, depuis la faute originelle, accable la race humaine.

L'*Histoire*, alors, cesse d'être témoignage pour devenir manifeste. Dans l'identité renouée avec l'Église confessante, Léry retrouve la sombre sérénité du mélancolique, face au spectacle d'un malheur universel dont il est miraculeusement exempté.

LE LIVRE DU MONDE

ÉCRITURE ET ÉLECTION

L'*Histoire d'un voyage* de Jean de Léry présente des habitants du Nouveau Monde un tableau largement favorable, mais un chapitre fait exception. Il s'agit du chapitre XVI, de « ce qu'on peut appeler religion entre les sauvages Ameriquains[1] ». La restriction est d'importance : il n'est pas certain en effet que les Tupinamba du Brésil possèdent une religion à proprement parler. En effet, ils n'ont nul temple, nulle forme de culte ou même de prière. Ignorant l'usage du calendrier, et comptant les jours seulement par lunes, ils n'observent pas de jours fériés. Ils ignorent pareillement les idoles, qu'adorent des peuples comme les Mexicas ou les Incas du Pérou, à moins qu'on ne considère comme telles les maracas ou hochets de cérémonie. Et Léry d'infirmer d'entrée de jeu la fameuse sentence de Cicéron, déjà présente chez Thevet[2] et immanquablement alléguée par les voyageurs de la Renaissance et de l'âge classique, qui veut « qu'il n'y a peuple si brutal, ni nation si barbare et sauvage, qui n'ait sentiment qu'il y a quelque Divinité[3] ».

Nonobstant cette « maxime indubitable » reçue de tout un chacun, Léry se dit bien « empesché touchant l'application d'icelle » aux *Toüoupinambaoults* de l'Amérique. Cette hésitation, qui tranche sur l'idée rassurante d'une humanité unanimement religieuse, ébranle à terme tout un pan de l'apologétique chrétienne. Elle va à l'encontre de Calvin lui-même, qui, au début de l'*Institution de la religion chrestienne*, se fondait en particulier sur le témoignage des païens pour démontrer

1 Jean de Léry, *H1V*, chap. XVI, p. 377.
2 André Thevet, *Le Brésil d'André Thevet. Les Singularités de la France Antarctique*, nouvelle édition, Paris, Chandeigne, 2011, chap. 28, p. 163.
3 Cicéron, *De natura Deorum*, I, et *De legibus*, I, 24.

« ceste conception universelle » d'un Dieu[1]. Plus près de Léry, on peut prendre l'exemple de Philippe Du Plessis-Mornay, théologien protestant et auteur en 1581 du traité *De la verité de la religion chrestienne.* Mornay a reçu de la tradition historique de la Conquête l'expression canonique de peuples « sans foi, sans loi, sans roi », qui l'embarrasse. Passe encore pour des peuples vivant désordonnément comme des bêtes, et ignorant l'institution monarchique, fût-ce à l'état embryonnaire. Mais le « sans foi » fait problème. Comment imaginer des peuples sans Dieu ? Cette simple possibilité menace le dogme de la révélation universelle, que Mornay, précisément, entend confirmer. Alors le théologien trouve un palliatif. Il modifie légèrement la formule ternaire, ce qui suffit à la rendre inoffensive. Elle devient donc sous sa plume : « sans loix, sans rois, sans toicts ». Le manque de toit est seulement pittoresque ou intrigant, en même temps qu'il atteste la misère de l'humanité primitive, alors que l'absence de foi mettait en péril la notion même d'humanité promise au rachat. Dès lors, ces peuples *a priori* gênants pour la démonstration s'y intègrent à merveille :

> Il s'est descouvert depuis cent ans en çà plusieurs peuples incognus aux siecles precedens, et s'en descouvre encor tous les jours. Il s'y en est trouvé qui vivent sans loix, sans rois, sans toicts, qui vont nuds, qui paissent par les champs : nul sans quelque cognoissance d'un Dieu : nul sans quelque espece de religion : Pour nous monstrer, qu'il n'est pas si naturel à l'homme de s'associer, de se couvrir contre les injures du ciel, mesmes de cercher sa propre vie, choses toutesfois, que nous estimons bien naturelles ; comme il luy est naturel de cognoistre l'autheur de sa vie, C'est DIEU[2].

Emportée par la période oratoire, la retouche passe inaperçue, d'autant que la nudité adamique de ces peuples dénués de tout prolonge très naturellement l'absence de toits sur leurs corps sans défense contre le froid, la nuit, la pluie. Pourtant, il est difficile d'imaginer que Du Plessis-Mornay pût ignorer la relation de voyage de son coreligionnaire dont le succès avait été immédiat, la première édition, en 1578, étant suivie d'une deuxième, légèrement augmentée, deux ans plus tard. Il faut donc conclure à une

1 Jean Calvin, *Institution de la religion Chrestienne*, chap. Ier, éd. J. Pannier, Paris, Les Belles Lettres, 1961, t. I, p. 43-44.

2 Philippe Du Plessis-Mornay, *De la Verité de la Religion chrestienne : Contre les Athées, Épicuriens, Payens, Juifs, Mahumedistes, et autres Infideles*, Anvers, Christofle Plantin, 1581, chap. Ier : « Qu'il y a un Dieu, et que chacun consent en une Divinité », p. 13.

omission prudente de la part du théologien. De la sorte, le tableau du « primitivisme dur » est tempéré par la notion d'une divinité protectrice.

Léry n'a pas ces ruses d'apologiste. Il affirme tout crûment ses doutes, avant de faire prévaloir, mais non sans détours ni retours, la voix de l'orthodoxie. En fait, tout le chapitre de « ce qu'on peut appeler religion » oscille entre deux thèses difficilement compatibles : celle, tout d'abord, de l'athéisme des peuples primitifs, qui contient les germes d'une future révolution anthropologique ; et celle, plus classique, de la *prisca theologia*, qui s'emploie à déceler dans les mythes et croyances de l'autre les vestiges à demi effacés d'une révélation ancienne, brouillée par une transmission hasardeuse au fil des siècles et par les tromperies de Satan, cet expert en mensonges et brouilleries. Mais loin de tirer de ces vestiges un signe favorable, Léry, au contraire, incline dans un sens pessimiste, ne retenant que la mémoire infidèle et la propension à l'oubli. En définitive, il verra dans ces peuples sans écriture et sans mémoire l'image d'une humanité déchue et condamnée de toute éternité, en vertu du dogme calviniste de la double prédestination.

L'écriture sert bien en effet de critère ultime de discrimination. C'est elle qui assure le partage entre les deux moitiés de l'humanité, l'ancienne et la nouvelle, la boréale et l'australe[1]. Or, l'une de ces deux moitiés, depuis l'origine des temps, a perdu la mémoire. L'autre, au contraire, a su la conserver, grâce à l'écriture, où Léry est tenté de voir, non seulement une invention admirable, mais de surcroît un « don singulier », le fruit d'une bénédiction particulière de la part du Créateur :

> Parquoy, je di que, qui voudroit icy amplifier ceste matiere, il se presente un beau sujet, tant pour louër et exalter l'art d'escriture, que pour monstrer combien les nations qui habitent ces trois parties du monde, Europe, Asie, et Afrique ont de quoy louër Dieu par dessus les sauvages de ceste quatriesme partie dite Amerique [...][2].

L'écriture dont parle ici Léry est à prendre en une double acception. C'est d'une part une technique d'enregistrement de la pensée qui

1 Le vrai clivage géographique, comme l'a rappelé Frédéric Tinguely (art. cité, 1995, p. 34, note 34), est moins la césure océane que la zone équatoriale dite torride et longtemps réputée infranchissable. C'est l'équateur qui constitue l'axe principal du renversement des valeurs et des usages.

2 J. de Léry, *H1V*, chap. XVI, p. 382. Sur la « leçon d'écriture » de J. de Léry, voir Michel de Certeau, *L'Écriture de l'Histoire*, *op. cit.*, p. 218-226.

permet de communiquer à distance en dépit de l'intervalle des lieux et des siècles. Mais c'est aussi le message transmis par Dieu à l'humanité dans les livres sacrés de la Bible, écrits sous la dictée de l'Esprit. Or la connaissance de l'Écriture sainte est difficilement pensable sans celle de l'écriture comme technique. Dès lors, la question est de savoir si un peuple sans écriture est accessible à la vérité dont la Bible est dépositaire. Le dilemme est d'autant plus âpre que le protestantisme insiste sur la relation directe et immédiate, par la lecture personnelle, du croyant à la Parole déposée dans le livre saint. La difficulté serait moindre, à tout prendre, pour un catholique qui admet au contraire la médiation conjointe du corps ecclésial et de la tradition exégétique.

Un pas de plus, et l'écriture confirme une hiérarchie entre les peuples. Ce n'est pas tant qu'elle détermine des degrés divers de civilisation, voire, le plus simplement du monde, l'opposition des « civilisés » et des « barbares » ; c'est que, plus fondamentalement, elle confirme la discrimination entre élus et réprouvés. Comme le dit Michel de Certeau, le pouvoir culturel de l'écriture « est contresigné de l'absolu ; ce n'est pas seulement un fait, mais un droit, l'effet d'une élection, un héritage divin[1] ». La coupure qu'instaure la maîtrise ou non de l'écriture est d'institution divine, non humaine. Aucune volonté ne peut aller là-contre. Il faut entériner tout à la fois cette grâce et cette malédiction, qui vont de pair et sont indissociables. C'est ce que Léry laisse entendre dans une phrase terrible, qui forme à peu près la conclusion du chapitre :

> ayant fort clairement cogneu en leurs personnes la difference qu'il y a entre ceux qui sont illuminez par le sainct Esprit, et par l'Escriture saincte, et ceux qui sont abandonnez à leur sens, et laissez en leur aveuglement, j'ay esté beaucoup plus confermé en l'asseurance de la verité de Dieu[2].

Différence et séparation : le sauvage incarne l'homme selon la chair, le chrétien réformé l'homme selon l'esprit, racheté par la grâce et promis au salut éternel. Il serait tentant, mais abusif, de conclure au pharisaïsme de Léry, et de voir dans ce pessimisme historique une préfiguration lointaine de l'apartheid.

Ce que l'on peut du moins affirmer, c'est que, malgré les rares velléités missionnaires qu'elle met en scène, l'*Histoire d'un voyage* entérine

1 M. de Certeau, *L'Écriture de l'Histoire*, p. 224.
2 J. de Léry, *HIV*, chap. XVI, p. 422-423.

et justifie après coup l'échec d'une Nouvelle-France australe, la France Antarctique du Rio de Janeiro, perdue corps et biens le 15 mars 1560. Le détour par l'Indien permet à Léry de prendre conscience *a contrario* de son élection. Il le confirme, comme il le dit, dans sa foi et dans sa délivrance. Ceci, au plan personnel du témoignage, et c'est de cette manière que l'*Histoire d'un voyage* peut être lue comme un récit de conversion, un récit à valeur exemplaire.

Le détour par le Brésil des Tupinamba a aussi son utilité collective : il scelle la vocation minoritaire de l'Église de Dieu, une Église abritée au Désert comme la femme de l'Apocalypse[1], persécutée et fugitive, mutilée dans trois de ses membres, mais malgré tout survivante et ressuscitée dans son retour en France, qui est finalement son lieu d'élection.

LEÇONS D'ÉCRITURE

L'éloge par Léry de l'art de l'écriture aura pour contre-épreuve chez Claude Lévi-Strauss la fameuse « leçon d'écriture » de *Tristes Tropiques*. L'enseignement qu'en tire l'anthropologue est que l'écriture « paraît favoriser l'exploitation des hommes avant leur illumination[2] ». Par suite du subterfuge employé par un chef trop avisé, qui, pour asseoir son autorité, mime le geste d'écrire et griffonne sur le papier des lignes sinueuses, « l'écriture et la perfidie pénétraient de concert » chez les Nambikwara. Ces pages aussi paradoxales qu'inspirées ont mérité sans doute d'être critiquées pour leur côté radical et radicalement « primitiviste ». Jacques Derrida a pu montrer à cet égard que de Rousseau à Lévi-Strauss il s'opérait une sorte de régression dans la perception des origines de l'histoire humaine[3].

Lévi-Strauss, ce faisant, en revient à un préjugé philosophique ancien, exprimé, chez Platon et Plutarque notamment, par la voix de Socrate. Ce dernier insistait sur la perte de mémoire vive, et donc de connaissance,

1 Apocalypse, 12. Pour la transposition de cette image, voir Agrippa d'Aubigné, *Les Tragiques*, « Préface », v. 167-168.

2 Claude Lévi-Strauss, *Tristes Tropiques*, Paris, Plon, 1955, chap. XXVIII, p. 339-345.

3 Jacques Derrida, *De la grammatologie*, Paris, Minuit, 1967, p. 149-202 : « La violence de la lettre : de Lévi-Strauss à Rousseau ».

et donc d'intelligence, qu'aurait entraînée l'invention de l'écriture. L'écriture, dans la perspective rousseauiste qui est celle de Lévi-Strauss, implique la renonciation à la transparence originelle. Elle introduit la distance et la duplicité entre les êtres, fonde un partage et une hiérarchie entre ceux qui savent et ceux qui ne savent pas écrire.

La critique ancienne de l'écriture portait sur un point légèrement différent. L'écriture, pour le Socrate du *Phèdre*, est un simulacre du discours vivant et animé. Or ce simulacre est menteur, car tout en se donnant pour vivant, il est inerte et muet, à la manière des peintures qui de loin semblent vivre mais « se taisent majestueusement quand on les interroge[1] ». L'écriture est non seulement muette, mais elle est sourde à toute interpellation. Elle est incapable, nous dit encore Socrate, de s'ouvrir à l'échange et au dialogue. Si, en effet, on interroge les discours écrits « sur tel point de ce qu'ils disent, avec l'intention de s'instruire, c'est une chose unique qu'ils donnent à comprendre, une seule, toujours la même ! » Ce qui veut dire aussi que l'écriture ne sait pas se défendre toute seule. Si on l'attaque aigrement, elle a besoin du secours de son « père » pour répondre en ses lieu et place. Peureuse, débile et figée, affligée en outre de psittacisme et de bégaiement, l'écriture tourne le dos à la dialectique, et donc à la quête de la vraie sagesse que chacun porte en soi.

Socrate, en définitive, en veut à l'écriture dans la mesure où il s'agit d'une mémoire externe, étrangère à l'âme et aux ressources de la réminiscence. La constitution de cette mémoire extérieure, froide et inerte, a pour conséquence inévitable, à ses yeux, le dépérissement de l'autre, chaude et intime, inscrite en chacun de nous. L'écriture favorise de la sorte, outre la paresse et l'oubli de soi, l'abandon du trésor enfoui en tout individu. Telle fut à peu près, du reste, la réponse du roi d'Égypte Thamous Amon à Theuth, originaire de Naucratis, l'inventeur mythique de l'écriture : « Car cette invention, en dispensant les hommes d'exercer leur mémoire, produira l'oubli dans l'âme de ceux qui en auront acquis la connaissance ; en tant que confiants dans l'écriture, ils chercheront au-dehors, grâce à des caractères étrangers, non point au-dedans et grâce à eux-mêmes, le moyen de se ressouvenir[2] ».

1 Platon, *Phèdre*, 275d, trad. Léon Robin, Paris, « Bibliothèque de la Pléiade », 1950, t. II, p. 76.
2 Platon, *Phèdre*, 275a, trad. Léon Robin, 1950, t. II, p 75.

Or Léry va répondre à Socrate. Dans un ajout de la troisième édition, il entreprend de réfuter la thèse paradoxale suivant laquelle, loin de servir la mémoire, l'invention de l'écriture lui aurait nui « grandement ». Il s'étonne même qu'un « Philosophe sage de Grece » ait pu soutenir une opinion aussi « estrange[1] ». Et d'alléguer en retour l'opinion de Cicéron, qui définit l'histoire comme « la mère des temps ». Bien mieux, Léry invoque Moïse, l'auteur présumé du Pentateuque, « le premier escrivain », selon la tradition judéo-chrétienne résumée dans le livre *Des inventeurs* de Polydore Vergile. Les « anciens pères », c'est-à-dire les patriarches de la Bible, d'Abraham à Joseph, avaient sans doute bonne mémoire ; ils retenaient « voirement beaucoup de bonnes choses lesquelles, sans autres registres que l'entendement, ils continuoyent de pere en fils : mais beaucoup plus seurement, cela s'est il fait depuis l'escriture en usage ».

La critique que Socrate adresse à l'écriture n'est pas pertinente pour Jean de Léry, tout simplement parce que les rapports entre parole et écriture ne se posent plus en termes d'antagonisme et d'exclusion. Pour ce calviniste militant, la Parole et l'Écriture sainte sont une seule et même chose. La Bible n'est nullement un simulacre muet, une lettre morte. Elle est dépositaire de la Parole vivante. La Bible parle au lecteur, pourvu qu'il la reçoive et l'écoute en vive foi. Contrevenant ouvertement à l'affirmation de Socrate, selon laquelle l'écriture serait une relique morte de la parole, un relief inerte du grand festin des mots, Léry, en tant que « prédicant », proclame la lettre vive d'un texte. Sa vocation le veut ainsi : il est ministre de la Parole. Son métier de pasteur consiste à réactiver un message toujours déjà écrit, à faire résonner dans le siècle présent la bonne nouvelle, qu'atteste et que confirme la tradition scripturaire.

Du reste, la critique de Socrate porte à faux : même si le texte est transmis de manière intangible à travers les siècles et l'éloignement dans l'espace, il ne s'ensuit pas que le discours écrit soit nécessairement identique à lui-même. À chaque lecteur de se l'approprier et de le faire sien. Érasme, dans l'*Ecclesiastes* publié en 1535, va jusqu'à suggérer, non sans audace, une lecture ouverte et plurielle du texte sacré :

> Même dans ces lieux où l'autorité de l'Écriture Canonique ne nous a pas fait découvrir d'allégorie, on n'imputera pas le crime d'impiété si quelqu'un

1 J. de Léry, *H1V*, chap. XVI, p. 382, note 2.

> propose, par zèle honnête et sans vaine émulation, un sens auquel n'a peut-être pas pensé, en ce lieu, celui qui a écrit le passage[1].

La bonne intention du lecteur, son zèle et sa foi font se lever des sens que l'auteur n'avait pas prévus, et qui sommeillaient en quelque sorte. Comme le constate Fernand Hallyn, « il est moins important pour le lecteur de vouloir rencontrer l'auteur que de se découvrir soi-même dans sa lecture[2] ». Quand, dans le Prologue du *Gargantua*, Rabelais, à son tour, invite à ouvrir la boîte ou la bouteille, ou encore à ronger l'os, il hérite de cette confiance dans la fécondité du signifiant scriptural ou littéraire.

Autre objection socratique qui tombe d'elle-même. Le discours écrit se prête au questionnement des interlocuteurs et s'adapte aux circonstances les plus diverses : il suffira de rappeler ici l'usage calvinien de la « prophétie », sorte d'adaptation réformée de la bibliomancie ou « sorts virgiliens ». Dans la Genève réformée du XVIe siècle, la « prophétie » désignait une étude biblique préalable, groupant pasteurs et docteurs, où, après avoir invoqué l'Esprit saint, on lisait une page de l'Écriture, « en dégageant son sens actuel, l'engagement concret que le texte allait demander aussi bien au prédicateur qu'aux fidèles[3] ». Ensuite, chacun s'en allait prêcher sur le texte ainsi « réveillé ». Léry, à cet égard, multiplie les « prophéties » dans son propre discours, quand il réveille la Bible aux péripéties de son voyage et aux moindres singularités du Brésil.

Il y a en définitive chez Léry un privilège exorbitant de l'écriture, qui réunit en elle la puissance conservatrice et dominatrice de la trace écrite, et l'efficacité, la promptitude toujours présentes du verbe. Au lieu que Socrate considère l'écriture comme simulacre ou comme illusion, un cadavre de mémoire en quelque sorte, chez le calviniste Léry elle est pleine de la parole qu'elle renferme et qu'elle reproduit à volonté, non point de façon mécanique, mais par une fécondité inépuisable, en une improvisation incessante et des variations toujours actualisées.

Jacques Derrida, dans sa critique du logocentrisme hérité de Platon, un logocentrisme bien reconnaissable dans la « leçon d'écriture » de

---

1 Érasme, *Ecclesiastes sive de ratione concionandi*, in *Opera*, éd. J. Clericus, Leyde, Vander Aa, 1703-1706, t. V, col. 1029. Cité d'après Fernand Hallyn, *Le Sens des formes. Études sur la Renaissance*, Genève, Droz, 1994, p. 30.

2 F. Hallyn, *Le Sens des formes*, p. 32.

3 Marguerite Soulié, *L'Inspiration biblique dans la poésie religieuse d'Agrippa d'Aubigné*, Paris, Klincksieck, 1977, p. 41.

Claude Lévi-Strauss, se propose d'inscrire la parole dans l'écriture, ou plus exactement de reconnaître de l'écriture dans tout langage, dès lors qu'il y a oblitération du nom propre et différence classificatoire. Il y aurait donc de l'écriture « dès le premier matin du langage ». Cette « archiécriture », d'emblée, est habitée par la violence et l'aliénation – la *différance*. À l'expression, chère à l'anthropologie, de « société sans écriture », « ne répondrait aucune réalité ni aucun concept[1] ». « Cette expression, poursuit Derrida, relève de l'onirisme ethnocentrique, abusant du concept vulgaire, c'est-à-dire ethnocentrique, de l'écriture ».

Il est certain que Jean de Léry n'échappe pas à l'ethnocentrisme dénoncé par Derrida. Qui est sûr d'y échapper, du reste ? Sa conception de l'écriture est restrictive et typiquement européenne en ce qu'elle ne prend pas en compte les signes non alphabétiques. Mais elle est large en même temps, puisqu'elle n'est pas exclusive de la parole et qu'elle la contient sans l'épuiser, mais en la restituant indéfiniment.

C'est pourquoi l'ethnocentrisme de Léry s'exerce en réalité dans un sens très différent de celui de l'anthropologue qui s'est reconnu en lui. Cet ethnocentrisme est plus brutal en apparence. Loin de s'orienter, en une rêverie nostalgique, vers l'origine et la transparence perdues, il creuse la différ*a*nce. Les langues du Paradis ont hanté le XVIe siècle, mais en bon calviniste, Léry s'interdit de spéculer à ce sujet et surtout de vouloir remonter à cette origine inconnaissable. Le Paradis terrestre est nécessairement un Paradis perdu. D'une certaine manière, le tableau idyllique du Brésil, cette variante dégradée de l'Éden, le confirme. Le ver est dans le fruit, très exactement depuis le péché originel. Le serpent est tapi dans le jardin. Le Brésil, nous dit Léry, fourmille de serpents, « gros comme le bras et longs d'une aune de Paris », ou bien « longs et desliez, aussi verts que porrées ». Les premiers se mangent, découpés en tronçons comme des anguilles ; les seconds sont très venimeux[2].

Le message de Léry peut se résumer ainsi : la parole est trompeuse depuis l'Éden et la tentation d'Ève. L'écriture n'apporte nulle déperdition, mais au contraire une rédemption possible. Malheur par conséquent à ceux qui ne maîtrisent pas l'écriture !

Entre les « leçons d'écriture » respectives de Léry et de Lévi-Strauss, on observerait en définitive une sorte de symétrie inverse. Autant l'écriture

1 J. Derrida, *op. cit.*, p. 161.
2 J. de Léry, *HIV*, chap. X, p. 268.

est célébrée par Léry, autant elle est dévalorisée par Lévi-Strauss. Pour l'un, elle seule recèle la plénitude du sens ; pour l'autre, elle est simulacre et tromperie. Les deux s'accordent toutefois pour dire qu'elle est un remarquable instrument de maîtrise et de domination, le premier pour s'en louer, le second pour s'en offusquer. Il y aurait donc, de l'*Histoire d'un voyage* à *Tristes Tropiques*, simple retournement de la leçon d'écriture. Les Indiens de Léry voient une ruse et de la « sorcellerie » là où est la vérité[1]. Ceux de Lévi-Strauss prennent pour vérité ce qui est un mensonge évident, un subterfuge grossier, l'effet d'une « perfidie ».

C'est à partir de là que Léry et Lévi-Strauss s'écartent l'un de l'autre, et que Léry annonce d'une certaine manière la réflexion critique de Derrida. Sans doute, pour les deux voyageurs du Brésil, l'écriture trace une claire ligne de partage entre deux types de sociétés, « froides » ou « chaudes », dirait l'ethnologue moderne, celles qui ne communiquent que « verbalement », pour parler comme Léry, et celles qui disposent des lettres pour transmettre leurs secrets « jusques au bout du monde[2] ». Mais Léry ne s'en tient pas à cette distinction où il voit un privilège et un « beau sujet » de louer Dieu ; il considère d'autre part que la loi est universelle et que, nul n'étant censé l'ignorer, les Indiens ne sont pas aussi ignorants qu'ils le prétendent. Autrement dit, ne savoir ni lire ni écrire ne constitue pas un gage d'innocence, bien au contraire. Comme on le verra plus loin, indépendamment de « l'art d'escriture », dont la possession est un don divin réservé à quelques peuples, il existe une autre écriture disséminée parmi les choses, et dont la méconnaissance est impardonnable.

L'OUBLI COMME FAUTE

Si les peuples du Brésil paraissent sans religion, il est difficile d'admettre que cet état d'ignorance remonte à l'origine. Le dogme de l'universalité de la révélation s'inscrit en faux contre cette hypothèse. La règle du consentement universel, qu'allègue par exemple Du Plessis-Mornay au début de son traité *De la verité de la religion chrestienne* et à

1 *Ibid.*, chap. XVI, p. 380.
2 *Ibid.*, chap. XVI, p. 382.

laquelle contreviennent les seuls « Toüoupinambaoults », n'est pas plus favorable à cet égard[1]. Il faut donc en conclure que ces Indiens ont connu la divinité et qu'ils l'ont ensuite oubliée. Reste le choix, pour expliquer cette perte, entre l'amnésie et l'oubli volontaire.

Pour répondre à cette question, le voyageur mène l'enquête. Cette enquête consiste à repérer des vestiges erratiques dans la nuit des temps. Démarche incertaine, car s'adressant à une tradition orale, donc sujette à la perte et à l'effacement, de surcroît transmise dans une autre langue, qu'il faut à Léry saisir par l'intermédiaire des « truchements », ces jeunes Français acclimatés à la vie sauvage et menant parmi les femmes indiennes une existence des plus libres.

Au cours de ses entretiens avec les Indiens, par truchements interposés, Léry parvient néanmoins à reconstituer une trame et à isoler des buttes-témoins. L'un de ces reliefs que les eaux montantes de l'oubli n'ont pas submergés, si l'on peut dire, c'est la présence d'un mythe du Déluge dans la cosmogonie tupinamba, ou comme le dit Léry de manière péjorative, d'une « opinion confuse du deluge universel entre les Ameriquains[2] ». Cette croyance au déluge est la preuve que les habitants du Nouveau Monde sont inclus dans le plan général de la Providence. La Révélation leur était aussi destinée, mais ils n'ont pas su en garder la mémoire. Au sujet même du déluge, ils ont mêlé la fable à la vérité. En effet, « suyvant la coustume des hommes qui ont tousjours corrompu et tourné la verité en mensonge », compte tenu surtout de leur incapacité, en l'absence d'écriture, de « retenir les choses en leur pureté », ils ont ajouté « ceste fable, comme les Poëtes, que leurs grands peres se sauverent sur les arbres[3] ». La fable poétique s'oppose à l'Écriture, comme la fiction agréable et mensongère à la vérité.

Léry applique de la sorte aux mythes indiens un mode d'interprétation que les scolastiques réservaient à la mythologie antique. C'est la technique de l'*integumentum*, cet « art de récupérer les mythes » : sous le voile du mensonge, se cache une vérité insoupçonnée de ceux-là mêmes qui ont composé et transmis ces récits d'apparence fabuleuse[4]. De même qu'il

1 Du Plessis-Mornay, *op. cit.*, p. 13.
2 J. de Léry, *H1V*, chap. XVI, p. 405, note 2, manchette marginale.
3 *Ibid.*, p. 406.
4 Pour cette définition de l'*integumentum*, voir Armand Strubel, *in* Daniel Poirion dir., *Précis de littérature française du Moyen Age*, Paris, PUF, 1983, p. 249.

était possible de découvrir un substrat évangélique dans les fictions d'Homère, de Virgile et d'Ovide, Ulysse, Énée ou Hercule apparaissant alors comme les figures d'un Christ rendu méconnaissable, il est permis de lire la cosmogonie indienne comme une version travestie et étrangement corrompue de la Révélation chrétienne.

Ainsi constatée, l'universalité de la révélation confirme, contre les « athéistes » que Léry ne manque pas de fustiger au passage, le dogme de l'unité du genre humain[1]. Mais la première et la plus certaine preuve de cette annonce faite aux Amérindiens est la croyance en l'immortalité de l'âme et dans les destins contradictoirement réservés aux bons et aux méchants : « les âmes de ceux qui se sont bien vengez s'en vont derriere les hautes montagnes où elles dansent dans de beaux jardins avec celles de leurs grands peres (ce sont les champs Élisiens des Poëtes) » ; en revanche et au rebours « celles des effeminez et gens de neant » sont livrées à *Aygnan* (Anhanga) qui les tourmente pour l'éternité[2].

Léry saisit l'occasion pour faire la leçon aux « athéistes de par-deçà » qui nient la survie de l'âme et la résurrection de la chair, et du même coup anéantissent la crainte salutaire des peines éternelles. Les sauvages n'en sont pas réhabilités pour autant. Ils ne peuvent s'empêcher de trembler quand ils entendent le tonnerre. « Aussi ceste crainte qu'ils ont de celuy qu'ils ne veulent point cognoistre, les rendra du tout inexcusables[3] ». L'oubli de Dieu est impardonnable. Car il ne s'agit pas d'un oubli passif, mais d'un oubli actif auquel concourt la malice naturelle de l'homme pécheur.

LES DEUX LIVRES DE LA RÉVÉLATION

L'absence d'écriture n'est pas une excuse. Si les Brésiliens ignorent les livres faits de mains d'hommes, ils possèdent du moins, comme tous les autres hommes, un livre largement ouvert devant eux, le livre du monde ou le livre des créatures, dans lequel même un enfant serait capable de lire.

1 Léry, *HIV*, p. 386, note 1.
2 Léry, *HIV*, p. 385.
3 *Ibid.*, p. 395.

Le *topos* qui assimile le monde à un livre est aussi ancien que la tradition chrétienne et connut une fortune remarquable durant ce qu'E. R. Curtius a appelé le « Moyen Âge latin[1] ». Des théologiens comme Alain de Lille ou Raymond de Sebonde, *alias* Raymond Sebond, et plus tard Louis de Grenade recommandèrent la lecture assidue de ce grand livre ouvert aux yeux de tous. La métaphore du livre du monde était souvent associée à celles du tableau et du miroir où chacun peut se contempler, en même temps que découvrir le reflet de l'infinie puissance de Dieu. On aperçoit ainsi chez Alain de Lille une oscillation du visible au lisible et de la peinture sensible au texte intelligible :

> Omnis mundi creatura
> quasi liber et pictura
> Nobis est et speculum.

L'image est, selon une formule canonique[2], la Sainte Écriture des gens sans savoir. De même, le livre enluminé que représente chaque créature, de la plus noble à la plus humble, s'adresse à tous, aux illettrés comme aux doctes.

Un passage des *Essais* de Montaigne reprend l'argument, en associant pareillement peinture, miroir et livre. La référence est cette fois au macrocosme ou « grand monde », un monde démesurément élargi dans l'espace et le temps :

> [...] qui se presente, comme dans un tableau, cette grande image de nostre mere nature en son entiere magesté ; qui lit en son visage une si generale et constante varieté ; qui se remarque là dedans, et non soy, mais tout un royaume, comme un traict d'une pointe tres delicate : celuy-là seul estime les choses selon leur juste grandeur.
>
> Ce grand monde, que les uns multiplient encore comme especes soubs un genre, c'est le miroüer où il nous faut regarder pour nous connoistre de bon biais. Somme, je veux que ce soit le livre de mon escholier[3].

---

1 Sur le thème du livre de la Nature, voir Ernst Robert Curtius, *La Littérature européenne et le Moyen Age latin*, trad. fr., Paris, P.U.F., 1956, et Agora, 1986, t. II, chap. XVI, p. 31-41 ; Hans Blumenberg, *Die Lesbarkeit der Welt*, Francfort-sur-le Main, Suhrkamp, 1981 ; Fernand Hallyn, *Le Sens des formes*, *op. cit.*, 1994, p. 247-256 : « Le livre du monde chez Nicolas de Cuse ».

2 Saint Grégoire, Lettres à Serenus, évêque de Marseille, *in* Migne, *Patrologie Latine*, t. 77, *Epistolarum liber* IX, 105, col. 1027, § 1006 ; XI, 13, col. 1128, § 1100.

3 Montaigne, *Essais*, I, 26, éd. P. Villey, Paris, P.U.F., 1965, p. 157-158.

Du tableau au visage, et du miroir au livre : insensiblement, dans cette page de « l'Institution des enfans », le spectacle devient lecture, et la vision leçon. Quittant un corps pour un visage, ce visage pour la surface sans profondeur du miroir et enfin la bigarrure du réel pour la gravité de l'écrit, l'itinéraire pédagogique s'élève par degrés du concret à l'abstrait et du sensible à l'intelligible. Le livre de la nature est immense ; il nous apprend la place infime qu'y tient l'homme, et la sottise qu'il y a à se croire le centre de tout : « Quand les vignes gelent en mon village, mon prebstre en argumente l'ire de Dieu sur la race humaine, et juge que la pepie en tienne des-jà les Cannibales ». Erreur de perspective et d'échelle. En outre, ce curé périgourdin se fait une bien étrange idée de Cannibales buveurs de vin ! À la différence de Montaigne, il n'a manifestement pas lu Léry.

La méditation sur le livre de la nature débouche sur une leçon morale. Elle invite à l'adoration d'un Dieu dont l'œuvre dépasse l'entendement, et à l'humiliation concomitante de la créature. La grandeur, la richesse et la variété de la Création excèdent de toutes part les faibles capacités de l'homme. Ce « grand monde », dont on ne sait si le singulier embrasse une pluralité – le chapitre « Des Coches » parlera de mondes « frères » –, ravale l'orgueil humain à son juste rang. Il ploie notre jugement et l'incline « à recognoistre son imperfection et sa naturelle faiblesse ».

On sait que la première œuvre publiée par Montaigne fut en 1569 la traduction française de la *Théologie naturelle* de Raymond Sebond, appelée aussi *Livre des créatures* (*Liber creaturarum*). Sebond déclarait que ce livre accessible aux simples et aux gentils était d'une interprétation plus aisée que l'Écriture Sainte, car infalsifiable, à la différence de la Bible, dont le sens est parfois sujet à caution. Pour cette affirmation audacieuse, il encourut à titre posthume les foudres du concile de Trente. Moins optimiste que Sebond et renchérissant sur l'augustinisme de son modèle, Montaigne, dans « De l'institution des enfans », tire le livre de la nature vers le sermonnaire. L'amplification oratoire du *topos*, le constat de la disproportion vertigineuse existant entre le monde et le moi amènent cette chute abrupte et funèbre : « Tant de milliasses d'hommes, enterrez avant nous, nous encouragent à ne craindre d'aller trouver si bonne compagnie en l'autre monde. Ainsi du reste ».

La fortune du livre du monde n'est pas moindre chez les écrivains réformés. Du Plessis-Mornay lui fait place au début de son apologie déjà citée *De la verité de la religion chrestienne.* Le consentement universel touchant à l'existence de Dieu n'est nullement contradictoire avec l'extrême variété des formes de cultes et de religions. C'en est même la confirmation paradoxale :

> Et quant à la diversité qui y est ; elle rend tesmoignage, que ce ne leur est point seulement une doctrine apprise de peuple à peuple : mais que chacun l'a trouvée et *leüe* en son Climat, et en soymesmes[1].

On voit que cette « lecture » a pour support deux livres distincts qui se reflètent l'un l'autre, le microcosme et le macrocosme, le petit monde qui est l'homme et le grand monde qui est la sphère terrestre divisée par climats. Ou plutôt c'est le même livre en deux fascicules.

Mais c'est de Calvin que Jean de Léry apparaît, en définitive, le plus proche. Rien d'étonnant chez ce pasteur formé à Genève et qui dut suivre les leçons du réformateur quelques années avant sa mort, en 1564. Jean Calvin, au premier chapitre de l'*Institution de la Religion chrestienne*, « De la congnoissance de Dieu », développe le thème du livre du monde comme instrument de la Révélation. Il reconnaît que Dieu « a engravé en un chacun de ses œuvres certains signes de sa majesté, par lesquelz il se donne à congnoistre à nous selon nostre petite capacité ».

D'une certaine manière, nul n'échappe à la Révélation. C'est du moins ce qu'affirme Calvin : « de quelque costé qu'on tourne les yeulx, il n'y a nulle si petite portion du monde en laquelle ne reluyse pour le moins quelque estincelle de [l]a gloire [de Dieu]. Singulierement on ne peut d'un regard contempler ce beau chef d'œuvre du monde universel en sa longueur et largeur, qu'on ne soit, par maniere de dire, tout esblouy d'abondance infinie de lumiere [...] ».

Or Dieu sait si ce livre de plantes et d'arbres, de bêtes et d'oiseaux, étale à travers les étendues du Nouveau Monde, et tout spécialement sous le tropique, ses pages les plus richement enluminées. En conclusion du tableau des richesses « dont ceste terre du Brésil est décorée », qui forme le premier volet de son livre, Léry entonne, en guise d'action de grâces, le Psaume 104, dans la traduction de Clément Marot :

> O Seigneur Dieu que tes œuvres divers
> Sont merveilleux par le monde univers :

1 Philippe Du Plessis-Mornay, *op. cit.*, p. 13. C'est moi qui souligne.

O que tu as tout fait par grand sagesse !
Bref, la terre est pleine de ta largesse.

Et de s'exclamer aussitôt : « Heureux donc les peuples qui y habitent, s'ils cognoissoyent l'auteur et Createur de toutes ces choses[1] ! ». On verra qu'il n'en est rien.

Calvin précise encore : « Il y a infiniz argumens, tant au ciel qu'en la terre, qui testifient sa merveilleuse sapience, non pas tant seulement ceulx qui sont difficiles à comprendre, et à l'intelligence desquelz on ne peut parvenir que par le moyen d'Astrologie, Medecine, et Phisicque, mais qui sont evidens au regard des plus simples idiotz ; tellement que les yeulx ne se peuvent ouvrir, qu'ilz ne soient contrainctz d'en estre tesmoings[2] ».

Au sens étymologique, ces Indiens sont bien ces « idiots » dont parle Calvin, non pas des individus qui se distingueraient par leur bêtise, mais des hommes simples sans instruction particulière, des ignorants, des illettrés. On trouve un écho de cette leçon au début de *La Sepmaine ou Creation du Monde*, le grand poème cosmologique du protestant Du Bartas, lequel, pareillement, destine le livre de la « docte Nature » « aux plus grossiers[3] ». Nulle excuse par conséquent à celui qui se refuserait à y découvrir l'évidence de Dieu. Les plus simples, voire les plus sauvages, sont à même de comprendre :

L'Antarctique brutal, le vagabond Tartare,
L'Alarbe plus cruel, le Scythe plus barbare,
L'enfant qui n'a sept ans, le chassieux vieillard,
Y lit passablement, bien que despourveu d'art[4].

Les peuples réputés brutaux, du Cannibale du Brésil au Scythe d'Ukraine, en passant par le Tartare et l'Arabe, sont aptes, en théorie du moins, à percevoir les signes que Dieu, dans sa Providence, a disposés autour d'eux, parmi la plaine étale des choses. De même, l'enfant qui ne sait pas lire et se trouve exempt par là même des préjugés de l'adulte,

---

1 J. de Léry, *H1V*, chap. XIII, p. 335.

2 Jean Calvin, *Institution de la Religion chrestienne*, chap. Ier : « De la congnoissance de Dieu », éd. Jacques Pannier, Paris, Les Belles Lettres, 1961, t. Ier, p. 52.

3 Guillaume de Saluste Du Bartas, *La Sepmaine ou Creation du Monde* (1581), *Ier Jour*, v. 161, éd. Yvonne Bellenger, Paris, Société des textes français modernes, 1993, p. 9. Sur la notion de livre des créatures chez Sebond et son rapport avec Du Bartas, voir Jan Miernowski, *Dialectique et connaissance dans* La Sepmaine *de Du Bartas*, Genève, Droz, 1992, p. 272-274.

4 *Ibid.*, *Ier Jour*, v. 167-170.

apparaît accessible au texte colorié qui parle, sans autre pédagogue, à ses yeux éblouis. Placé à l'autre extrémité de la vie et tourné vers l'au-delà, le vieillard aux paupières lourdes ne peut plus déchiffrer d'autre livre que le monde, presque indistinct déjà, qui l'entoure[1].

Mais pas plus qu'ils ne savent entendre la voix des missives que les chrétiens, Espagnols, Portugais ou Français, s'adressent les uns aux autres, les Brésiliens de Léry ne semblent capables de déchiffrer les caractères inscrits dans le paysage immense de leurs forêts et de leurs montagnes. Alors qu'aucun obstacle d'ordre technique ou matériel ne s'y oppose, ils ne peuvent ni ne veulent lire. De toute évidence, leur aveuglement est volontaire, leur obstination manifeste.

Cette incapacité à connaître, qui est en vérité une incapacité à reconnaître et donc à se souvenir, procède d'une paresse criminelle. Toutefois cette paresse n'est pas particulière aux Brésiliens, elle est consubstantielle à l'humanité vivant selon la chair. Le péché qui nous asservit nous empêche de voir Dieu, et le spectacle du monde le plus souvent nous égare : « nostre esprit est tellement charnel, explique Calvin, que nous ne voyons rien non plus que aveugles à ces tesmoignages tant manifestes [...]. C'est donques en vain que tant de lampes nous reluisent en l'edifice du monde pour esclarcir la gloire du Créateur, veu que tellement elles nous jectent leurs rays qu'elles ne nous peuvent conduire en la droicte voye. Bien est vray qu'elles jectent quelques estincelles, mais icelles sont estainctes devant que venir à pleine lumière [...]. Les yeulx nous defaillent pour la regarder, sinon qu'en foy ilz soyent illuminez par la revelation intérieure de Dieu[2] ».

C'est pourquoi, en dépit de leur naïveté et de leurs yeux grand ouverts sur le monde, ces Indiens ne voient pas, ils ne saisissent pas les « arguments » disposés devant eux, pour leur simple intelligence, par le pédagogue divin. La contrainte de voir est supplantée par une autre, qui découle de leur condition d'hommes pécheurs. La captivité de la chair, les ténèbres du péché où ils plongent leur interdisent de discerner ce qui devrait sauter aux yeux.

On constate en définitive que l'argument de la théologie naturelle, chez Léry comme chez Calvin, a une valeur essentiellement négative. Le livre

---

1 Sur la proximité qui, chez Du Bartas ou d'Aubigné notamment, s'établit entre le vieillard et l'enfant, tous deux placés dans l'intelligence des secrets divins, voir Marie-Madeleine Fragonard, « "Vos jeunes gens auront des visions et vos vieillards des songes". Les commentaires de Joël II, 28, au XVIe siècle », *in* Françoise Charpentier éd., *Le Songe à la Renaissance*, Saint-Étienne, Université de Saint-Étienne, 1990, p. 209-220.

2 J. Calvin, *Institution de la Religion chrestienne*, chap. Ier, p. 58-59.

du monde, comme le dit l'*Institution*, tend à « rendre les hommes inexcusables[1] ». Ce livre qu'il faut s'aveugler pour ne pas voir, pour ne pas lire et ne pas comprendre, condamne *de facto* l'athée ou le mécréant, l'homme « cheminant selon ses voies » et fermant les yeux à une Vérité partout lisible :

> C'est certes une paovre deffence, et indigne d'estre admise, si l'homme propose que les aureilles luy ont deffailly à escouter la verité, pour laquelle exposer les créatures invisibles ont la voix très claire et haulte ; s'il allègue qu'il n'a point eu d'yeulx pour voir ce que les créatures qui n'ont point de veue démonstrent ; s'il excuse par l'imbecillité de son esprit de n'avoir congneu ce que toutes créatures sans intelligence enseignent. Parquoy nous sommes justement deboutez de toute excuse en ce que nous errons à travers champs comme esgarez, où toutes choses nous demonstrent la droicte voix[2].

Léry, de même, déclare « du tout inexcusables » les « sauvages de l'Amérique » qui, tout en tremblant devant le tonnerre, refusent de se convertir au vrai Dieu[3]. Et pour fonder cette condamnation, il s'appuie sur un passage des Actes des Apôtres qu'allègue précisément Calvin dans ce contexte :

> Et de faict, quand il est dit par l'Apostre, que nonobstant que Dieu és tems jadis ait laissé tous les Gentils cheminer en leurs voyes, que cependant en bien faisant à tous, et en envoyant la pluye du ciel et les saisons fertiles, il ne s'est jamais laissé sans tesmoignage : cela monstre assez quand les hommes ne cognoissent pas leur createur, que cela procede de leur malice[4].

On est à mille lieues de l'euphorie émanant du *Livre des créatures* de Sebond ou même de *La Sepmaine* du pourtant calviniste Du Bartas, qui insistait sur la lisibilité instantanée du monde. Pour le poète réformé, il n'était pas besoin d'être grand clerc pour déchiffrer à livre ouvert la toute-puissance et la générosité du Créateur :

> Pour lire là dedans il ne nous faut entendre
> Cent sortes de jargons, il ne nous faut aprendre
> Les characteres Turcs, de Memphe les pourtrets,
> Ni les poincts des Hebrieux, ni les notes des Grecs (I, 163-166)[5].

1 *Ibid.*, p. 60.
2 J. Calvin, *Institution de la Religion chrestienne*, p. 60-61.
3 J. de Léry, *HIV*, chap. XVI, p. 395.
4 J. de Léry, *ibid.* Référence en manchette à Actes, 14, 16-17. *Cf.* Calvin, *op. cit.*, p. 60.
5 Guillaume de Saluste Du Bartas, *La Sepmaine*, *Ier Jour*, v. 163-166.

Le monde de Du Bartas n'est ni un emblème platonicien, ni une somme hermétique. L'apprentissage de la lecture ne s'accomplit pas lettre après lettre, signe après signe, mais dans l'émerveillement immédiat d'un spectacle total, dans la saisie naïve et gourmande d'un tableau qui fourmille de détails mal dissociés les uns des autres.

Léry se montre un disciple autrement rigoureux du maître de Genève. Plutôt qu'à magnifier le Créateur à travers son œuvre vraiment divine, le livre de la Nature sert à dénoncer l'infirmité fondamentale de l'homme, incapable de s'élever, par ses propres forces, à la connaissance et à l'être. Argument à charge dans le procès instruit contre l'homme aveugle et sacrifiant aux idoles de son imagination, le livre de la Nature appelle un contrepoids, une compensation, un complément. Coupable, infiniment coupable, condamné sans appel et sans excuse, le pécheur incapable de lire le premier livre sera toutefois racheté. Gratuitement. Par la grâce de Dieu qui peut tout et sans laquelle la créature ne peut rien. Le livre de la Nature était un don gratuit. Tout aussi gratuit mais plus considérable est le don de la Parole, qui contraint et qui sauve. Tel est en effet le second livre, complément indispensable du premier : « Dieu s'est aydé de sa parole envers ceulx lesquelz il a voullu instruire avec fruict, d'autant qu'il voyoit que sa figure et image qu'il avoit imprimée en l'edifice du monde n'estoit point suffisante[1] ».

Dans l'économie du salut, le livre de la Nature ne saurait donc être dissocié d'un autre, celui de l'Écriture sainte, illuminé par la foi et dépositaire de la Parole. Les lumières de la foi, ou plutôt ses « lunettes », comme le dit joliment Du Bartas en une formule héritée de Calvin, permettent alors de retourner vers le monde, *en connaissance de cause*, et de le lire plus avant et plus au long :

> Mais celui qui la Foy reçoit pour ses lunettes,
> Passe de part en part les cercles des Planettes :
> Comprend le grand Moteur de tous ces mouvements,
> Et lit bien plus courant dans ces vieux documens[2].

Possesseurs inutiles du premier livre, les sauvages du Brésil sont dépourvus du second. Que peuvent-ils espérer ? Et qu'attendre d'eux ?

---

1 Calvin, *op. cit.*, p. 63.

2 Guillaume de Saluste Du Bartas, *La Sepmaine*, *op. cit.*, Ier *Jour*, v. 171-174, p. 9-10.

NOUVEAU MONDE, FIN DU MONDE

Il arrive pourtant que, sollicités par leur interlocuteur chrétien, les Toüoupinambaoults se réveillent de leur torpeur spirituelle et retrouvent les vestiges d'une mémoire enfouie. C'est toujours avec peine, et par bribes informes et incohérentes. Un jour, par exemple, comme Léry leur expose la confession de foi évangélique, un vieillard prend soudain la parole pour confirmer la vérité de cet enseignement. « Toutefois, dit-il, vostre harangue m'a fait rememorer ce que nous avons ouy reciter beaucoup de fois à nos grands peres : assavoir que dés long temps et dés le nombre de tant de lunes que nous n'en avons peu retenir le conte [...][1] ». Ce souvenir touche à la venue d'un *Mair* ou prophète, c'est-à-dire d'un Français ou d'un étranger, « vestu et barbu comme aucuns de vous autres », lequel, « pour les penser renger à l'obeissance de vostre Dieu, leur tint le mesme langage que vous nous avez maintenant tenu ». Le message, alors, ne fut pas reçu. En conséquence, « il en vint un autre, qui en signe de malediction, leur bailla l'espée dequoy depuis nous nous sommes tousjours tuez l'un l'autre ».

Annonce suivie d'une malédiction. L'Histoire tourne en rond. Les protestants français, dans le rôle des messagers de la bonne parole, ont été précédés par les apôtres, en l'occurrence l'apôtre saint Matthieu. On penserait plutôt à saint Thomas, dont la présence dans cet emploi est connue. Mais saint Thomas était déjà pris, depuis longtemps enrôlé par la missiologie catholique, dont Léry entend se démarquer. Il choisit donc l'évangéliste Matthieu, dont le passé est moins lourd et la personne moins négativement connotée. Il a du reste pour lui l'autorité de Nicéphore Calliste et de son *Histoire ecclésiastique* récemment traduite en français[2].

L'Histoire se répète, disions-nous. En effet, de même que la prédication faite aux anthropophages a eu lieu dans le premier siècle de l'Église, la malédiction a été déjà proférée. Car le pessimisme de Léry l'incline à voir dans ces peuples sans écriture l'image d'une humanité déchue et condamnée de toute éternité, en vertu du dogme calviniste de la double prédestination. L'anathème que Léry jette pour finir, après

1 J. de Léry, *H1V*, chap. XVI, p. 412.
2 Léry, *ibid.*, p. 414-415.

que sa tentative d'évangélisation a échoué et que les Tupinamba sont retournés, sinon à leurs marmites, du moins à leurs boucans et à leurs fêtes sanglantes, répète celui du deuxième envoyé. Or dans ce mystérieux visiteur, l'auteur de l'*Histoire d'un voyage* croit reconnaître l'un des quatre cavaliers de l'Apocalypse, « celuy qui estoit assis sur le cheval roux, lequel, selon l'exposition d'aucuns, signifie persecution par feu et par guerre[1] ». La fin des temps est en marche, le Jugement projette son ombre terrible sur un Nouveau Monde passé sans transition de la Genèse à l'Apocalypse et qui sera détruit pour ses péchés, au nombre desquels il faut compter l'oubli, le plus damnable de tous.

Aux yeux de Léry, l'histoire religieuse des peuples se réduit à une décadence, ou plus exactement à un « empirement », pour reprendre le mot du réformateur Pierre Viret, qui parlait de « monde à l'empire » pour stigmatiser les abus – essentiellement catholiques – de son temps[2]. L'*empire* du monde dont Satan s'est rendu maître se traduit notamment dans une déperdition et pour finir dans une perte totale de mémoire. Dans le cas de la tradition catholique comme dans celui de la « traditive » indigène, la faiblesse des hommes soumis à la chair a engendré de manière insensible au fil des siècles un oubli de la vérité originelle.

Pour les catholiques romains comme pour les Tupinamba, ce processus naturel de dégradation est aggravé par la volonté maligne d'un parti ou d'un groupe, les partisans de la transsubstantiation d'un côté, avec à leur tête Paschase Ratbert et Lanfranc de Canterbury, de l'autre les Caraïbes et sorciers, ces chamanes que Léry qualifie de « faux Prophetes » et où il découvre d'authentiques suppôts de Satan. Du diable ils ont en effet la mobilité extrême et le sens de la métamorphose, « allans et venans de village en village, comme les porteurs de Rogatons en la Papauté[3] ». La thèse du complot satanique vient donc renforcer le constat pessimiste porté sur l'Histoire universelle.

Dans les deux cas et sur les deux continents, la machination a triomphé, et si bien triomphé qu'il n'est guère possible de réformer de l'intérieur la religion instituée – ou l'absence de « vraie » religion. À preuve l'échec de Bérenger de Tours, au XIe siècle, et sa palinodie forcée concernant la

1 *Ibid.*, p. 417.

2 Pierre Viret, *Le Monde à l'empire et le monde demoniacle, fait par dialogues*, Genève, J. Berthet, 1561.

3 J. de Léry, *HIV*, p. 396.

doctrine eucharistique. À preuve encore la résistance des Indiens à toute tentative de catéchisation fondée sur le dialogue et la persuasion. Il faut donc une rupture violente : rupture de la conversion au christianisme pour les habitants du Brésil ; rupture de la séparation d'avec l'Église romaine, irréformable de l'intérieur, pour les protestants français qualifiés par leurs adversaires d'hérétiques et de schismatiques. Une telle rupture implique un retour à l'origine par réactivation d'une mémoire perdue. Cette mémoire est toujours ouverte pour les détenteurs du livre. Elle ne l'est plus pour ceux qui ne savent ni lire ni entendre. L'élitisme théologique de Jean de Léry l'amène à conclure à la damnation éternelle des peuples d'Amérique et à la perdition non moins certaine de la majorité catholique de son propre pays.

DE LÉRY À HARRIOT, OU LA RÉFORME DES INDIENS

Ce bilan où l'Indien représente la part du feu, c'est-à-dire la part du diable et de l'Enfer, n'est pourtant pas définitif. Car Léry ne cesse d'enrichir son *Histoire*, et notamment ce chapitre XVI, des glanes recueillies de ses lectures. Le problème est que l'augmentation progressive de volume, au fil des cinq éditions publiées de son vivant, ne dessine pas une synthèse, encore moins une récapitulation. Le livre évolue par autocommentaire, incises et gloses, un peu à la manière des *Essais* de Montaigne. Est-ce à dire pour autant que la position de son auteur évolue sur le sujet de la religion des Indiens ? Rien n'est moins sûr.

Ce que nous serions tentés de lire comme la leçon finale du chapitre n'est peut-être rien d'autre que le résultat aléatoire d'additions en des sens divergents et parfois contraires. Léry, comme son contemporain Montaigne, né seulement un an avant lui, ajoute, sans – presque – jamais retrancher et sans se soucier outre mesure de donner à son livre une cohérence d'après coup. Il en va ainsi de ce chapitre XVI, déjà problématique dans sa version initiale et dont les « allongeails » accentuent en définitive les contradictions.

Deux directions se dessinent, manifestement opposées. En 1585 tout d'abord, Léry abonde dans le sens de Jean Bodin, l'auteur de la

Demonomanie des sorciers, pour souligner l'urgence de la chasse aux sorcières, en Amérique comme en France[1]. Satan est partout, Satan règne partout. « Ce pere de mensonge » a établi son empire sur les Brésiliens plongés dans les ténèbres de l'ignorance et du péché. Mais en 1599 l'ajout, en fin de chapitre, du long parallèle avec la religion des Virginiens éclaircit la tonalité générale du propos. La tragédie spirituelle des peuples du Nouveau Monde laisse place alors à l'espoir d'une rédemption, fût-il ténu.

À vrai dire, c'est à trois reprises que Léry introduit la référence à la Virginie de Raleigh (en réalité l'actuelle Caroline du Nord) dans le cours de ce chapitre XVI. Sa source est le volume inaugural de la collection dite des *Grands Voyages* de Théodore de Bry, l'*Admiranda narratio* ou *Merveilleux et estrange rapport* de Thomas Harriot et John White publié en 1590 dans les quatre langues latine, allemande, française et anglaise[2]. La première fois, il s'agit d'une brève incise, rapprochant de la danse chamanistique du tabac les danses solennelles des « Virginiens[3] ». Le tableau est nettement idyllique. C'est le commentaire d'une gravure de Théodore de Bry tirée d'un dessin de John White, le peintre et cartographe de l'expédition de Raleigh à Roanoke en 1585. Léry ne cache pas son admiration pour « les très belles figures qui sont en ce livre de l'Histoire de Virginia ». La gravure en question montre trois jeunes filles demi-nues se tenant enlacées, pareilles aux trois Grâces, au milieu d'un cercle de danseurs et danseuses agitant des hochets, des palmes et des branches. Des idoles anthropomorphes taillées en « marmousets », « ayans la teste comme une nonnain voilée », et appelées kewas, sont disposées autour de l'aire circulaire où se déroule ce rite agraire de printemps[4]. La danse de plein air des Virginiens forme la contrepartie féminine de

1 J. de Léry, *H1V*, p. 398, note 1.

2 Thomas Harriot et John White, *Admiranda narratio fida tamen, de commodis et incolarum ritibus Virginiae nuper admodum ab Anglis [...] inventae*, Francfort, J. Wechel, pour Théodore de Bry, 1590. Léry se réfère à la version française de ce premier volume de la collection des *Grands Voyages* : *Merveilleux et estrange rapport, toutefois fidele, des commoditez qui se trouvent en Virginia*, Francfort, J. Wechel, pour Théodore de Bry, 1590.

3 J. de Léry, *H1V*, p. 402, note 1.

4 Thomas Harriot et John White, *Admiranda narratio fida tamen, de commodis et incolarum ritibus Virginiae*, *op. cit.*, 1590, pl. XVIII : « Virginiensium saltandi ratio solennibus festis ». Reproduit dans M. Bouyer et J.-P. Duviols éd., *Le Théâtre du Nouveau Monde. Les Grands Voyages de Théodore de Bry*, Paris, Gallimard, « Albums découverte », 1992, p. 26-27. Sur la religion des Algonquins de Caroline du Nord, voir l'article de Christian F. Feest, « North Carolina Algonquians », dans William C. Sturtevant éd., *Handbook of North American Indians. Volume 15. Northeast*, Washington, Smithsonian Institution, 1978, p. 278-279.

la danse masculine des Brésiliens enfermés dans leur longue maison. Même si le commentaire, que reproduit Léry, précise qu'elle se déroule « apres le Soleil couché, à cause de la grande chaleur du jour », elle évoque une atmosphère diurne, en contraste avec l'impression nocturne qui se dégage de la danse du tabac. Dans le troisième volume de la collection des *Grands Voyages*, Théodore de Bry s'inspirera de cette composition pour représenter la danse chamanistique décrite par Léry, en multipliant par trois l'unique sonneur de maracas et par seize le danseur incliné et frappant le sol du pied, tels que les montre une gravure de l'*Histoire d'un voyage*[1]. Le double cercle tracé sur le sol et délimitant l'aire de danse est passé de la Virginie des Algonquins au Brésil des Tupinamba. Un siècle et demi plus tard, Joseph-François Lafitau réunira les deux scènes dans une planche unique de son traité des *Mœurs des Sauvages Ameriquains*, soulignant de la sorte leur parenté formelle et l'opposition de leurs tonalités respectives, gris clair contre gris foncé, estompage d'un côté, contraste violent de lumière de l'autre[2].

Le deuxième passage emprunté par Léry au volume de Théodore de Bry est le commentaire d'une autre gravure de John White, celle qui précède immédiatement dans la série la danse du blé vert. Il s'agit là encore d'une scène de réjouissances, et là encore d'une composition à plan circulaire. Pour manifester leur joie d'être réchappés de « quelque grand peril, soit en guerre, soit par mer, ou par terre », les Virginiens font un grand feu, autour duquel il s'asseyent, chantant et agitant des hochets que Léry rapproche des maracas « de nos Bresiliens[3] ». Léry une nouvelle fois dit son admiration pour les « pourtraicts » des Virginiens. Ainsi enrichie – et embellie – par cette double référence aux gravures d'après John White, la danse du tabac prend une coloration euphorique, fort étrangère à la malédiction jetée d'emblée sur les rites obscurs des Brésiliens.

Le troisième et dernier emprunt de Léry à « l'Histoire de Virginia » est de loin le plus étendu. Il vient cette fois du « prospectus » de Thomas Harriot qui sert de préambule à la suite iconographique gravée d'après

1 J. de Léry, *H1V*, p. 387.

2 Joseph-François Lafitau, S. J., *Mœurs des Sauvages Ameriquains, comparées aux mœurs des premiers temps*, Paris, Saugrain l'aîné et Charles-Estienne Hochereau, 1724. Planche reproduite dans J. de Léry, *H1V*, p. 400.

3 J. de Léry, *H1V*, p. 406, note 2. *Cf.* Th. Harriot et J. White, *Admiranda narratio*, *op. cit.*, pl. XVII : « Solenne festum ad ignem celebrandi ratio ».

John White : *A Briefe and True Report of the New Found Land of Virginia, of the commodities and of the nature and manners of the naturall inhabitants.* Là aussi le ton est favorable aux Indiens et la perspective de leur salut spirituel est présentée comme probable. Dans le texte de Léry, cette addition finale de sept pages in-octavo et d'une seule venue forme une sorte de sous-chapitre titré par la manchette : « Sommaire de la religion des Virginiens[1] ». Elle ne comporte ni commentaire ni conclusion, de sorte que le chapitre XVI, dans sa version définitive, s'achève sur un suspens, dans la plus complète indétermination. Il est difficile de dire si Léry reprend à son compte personnel la moindre des phrases qu'il emprunte à Harriot, se bornant à intercaler dans la copie de ce dernier des incises du genre : « dit l'historien Anglois », « dit l'Anglois », « dit encor nostre Anglois », « dit l'autheur de l'histoire Virginienne », « dit tousjours l'historien ».

Dans ce « sommaire », deux points surtout sont remarquables. Le premier touche à la croyance en l'autre vie, illustrée par la « merveilleuse histoire » de deux Indiens ressuscités pour transmettre à leurs congénères des nouvelles de l'au-delà. L'un est remonté de l'Enfer ou *Popogusso*, gouffre de tourments qui rappelle fort le Purgatoire de Saint-Patrick en Irlande ; l'autre revient d'un séjour de délices où il est entré par une magnifique allée d'arbres chargés de fruits. Le second point du « sommaire » est une nouvelle « leçon d'écriture », moins grave et moins pessimiste quant au sort des Indiens. Les récits de Léry et de Harriot, qui ont écrit à l'insu l'un de l'autre, offrent des ressemblances frappantes, même s'ils divergent dans leur lecture de l'incident. Léry n'exploite pas cette coïncidence, qu'il n'a pu manquer de constater. S'abstenant de tout commentaire, il laisse juge le lecteur.

Comme Léry, Harriot tente de catéchiser les Indiens. Il le fait dans des circonstances très voisines : « allant par les villes », comme dit la traduction, ou plutôt se rendant dans les villages de l'intérieur, en chemin ou à la halte. Marchant et devisant, séjournant dans les villages, il expose aux Indiens le contenu de la Bible qu'il porte toujours avec lui, leur disant « qu'en icelle estoit contenuë la vraye doctrine de salut par Jesus Christ ». Harriot, gentilhomme et mathématicien, est protestant. Cet Anglican, qui a été suspecté d'impiété, au même titre, du reste, que d'autres membres du cercle de Raleigh, John Dee ou Christopher

1 J. de Léry, *H1V*, p. 423-425.

Marlowe[1], se montre, ici du moins, fort orthodoxe : il considère la Bible comme la seule source de la Révélation – *sola scriptura.* Les Algonquins, qui « n'ont lettres, ni autres semblables moyens, comme nous avons par-deçà, pour mettre en memoire les particularitez des temps », tombent dans la même erreur que les Brésiliens ou les habitants d'Hispaniola-Haïti. Ils voient dans l'écriture « une forme énigmatique de parole, l'acte d'une force[2] ». Léry parlait à ce propos de « sorcellerie », terme évidemment négatif et suggérant l'idée d'une familiarité avec le diable. Harriot n'est pas si catégorique ni si précipité. Il suggère seulement l'idée de magie. Au lieu de condamner l'illusion matérielle des Indiens, au lieu de s'indigner de leur désolant fétichisme, il explique et corrige :

> Leur disant encores que le Livre materiel de soi-mesme n'avoit aucune telle vertu, comme il me sembloit qu'ils pensoyent qu'il eust, ains seulement la doctrine qui y estoit contenue, comme je leur avois dit. Mais nonobstant cela, il y en eut plusieurs, qui non seulement le voulurent toucher, mais aussi embrasser, baiser, tenir contre leur poictrine, sur leurs testes, et brief s'en toucher tout le corps, afin de monstrer le grand desir qu'ils avoyent d'aprendre ce dont on avoit parlé[3].

Il est évident qu'Harriot interprète le plus favorablement possible l'attitude de ses interlocuteurs algonquins. Il y voit un empressement louable à connaître les mystères de la religion chrétienne. L'interprétation la plus évidente est censurée, à savoir que les Indiens considèrent le livre dans sa matérialité comme un talisman, un objet miraculeux qui guérit, protège et immunise par simple contact.

Léry ne nous dit pas ce qu'il pense de tout cela. Nul doute qu'il hésite à partager l'optimisme missionnaire de Harriot dont il faut rappeler que le *True Report* est un tract de propagande coloniale, et non pas une réflexion nostalgique écrite vingt ans après. Le seul, l'unique jugement qu'il porte sur ce « sommaire de la religion des Virginiens » se situe au début de l'ajout, dans la phrase introduisant l'extrait. Ce jugement, curieusement, est négatif, empreint du même pessimisme que la

1 Jean Jacquot, « Thomas Harriot's Reputation for Impiety », *Notes and Records of the Royal Society*, vol. 9, may 1952, p. 164-187. Harriot partageait la conception atomiste du monde de Giordano Bruno et plus tard de Galilée, conception qui remettait en cause le dogme de la création *ex nihilo.*

2 M. de Certeau, *L'Écriture de l'Histoire*, *op. cit.*, p. 225.

3 J. de Léry, *HIV*, p. 425.

conclusion antérieure du chapitre. Léry retient avant tout l'aveuglement ou, comme il le dit, « l'aveuglissement » des Virginiens, non l'assurance que donne Harriot de leur future conversion :

> Or pour conclure ce poinct, et monstrer encores l'aveuglissement d'un autre peuple habitant en l'Amerique, contre ce que j'ay jà dit en ce chapitre et ailleurs, touchant les façons de faire des Virginiens [...].

Les « Toüoupinambaoults » ne seraient donc pas le seul peuple « maudit et delaissé de Dieu » – « s'il y en a un autre sous le ciel », disait le texte de 1578. La même malédiction, temporaire ou définitive, envelopperait les diverses nations de l'Amérique, du Sud au Nord, toutes ignorant l'écriture, toutes abandonnées à leur sens et promises à la perdition. Indice tendant à confirmer cette interprétation : Léry, dans l'exposé de Harriot, qu'il reproduit ensuite très fidèlement, a omis la phrase initiale, la plus optimiste et la plus prometteuse, qu'il faut citer ici dans l'anglais d'origine :

> *Some religion they have alreadie, which although it be farre from the truth, yet beyng at it is, there is hope it may beee the easier and sooner reformed*[1].

Et dans sa traduction française :

> « car ils ont ja quelque Religion, combien qu'esloingnée de la vraye : toutesfois telle qu'elle est, il y a esperance de la reformer tant plus aysement[2]. »

Argument publicitaire, ou espoir sincère ? La réponse est difficile à apporter. Toujours est-il qu'Harriot envisage très sérieusement la « réformation » de la religion des Indiens. Le protestantisme, en Europe, se pose comme un christianisme réformé. Mais qu'est-ce que serait, en Amérique, un « chamanisme réformé » ? En vérité, Harriot esquisse une tactique missionnaire. Suivant le raisonnement bien connu de la *prisca theologia*, les Indiens sont des chrétiens qui s'ignorent et qu'il appartient aux missionnaires de révéler à eux-mêmes. La « réforme » ici escomptée est seulement un moyen d'accélérer la conversion, car, quelque imparfaite

1 Thomas Harriot, *A Briefe and True Report of the New Found Land of Virginia*, Francfort, Théodore de Bry, 1590, p. 25. Ce texte, dans sa version anglaise d'origine, a d'abord été édité à Londres en 1588.

2 Th. Harriot, *Merveilleux et estrange rapport*, *op. cit.*, p. 26.

qu'elle soit, la religion des Virginiens constitue un point de départ, une assise solide et en définitive un gage de réussite.

Léry pouvait-il souscrire à cet argument ? On imagine mal qu'à l'instar des Algonquins de la Virginie, les Toüoupinambaoults puissent être « facilement réformés » selon l'Évangile. Tels que les présente l'*Histoire d'un voyage*, ignorant le « seul et vrai Dieu » et dénués de toute « forme de religion », ils n'offrent pas, à l'évidence, le minimum indispensable en matière de rites et de croyances. Il reste que, dans la version ultime de son livre, Léry, par prudence ou plutôt par un embarras sincère face à une question difficile – il a plusieurs fois fait part de ses hésitations au cours du chapitre –, laisse un autre conclure – ou ne pas conclure – à sa place.

LA CHORÉGRAPHIE DES INDIENS, OU LE RAVISSEMENT DE JEAN DE LÉRY

La danse des Indiens est à coup sûr un moment clé de la rencontre entre les deux mondes. Souvent, il est vrai, la relation à l'autre est manquée ou violemment refusée. On pense aux soldats de Pedro de Alvarado à Mexico faisant irruption dans la fête célébrée au Templo Mayor et massacrant les danseurs aztèques, pour s'emparer de leurs bracelets et bijoux[1]. Au mieux, c'est le rire de moquerie ou la condescendance de l'esprit sceptique. Mais parfois l'illusion de la rencontre se produit, favorisant entre observateur et observé une communion éphémère. Tel est le miracle qui semble s'opérer chez Jean de Léry.

TRAITÉ DES DANSES

On a vu au chapitre précédent que Léry hésite à reconnaître dans les rites chamanistiques des Tupinamba l'expression d'une religiosité. De plus, le calvinisme proscrit sévèrement la danse, comme exaltant les passions et favorisant l'appétence charnelle. En 1580, le théologien Lambert Daneau, qui, quelques années plus tôt, a été le compagnon de Léry dans Sancerre assiégée, compose un traité tout exprès sur le sujet, où il déclare notamment que « le comble du mal est, que les hommes y sont meslez, et les femmes tout ensemble[2] ». Or l'homme et la femme

---

1 Épisode rapporté par Bartolomé de Las Casas dans la *Très Brève Relation de la destruction des Indes* (1552). Voir la traduction française par Jacques de Miggrode sous le titre de *La Destruction des Indes* (1579), éd. A. Milhou et J.-P. Duviols, Paris, Chandeigne, 1995, p. 122-123.

2 Lambert Daneau, *Traité des danses, auquel est amplement resolue la question, asavoir s'il est permis aux Chrestiens de danser. Seconde edition*, s. l., 1580, chap. IX, p. 32.

sont semblables à deux vaisseaux fragiles, « desjà tous froissez, et de très-mauvaise conduite. S'ils s'approchent, le Diable esmouvera une tempeste de passions, pour les faire rompre et se briser l'un contre l'autre[1] ». Le danger mortel de la danse est représenté par l'épisode évangélique du banquet d'Hérode, lorsque Hérodiade, par les danses lascives de sa fille Salomé, obtient la tête de saint Jean-Baptiste. Saint Jean Chrysostome a consacré à cette histoire sa 49e homélie sur l'évangile de Matthieu, dont la leçon se résume dans l'adage : « Car où sont ces sauts et danses lascives, là est aussi le Diable pour tout certain ». Lambert Daneau ne manque pas de paraphraser le père grec de l'Église :

> Car Dieu ne nous a pas donné les jambes pour ces gambades, mais pour cheminer modestement : non pas pour sauteler vilainement, mais pour estre en l'assemblée des Anges. Et si le corps se destort, et se fait difforme en gambadant ainsi impudemment : combien est-il à croire, que l'ame se fait encor plus laide et plus vilaine ? À ces sons et danses, le Diable danse : par icelles les ministres des Diables seduisent les hommes[2].

Jean Chrysostome concluait par cette application allégorique visant l'impératrice de Constantinople et sa cour : « Il se fait encor aujourdhuy des assemblées et banquets semblables à celuy d'Herodes : non que sainct Jean y soit encores decapité : mais les membres de Christ y sont deschirez ».

Dans son recueil, publiée l'année suivante, des *Grands et redoutables jugemens et punitions de Dieu advenus au monde, principalement sur les grands, à cause de leurs meffaits, contrevenans aux Commandemens de la Loy de Dieu*, le pasteur Jean Chassanion de Monistrol aborde à son tour la question, renvoyant pour plus ample informé au « traité expres de cela[3] ». À la

---

1 *Ibid.*, p. 33.

2 *Ibid.*, chap. xv, p. 64-65.

3 Jean Chassanion de Monistrol, *Les Grands et redoutables jugemens et punitions de Dieu advenus au monde, principalement sur les grands, à cause de leurs meffaits, contrevenans aux Commandemens de la Loy de Dieu. Le tout mis en deux livres, suivant la distinction des deux tables de ladite Loy*, À Morges, par Jean le Preux, 1581, II, XXII, p. 310. Autre édition en 1586, sous le titre : *Histoires memorables des grans et merveilleux jugemens et punitions de Dieu avenues au monde, principalement sur les grans, à cause de leurs mesfaits, contrevenans aux Commandemens de la Loy de Dieu*, [Morges,] Par Jean Le Preux, 1586. (Ex. consulté : Vaticane, Barberini U.XV.73). L'épître dédicatoire de cette seconde édition, datée de Heidelberg le 15 août 1586, est adressée à Jean Casimir, comte palatin du Rhin, duc de Bavière, administrateur de l'Électorat.

suite de Daneau, Chassanion considère la danse comme une fornication, tombant comme telle sous le coup du septième commandement du décalogue. Il répète la maxime infaillible de Jean Chrysostome : « Là où il y a de la danse lascive, là certainement est le diable, qui en est l'autheur[1] ».

Or le diable est bien présent dans les « danses et chantreries » des sauvages. Il semble même qu'il préside à leurs réjouissances, qui sont perpétuelles. Ils passent leur temps à danser, ce qui prouve leur aveuglement. « Sauter, boire et *Caouiner* [...] est presque leur mestier ordinaire », affirme Léry[2]. Fuyant mélancolie, ils « ont ceste coustume de s'assembler tous les jours pour danser et s'esjouir en leurs villages[3] ». Montaigne, dans « Des Cannibales », reprendra en écho : « Toute la journée se passe à dancer[4] ».

La danse n'a pas très bonne presse dans l'*Histoire d'un voyage*. La première fois qu'elle est précisément décrite, c'est, de manière significative, dans le chapitre consacré au « breuvage qu'ils nomment *Caou-in* », au cours d'un développement apportant la « preuve de l'ivrognerie des sauvages[5] ». La danse, nulle surprise à cela, apparaît dans la dépendance de l'ivrognerie, l'un des trois « tresgrands vices » que stigmatise Lambert Daneau comme causes de la licence effrénée des danses :

> Car les danses ont tousjours esté effects, suites, et dependances de tresgrands vices, comme d'idolatrie, d'yvrongnerie, de paillardise, entre personnes qui avoyent rejetté les liens de la droite cognoissance et crainte de Dieu, pour s'esgayer en insolences et dissolutions avec toute licence[6].

Du reste, constate Daneau, un danseur en plein exercice, s'agitant et gesticulant, n'a-t-il pas l'allure d'un « phrenetique » ou d'un ivrogne « branslant et chancellant[7] » ? Le fait est que les Toüoupinambaoults associent étroitement danse et ivresse. Durant leurs *caouinages* ou beuveries, où ils vident jusqu'à trente vaisseaux rangés à la file dans leurs grandes maisons, les sauvages, « s'échauffant ainsi la cervelle », chantant, sifflant, s'exhortant l'un l'autre à prendre force prisonniers, « estans

1 *Ibid.*, II, XXII, p. 309.
2 J. de Léry, *HIV*, chap. VIII, p. 223.
3 *Ibid.*, chap. IX, p. 252-253.
4 Montaigne, *Essais*, I, 31, p. 207.
5 J. de Léry, *HIV*, chap. IX, p. 252.
6 Lambert Daneau, *op. cit.*, III, p. 12.
7 *Ibid.*, IV, p. 15.

arrengez commes grues, ne cessent en ceste sorte de danser et aller et venir », jusqu'à ce qu'il n'y ait plus rien à boire. En quoi ils sont « les premiers et superlatifs en matiere d'yvrongnerie ».

Pourtant leur danse n'est pas une danse lascive. Les deux sexes y sont très strictement séparés. Léry insiste à plusieurs reprises sur ce point capital, qui est à la louange des Indiens. Une manchette marginale souligne cette forte circonstance atténuante : « Femmes et filles séparées és danses des sauvages ». Les hommes dansent entre eux, et les femmes entre elles :

> Mais il faut noter en cest endroit, qu'en toutes les danses de nos sauvages, soit qu'ils se suyvent l'un l'autre, ou, comme je diray, parlant de leur religion, qu'ils soyent disposez en rond, que les femmes ny les filles, n'estant jamais meslées parmi les hommes, si elles veulent danser, cela se fera à part elles[1].

Dans la quatrième édition, Léry ajoutera le témoignage similaire de Jean Léon l'Africain sur les femmes de Fez au Maroc, pour mieux condamner les chrétiens, fort amateurs de danses mixtes et en cela beaucoup plus immodestes que les « Sauvages et Mahométans[2] ».

La danse rituelle que Léry met en scène au chapitre XVI est tout pareillement placée sous le signe de la séparation des sexes. D'entrée de jeu, la troupe de cinq à six cents sauvages rassemblés sur la place du village se divise en trois bandes, « assavoir tous les hommes en une maison à part, les femmes en une autre, et les enfans de mesme[3] ». Les sexes et les âges sont rigoureusement distingués, de sorte que l'on n'observera ni désordre ni débauche de toute la cérémonie.

D'un autre côté, la solennité est placée sous la responsabilité des Caraïbes ou chamans, ce qui ne laisse aucun doute sur son caractère maléfique. Cette danse du tabac est un rite religieux, mais un rite nécessairement inspiré par le démon. De fait, les caraïbes sont définis comme des « faux prophètes » et de grands trompeurs, pareils aux « porteurs de Rogatons en la Papauté ». Il est évident que Léry, au départ, hésite entre le blâme et la louange, la répulsion et la fascination.

On verra que l'interdit jeté sur la danse par le calvinisme n'est pas étranger à la fascination qu'en sens inverse un tel spectacle exerce sur

1 J. de Léry, *H1V*, chap. IX, p. 253.
2 *Ibid.*, note 4.
3 J. de Léry, *H1V*, chap. XVI, p. 396-397.

le futur pasteur. L'impératif théologique de condamnation est battu en brèche par une secrète attirance, qui se couvre d'un alibi moral : la « modestie » des sauvages en leurs danses doit inviter les chrétiens à faire de même et à renoncer à toute lubricité.

LE MIRACLE D'UNE PRÉSENCE

L'hésitation de Léry face à l'Indien, où la générosité du regard est sans cesse contredite par un mouvement de recul, n'est nulle part plus manifeste que dans l'épisode de la danse chamanistique du tabac. Témoin par effraction d'une scène qu'il n'aurait pas dû voir, Léry ne manque pas de ressentir tout à la fois crainte et frémissement de joie, et cette impression perdure ensuite, malgré l'éloignement dans l'espace et le temps. De retour en France, Léry s'enfonce dans la tourmente des guerres de Religion et exerce dans des circonstances périlleuses le ministère de pasteur de l'Église réformée. C'est alors que, loin du Brésil, une réminiscence tenace renouvelle le miracle passé : « toutes les fois qu'il m'en ressouvient, le cœur m'en tressaillant, il me semble que je les aye encor aux oreilles[1] ».

Pour préserver le bénéfice de cette présence intacte en dépit d'une perte irréversible et des désastres de l'Histoire récente, Léry s'emploie à transcrire sous la forme de trois portées musicales la « chantrerie » des sauvages. Cet ajout de la troisième édition, en 1585, est destiné en premier lieu à accentuer la vérité documentaire de la scène, donnée à voir immédiatement, « comme si vous y étiez ». Le lecteur est désormais à même, non seulement d'apercevoir, mais aussi d'entendre l'étrange et lancinante mélopée des danseurs « traisnans leurs voix » : « *Heu, heuaüre, heüra, heüraüre, heüra, heüra, oueh* ».

Mais le profit est d'abord celui du narrateur qui répète, en quelque sorte, jusqu'à la savoir par cœur, intonation et rythme compris, la phrase musicale venue d'un autre monde. Le temps s'arrête, suspendu ; l'espace s'ouvre vers les lointains et se referme en même temps sur le lieu

1 J. de Léry, *H1V*, chap. XVI, p. 403. Pour l'interprétation de ce passage, voir Michel de Certeau, *L'Écriture de l'Histoire*, Paris, Gallimard, 1975, p. 221-222.

des origines. Ainsi retranscrite dans le code des musiciens de la vieille Europe, la mélodie exotique habite le témoignage dans sa texture la plus intime. Elle en prolonge indéfiniment, dans l'éternel présent de la lecture, l'énergie rhétorique et l'efficace. Le ravissement se communique alors du témoin à son public : le mirage s'élargit au cercle innombrable des lecteurs, gagnés par la magie d'une mélopée incompréhensible, hors du sens et hors du temps.

Durant cette scène de fascination, il se produit sourdement dans le récit une transformation, qui entraîne à brève échéance une transvaluation. Tout a commencé le plus mal du monde. Au départ, Léry est convaincu d'assister à un sabbat de sorciers. Les *Caraïbes* ou chamans indiens ne sont-ils pas présentés dès le titre comme des « abuseurs », autrement dit des imposteurs ? Profitant de la crédulité des Indiens, « athées » par faiblesse plutôt que par malignité, ils se comportent quant à eux en authentiques suppôts de Satan, conjurant les esprits, prétendant, à certaines périodes de l'année, vivre parmi les morts, crachant enfin de longs jets de tabac sur les danseurs qui tournent lentement autour d'eux, en frappant du pied en cadence. Vient, au cours de la cérémonie, l'instant du ravissement musical. Tout change à partir de cet événement. Les Indiens, en dansant et en psalmodiant, chantent leurs grands mythes d'origine.

Le truchement qui accompagne Léry lui explique le sens de ces chants qu'il n'entend pas : les danseurs ont commencé par déplorer leurs « grands peres decedez », se consolant toutefois sur l'assurance de les rejoindre après leur mort derrière les hautes montagnes « où ils danseroyent et se resjouiroyent avec eux ». Ils ont ensuite menacé leurs ennemis Waitaka, sûrs de les vaincre et de les manger bientôt, « ainsi que leur avoyent promis leurs Caraibes ». Enfin, et c'est le principal aux yeux de Léry, prompt à saisir la moindre passerelle entre la croyance de l'autre et ses propres convictions religieuses, ils ont « entremêlé » à ces chants le mythe du déluge universel :

> les eaux s'estans une fois tellement desbordées qu'elles couvrirent toute la terre, tous les hommes du monde, excepté leurs grands peres qui se sauverent sur les hauts arbres de leur pays, furent noyez.

« Lequel dernier poinct, ajoute Léry, qui est ce qu'ils tiennent entre eux plus approchant de l'Escriture saincte, je leur ay d'autres fois depuis ouy reiterer[1] ». La scène de sorcellerie débouche sur une vérité, la Vérité enseignée par la Bible. Certes il s'y mêle une part de mensonge, mais ce mensonge, pour l'herméneute attentif qu'est Jean de Léry, est aisé à déceler. Il se dénonce de lui-même dans le détail saugrenu des ancêtres grimpés sur les arbres. Une fois décortiqué et débarrassé de son écorce mensongère, cette « fable » qui l'enveloppe comme une peau transparente, le mythe révèle sa vérité profonde, qui, comme par hasard, est identique à la doctrine chrétienne.

Comme Colomb, comme les missionnaires franciscains du Mexique, comme tant d'autres encore avant lui, Léry suit une démarche herméneutique, c'est-à-dire téléologique[2]. Cette démarche herméneutique, orientée et pourrait-on dire aimantée par et vers la Bible, l'empêche de considérer le mythe indien en tant que tel, dans son unité, sa validité et sa cohérence. C'est une parole nécessairement infirme et incomplète, qui demande à être rectifiée, glosée et augmentée de cette part d'intelligence qui lui manquera toujours face à la seule, face à l'unique vérité du christianisme, située tout à la fois à l'origine et au terme du processus interprétatif.

Mais la faute des Indiens, après tout, est tolérable. Elle est même amusante. Elle est moins grave, à tout prendre, que celle des « Poetes », ces Grecs et ces Latins comme Hésiode ou Ovide, qui, possédant la technique de l'écriture et dominant par conséquent la mémoire des siècles, ont travesti néanmoins la vérité des premiers temps. Voilà donc les Indiens rangés à l'aune commune. Retour du balancier : les Indiens ne sont pas si athées qu'ils le semblaient au départ, et rien n'interdit de penser qu'à partir des maigres rudiments qu'ils conservent, leur religion pourra être restituée, ou plus exactement « réformée ».

---

1 J. de Léry, *H1V*, *ibid.*, p. 405.

2 Voir sur ce point Tzvetan Todorov, *La Conquête de l'Amérique. La question de l'autre*, Paris, Éditions du Seuil, 1982, p. 24-39 : « Colon herméneute ».

DÉTOUR PAR LA FLORIDE

Pour apprécier la singularité du point de vue de Léry, il n'est que de le comparer avec un témoignage contemporain, celui de René de Laudonnière, un autre protestant, sur la Floride des Timucua. Dans l'*Histoire notable de la Floride*, rédigée au plus tard en 1566 et publiée vingt ans après en 1586, on trouve un épisode analogue à celui qu'a rapporté si longuement l'auteur du *Voyage en la terre du Bresil*. Mais quelle sécheresse en comparaison ! La narration est ici à son degré zéro. Le roi indien Audusta, *alias* Orista, chef d'une confédération Timucua, a convié, en signe d'alliance, ses hôtes français à une fête solennelle. Mais craignant que les Européens ne perturbent la cérémonie, il les fait retirer à l'écart « en sa maison ». On apprend bientôt les raisons de cette précaution : les Français rient ouvertement de pratiques qui leur semblent ridicules. D'où le courroux bien compréhensible des Indiens. Comme dans le récit de Léry, l'un des colons enfreint l'interdiction de voir, et « par subtils moyens » se glisse hors de la longue maison où les Français sont confinés. Caché derrière un buisson, il observe « à son plaisir » les différentes « ceremonies de la feste[1] ». Mais le butin de ce larcin visuel est bien maigre. Les trois *Ioanas* ou chamans, « tabourasse » au poing, s'agitent au milieu du rond formé par les danseurs et « chantent lamentablement, estans suivis des autres qui leur respondoient ». Après trois tours, brusquement ils se mettent à courir comme chevaux débridés et disparaissent dans la nature. Un deuil général s'ensuit, et les femmes indiennes passent le reste du jour à se lamenter. Leur furie est telle, écrit encore Laudonnière, qu'elles incisent cruellement les bras des vierges avec des écailles de moules aiguës, et qu'elles en projettent le sang en l'air en offrande à Toya. On imagine que c'est l'excès même de cette douleur incompréhensible qui a suscité l'hilarité de « nos François ».

Deux jours plus tard, les chamans reviennent, recommencent aussitôt leurs danses, cette fois avec les signes de la plus grande gaieté. Tout

1 René de Laudonnière, *L'Histoire notable de la Floride située ès Indes Occidentales*, Paris, Guillaume Auvray, 1586, éd. Suzanne Lussagnet, *Les Français en Floride*, Paris, P.U.F., 1958, p. 70.

s'achève par un festin. C'est à peu près la conclusion du récit : comme les chamans ont jeûné pendant tout le temps de leur absence, ils dévorent la nourriture avec avidité. En signe de joie, les Français sont alors invités aux réjouissances. La cérémonie, on le comprend, revêt la même signification que chez Léry. La disparition brutale des *Ioanas* équivaut à une mort symbolique. Pendant l'espace de deux jours ils sont passés dans l'autre monde, au pays des morts. C'est là qu'ils ont rencontré Toya, après l'avoir évoqué « par characteres magiques », afin de lui demander « plusieurs choses estranges », dont on ignore la nature exacte[1] : récolte abondante de maïs, succès à la guerre, ordre de départ vers une terre de promission ? Le sens de la consultation nous échappe en partie, mais peu importe au narrateur, soucieux avant tout de ne pas « ennuyer les lecteurs en chose de si petite consequence ».

Le rite, dans ce cas, a suscité alternativement la curiosité et l'hilarité du témoin, mais nullement cette fascination que l'on constate chez Jean de Léry. Curiosité superficielle, qui se satisfait de demi-réponses ; hilarité légère qui condamne avant de chercher à comprendre, et qui, pour finir, renonce à percer le mystère. Mais rien chez Laudonnière ou son informateur, qui rappelle la crainte et le tremblement mêlés de joie observables dans la relation de Léry – crainte et tressaillement qui paraissaient bien unir pendant les quelques minutes d'un miracle précaire les deux parts disjointes de l'humanité, sauvages et civilisé fusionnant dans l'unité du chant et du rythme.

FASCINANTE SORCIÈRE

Peut-on pour autant parler de communion entre Léry et ses « Toüoupinambaoults » ? Rien n'est moins sûr. L'évidente sympathie qu'il témoigne à leur égard repose sur un malentendu. L'émotion qu'il éprouve jusque dans sa chair en sentant monter en lui la transe sacrée n'abolit ni les préjugés ni l'écran d'une grille de lecture fortement réductrice. En effet, tout l'épisode de la danse chamanistique est partagé dans son récit selon l'opposition des deux sexes. Le premier volet, entièrement

1 *Ibid.*, p. 71.

négatif, est placé sous le signe des femmes ; le second, nettement plus favorable, sous celui d'une unanimité exclusivement masculine.

Lors de la première phase de la cérémonie, Léry est enfermé avec ses compagnons dans la maison des femmes, à trente pas de celle des hommes, d'où parvient une sourde rumeur, qui s'élève bientôt en un chant parfaitement audible. Ce chant psalmodié, ponctué de l'interjection *He, he, he, he*, répétée quatre fois, déclenche chez les Indiennes une réaction stupéfiante. Après s'être serrées les unes contre les autres « en un monceau », elles se prennent à hurler l'espace d'un bon quart d'heure. C'est un sabbat, une bacchanale : les femmes crient et sautent « de grande violence », nues comme elles sont, en faisant branler leurs mamelles et en écumant de la bouche. Bien plus, certaines, au milieu de la transe, tombent en catalepsie. Léry ne sait expliquer leur comportement que par une possession démoniaque :

> Je ne croy pas autrement que le diable ne leur entrast dans le corps, et qu'elles ne devinssent soudain enragées[1].

Une variante introduite à partir de la troisième édition, en 1585, trahit la pensée sous-jacente à cette description topique. La formule « soudain enragées » est remplacée par « soudain Demoniaques ». Suit alors une addition de quinze lignes, qui a pour but de ramener le comportement des femmes sauvages à celui des sorcières de « par-deçà », avec référence aux autorités de Jean Bodin « en sa Demonomanie » et de Jamblique. Or le juriste Jean Bodin s'était montré le plus inflexible et le plus impitoyable des juges dans la chasse aux sorcières qui se développait alors dans toute l'Europe. Il allait jusqu'à suggérer, dans son traité de la *Démonomanie des sorciers*, de brûler avec les suspectes leurs défenseurs, tous ceux qui comme Jean Wier[2] et plus tard Montaigne[3], mettaient sur le compte de l'imagination et de la maladie mentale leurs prétendus sortilèges.

Léry, comme Bodin et plus tard Agrippa d'Aubigné[4], croit fermement dans la réalité de ces « prestiges » sataniques, y compris les

1 J. de Léry, *HIV*, p. 398.

2 Sur la controverse à ce sujet entre Jean Bodin et Jean Wier, voir Jean Céard, *La Nature et les prodiges. L'insolite au XVIe siècle, en France*, Genève, Droz, 1977, p. 353-361.

3 Montaigne, *Essais*, III, 11 : « Des boyteux », éd. P. Villey, p. 1025-1035.

4 Agrippa d'Aubigné, *Lettres sur diverses sciences*, IV, *in Œuvres*, éd. H. Weber, Paris, Gallimard, « Bibliothèque de la Pléiade », 1969, p. 839-843.

moins vraisemblables, comme le voyage aérien sur un balai jusqu'au lieu du sabbat. On comprend qu'il aligne désormais sa description des Indiennes sur celle des sorcières par les juges et inquisiteurs de France. Comme Bodin encore et comme son coreligionnaire d'Aubigné, il est prêt à jeter au feu les unes et les autres, toutes étant conduites, comme il croit pouvoir l'établir, d'un « mesme esprit de Satan ». Car si Dieu est partout, Satan voyage et vole sans répit d'un continent à l'autre, « sans que la distance des lieux, ni le long passage de la mer, empesche ce pere de mensonge d'operer çà et là en ceux qui lui sont livrez par le juste jugement de Dieu[1] ».

La femme indienne, vieille ou jeune, cristallise en elle l'altérité « sauvage », une altérité inassimilable par le regard masculin de l'observateur venu d'Europe. On l'a constaté à propos du « théâtre anatomique » du chapitre VIII[2]. L'Indienne nue constitue en soi une énigme irritante. Sa nudité invétérée, qu'elle refuse d'abandonner pour vêtir une autre peau, la peau du « nouvel homme » de l'Évangile, insulte tout simplement à la raison. Déjà quand elle pose, rieuse, pour le visiteur qui la détaille minutieusement, n'oubliant pas un trait de fard ni un tour de collier, elle recèle un troublant mystère. Le comble est atteint quand elle s'anime et qu'elle danse. Transportée par l'esprit, hors d'elle, en état de transe, c'est alors que sa féminité éclate dans toute son insolence, une insolence forcément diabolique. Le puritanisme de Léry le conduit à reporter sur les femmes, et sur elles seules, le danger mortel de la danse stigmatisé par Calvin, Daneau ou Chassanion. Le déplacement du narrateur pendant la cérémonie, de la maison des femmes à la maison des hommes, traduit dans l'espace la forme d'un exorcisme.

Futur pasteur et pour le moment cordonnier, Léry est manifestement plus à l'aise avec les Indiens. Lorsque, contrairement à l'avis des truchements, il se risque hors de la case des femmes, dont la promiscuité, apparemment, le trouble et le scandalise, il trouve une sorte de refuge inattendu dans l'espace interdit des hommes.

1 J. de Léry, *HIV*, p. 398, note 1, variante de la troisième édition (1585).
2 Voir ci-dessus p. 109-117.

L'ESPACE DE LA TRANSGRESSION

La *maloca* ou longue maison est faite de palmes et de branchages, « comme vous diriez les treilles des jardins par-deçà ». Léry y pénétre par effraction, faisant avec les mains « un petit pertuis en la couverture ». Analogue au trou de serrure, ce pertuis dans la paroi accentue le plaisir du voyeur, en matérialisant l'interdit et sa transgression. Comme l'a noté Michel de Certeau, cette scène inaugure un « érotisme ethnologique » promis à un bel avenir. Non sans malice, ce dernier rapproche la scène contée par Léry de l'ouverture de *Sodome et Gomorrhe*, lorsqu'est surprise par le narrateur Marcel, depuis la boutique voisine de celle de Jupien, la « Première apparition des hommes-femmes[1] ». Ce n'est pas tout à fait sur une scène homosexuelle que tombe le regard de Léry, mais bien sur une assemblée uniquement, exclusivement masculine. L'espace interdit s'ouvre sur les corps nus et serrés « tous pres à pres l'un de l'autre » d'hommes dansant en cadence[2].

Cette danse chamanistique du tabac sera plus tard illustrée par Théodore de Bry dans le troisième volume des *Grands Voyages* d'après la planche de Léry où sont réunis « le danseur et le sonneur de *Maraca*[3] ». Pour obtenir, à partir du couple unique montré dans l'édition originale de l'*Histoire d'un voyage*, une vaste composition théâtrale, le graveur a multiplié par trois la figure du chaman au diadème et par seize celle du danseur arborant une roue de plumes sur les reins [ill. 6]. La répétition obsessionnelle et virtuellement infinie des mêmes silhouettes suggère la transe et crée une atmosphère fantastique. On a vu au chapitre précédent comment, sous cette danse masculine et nocturne, en transparaît une autre, féminine et diurne, celle des Algonquins de Virginie représentée par le peintre John White[4]. Le double cercle magique tracé sur le sol

1 Michel de Certeau, *L'Écriture de l'Histoire*, p. 239-240. Commentant Marcel Proust, *Sodome et Gomorrhe I*, in *À la recherche du temps perdu*, t. III, Paris, Gallimard, « Bibliothèque de la Pléiade », 1988, p. 9-11.

2 J. de Léry, *HIV*, p. 401.

3 Théodore de Bry, *Americae Tertia Pars*, Francfort, 1592, p. 228. Sur la genèse de cette composition, voir Jacques Forge, « Naissance d'une image », in M. Duchet éd., *L'Amérique de Théodore de Bry*, Paris, Éditions du CNRS, 1987, p. 105-125.

4 Voir ci-dessus le cinquième chapitre, p. 143-144.

où s'inscrit l'évolution latérale des danseurs, le chiffre de trois retenu pour les Caraïbes sonneurs et fumigateurs au centre – Léry quant à lui parlait de « trois ou quatre[1] » – rappellent l'aire circulaire de la danse du blé vert et les trois Grâces callipyges réunies au milieu.

Mais revenons à Léry, qui, à l'heure où il écrit cet épisode, ignore encore qu'il inclura plus tard dans son texte cette danse algonquine saisie par un regard anglais[2]. Léry est donc dans la place. Passé le seuil dangereux, l'espace s'ouvre à lui sans plus de résistance, et les danseurs ne prêtent pas même attention à sa présence indiscrète. Suivi de deux compagnons que son audace a enhardis, il se retire « tout bellement » dans un coin de la cabane, d'où il peut contempler le spectacle à son aise : « tout nostre saoul », dit exactement le texte de l'*Histoire*. La jouissance, en effet, n'est pas seulement intellectuelle ; elle est physique. Le démon, à présent, est bien oublié. Si les chamans font encore l'objet d'une comparaison désobligeante avec les « sonneurs de campanes » (*i. e.* de cloches) et autres « caphards » de prêtres de par-deçà, les danseurs n'offrent plus rien d'épouvantable dans leurs mouvements et dans leur chant cadencé. Au contraire, la crainte ressentie dans le contact avec les femmes possédées fait place soudain, sans que le narrateur s'en explique autrement, à une grande « joye », à une joie telle que l'effet en perdure jusqu'au moment où, vingt ans après, la scène est restituée par l'écriture. Le passage d'un sexe à l'autre n'est évidemment pas étranger à ce changement d'appréciation. Avec les Indiens, Léry se retrouve de plain-pied avec un comportement masculin qu'il peut comprendre. De l'altérité absolue de la sorcière indienne, nue et agitée de spasmes[3], on est passé à une altérité relative, celle d'hommes envoûtés par le seul plaisir du chant et de la danse. La réduction de l'écart est amorcée. Elle se précise ensuite, pour aboutir logiquement à la reconnaissance dans le chant psalmodié d'une vérité propre à l'observateur : le récit de la Genèse se dissimule, bien identifiable, dans les mythes d'origine que chantent les Indiens assemblés et dansant en rond. L'autre se ramène inexorablement au même ; l'étrangeté exorbitante à une familiarité rassurante.

1 J. de Léry, *HIV*, p. 401.
2 *Ibid.*, p. 402, note 1.
3 Pour l'analyse d'une figure apparentée à ce complexe fantasmatique, voir Bernadette Bucher, *La Sauvage aux seins pendants*, Paris, Hermann, 1977.

Ill. 6 – La danse chamanistique du tabac, d'après Jean de Léry.
Théodore de Bry, *Americae tertia pars*.
– Francfort, Théodore de Bry, 1592, p. 228.

ILL. 7 – « Maniere dont les Prêtres Caribes souflent le Courage ».
Bernard Picart, *Ceremonies et coutumes religieuses de tous les peuples du monde*,
Amsterdam, J. F. Bernard, 1723, t. I, planche située entre les p. 174 et 175.

Et surtout le corps signifie. Il n'est plus cette chose opaque, mystérieuse et vaguement révoltante qui gênait tant Léry dans la maison des femmes. La danse des hommes a un sens, un plus haut sens, serait-on tenté de dire avec Rabelais : elle célèbre la part divine qui est en l'homme, les vérités éternelles qu'il ne saurait oublier complètement, même dans l'état de déréliction où il se trouve. On assiste une nouvelle fois à la promotion du lisible au détriment du visible, comme un peu plus haut dans le même chapitre à propos de l'éloge de l'écriture. Toujours calviniste dans sa démarche, Léry sauve le réel, à partir du moment où le réel fait signe et renvoie par conséquent à autre chose que lui-même. Qu'importe si le signifié n'abolit pas le signifiant, un signifiant qui de toute évidence déborde et prolifère, s'étale impunément au regard et retentit interminablement aux oreilles. Il suffit pour Léry qu'il y ait du sens, un sens même partiel, capable de résorber l'intrigue inquiétante des choses et de neutraliser le désir en le sublimant en plaisir esthétique.

Léry « apparaît bon calviniste[1] », mais jusqu'à ce point seulement. De toute évidence, il veut sauver la danse des Indiens. En cela, il s'oppose à l'anathème prononcé par Lambert Daneau. Ce dernier envisageait le cas que l'on joigne aux danses des paroles saintes, comme l'y invitaient ses contradicteurs, des « adiaphoristes » enclins à considérer les mouvements du corps comme indifférents. De fait, les danses sont d'autant plus dangereuses que « les chansons les plus communes seront là des paroles puantes d'amour, c'est à dire de paillardise et impureté », reprises à pleine bouche « avec haussement de voix, refrains et gayetez les plus grandes, selon que le sujet sera le plus vilain[2] ». Supprimons donc ces chansons et remplaçons-les par des psaumes ! C'est ce qui se passe à peu près avec les Indiens chantant en rythme leurs grands mythes d'origine, tout en frappant du pied sur le sol. Daneau pour sa part écarte cette proposition comme une « moquerie ». Le résultat en tout état de cause serait peu convaincant, voire désastreux. En effet, de deux choses l'une. Si l'on venait là avec révérence, « comme devant la majesté de Dieu », et dans l'intention sincère de Lui chanter louanges, « toute envie soudain cesseroit de gambader, et s'esgayer avec telles gesticulations, et tourdions de mesure, c'est-à-dire de faire le fol et vain

1 Michel de Certeau, *L'Écriture de l'histoire*, p. 226.

2 Lambert Daneau, *op. cit.*, chap. VIII, p. 30.

en une telle presence[1] ». Si au contraire les hommes se présentaient là pour faire leurs voltes et gambades « selon leurs gayetez ordinaires », le mal serait bien pis. Car le nom de Dieu serait profané, ses louanges étant employées à « donner les accords et mesures à leurs follastreries et vanitez ». Conclusion : « Il ne se peut donc faire que les choses saintes soyent avec les danses (telles que celles d'aujourd'hui) qu'avec souillure et profanation ». Autrement dit, l'incompatibilité est absolue entre Dieu et la danse.

Léry ne pense pas ainsi, qui se borne à une concession d'importance. Au Brésil comme en France, il convient de faire la part du feu – au sens le plus littéral. Le corps de la sorcière supposée doit être évacué, pour que soient reconstituées, au prix d'un malentendu évident et d'une confirmation du refoulement, une illusoire camaraderie entre hommes et des retrouvailles plus hypothétiques encore dans un fonds théologique commun. C'est ce refoulé incoercible que manifeste, à l'insu du témoin, la représentation de la chorégraphie indienne dans la variante exclusivement masculine qu'en exalte et privilégie Léry.

DE LA DANSE AU PSAUME

La première solution était de joindre à la danse un chant spirituel, pour, en quelque sorte, tirer le corps vers le haut et vers le sens. La seconde, plus orthodoxe d'un strict point de vue calviniste, et que recommande le sévère, l'intransigeant Daneau, est de substituer tout bonnement le chant à la danse. Puisque danser Dieu est impossible ou blasphématoire, à tout le moins risqué, il reste à le chanter. C'est l'un des cas de figure qu'évoquait Daneau : si l'on vient au bal avec révérence et avec l'intention de louer Dieu, alors tout soudain l'envie cesse de gambader et de sauter : instantanément le corps s'efface, et la salle de danse se métamorphose en assemblée de prière. Désormais toute la place est pour la Parole. Cette seconde solution est également présente dans le texte de Léry, esquissée après coup, dans une sorte d'épilogue inachevé et comme en suspens.

1 *Ibid.*, p. 31.

Antithèse de la danse où le corps s'exprime dans son animalité brutale : le chant où l'âme s'exhale et se délivre. Dans le chapitre XVI de l'*Histoire d'un voyage*, deux moments se répondent et s'équilibrent : le moment de la danse et le moment du chant. À la danse chamanistique des Indiens réplique, quelques pages plus loin, le chant des Psaumes. La scène de l'endotisme, quand l'observateur captivé est bien près d'être submergé, ou plutôt englouti par la réalité indigène qui l'entoure, a pour contrepartie plus sereine une scène de conversion[1]. La distribution des rôles, telle qu'elle aurait toujours dû être observée, est rétablie. Le futur pasteur pose dans l'attitude bénigne et paternelle du missionnaire. L'Indien, obéissant et attentif, se prête à l'endoctrinement. L'espace a changé du tout au tout : au lieu de l'enfermement dans la *maloca* et d'une atmosphère nocturne de sabbat, c'est le plein air de la promenade et le ciel grand ouvert au-dessus de la tête du prédicateur et de ses auditeurs émerveillés et attentifs.

Une première tentative de conversion a échoué : soupant un soir au village d'Ocarentin, au milieu des sauvages rassemblés sur la place, Léry et ses compagnons ont prié Dieu au commencement et à la fin du repas, chaque fois en se découvrant. Étonné par ce manège, un vieillard indien questionne : « Que veut dire ceste maniere de faire dont vous avez tantost usé, ayans tous par deux fois osté vos chapeaux, et sans dire mot, excepté un qui parloit, vous estes tenus tous cois ? A qui s'addressoit ce qu'il a dit ? est-ce à vous qui estes presens ou à quelques autres absens[2] ? » Aussitôt Léry « empoigne » cette occasion « d'annoncer le vray Dieu aux sauvages » et se lance dans une leçon de catéchisme de « plus de deux heures ». Au passage, un autre vieillard se souvient d'avoir entendu parler par ses ancêtres de cette annonce évangélique. C'est le thème de la *prisca theologia*, où Léry voit sur-le-champ l'heureuse confirmation de la conversion imminente des Indiens.

Mais il est vite détrompé. Les Indiens, sans doute, prêtent l'oreille de bonne grâce. Pour finir, ils s'agenouillent même avec les Français et se joignent à leurs prières, que traduit l'interprète. Malheureusement, ces bonnes dispositions ne sont pas suivies d'effets. À peine les missionnaires improvisés sont-ils couchés dans leur hamac que les Indiens, loin de réformer leur vie, chantent comme par-devant la victoire prochaine sur

1 J. de Léry, *HIV*, chap. XVI, p. 417-419.
2 *Ibid.*, p. 411.

l'ennemi et de puissants festins de chair humaine. Tout est à recommencer. Bien pire : réinterprétant les paroles du second vieillard à la lumière de cette triste inconstance, Léry y voit à présent une annonce apocalyptique et prophétise la malédiction éternelle de ce peuple.

Il reste pourtant un espoir ténu. Ce que la parole n'a pu réaliser, cette communion en Dieu du civilisé et de l'homme sauvage, le chant l'accomplit, ne serait-ce qu'un bref instant. Nouvelle escapade de Léry en terre ferme, par une journée ensoleillée, à la recherche de vivres « et autres choses necessaires ». Quatre Indiens l'accompagnent, deux *Toüpinenquins*, un *Oueanen*, leur allié, et sa femme. Cette fois Léry est « seul Français » et semble connaître assez la langue des Indiens pour se passer désormais d'interprète. Occasion unique et sans retour : l'immersion est totale, condition nécessaire à la communion spirituelle qui s'ensuit. Passant au travers « d'une grande forest », emplie de « divers arbres, herbes et fleurs verdoyantes et odoriferantes », où « rossignole » une infinité d'oiseaux, où de surcroît le soleil donne à plein, Léry, le cœur soulevé d'enthousiasme, chante à haute voix le psaume 104 : « Sus, sus, mon ame, il te faut dire bien, etc.[1] » Les Indiens l'écoutent avec ravissement et l'interrogent sur le sens des paroles. La leçon de théologie naturelle s'impose. Léry déclare, le moins mal qu'il peut, les louanges de Dieu « en la beauté et gouvernement de ses creatures ». Il attribue ce haut savoir à « un de nos grands Prophetes, lequel l'avoit laissée à la posterité pour en user à mesme fin ». Ravis d'écouter David chanter en Léry, les Indiens envient ces « *Mairs*, c'est-à-dire Français », assez heureux pour connaître de tels secrets, et regrettent qu'ils leur soient restés cachés. Instant rare, instant unique, où tout semble concourir à l'harmonie retrouvée entre les hommes et avec Dieu, dans un Éden miraculeusement épargné par le péché originel.

Pourtant la conclusion, une fois de plus, est décevante. Le seul résultat tangible pour Léry est un agouti, petit rongeur servant d'animal de compagnie, qu'il reçoit en cadeau d'un des Indiens. En échange, ces derniers se voient loués pour leur « bonne raison » et leur bon « naturel » : Léry, comme plus tard Rousseau, son lointain disciple, assure le lecteur « qu'ils discourent mieux que ne font la pluspart des paysans, voire que d'autres de par-deçà[2] ».

1 J. de Léry, *HIV*, chap. XVI, p. 417-418.

2 *Ibid.*, p. 419, et la note 3.

Maigre bilan, d'autant que le salut de l'âme, non d'un individu, mais de tout un peuple, est en balance. Le chapitre se conclut, de manière très pessimiste, par l'hypothèse que ces Indiens, visiblement laissés à leur sens réprouvé, descendent de Cham et se trouvent sous le coup d'une malédiction particulière, qui les rend sourds aux injonctions de la grâce. Le miracle a eu lieu, mais il est resté sans lendemain.

Or c'est la seconde fois que le Psaume 104 est évoqué de manière étendue dans la narration. La première fois, on s'en souvient, c'était à la fin du tableau des richesses naturelles du Brésil, pour regretter que les Indiens, devant un tel spectacle et un tel livre, se détournent du vrai Dieu et s'adonnent à des pratiques barbares, telles que l'anthropophagie de vengeance. Le Psaume retentirait alors tout à la fois comme une hymne de célébration et de condamnation – célébration du livre divin de la Nature ; condamnation symétrique de l'humanité paresseuse et aveugle[1]. La conclusion à laquelle nous invite le deuxième passage est toutefois plus nuancée. Le Psaume est bien le moyen de rallier les Indiens à la vérité chrétienne, à travers l'émerveillement suscité par le spectacle de la Création. Dans le moment rare de communion que nous décrit Léry, il y a rencontre au cœur de l'ineffable, dans une effusion lyrique que le texte porte jusqu'à nous. Mais ce moment privilégié est sans effet sur la suite de l'Histoire comme il est sans conséquence sur l'inscrutable jugement de Dieu.

Restent, en dépit de tout, la magie d'une rencontre et l'euphorie d'une célébration unanime, dans la transparence retrouvée avec le Créateur. Les réserves du théologien n'y pourront rien faire. L'historien aura beau dire : ses savantes reconstructions généalogiques à partir des fils de Noé ne tiennent pas, face à cet instant béni qui irradie à travers tout le texte, et dont la rémanence passe outre aux condamnations comme aux désillusions prévisibles. C'est une évidence qu'aucun jugement, qu'aucune censure ne saurait abolir.

1 J. de Léry, *HIV*, chap. XIII, p. 334-335. Voir le chapitre précédent, p. 132-142.

« UN ENCHANTEMENT »

« Le livre est un enchantement », écrit Claude Lévi-Strauss dans sa préface à Jean de Léry[1]. Précisément, le charme puissant que Léry reconnaît au chant cadencé des Indiens, cette incantation dont le seul ressouvenir le transporte tout-à-coup ailleurs et jadis, c'est le miracle de son livre. Ce miracle, Léry, par des moyens littéraires, le produit à son tour. Cet effet magique, il l'exerce par le truchement de l'*ekphrasis* – une *ekphrasis* généralisée – sur l'esprit de son lecteur. La danse chamanistique des Indiens est exemplaire à cet égard. C'est comme la mise en abyme du livre tout entier. Léry ne se borne pas à raconter la cérémonie instant par instant, à en étirer la description pour rendre perceptibles les presque deux heures qu'elle a duré effectivement ; il la montre, et tout en la faisant voir par le détail révélateur, par « les morgues, gestes et contenances qu'ils tenoyent[2] », il la fait aussi entendre, par cette phrase d'interjections, bientôt accompagnée d'une portée musicale, qui constitue « la cadence et le refrain de la balade[3] », puis sa chute ou son envoi, comme le lecteur voudra.

L'expression même de « ballade », pour désigner la poésie rythmée des Indiens, est intéressante. Elle indique que l'on est en présence d'un récit cyclique, la séquence narrative étant découpée en strophes et ponctuée du retour régulier d'un refrain. Naturellement, on peut regretter que Léry n'ait pas été meilleur ethnographe. Il aurait alors scrupuleusement noté, strophe après strophe, la teneur de cette ballade cosmogonique, les métamorphoses successives de Maire Monan, le héros civilisateur, les divers âges de l'humanité, l'invention des arts et techniques, etc. C'est Thevet qui s'en chargera à sa place, ou plutôt qui s'en est déjà chargé, à l'heure où Léry publie son *Histoire d'un voyage*. Mais quel ennui chez Thevet, dans ces récits enchevêtrés que le cosmographe n'a pas cherché le moins du monde à replacer en situation, et qu'il débite, à longueur de pages in-folio, dans la typographie serrée de sa monumentale *Cosmographie universelle* en deux volumes, quatre tomes et vingt-trois livres !

1 Claude Lévi-Strauss, « Sur Jean de Léry », « Entretien » recueilli par Dominique-Antoine Grisoni, en préface de Léry, *Histoire d'un voyage*, 1994, p. 13.

2 J. de Léry, *HIV*, p. 401.

3 J. de Léry, *HIV*, p. 403.

Léry, en la circonstance, n'est pas bon ethnographe, mais il n'est que le premier à préférer parfois la littérature à l'ethnographie, la sensation à la signification. Le soir de son arrivée chez les Bororo, Lévi-Strauss se dit « trop épuisé pour être bon ethnographe[1] ». Au lieu d'essayer de transcrire les mélopées indiennes qui s'élèvent dans la nuit au rythme des hochets et des flûtes, il s'endort « d'un sommeil agité par la fatigue et les chants ». Ce qui ne l'empêche pas d'essayer de restituer « l'émerveillement » ressenti alors :

> À part quelques instruments à vent qui firent leur apparition à des moments prescrits du rituel, le seul accompagnement des voix se réduisait aux hochets de calebasse remplis de gravier agités par les coryphées. C'était un émerveillement de les entendre : tantôt déchaînant ou arrêtant les voix d'un coup sec ; tantôt meublant les silences du crépitement de leur instrument, modulé en crescendos et decrescendos prolongés ; tantôt enfin dirigeant les danseurs par des alternances de silences et de bruits dont la durée, l'intensité et la qualité étaient si variés qu'un chef d'orchestre de nos grands concerts n'aurait pas mieux su indiquer sa volonté [...][2].

On le constate, la « joie » et le « ravissement » que ressentait Léry à l'écoute de ces chants cadencés n'appartiennent pas seulement au siècle de la Découverte. Ils sont éprouvés avec la même intensité par Claude Lévi-Strauss. Ces émotions intactes que nous communique *Tristes Tropiques* sont vieilles de quatre cents ans ! L'important est moins dans la répétition de l'épisode que dans la constance du procédé. Tout comme l'*Histoire d'un voyage*, *Tristes Tropiques* sacrifie en l'occurrence l'exactitude documentaire à l'illusion de présence. Dans un cas comme dans l'autre, le but de l'écrivain n'est pas de livrer les archives d'un voyage, mais de transmettre et de perpétuer une sensation inouïe autant qu'éphémère.

Car Léry est un écrivain conscient de son métier et de l'effet à obtenir. À la différence de Thevet, ce n'est ni un scribe ni un greffier. Ou si mauvais scribe, ou greffier si rêveur ! Au lieu de transcrire minutieusement le « mythe à remonter le temps » dont Thevet donne une version exhaustive et très fidèle[3], il le résume et se contente d'en retenir le sens qui lui convient, – un sens qui convient du moins au théologien qui ne

1 Claude Lévi-Strauss, *Tristes Tropiques*, chap. XXII, p. 247.

2 *Ibid.*, p. 248.

3 Claude Lévi-Strauss, *Histoire de lynx*, Paris, Plon, 1991, chap. IV, p. 65-77.

sommeille jamais complètement en lui. Là-dessus on a constaté à quel point cette lecture était réductrice et dans le fond peu originale.

Mais là n'est pas l'intérêt principal de cette page. Il réside dans le pouvoir d'envoûtement que Léry a su saisir parce qu'il y a d'abord cédé. Ce pouvoir d'envoûtement est celui d'une cérémonie étrange, surprise par effraction au cours de son déroulement et restituée ensuite par la mémoire. Ce pouvoir d'envoûtement est aussi et d'abord pour le lecteur celui de cette page même ; c'est la fascination qui émane d'un texte qui obéit constamment au principe de l'*enargeia*. C'est parce qu'il n'est ni complètement explicite ni explicitable que le rite garde sa magie, et que cette magie peut être captée par le narrateur, qui, l'ayant dérivée à son profit, l'exerce ensuite à l'égard de son lecteur. Lisant Léry, le lecteur fait un rêve. Il est ailleurs, loin dans l'espace et dans le temps. Il est littéralement transporté, comme est transporté le personnage vivant la scène, comme est transporté à son tour le narrateur qui se la remémore et la raconte vingt ans après.

Le lisible délivre sans doute le sens ultime de l'épisode. Mais il demeure du visible et de l'audible qui ne sont pas réductibles à cette lisibilité. Dieu merci ! car auquel cas il n'y aurait plus de littérature. Et justement, « c'est de la littérature », comme le dit fortement Claude Lévi-Strauss, lequel ajoute aussitôt : « Qu'on laisse l'ethnologie aux ethnologues et que le public lise l'*Histoire d'un voyage faict en la terre du Bresil* comme une grande œuvre littéraire[1] ». N'en déplaise à l'herméneute qu'il est aussi, Léry écrivain a laissé à son texte cette part d'opacité qui en fait tout le charme – au sens fort et magique du terme. Comme le danseur au hochet, comme l'Indienne et son rire, le texte n'est pas – n'est jamais – seulement un réseau de signes, le simple support d'un message. Il est aussi un corps, qui résiste et s'oppose, mais aussi, le cas échéant, séduit, accueille et s'ouvre.

Cette corporéité du texte, manifestée dans l'hypotypose et plus généralement dans l'*ekphrasis*, qui est la figure clé de l'*Histoire d'un voyage*, marque sinon l'échec, du moins les limites du calvinisme de Léry. La même chose, du reste, pourrait se dire du poète Agrippa d'Aubigné, dont *Les Tragiques* ne sont pas seulement le canal fidèle de la Parole, la trompette ou le tuyau d'orgue qu'emplit le souffle divin, mais un corps

1 Claude Lévi-Strauss, « Sur Jean de Léry », avant-propos à Jean de Léry, *H1V*, p. 13.

bruyant de tous ses organes et de toutes ses fuites[1]. Animé par une quête constante du lisible, la démarche de l'herméneute est contenue et débordée par celle, concurrente, de l'artiste, qui a besoin du non-sens, du mystère, de l'inachevé, de tout ce qui fait en définitive l'opacité de l'autre, cette altérité à la fois inquiétante et désirable, pour produire, au lieu d'une signification, par essence réductrice, une présence, par définition inopinée.

L'HERMÉNEUTE ET L'AMOUREUX

Il y a en Léry deux personnages contradictoires et indissociables, le « prédicant » austère et calviniste rigoureux d'une part ; de l'autre, le poète et l'amoureux, le nostalgique d'un Éden entrevu et aussitôt perdu. Le premier condamne, fulmine, excommunie, déclare inexcusables les Indiens sans écriture aussi bien que ses coreligionnaires oublieux de l'alliance. Il n'a à la bouche que le jugement de Dieu et l'apocalypse imminente. Le second, au contraire, regarde, écoute, espère, aime. Il reste fasciné par la beauté native des Indiennes ou par la mélopée lancinante des danseurs chantant l'origine du monde. Il se souvient avec émotion, avec ravissement, du temps trop court où l'Histoire paraissait suspendue dans sa course à l'abîme. L'*Histoire d'un voyage faict en la terre du Bresil* est le récit d'un témoin dédoublé, témoin intransigeant de la Parole d'une part, et en même temps, et contradictoirement, témoin amoureux d'un monde auquel il n'était pas préparé et au milieu duquel, l'espace d'à peine un an, il s'est trouvé de plain-pied, heureux, comblé. La réussite du livre tient à la tension jamais résolue entre ces deux points de vue. Jamais l'imprécateur et prophète ne l'emporte sur l'observateur, et l'ire de l'homme de Dieu passée, c'est le retour à la sérénité de la description complice et curieuse. Mais alors la présence en coulisse du prédicant n'est pas inutile. Elle évite à la peinture favorable de l'Indien de verser

1 Voir Frank Lestringant, « Le mugissement sous les mots, ou le brame des *Tragiques* », *Poétiques d'Aubigné. Actes du colloque de Genève, mai 1996*, publiés par Olivier Pot, Genève, Droz, 1999, p. 51-61 ; étude reprise dans Frank Lestringant, *L'Architecture des* Tragiques *d'Agrippa d'Aubigné*, Rouen & Le Havre, Presses universitaires de Rouen et du Havre, 2013, p. 163-171.

dans l'idylle ou l'admiration béate. Elle maintient la conscience en éveil face aux singularités du réel.

Cette seule raison suffit à expliquer que Léry n'invente pas le mythe du Bon Sauvage, lequel, du reste, n'est peut-être que l'invention d'historiographes avides de simplifications[1]. Le sauvage de Léry ne mérite pas la majuscule. Il n'est évidemment pas bon[2]. Il est assez méchant pour détester cordialement son prochain et le manger à belles dents. Encore a-t-il fallu ce regard du théologien puritain penché sur l'épaule de l'observateur pour que l'Éden et l'Apocalypse se rejoignent et s'équilibrent, et que la menace pesant sur le paradis perdu donne à ce dernier tout son prix et sa fragile vérité.

1 C'est l'opinion de Giuliano Gliozzi, *Adamo e il Nuovo Mondo*, Florence, La Nuova Italia, 1977, « Introduzione », p. 1-3.

2 C'est pourquoi on ne saurait souscrire aux vues par trop sommaires de Tzvetan Todorov, *Nous et les autres*, Paris, Éditions du Seuil, 1989, p. 302 : « L'image du bon sauvage sera complétée et développée dans les écrits en prose de Jean de Léry et de Montaigne. L'*Histoire d'un voyage faict en la terre de Bresil* de Léry n'est pas un éloge inconditionnel ; mais Léry préfère les cannibales aux mauvais chrétiens qu'il voit autour de lui ».

SOUS LE SIGNE DE L'ÉPÉE

L'histoire morale du Brésil d'après les chapitres XIV à XVI de l'*Histoire d'un voyage*

De l'*Histoire d'un voyage faict en la terre du Bresil* de Jean de Léry on retient surtout le caractère pionnier[1]. Jean de Léry serait en avance de plusieurs siècles, tout en étant bien de son temps. Son livre, comme chacun sait, est « le bréviaire de l'ethnologue[2] ». La formule fameuse de Claude Lévi-Strauss a consacré une façon de voir fondée sur l'anachronisme – un anachronisme clairement assumé dans le cas du grand anthropologue. Léry serait l'avant-courrier de l'anthropologie moderne, le promoteur d'une nouvelle attitude et d'un nouveau savoir. Nouvelle attitude en ce qu'il considère les peuples non européens avec une attention respectueuse et même parfois amoureuse. Nouveau savoir en ce qu'il érige à la dignité d'un objet de science des sociétés sans écriture et sans archives, dont toute l'histoire, toute la science et toute la littérature sont transmises oralement, exprimées dans des mythes.

Mais l'*Histoire d'un voyage faict en la terre du Bresil* est décidément très compliquée. Elle ne met pas en scène une seule altérité, celle des sauvages nus, en l'occurrence les Indiens Tupinamba, qui, selon une formule souvent citée, ne sont « ny monstrueux ny prodigieux à nostre esgard[3] », mais au contraire plus accomplis physiquement, plus beaux, plus dispos et plus robustes que les Européens de l'époque. Il y a dans l'*Histoire d'un voyage* une autre forme d'altérité que l'on omet souvent :

---

1 Une première version de ce chapitre a été publiée sous le titre : « Sous le signe de l'épée : l'histoire morale du Brésil, d'après les chapitres XIV à XVI de l'*Histoire d'un voyage* de Jean de Léry », *Énoncer/dénoncer l'autre. Discours et représentations du différend confessionnel à l'époque moderne*, sous la direction de Chrystel Bernat et Hubert Bost, Turnhout, Belgique, Brepols, 2012, p. 211-222.

2 Claude Lévi-Strauss, *Tristes Tropiques*, Paris, Plon, 1955, chap. IX, p. 89.

3 J. de Léry, *H1V*, chap. VIII, p. 211.

c'est celle que constitue le catholicisme. L'*Histoire d'un voyage*, Léry l'explique longuement dans sa Préface, est la réponse polémique aux allégations calomnieuses d'André Thevet, le cosmographe du roi, contre les ministres et plus généralement les protestants de la petite colonie française du Rio de Janeiro, l'éphémère France Antarctique (1555-1560). Dans cette perspective, l'*Histoire d'un voyage* constitue un témoignage à décharge et une apologie. C'est aussi, pour les besoins de la Cause, un pamphlet anti-catholique où les « marmiteux » et « successeurs des prestres de Baal », désignation ordinaire des curés sous la plume de Léry[1], sont violemment pris à partie, en particulier sur le chapitre de la religion.

Léry, en vérité, énonce et dénonce une double altérité : celle, de prime abord favorable, des Indiens du Brésil, mais on s'aperçoit bientôt que ces hommes sains et sages à bien des égards méconnaissent la vraie religion et qu'ils n'y sont peut-être pas même accessibles ; celle, défavorable et caricaturale, des catholiques qui se disent chrétiens et se comportent en idolâtres, pires à tous égards que les « gentils » du Nouveau Monde, lesquels, du moins, pèchent par ignorance plutôt que par une obstination perverse. On pourrait à cet égard étudier l'*Histoire d'un voyage* comme une satire anti-catholique, quelque chose comme un voyage exotique au pays des « mange-Dieu », ce que j'ai appelé ailleurs « un voyage en Eucharistie[2] ». Il faut dire que Léry embrasse dans sa condamnation des mauvais chrétiens de par-deçà les protestants qui feraient mal leur profit des Écritures.

Cette distinction nécessaire amène à nuancer la question de l'altérité chez Léry et surtout à tempérer l'image favorable et généreuse que l'on donne souvent de lui. De manière générale, du reste, l'altérité ne définit que très rarement un dispositif binaire, mais plutôt triangulaire. C'est un dispositif à trois entrées pour le moins, un rapport à trois composantes. L'Indien du Brésil sert ici à stigmatiser par contraste le mauvais chrétien qu'est le catholique. Le troisième terme, qui permet de renvoyer dos à dos les deux autres, c'est, bien sûr, le chrétien réformé, du moins celui

---

1 J. de Léry, *HIV*, chap. XVI, p. 409.

2 Frank Lestringant, *Une sainte horreur ou le voyage en Eucharistie (XVIe-XVIIIe siècle)*, Genève, Droz, « Titre courant », 2de éd. revue et corrigée, 2012, chap. X, p. 347 : le « voyage en Eucharistie » y est défini comme « un genre littéraire bâtard tenant de l'utopie et du roman allégorique, du pamphlet et du récit de voyage ».

qui vit dans la crainte de Dieu et le respect des commandements. Dès lors, l'éloge des vertus natives du Brésilien ne doit pas faire illusion : cet éloge ne peut être séparé du projet polémique et didactique de Léry. Le jeune homme curieux, avide d'aventure et de nouveauté, se double chez lui d'un pasteur sévère qui n'oublie jamais les devoirs de sa charge et de son apostolat.

Telle est la toile de fond sur laquelle se détachent les réflexions qui suivent ; le cadre général qui ordonne une vision de l'Indien fondamentalement ambivalente et, comme on le verra, définitivement pessimiste.

SITUATION DES CHAPITRES XIV À XVI

L'*Histoire d'un voyage*, dans sa partie centrale ou son noyau, est partagée en deux parties sensiblement égales : d'une part la description de la nature du Brésil, flore et faune en alternance (chapitres VII et IX à XIII), de l'autre l'évocation des hommes qui l'habitent, en l'occurrence les Indiens Tupinamba, que Léry a fréquentés durant les dix mois de son séjour austral (chapitres XIV à XIX). Cette seconde partie, forte de six chapitres et répondant à l'Histoire naturelle des cinq chapitres précédents, pourrait être intitulée, dans le vocabulaire de l'époque, « Histoire morale du Brésil ». Cette « Histoire morale », au sens d'« histoire des mœurs », se découpe en deux triptyques juxtaposés. Le triptyque des chapitres XIV à XVI conduit de la guerre des Indiens à leur religion, en passant par l'épisode crucial de l'anthropophagie rituelle. Le triptyque des chapitres XVII à XIX mène quant à lui de la naissance à la mort. C'est le triptyque de la vie humaine ou encore le triptyque des âges de la vie, tel qu'on le verra[1].

Le premier de ces deux triptyques concerne les mœurs publiques des Indiens ; le second, leurs mœurs privées, même si l'on peut hésiter sur le statut du chapitre XVIII, qui traite de l'hospitalité et de la conduite des Indiens à l'égard des étrangers. Le premier triptyque est placé d'emblée sous le signe de la guerre ; le second, sous le signe de la paix. Le second

1 Voir ci-après le huitième chapitre, « L'Hospitalité indienne et le triptyque des trois âges », p. 191-227.

triptyque présente donc les Indiens sous un jour plus favorable, mais il se conclut négativement comme le premier.

Les deux triptyques se terminent en effet sur une note négative : le premier, après le spectacle des cruautés cannibales et un tableau d'horreur sans cesse enrichi au fil des cinq éditions successives du texte, s'achève par une prophétie tirée de l'Apocalypse et appliquée aux Indiens, leur annonçant leur destruction par l'épée ; le second se clôt par l'« erreur vrayement diabolique » des Indiens touchant l'état des trépassés, une erreur qui les incline à nourrir le diable, de peur qu'il ne mange les morts fraîchement enterrés qu'il détient en sa possession[1]. Il s'agit là, pour Léry, qui a tendance à diaboliser la religion des Indiens, de « la plus grande superstition qui se pourroit imaginer[2] ».

Je m'en tiendrai d'abord au premier de ces deux triptyques. Les chapitres XIV à XVI exposent tous trois les conséquences funestes de l'oubli de Dieu. Triple conséquence et triple faute que constituent la guerre, décrite au chapitre XIV, le cannibalisme, mis en scène au chapitre XV, et l'absence de religion, démontrée au chapitre XVI.

L'épilogue du chapitre XIII, qui précède immédiatement ce triptyque, constitue la plus forte charnière à l'intérieur du livre tout entier. C'est une malédiction lancée, par la voix du Psalmiste, à ceux qui méconnaissent le Créateur, alors même que ses merveilles sont exposées aux yeux de tous. Dépourvus de la connaissance de l'Écriture, dans tous les sens du terme, les Indiens sont en outre incapables de lire le Livre du monde pourtant profusément étalé devant eux et qu'ils foulent quotidiennement sans prendre la peine seulement de se baisser pour le déchiffrer[3]. D'où leur faute, qui aggrave une ignorance déjà coupable en elle-même. La transition du chapitre XIII au chapitre XIV marque le passage brutal de la Nature à la Culture, ou plutôt de la Nature conçue comme la manifestation de la bonté de Dieu à la Société humaine comme expression flagrante de l'ingratitude envers l'auteur de toutes choses. Ce passage brutal accuse une rupture irréversible, avec pour conséquence une chute. À vrai dire, cette chute est la Chute elle-même, l'expulsion du Paradis terrestre et la malédiction jetée par Dieu sur la race d'Adam, coupable de désobéissance et de rébellion. Or il est patent pour Jean de Léry,

1 J. de Léry, *HIV*, chap. XIX, p. 474.
2 *Ibid.*, *ad loc.*
3 Sur ce thème du livre du monde, voir ci-dessus le cinquième chapitre, p. 121-148.

adepte du monogénisme, que les Brésiliens, tout comme les chrétiens d'Europe, descendent de la souche commune à tous les humains. Comme nous, ils sont fils d'Adam et donc tributaires du péché originel.

La rupture, qui inscrit la Chute dans le paysage du Brésil et l'enracine en quelque sorte dans la nature des Indes Nouvelles, est nettement marquée par l'antithèse qu'exprime le dernier paragraphe du chapitre XIII : « Ainsi donc, heureux les peuples qui y habitent, s'ils cognoissoyent l'auteur et Createur de toutes ces choses : mais au lieu de cela je vay traitter des matieres qui monstreront combien ils en sont esloignez[1] ». Le narrateur vient d'entonner le Psaume 104, « Des splendeurs de la Création », dans la traduction de Clément Marot :

O Seigneur Dieu que tes œuvres divers
Sont merveilleux par le monde univers :
O que tu as tout fait par grand sagesse !
Bref, la terre est pleine de ta largesse[2].

Mais ce tableau s'étale en pure perte. Sa magnificence, nulle part plus éclatante que sous les tropiques, accuse par contraste la cécité et l'ingratitude des hommes habitant ces régions favorisées. À cet égard, l'humanité du Nouveau Monde n'est nullement nouvelle ; elle porte tout le poids des péchés accumulés depuis l'origine. Cette humanité, à vrai dire, n'est pas différente de la nôtre. À strictement parler, c'est la même, l'humanité une et indivisible sur laquelle, de génération en génération, retombe la faute d'Adam. Toujours est-il que Léry, vers la fin du chapitre XVI, va introduire un distinguo, non quant à l'origine mais quant aux fins dernières : si les habitants du Brésil sont bien sujets à la malédiction générale qui frappe sans distinction les fils d'Adam, il n'est pas impossible qu'à cette malédiction première se surajoute une malédiction seconde et particulière qui fait d'eux, comme il semble, « un peuple maudit et delaissé de Dieu, s'il y en a un autre sous le ciel[3] ».

Entre les trois chapitres, on observe une consécution rigoureuse, un enchaînement strict. L'ordre de succession est à la fois logique et dans une certaine mesure chronologique. La guerre précède l'anthropophagie rituelle, qui en est tout à la fois la conséquence et le but. En effet, les

1 J. de Léry, *HIV*, chap. XIII, p. 335.
2 *Ibid.*, p. 334 ; citant le Psaume 104, d'après le Psautier huguenot, Genève, 1562, p. 347.
3 *Ibid.*, p. 420.

Tupinamba n'ont d'autre but de guerre que la vengeance ; ils cherchent à faire des prisonniers pour ensuite les manger lors de festins solennels au rituel minutieusement codifié. La religion, ou plutôt, selon Léry, son absence, vient couronner le tout, dans la mesure où elle apporte une fausse justification à la guerre, qui est une guerre de vendetta, aussi bien qu'à un appétit forcené de vengeance qui se traduit en termes alimentaires.

LA BEAUTÉ DE LA GUERRE (CHAPITRE XIV)

C'est la guerre qui définit la société tupinamba. La guerre, d'emblée, et non la paix. C'est sous le signe de l'épée que se place toute la description anthropologique des Tupinamba du Brésil. Leur condition ordinaire est de haïr leurs ennemis, les Margajas ou « chats sauvages », et de leur faire sans cesse la guerre. Hors de la guerre, dit Léry, il est impossible de comprendre la logique qui mène la société sauvage, et c'est donc par la guerre qu'il entreprend son tableau des mœurs des Tupinamba.

Les Tupinamba de Léry, tout comme les Cannibales de Montaigne (rien d'étonnant à cela, puisque ce sont les mêmes !), ne font pas la guerre pour le profit matériel ou pour la conquête de territoires, mais pour se venger de leurs ennemis :

> Non pas, quant à ces Barbares, qu'ils se facent la guerre pour conquerir les pays et terres les uns des autres, car chacun en a plus qu'il ne luy en faut : moins que les vainqueurs pretendent de s'enrichir des despouilles, rançons, et armes des vaincus : ce n'est pas di-je tout cela qui les meine[1].

Montaigne y verra un motif de louange, tirant ce mobile de la vengeance vers le désintéressement et le souci de l'honneur[2]. Pour résumer et le dire en un mot, Montaigne prête aux Cannibales du Brésil les valeurs de la noblesse française de son temps. Tel n'est pas le cas du roturier Jean de Léry, qui rapproche ce refus de pardonner les offenses de la doctrine de Machiavel et de ses disciples, les « machiavélistes » dont la France, sous

1 *Ibid.*, chap. XIV, p. 336.
2 M. de Montaigne, *Essais*, I, 31, p. 210.

le gouvernement de la Florentine Catherine de Médicis, la reine mère du roi, serait toute remplie. Léry se montre en cela d'accord avec son coreligionnaire, le juriste dauphinois Innocent Gentillet, auteur du traité *Contre Nicolas Machiavel Florentin*, que l'on appelle souvent l'*Anti-Machiavel*. La VIe Maxime dénoncée par l'*Anti-Machiavel* et tirée du chapitre VII du *Prince*, que « c'est folie de penser que nouveaux plaisirs facent oublier vieilles offenses aux grands seigneurs », est directement contraire à la loi d'amour enseignée par le Christ[1]. En paraphrasant Gentillet, Léry condamne par ricochet les « Athéistes » de par-deçà, selon le détour allégorique habituel par le sauvage, détour qui se saisit de lui comme d'un prétexte.

Mais les Tupinamba sont ici tout de même un peu plus qu'un prétexte. Beaucoup plus, comme on va voir.

Avant de poursuivre notre analyse, il convient de rappeler que l'*Histoire d'un voyage* est tout entière réglée dans sa progression par l'alternance entre le singulier et le général, entre le parcours initiatique de la première découverte et le tableau *objectif* des mœurs du Brésil. Ce que Léry appelle « eschantillon », au chapitre XVIII[2], c'est le récit singulier, autrement dit le *singulatif*. On sait que, dans la terminologie de Gérard Genette, le singulatif consiste à « raconter une fois ce qui s'est passé une fois[3] ». Quant au terme de « généralité », il correspond ici à ce que les grammairiens nomment l'*itératif*.

Le même balancement entre singulatif et itératif n'est pas propre, du reste, à l'*Histoire d'un voyage*, même s'il y est observé avec une régularité tout à fait remarquable. On pourrait citer l'exemple contemporain d'Agrippa d'Aubigné : dans *Misères*, premier des sept livres des *Tragiques*, le « général discours » du « tableau public » est interrompu par l'irruption d'un souvenir personnel douloureux. Tant est puissante la contrainte de la mémoire qu'elle brise le cours de la narration :

> [...] je flechirai le cours
> De mon fil entrepris, vaincu de la memoire
> Qui effraye mes sens d'une tragique histoire[4].

1 J. de Léry, *HIV*, chap. XIV, p. 336-337. Voir la n. 4 sur ce passage.

2 *Ibid.*, chap. XVIII, p. 454 : « mais me contentant d'avoir recité ce que dessus pour eschantillon de ce qui m'advint en mon premier voyage parmi les sauvages, je poursuyvray à la generalité ».

3 Gérard Genette, *Figures III*, Paris, Éditions du Seuil, 1972, p. 146.

4 Agrippa d'Aubigné, *Les Tragiques*, I, v. 368-370, éd. A. Garnier et J. Plattard, Paris, STFM, 1990, t. I, p. 66.

Rien sans doute de cette mise en scène dramatique dans l'*Histoire d'un voyage*. L'alternance entre le public et le privé y est gérée de façon beaucoup plus sereine. Mais la pulsation est fondamentalement la même, la vision large et panoramique s'ouvrant par intermittences sur l'expérience étroite et profonde du sujet itinérant. L'aventure et ses surprises dynamisent de la sorte l'inventaire des choses du Brésil.

Ce balancement entre singulatif et itératif, que l'on observe ensuite à propos du triptyque de la vie humaine[1], se vérifie ici avec une régularité tout à fait remarquable. Le singulatif représente le moment de tension affective et d'adhésion à l'objet ; l'itératif, au contraire, introduit une détente et une distance.

Ces récits tant itératifs que singulatifs sont, chez Léry, des « descriptions d'actions » plutôt que des récits proprement dits. Il leur manque ce qui, selon Jean-Michel Adam, constitue l'essence même du récit : l'intervention d'une transformation qui oppose deux situations[2]. Par ailleurs, les sauvages sont montrés de façon générique : ils représentent leur nation, *Toüoupinambaoults* ou *Margageas*, leur sexe, leur classe d'âge ou leur fonction sociale (Pagès ou guérisseurs, Caraïbes ou chamans, Moussacats ou « pères de famille »). Ils ne sont jamais individualisés[3]. Ils ne possèdent pas de nom propre, nul nom de baptême, à l'exception de l'infortuné Antoni, un Margagea justement baptisé au Portugal et qui, de retour au pays, sera mangé par ses ennemis invétérés[4]. Or, s'il n'y a pas à proprement parler de récits d'Indiens chez Léry, c'est que l'Indien échappe à la chronologie. Son temps n'est pas celui de l'Histoire, bien que l'eschatologie le rattrape au jour du Jugement – un Jugement dernier que Léry, vivant dans la crainte de Dieu et la certitude du châtiment, estime imminent, comme on verra. L'Indien relève en définitive d'un espace, et non d'un temps donné.

Dans le chapitre XIV, le récit de la guerre sauvage est conduit « à la généralité », sur le mode itératif. Il obéit à un ordre de succession en cinq étapes :

---

1 Voir le huitième chapitre, p. 201.

2 Jean-Michel Adam, *Le Récit*, Paris, PUF, 1984 ; *id.*, *Le Texte narratif : traité d'analyse pragmatique et textuelle*, Paris, Nathan, 1994.

3 Je dois ces différentes remarques à l'exposé d'Édith Wolf, « La description dans l'*Histoire d'un voyage faict en la terre du Bresil* », présenté à l'automne 1999 au Lycée Lavoisier à Paris, dans le cadre d'un cours de préparation à l'agrégation interne de Lettres Modernes.

4 J. de Léry, *HIV*, chap. XV, p. 372.

1) Tout d'abord viennent les préliminaires, avec les harangues exhortatives et solennelles des vieillards marchant ou assis dans leurs hamacs.

2) Ensuite sont décrites les armes composant la panoplie du parfait guerrier[1], qui se décomposent en armes :

– de facture indigène, telles que les épées-massues, les arcs et flèches, les rondelles et boucliers ;
– d'origine européenne : épées tranchantes, couteaux, arquebuses[2].

3) Puis vient l'évocation des sauvages en campagne, « assemblez en nombre quelque fois de huict ou dix mille hommes[3] ».

4) C'est enfin la scène de la rencontre avec l'ennemi : ce récit *singulatif* de l'« escarmouche furieuse où l'auteur estoit », qui dure environ trois heures[4], découpe comme une fenêtre vivement éclairée dans le mur lisse et uniforme de la narration itérative et générale.

5) L'épilogue évoque pour finir le rachat des prisonniers « quelques jours apres[5] ».

Le récit singulatif incrusté dans la narration générale, ou plutôt l'ajourant, concentre l'affect et la couleur. La scène de combat est située, mais de manière très imprécise, dans le temps : « une fois », aussi bien que dans l'espace : « sur le rivage de la mer[6] ». Une circonstance complémentaire est l'accompagnement : « un autre Françoys et moy ». C'est une sorte de preuve collatérale, une confirmation latérale de la véracité du témoignage.

L'effet produit est un mélange d'effroi et d'admiration. Le spectacle est représenté, « comme si vous y étiez ». L'*enargeia* produit une telle illusion de présence : « vous eussiez veu voler en l'air[7] ». Le lecteur est de la sorte rendu témoin et spectateur de la scène racontée, ou plutôt produite sous ses yeux.

La beauté de la guerre indienne est célébrée à l'envi par Thevet, Montaigne et Léry. André Thevet : « [...] onque ne fut si beau passetemps de voir une telle meslée[8] » ; Montaigne : « C'est chose esmerveillable

1 *Ibid.*, chap. XIV, p. 338-343.
2 *Ibid.*, chap. XIV, p. 342-343.
3 *Ibid.*, chap. XIV, p. 343-346.
4 *Ibid.*, chap. XIV, p. 346-352. C'est la manchette de la p. 346.
5 *Ibid.*, chap. XIV, p. 352-353.
6 *Ibid.*, chap. XIV, p. 347.
7 *Ibid.*, chap. XIV, p. 348.
8 A. Thevet, *Les Singularitez de la France Antarctique*, Paris, 1557, chap. 38, f. 71 r° ; *Le Brésil d'André Thevet*, p. 204.

que de la fermeté de leurs combats [...]. Leur guerre est toute noble et genereuse, et a autant d'excuse et de beauté que cette maladie humaine en peut recevoir[1] ». Un tel jugement esthétique, qui peut aujourd'hui surprendre, montre la prédominance, en cette fin du XVIe siècle, d'une morale chevaleresque de la vertu guerrière et de la dépense somptuaire. Il a de surcroît le mérite de confirmer intuitivement une parenté étymologique lointaine, en latin notamment, entre la guerre et la beauté[2].

Observation importante : la guerre est ici vue en direct, à l'occasion d'un récit singulatif à la première personne, qui nous plonge au cœur de la mêlée. Or il n'en va pas tout à fait de même du cannibalisme au chapitre suivant.

L'IRREPRÉSENTABLE CANNIBALISME (CHAPITRE XV)

Sans doute, à plusieurs reprises, Léry insiste-t-il sur le fait qu'il a bien été présent à ces massacres, dont il donne une peinture, non seulement réaliste, mais vivante et *énargique*. Toutefois le récit singulatif n'est là que pour rapporter les gestes et paroles de celui ou de celle qui va mourir ou bien pour relater plus loin l'évasion manquée d'un prisonnier christianisé. L'anthropophagie elle-même, c'est-à-dire la cuisine, échappe au regard singulier. Comme si le spectacle de l'horreur alimentaire avait quelque chose d'insoutenable et d'indicible pour le témoin européen. On ne peut exclure que Léry n'a pas été directement témoin de la cérémonie, et qu'il ne l'a observée que par les marges ou la périphérie, comme lors de la fameuse nuit de fête et de beuverie où un Indien hilare brandit un pied boucané au-dessus du hamac où il essaie vainement de dormir[3].

Ainsi donc, alors que le chapitre de la guerre est centré sur un spectacle directement vécu par le narrateur et profusément montré au

1 M. de Montaigne, *Essais*, I, 31 : « Des Cannibales », éd. P. Villey, p. 209-210.

2 Voir sur ce point G. Pinault, « *Bellum* : la guerre et la beauté », *De Virgile à Jacob Balde. Hommage à Andrée Thill*, Mulhouse et Paris, 1987, p. 151-156.

3 J. de Léry, *HIV*, chap. XVIII, p. 451-453.

regard du lecteur, à l'inverse le chapitre du cannibalisme rejette le regard du témoin au pourtour ou à la périphérie du rituel proprement dit : le narrateur voit le prisonnier encore vivant, lié et gesticulant, et l'exhorte avant de mourir, puis, après une sorte de blanc narratif, contemple ses restes sur le boucan. Malgré la récurrence des formules d'autopsie « ainsi que j'ay veu[1] », il y a décidément quelque chose d'irreprésentable dans l'acte cannibale.

Apparaît aussi dans ce chapitre XV un trait ensuite récurrent du récit singulatif dans l'*Histoire d'un voyage* : la situation dans l'espace, par référence à un nom de village indigène : le village de Sarigoy, puis, deux fois mentionné, celui de Piravi-jou[2].

Trois récits singulatifs ponctuent ce chapitre de l'anthropophagie rituelle.

Le premier est une minuscule incise dans le récit de la mise à mort du prisonnier. À l'appui des paroles de défi qu'il lance à l'adresse de ses bourreaux, le prisonnier jette sur eux les projectiles qu'il trouve à portée de main : « Et de fait, un jour que j'estois en un village nommé *Sarigoy*, je vis un prisonnier qui de ceste façon donna si grand coup de pierre contre la jambe d'une femme que je pensois qu'il luy eust rompue[3] ».

Nouveau récit singulatif deux pages plus loin : « M'estant un jour inopinément trouvé en un village de la grande isle, nommé *Piravi-jou*[4]… » : c'est l'anecdote de la femme prisonnière, qui ne craint ni la mort ni l'au-delà, et fait fi de la tentative de conversion menée *in extremis* sur elle par Léry. Dans ces deux cas, le récit singulatif précise la description et en prouve la validité. Il a valeur d'*exemplum*, tout en animant le propos[5].

Troisième et dernier récit singulatif, celui du « Margaja baptizé en Portugal prisonnier, que nous voulumes sauver[6] » : « Une autresfois que quatre ou cinq François et moy estions en un village de la mesme grande Isle, nommée *Piravi-jou* […][7] ». C'est une variante de l'histoire déjà rapportée par Thevet dans *Les Singularitez de la France Antarctique* :

1 *Ibid.*, chap. XV, p. 364.
2 *Ibid.*, chap. XV, p. 357, 358 et 372.
3 *Ibid.*, chap. XV, p. 356-357.
4 *Ibid.*, chap. XV, p. 358.
5 Je dois cette remarque à l'exposé d'Édith Wolf.
6 J. de Léry, *H1V*, chap. XV, p. 372-373.
7 *Ibid.*, chap. XV, p. 372.

> Autre chose digne de memoire. Quelquesfois fut emmené un jeune enfant masle de ces Sauvages de l'Amerique, du païs et ligue de ceux qu'ils appellent Tabajares, ennemis mortels des Sauvages ou sont les François, par quelques marchans de Normandie, qui depuis baptisé, nourri, et marié à Rouen, vivant en homme de bien, s'avisa de retourner en son païs en noz navires, aagé de vingt deux ans ou environ. Advint qu'estant par delà fut decouvert à ses anciens ennemis par quelques Chrestiens : lesquels incontinent comme chiens enragez de furie coururent à noz navires, desja en partie delaissées de gens, ou de fortune le trouvans sans merci ne pitié aucun, se jettent dessus, et le mettent en pieces là sans toucher aux autres, qui estoient là pres. Lequel comme Dieu le permist, endurant ce piteux massacre leur remonstroit la foy de JESU-CHRIST, un seul Dieu en trinité de personnes et unité d'essence : et ainsi mourut le pauvre homme entre leurs mains bon Chrestien. Lequel toutesfois ils ne mangerent, comme ils avoient accoustumé faire de leurs ennemis[1].

Léry a supprimé la leçon de catéchisme et transporté la Normandie au Portugal. Il peut s'agir au demeurant d'une histoire topique circulant à l'époque parmi les gens de mer.

À noter que, dans cet épisode, Léry n'est le témoin direct que du début et de la fin de l'histoire. Il n'a pas assisté à la scène du massacre, suivie du festin cannibale, toutes circonstances qui se déroulent hors de la présence des Français. En revanche, il est directement impliqué dans l'épilogue, qu'il rapporte en qualité de témoin oculaire : « il y en eut qui nous menerent en une maison, où nous vismes les pieces du corps du pauvre Antoni sur le *Boucan* : mesmes parce qu'ils cognurent bien qu'ils nous avoyent trompez, en nous monstrant la teste, ils en firent une grande risée[2] ».

On observe une symétrie entre le début du chapitre XIV et la fin du chapitre XV. La cause des guerres, à savoir la vengeance, servait à accuser les « machiavélistes » de par-deçà, « Machiavel et ses disciples[3] ». La fin du chapitre XV opère un retour au par-deçà pour un catalogue de cruautés, où l'anthropophagie est d'abord symbolique et figurée, sous la forme de l'usure, puis littérale et concrète, quand il s'agit d'évoquer la consommation de chair humaine pendant les guerres de Religion[4]. Au fil des éditions successives, cette dimension allégorique et réflexive se développe et prend des proportions vertigineuses. De manière à

1 A. Thevet, *Les Singularitez de la France Antarctique*, 1557, chap. 41, f. 79 r° ; *Le Brésil d'André Thevet*, p. 219-220.
2 J. de Léry, *HIV*, chap. XV, p. 373.
3 *Ibid.*, chap. XIV, p. 336-337.
4 *Ibid.*, chap. XV, p. 374-376.

illustrer de toutes les manières possibles cette vérité paradoxale, qui est au principe même de la « révolution sociologique » : « il ne faut pas aller si loin qu'en leur pays, ny qu'en l'Amerique pour voir choses si monstrueuses et prodigieuses[1] ».

Le vrai Cannibale n'est pas celui qu'on pense. C'est bien évidemment le catholique tout à la fois anthropophage et théophage, puisqu'il mange Dieu et dans le même temps, le plus littéralement du monde, « bouffe du protestant ». Mais ce peut-être aussi parfois le protestant lui-même qui, lorsqu'il s'écarte de la Loi divine, retombe dans le péché. C'est en effet dans la petite ville protestante de Sancerre assiégée par les armées catholiques qu'a été commis, en juillet 1573, un crime de cannibalisme, des parents affamés, mais nullement excusables pour autant, ayant mangé leur petite fille âgée de quatre ans. Témoin oculaire, Léry a consacré à cette histoire tragique des guerres de Religion son premier récit, l'*Histoire memorable de la ville de Sancerre*, publiée quatre ans avant l'*Histoire d'un voyage faict en la terre du Bresil*[2].

L'OMNIPRÉSENCE DU TÉMOIN (CHAPITRE XVI)

Le chapitre XVI, de « Ce qu'on peut appeler religion entre les sauvages Ameriquains », commence « à la généralité », par une maxime de Cicéron, discutée et réfutée par l'exemple des Indiens du Brésil, « assavoir qu'il n'y a peuple si brutal, ny nation si barbare et sauvage, qui n'ait sentiment qu'il y a quelque Divinité[3] ».

Mais l'essentiel du chapitre se compose de trois grands récits singulatifs :

1) Le premier, le plus ample de toute l'*Histoire d'un voyage*, long d'une dizaine de pages, est la solennité du village de Cotiva, en compagnie de Jacques Rousseau et d'un truchement : il décrit la danse chamanistique

---

1 *Ibid.*, chap. XV, p. 377.

2 J. de Léry, *Histoire memorable de la ville de Sancerre (Genève, 1574)*, éd. par Géralde Nakam sous le titre : *Au lendemain de la Saint-Barthélemy, guerre civile et famine. Histoire mémorable du siège de Sancerre (1573)*, Paris, Éditions Anthropos, 1975.

3 J. de Léry, *H1V*, chap. XVI, p. 377-378.

du tabac, avec ses deux phases successives, dans la maison des femmes, puis dans la maison des hommes, le tout suivi des faits et gestes des *Caraïbes* ou chamanes à cette occasion[1].

2) Le deuxième est la séance de catéchisme au village d'Ocarentin, « distant deux lieues de *Cotiva* dont j'ay tantost fait mention[2] ». Léry s'y trouve « avec quelques-uns de nostre nation », à l'heure du souper. Cette tentative de conversion par la persuasion aboutit à un échec, que sanctionne la conclusion-récapitulation : « Voilà l'inconstance de ce pauvre peuple, bel exemple de la nature corrompue de l'homme[3] ».

3) Le troisième récit singulatif est le chant du Psaume 104, « Sus, sus, mon âme, il te faut dire bien, etc. », dans la forêt ensoleillée, toute remplie d'oiseaux « rossignolants[4] ». Léry, qui, une fois de plus, a déserté l'île de Villegagnon pour se rendre en terre ferme, est accompagné à présent de quatre sauvages, deux *Toupinenquins* et un *Oueanen* avec sa femme. Il se trouve donc être le « seul François, et en devois trouver deux, comme je fis, au lieu où j'allay coucher[5] ». Le village n'est pas nommé, mais remplacé par deux noms de nations. Cette double immersion dans la nature américaine et dans la langue des Indiens, durant laquelle Léry explique la doctrine chrétienne « le mieux qu'il peut » avec les quelques mots indigènes qu'il connaît, se conclut par une considération plus favorable que dans l'épisode précédent : « Et de fait, quant au naturel de l'homme, je maintien qu'ils discourent mieux que ne font la pluspart des paysans, voire que d'autres de par deçà qui pensent estre fort habiles gens[6] ».

De toute évidence, c'est, avec le chapitre XVIII, de « ce qu'on peut appeler loix et police civile entre les sauvages », celui où Jean de Léry s'est le plus impliqué et où la présence du narrateur est la plus constante. Ou pour être plus exact, celui où le « je » mis en scène, le « je » de la proximité et de l'identification, est le plus présent. Nul hasard à cela : ce chapitre de la religion est crucial dans l'économie générale du livre.

---

1 *Ibid.*, chap. XVI, p. 396-407.
2 *Ibid.*, chap. XVI, p. 410-413.
3 *Ibid.*, chap. XVI, p. 413.
4 *Ibid.*, chap. XVI, p. 417-419.
5 *Ibid.*, chap. XVI, p. 418.
6 *Ibid.*, chap. XVI, p. 419.

SOUS LE SIGNE DE L'ÉPÉE : LE DEUXIÈME SCEAU DE L'APOCALYPSE

En effet, Léry réintroduit l'épée décrite deux chapitres plus haut, l'épée de bois ou *Tacapé*[1], qui arme aussi bien la main du guerrier que celle du bourreau lors de la mise à mort du prisonnier. Cette épée passe à présent dans les mains d'un personnage de l'Apocalypse, l'un des quatre cavaliers qui, à la fin des temps, sèment la mort et la désolation sur la terre. Lorsque l'Agneau divin ouvre le deuxième des sept sceaux qui ferment le livre, surgit le cavalier monté sur le cheval roux : « nous lisons en l'Apocalypse, qu'à celuy qui estoit assis sur le cheval roux, lequel, selon l'exposition d'aucuns, signifie persecution par feu et par guerre, fut donné pouvoir d'oster la paix de la terre, et qu'on se tuast l'un l'autre, et luy fut donnée une grande espée[2] ». Ce passage de l'Apocalypse de Jean, 6, 4, est appliqué par Jean de Léry à l'une des prophéties rapportées par un vieillard, qui l'a écouté prêcher la Parole de Dieu :

> Toutesfois, dit-il, vostre harangue m'a fait rememorer ce que nous avons ouy reciter beaucoup de fois à nos grands peres : assavoir que dès long temps et dés le nombre de tant de lunes que nous n'en avons peu retenir le conte, un *Mair*, c'est à dire François, ou estranger, vestu et barbu comme aucuns de vous autres, vint en ce pays icy, lequel, pour les penser renger à l'obeissance de vostre Dieu, leur tint le mesme langage que vous nous avez maintenant tenu : mais, comme nous avons aussi entendu de pere en fils, ils ne voulurent pas croire : et partans il en vint un autre, qui en signe de malediction, leur bailla l'espée dequoy depuis nous nous sommes tousjours tuez l'un l'autre[3].

Voilà, conclut Léry, « le texte lequel, quant à la lettre, approche fort du dire et de ce que pratiquent nos *Toüoupinambaoults*[4] ». Il a toutefois la prudence d'ajouter qu'il « craint d'en destourner le vray sens, et qu'on n'estime qu'il recherche les choses de trop loing ». C'est pourquoi il en laisse « faire l'application à d'autres ».

---

1 *Ibid.*, chap. XIV, p. 338.
2 *Ibid.*, chap. XVI, p. 417.
3 *Ibid.*, chap. XVI, p. 412-413.
4 *Ibid.*, chap. XVI, p. 417.

La précaution finale n'enlève rien à l'audace de la pensée : l'Histoire ici est écrasée, et la fin brutalement rabattue sur l'origine. Ce « monde enfant », comme dit Montaigne presque au même moment[1], est d'ores et déjà témoin de l'Apocalypse en cours. C'est en ce sens un *puer-senex*, un enfant-vieillard[2], une contradiction dans les termes, qui a le mérite de montrer comme en résumé ou en miniature toute l'histoire de l'humanité, une histoire aussi brève que tragique, de la Chute à l'Apocalypse. Mais il est remarquable de voir que, dans le cas présent, il n'y a pas de place pour la Rédemption. Fils d'Adam assurément, et probables fils de Cham, les Brésiliens paraissent laissés pour compte, passés par profits et pertes, écartés du schéma ascendant du salut. Selon toute vraisemblance, explique Léry dans une phrase déjà citée plus haut, « c'est un peuple maudit et delaissé de Dieu, s'il y en a un autre sous le ciel[3] ». Indices de cette malédiction éternelle : l'appétit de vengeance, le refus du pardon, l'anthropophagie, la méconnaissance de l'écriture comme technique et comme révélation, et aussi une nudité qui est d'abord dénuement et procède moins de l'innocence que d'une ignorance coupable.

Dès lors que la question du salut ne se pose plus pour eux, on peut considérer les Brésiliens en toute quiétude et en toute objectivité. Perdus pour l'autre monde, ils occupent du moins celui-ci – temporairement, précairement, entre deux catastrophes, celle de la Chute et celle du Jugement dernier. Étroitement confinée entre ces deux bornes, menacée, leur altérité n'en est que plus admirable – du moins « pour l'esgard de ceste vie terriene[4] ». Le désintérêt missionnaire donne alors naissance à la curiosité ethnographique. Il y a quelque chose de la beauté du mort dans cet autre que l'on contemple ainsi à distance, avec un mélange de violente sympathie et de réprobation sévère.

---

1 Michel de Montaigne, *Essais*, III, 6, « Des Coches », éd. P. Villey, Paris, PUF, 1965, p. 909 : « C'estoit un monde enfant ».

2 Ernst Robert Curtius, *La littérature européenne et le Moyen Âge latin*, Paris, PUF, 1956, et Agora, 1986, t. I, p. 176-180.

3 J. de Léry, *HIV*, chap. XVI, p. 420-421.

4 *Ibid.*, chap. XVI, p. 421.

L'HOSPITALITÉ INDIENNE ET LE TRIPTYQUE DES TROIS ÂGES

(*Histoire d'un voyage*, chapitres XVII-XIX)

Léry sait communiquer son amour et sa passion pour le Brésil des Toüoupinambaoults, mais aussi ses inquiétudes et ses peurs. Entre Léry et le sauvage on observe un double lien, d'adhésion et de recul, de sympathie et de défiance. De cette ambiguïté fondamentale témoigne la description des rites d'hospitalité au chapitre XVIII. L'hôte étranger n'est-il pas le double de l'ennemi, tout prêt à se renverser en lui, comme le confirme l'étymologie ? Par exemple, en latin, *hospes* et *hostis* constituent les deux faces inséparables de l'altérité. L'*hostis* est à l'origine un étranger que l'on reçoit avec les honneurs, puis le mot en est venu à désigner l'homme extérieur à la communauté, et enfin l'ennemi potentiel. De même, en français, les mots *hôte*, *hôpital*, *hospice* et *hôtel* remontent à la même famille étymologique que *hostile*, *hostilité*, *ost* (au sens d'armée)[1]. Pour passer d'un ordre d'idées à l'autre, il suffit d'une inversion de signe et d'un accroissement de la distance, aussi soudain qu'inexplicable.

Mais plus fondamentalement, comme l'a montré Émile Benveniste dans une célèbre leçon[2], *hostis* s'inscrit dans un rapport d'échange entre égaux. « À la différence du *peregrinus* qui habite hors des limites du territoire, *hostis* est "l'étranger, en tant qu'on lui reconnaît des droits égaux à ceux des citoyens romains" ». Comme l'observe encore Benveniste, « cette reconnaissance des droits implique un certain rapport de réciprocité, suppose une convention : n'est pas dit *hostis* quiconque n'est pas romain[3] ». La notion primitive est celle d'égalité par compensation : est *hostis* celui qui compense mon don par un contre-don. D'où le rattachement de la notion

1 Alain Rey, *Dictionnaire historique de la langue française*, Paris, Dictionnaires Le Robert, 1992, *s. v.* « Hostile ».

2 Émile Benveniste, *Le Vocabulaire des Institutions indo-européennes*, Paris, Éditions de Minuit, 1969, t. I, p. 87-101.

3 *Ibid.*, t. I, p. 93.

à la loi du *potlatch* observée par les populations indiennes du Nord-Ouest de l'Amérique, suite de dons et contre-dons toujours croissants, un don créant au partenaire l'obligation d'un don supérieur, en vertu d'une sorte de force contraignante[1]. En définitive, l'hospitalité apparaît comme la forme atténuée du potlatch, et la guerre comme sa forme exacerbée.

Venant après la guerre, évoquée au chapitre XIV, et ses séquelles anthropophages, retracées au chapitre XV, le chapitre XVIII de l'*Histoire d'un voyage* se place résolument sous le signe de la paix et de l'échange réciproque. Mais cette paix est précaire et l'échange constamment menacé de rupture. Certes la reconnaissance de droits égaux à l'Indien est le préalable à cette relation et elle n'est remise en cause à aucun moment. Sans cette reconnaissance première, la matière de ce chapitre serait tout simplement incompréhensible. Et Léry s'abstiendrait d'admirer, comme il le fait d'entrée de jeu, la bonne « police de nos sauvages », qui est « une chose presque incroyable, et qui ne se peut dire sans faire honte à ceux qui ont les loix divines et humaines », c'est-à-dire aux chrétiens de l'ancien monde[2].

Une fois posée cette égalité de principe entre partenaires privilégiés, on verra qu'un désaccord peut toujours intervenir sur les modalités de la compensation. Chez Jean de Léry, comme plus tard chez Claude Lévi-Strauss, dans la fameuse « Leçon d'écriture » de *Tristes Tropiques*[3], c'est précisément au cours d'un épisode de troc que les rapports se gâtent entre les Indiens et leurs visiteurs, et que la tension monte au point de dégénérer en une agressivité à peine simulée. Alors que les Européens pensent l'échange de marchandises en termes de juste prix – non sans, parfois, quelque arrière-pensée, voire quelque rouerie –, les Indiens, comme le dira Lévi-Strauss à propos des Nambikwara, « s'en remettent à la générosité du partenaire[4] ». C'est pourquoi il leur arrive d'attendre ou d'exiger au-delà du raisonnable – ou, du moins, de ce qui paraît tel aux yeux de l'Occidental. D'où l'irritation que suscite le refus de ce dernier, et la subite rupture des négociations.

1 Le potlatch a été érigé au rang de paradigme par Marcel Mauss dans son fameux *Essai sur le don, forme archaïque de l'échange*, 1932-1934. Pour son application à la société de la Renaissance, voir Natalie Zemon Davis, *Essai sur le don dans la France du XVIe siècle*, Paris, Éditions du Seuil, 2003 ; sur Léry, p. 126-132.

2 J. de Léry, *H1V*, chap. XVIII, p. 439.

3 Claude Lévi-Strauss, *Tristes Tropiques*, Paris, Plon, « Terre humaine », 1955, chap. XXVIII, p. 338-341.

4 *Ibid.*, p. 348.

HISTOIRE D'HUÎTRE, SUITE ET FIN

Mais avant d'en arriver à la crise, il faut partir de cette entente tacite entre alliés de longue date. Car l'alliance entre Français et Tupinamba a été scellée bien avant l'arrivée de Léry au Brésil, et le plain-pied des partenaires consolidé par de longues années de commerce réciproque et pacifique. Léry est le bienvenu, parce que d'emblée il appartient à cette catégorie particulière d'étrangers auxquels vous unissent des « relations de compensation », pour parler comme Benveniste[1]. Nulle surprise, dès lors, s'il est « adopté » par eux avec une aussi déconcertante facilité, et si son nom « consonne » avec le leur[2].

C'est dans ce chapitre XVIII de l'*Histoire d'un voyage* que Léry reçoit son nom de baptême indien : *Lery-oussou*, « une grosse huître ». Rappelons la conclusion de l'épisode :

> Et de faict, je puis asseurément dire que jamais Circé ne metamorphosa homme en une si belle huitre, ne qui discourust si bien avec Ulisses que j'ay depuis ce temps-là fait avec nos sauvages[3].

L'allusion ne peut être au récit de l'*Odyssée*, où Circé transforme les compagnons d'Ulysse uniformément en porcs[4]. Elle renvoie à une autre source, qui est la *Circé* de l'Italien Giovanni Battista Gelli[5]. Traduite en français dès 1550, la *Circé* rencontra un large succès, dont témoignent par exemple les emprunts que lui fait Pierre Boaistuau dans *Le Théâtre du monde* en 1558[6]. Beaucoup plus tard, La Fontaine en tirera la fable des « Compagnons d'Ulysse[7] ». Dans cette adaptation plaisante du mythe

---

1 E. Benveniste, *op. cit.*, t. I, p. 94.

2 Voir ci-dessus le chap. Ier, p. 27-30.

3 J. de Léry, *HIV*, chap. XVIII, p. 451.

4 Homère, *Odyssée*, X, 133-467.

5 Giovanni-Battista Gelli, *La Circé de M. Giovan Baptista Gello, Academic Florentin : nouvellement mise en Françoys par le Seigneur Du Parc, Champenois* [*i. e.* Denis Sauvage], Lyon, Guillaume Rouillé, 1550. Je remercie Pierre Martin, de l'Université de Poitiers, de m'avoir suggéré ce rapprochement.

6 Pierre Boaistuau, *Le Théâtre du Monde* (1558), édition critique par Michel Simonin, Genève, Droz, 1981, p. 243, 246-248, 301.

7 Jean de La Fontaine, *Fables*, XII, I : « Les compagnons d'Ulysse », *in* La Fontaine, *Œuvres complètes*, éd. J.-P. Collinet, Paris, Gallimard, « Bibliothèque de la Pléiade », 1991, p. 451-454.

homérique, les sortilèges de la magicienne engendrent toute une ménagerie, de l'huître à l'éléphant. Le premier dialogue de la *Circé* montre Ulysse s'entretenant tour à tour avec une huître et une taupe, lesquelles lui tiennent tête et raisonnent fort bien, l'huître en particulier[1].

La rencontre avec Gelli est d'autant plus passionnante que l'Huître logicienne tient un discours qui n'est pas sans rappeler celui que Léry prête à ses Indiens. L'Huître, comme après elle la Taupe, et dans les dialogues suivants la couleuvre, le lièvre, le chevreau, la biche, le lion, le cheval, le chien et le veau, refuse de redevenir homme, préférant la condition d'animal irraisonnable à celle du seul animal raisonnable de la Création, « veu que c'est le plus malheureux animant qui se trouve en tout l'univers[2] ».

L'Huître, comme le sauvage de Léry, est sans passion. De surcroît, comme on l'imagine, elle est casanière. Attachée à son rocher, elle n'en bouge pas. Elle a tout à la fois habit et maison, alors que l'homme ne possède par nature ni l'un ni l'autre, naissant et mourant nu, perpétuel errant sur cette terre, *homo viator*. « Qui est signe certain », conclut l'Huître, « que vous estes comme rebelles, bannis de ce Monde, n'y ayant aulcune propre demeure[3] ».

L'Huître donc, ci-devant Ittacos d'Athènes, restera huître, collée à son roc et humant la rosée dont elle s'alimente. Elle n'a que faire du mouvement local, aptitude qui ne révèle en l'homme que le besoin de ce qu'il n'a pas et qu'il lui faut chercher ailleurs. Mettant fin à sa conversation avec Ulysse, elle lui déclare vouloir se renfermer entre ses écailles et se reposer « sans pas un brin de soulci (ce qui vous advient bien peu souvent[4]) ». N'est-ce pas d'une certaine manière la sagesse du Brésilien, « du vieillard d'entre eux » tout particulièrement[5], opposée à la folie du voyageur venu d'Europe au péril de sa vie chercher demeure et profit sur ce lointain rivage ? Une sagesse terrienne, en tout cas, bien propre à faire ressortir par contraste la rébellion criminelle et « l'avarice » du prétendu chrétien courant les mers et le monde après sa propre perte.

Les propos de la Taupe, consultée ensuite par Ulysse, conduisent à la même conclusion. Elle aussi mène une existence sédentaire et n'a

1 Giovanni-Battista Gelli, *La Circé*, *op. cit.*, p. 19.
2 *Ibid.*, p. 16.
3 *Ibid.*, p. 24.
4 *Ibid.*, p. 29-30.
5 J. de Léry, *HIV*, chap. XIII, p. 310.

besoin de labourer ni de semer, à la différence de l'homme, envers qui la nature s'est montrée bien marâtre. De plus, la Taupe est aveugle, ce qui constitue une infirmité toute relative et fort supportable en vérité. Car la Taupe est parfaite en son espèce et n'a pas besoin de la vue[1], pas plus que l'Huître tout à l'heure n'avait besoin du mouvement local. Comme l'huître encore, la Taupe est exempte de soucis. Sa compagne dénonçait la vanité des voyages. Quant à elle, elle stigmatise par son exemple la *cupiditas sciendi*, ce que saint Augustin appelait la concupiscence des yeux, la *concupiscentia oculorum*. Là encore le bon vieillard Tupinamba souscrirait volontiers aux propos de la Taupe, plus raisonnable et moins vaine que le voyageur Ulysse, *Odysseus polytropos*, Ulysse aux mille ruses.

De la même manière, les divers animaux auxquels Ulysse demande successivement de redevenir hommes chantent sur tous les tons le thème de la *miseria hominis*. Attentive et maternelle, la Nature a favorisé chaque créature en particulier, à l'exception de l'homme qui, du reste, est incapable de se satisfaire de sa propre condition, rebelle à l'ordre immuable de la Providence. En conclusion, il est donc vrai qu'à l'égard de la vie terrestre, l'homme est le moins sage et le moins raisonnable des êtres. Tout comme le chrétien moqué par le vieillard tupinamba.

Mais il reste dans la *Circé* de Gelli un dernier animal, qui renverse, ou du moins atténue fortement le verdict précédent. Ce dernier animal est le plus considérable de tous, et par la taille et par la sagesse. Il s'agit de l'éléphant, le plus grand des animaux terrestres, mais aussi le plus religieux, celui dont la mémoire est devenue légendaire, et aussi la piété, puisqu'il s'agenouille, dit-on, devant le soleil et la lune[2]. Or l'éléphant, à la différence des autres compagnons d'Ulysse transformés en bêtes, demande à redevenir homme, et son vœu est aussitôt exaucé. Lui seul va rembarquer pour Ithaque avec Ulysse. Pourquoi formule-t-il ce vœu inattendu à force d'être retardé par les consultations antérieures, identiques dans leurs conclusions ? Tout simplement parce que l'éléphant, loin de s'en tenir à l'existence terrestre, se préoccupe de la vie céleste, laquelle est un privilège considérable, le seul et unique privilège de l'homme. Si

1 G.-B. Gelli, *La Circé*, p. 39.

2 Pline, *Histoire naturelle*, VIII, 1, § 1, reconnaît à l'éléphant ce mérite : « religio quoque siderum, Solisque ac Lunae veneratio ». Ce que conteste André Thevet, *Cosmographie de Levant*, Lyon, J. de Tournes et G. Gazeau, 1556, chap. XXI, p. 74. Sur la mythologie de l'éléphant, voir Gérard Busquet et Jean-Marie Javron, *Tombeau de l'éléphant d'Asie*, Paris, Chandeigne, 2002.

l'homme mérite le titre de « miracle de nature » que lui décerne Ulysse, c'est qu'il est libre, alors que les bêtes « ne peuvent parvenir à aultre fin qu'à celle qui leur a esté ordonnée par Nature[1] ».

Le thème de la *miseria hominis* se retourne alors dans son complémentaire, celui de la *dignitas hominis*, qui lui est immanquablement associé, en amont chez Lactance, dont le *De opificio Dei* a inspiré Gelli, en aval chez un lecteur attentif comme Boaistuau, où le *Theâtre du Monde*, tragique et pessimiste, a pour contrepartie le *Brief Discours de l'excellence et dignité de l'homme*, dithyrambe à l'honneur du « Roy, et Empereur » de tout ce qui est contenu en l'univers[2]. Les deux volets de ce « théâtre » en diptyque puisent abondamment dans *La Circé*. Ils lui empruntent des arguments *pro et contra*, pour rabaisser l'orgueil de l'homme et exalter au rebours son aspiration au dépassement de la vie charnelle[3].

Redevenu homme sous le nom d'Aglafémos, « celui qui parle brillamment », l'éléphant peut alors s'exclamer : « O la belle chose ! ô la chose merveilleuse que d'estre homme[4] ! » Ce qui fait « la haultesse de l'Homme » et qui montre « de combien il est plus noble que tout aultre animant », c'est qu'il est capable d'adorer Dieu et que son « intellect » le porte à s'arracher à la terre pour s'élever vers le ciel.

La *Circé* délivre en définitive une leçon voisine de l'*Histoire d'un voyage*. Léry cite les sauvages comme exemplaires, à quelques réserves près, du point de vue des mœurs, admirables par leur désintéressement, leur mépris des choses de ce monde et leur charité naturelle, tout comme sont recommandables les animaux jadis hommes qui choisissent de demeurer dans l'île de Circé. En revanche, les sauvages sont condamnés par Léry du point de vue, déterminant, de la religion. De même les animaux de la *Circé* de Gelli sont sages quant au monde, mais aveugles quant au Ciel, puisqu'ils refusent de recouvrer leur âme d'hommes, et de s'élever au-dessus des autres créatures. Ainsi donc ce n'est pas Léry qui prend la place de l'huître, mais bien le Toüoupinambaoult. La supériorité du chrétien commence là où s'arrête celle du sauvage sans foi, sans loi, ni roi, très exactement au seuil du spirituel, tout comme celle de l'homme se déclare là où les bêtes jadis hommes abdiquent la dignité de l'intellect.

1 G.-B. Gelli, *La Circé*, p. 301.

2 Pierre Boaistuau, *Bref Discours de l'excellence et dignité de l'homme (1558)*, édition critique par Michel Simonin, Genève, Droz, 1982, p. 38.

3 Emprunts de Pierre Boaistuau, *Brief Discours*, à *La Circé*, p. 47, 78 ; notes p. 103, 134.

4 G.-B. Gelli, *La Circé*, p. 304.

Il ne faudrait pas en conclure que pour Léry les Indiens sont des animaux. Ce sont simplement, comme le dit la conclusion du chapitre XVI, des hommes « abandonnez à leur sens, et laissez en leur aveuglement[1] », des hommes privés des lumières du Saint-Esprit, et dont l'Huître et la Taupe, dans le dialogue de Gelli, représentent l'assez fidèle image, le suffisant emblème.

Dans leur vie d'hommes, l'une et l'autre n'étaient que des êtres grossiers, sans imagination et sans volonté, l'Huître un pêcheur et la Taupe un laboureur, sacrifiant tout à l'utilité et au plaisir. Dans le demi-sommeil de l'animalité, tous deux ont poursuivi leur activité inconsciente et machinale, l'Huître pêchant immobile en bord de mer et la Taupe fouissant et creusant les champs qu'elle arpentait naguère de pied ferme. L'Éléphant quant à lui était philosophe, « laquelle profession ayme et desire fort la Verité : et qui plus est, ne fait tousjours que la chercher[2] ». Redevenu homme, c'est comme s'il reprenait conscience et se réveillait : « O combien la lumiere semble belle à celuy qui souloit tousjours estre en tenebres ! et comment le Bien semble meilleur à celuy qui a tousjours enduré mal[3] ! » L'*Histoire* de Léry se conclut par une action de grâces déclinée à travers trois références scripturaires, le cantique d'Anne, mère de Samuel, la première épître de Paul à Timothée (1, 17) et le psaume 71 dans la traduction de Théodore de Bèze[4]. La *Circé* de Gelli prête à Aglafémos, l'éléphant philosophe ayant retrouvé forme d'homme, une hymne sacrée à la Cause première, « de laquelle tout nostre bien derive » :

> Que l'universelle Nature du Monde escoute ceste Hymne.
> Tenez vous quoyes, Forests, et vous Vents, appaysez vous, pendant que je chante du premier Moteur de ce merveilleux et bel ordre de l'Univers.
> Je chante de la Premiere cause de toutes les choses, tant corruptibles qu'incorruptibles.
> De celle-là qui a balancé la terre au millieu de ces Cieulx.
> [...][5]

1 J. de Léry, *H1V*, p. 423.
2 G.-B. Gelli, *La Circé*, p. 268.
3 *Ibid.*, p. 304.
4 J. de Léry, *H1V*, p. 552, variante de la quatrième édition.
5 G.-B. Gelli, *La Circé*, p. 306.

Il s'ajoute à cette conscience de l'élection, dans le cas de Gelli et de Léry, une satisfaction d'ordre plus personnel. L'un et l'autre ont commencé par être des « mécaniques », des artisans, avant que de pouvoir se consacrer au labeur intellectuel. Gelli était « calzaiuolo », c'est-à-dire « chaussetier[1] » ; Léry cordonnier. De professions voisines, ils se sont élevés par l'étude et la piété à la dignité de philosophes. Tous deux ont trouvé dans la Réforme la justification spirituelle de leur destin, Gelli de façon passagère, et Léry, qui deviendra pasteur, de manière définitive. L'un et l'autre, dans leurs œuvres respectives, et par le détour tantôt du mythe et tantôt de l'exotisme, ont écrit la fable de leur conversion.

L'élection suppose sélection et séparation. Mais ce que nous enseigne aussi la fable d'Aglafémos, dans la *Circé* de Gelli, c'est que cette élection a été précédée d'une fusion. Le philosophe, avant de redevenir homme, a été métamorphosé en animal au même titre que les autres compagnons d'Ulysse. Il a partagé le sort commun avant de s'en détacher par le choix de sa libre volonté.

Il en va de même chez Léry, à cette réserve importante près que l'élection, au sens calviniste du terme, ne dépend pas de la volonté, mais de la seule grâce – *sola gratia*. Léry est élu malgré lui, en dépit de la chair. À défaut d'une volonté nécessairement pécheresse et encline au mal, il possède du moins la conscience de sa rédemption. Or l'*Histoire d'un voyage*, qui raconte cette prise de conscience douloureuse, montre qu'elle survient au terme d'un processus d'indifférenciation et de fusion. Léry a connu la tentation de l'ensauvagement, avant de s'en retourner en France, non seulement, comme Ulysse, « plein d'usage et raison », mais rempli en outre de la confirmation de sa foi. Pour que l'élection fût rendue sensible, il fallait le passage dialectique par son contraire, à savoir l'intégration à la communauté de ces hommes sans Dieu que sont pour Léry les « Toüoupinambaoults ». C'est ce processus que dessine le chapitre de l'hospitalité.

1 Armand L. De Gaetano, *Giambattista Gelli and the Florentine Academy. The Rebellion against Latin*, Florence, Olschki, 1976.

LE SINGULIER ET LE GÉNÉRAL

À vrai dire, le titre du chapitre XVIII est tout un programme : « Ce qu'on peut appeller loix et police civile entre les sauvages : comment ils traittent et reçoivent humainement leurs amis qui les vont visiter : et des pleurs et discours joyeux que les femmes font à leur arrivée et bien-venue[1] ».

La réticence initiale est frappante : « Ce qu'on peut appeller loix... ». On observe que Léry reprend exactement la formule du chapitre XVI : « Ce qu'on peut appeler religion entre les sauvages Ameriquains... » Pas plus qu'ils n'ont de religion, les sauvages n'ont d'État ni de lois. Exactement comme en matière de croyance, la faute en est à l'absence d'écriture. Pourtant, de cette infirmité ne découle ici nulle malédiction. En matière de droit civil, l'absence de lois écrites est tout le contraire d'un malheur irrémédiable. Le « naturel » des Indiens, « quelque corrompu qu'il soit » par suite du péché originel qui retombe sur tous les hommes sans exception, compense largement un tel manque. Cela, estime Léry, tient du miracle :

> Quant à la police de nos sauvages, c'est une chose presque incroyable, et qui ne se peut dire sans faire honte à ceux qui ont les loix divines et humaines, comme estans seulement conduits par leur naturel, quelque corrompu qu'il soit, s'entretiennent et vivent si bien en paix les uns avec les autres[2].

Montaigne, qui, de toute évidence, a retenu ce passage, s'extasiera à son tour dans « Des Cannibales » sur cette « police » réduite à sa plus simple expression :

> [...] car il me semble que ce que nous voyons par experience en ces nations-là, surpasse, non seulement toutes les peintures dequoy la poësie a embelly l'age doré, et toutes ses inventions à feindre une heureuse condition d'hommes, mais encore la conception et le desir mesme de la philosophie. Ils [les anciens Grecs] n'ont peu imaginer une nayfveté si pure et simple, comme nous la voyons par experience ; ny n'ont peu croire que nostre societé se peut maintenir avec si peu d'artifice et de soudeure humaine[3].

1 J. de Léry, *H1V*, chap. XVIII, p. 439-467.

2 *Ibid.*, p. 439.

3 M. de Montaigne, *Essais*, I, 31, éd. P. Villey, Paris, PUF, 1965, p. 206.

« Si peu d'artifice et de soudure humaine » : nonobstant les rêves de Lycurgue, le législateur mythique de Sparte, et de Platon, l'architecte de la *République* idéale, une société peut vivre en paix et durer sans la moindre constitution écrite, sans lois et sans roi. Léry, deux ans avant Montaigne, l'avait démontré par l'exposé nu des faits.

De cette « police » si sommaire et presque inexistante il n'y a donc rien à dire, et Léry expédie cette partie de son programme descriptif en une courte page. Les Tupinamba vivent en bonne paix les uns avec les autres, comme les chrétiens devraient faire aussi de leur côté. Les querelles y sont extrêmement rares et ne suscitent que l'indifférence des autres membres du groupe. Quant aux crimes qui se commettent entre eux, ils sont punis avec la dernière sévérité et par l'application rigoureuse de la loi du talion.

Reste l'autre partie du programme, que le titre expose plus amplement, et qui constitue l'essentiel du chapitre : « comment ils traittent et reçoivent humainement leurs amis qui les vont visiter : et des pleurs et discours joyeux que les femmes font à leur arrivée et bien-venue ». C'est comme l'extension aux étrangers de la « police civile » des Tupinamba et de leur concorde fraternelle. Les « estrangers amis qui les vont visiter[1] » se trouvent donc agrégés à la communauté pacifique des Indiens et intégrés à elle.

Ils le sont, là encore, en vertu de règles non écrites. Entre les sauvages et leurs alliés français, il n'y a ni parchemins ni traités. Puisque les modalités de leur accord demeurent implicites, il reste à les traduire dans une expérience, c'est-à-dire dans un récit. Au tableau de lois inexistantes se substitue par nécessité le narré d'une pratique. Comme l'utopie réalisée des « Toüoupinambaoults » n'a pas de cadre législatif, il reste à raconter comme l'on y est accueilli et comme l'on y vit.

Certes l'utopie non écrite a son revers. Confronté au « miracle » d'une société sans lois, le visiteur devra lui-même improviser, ajuster à chaque pas ses gestes et jugements sur ceux de son partenaire et allié, avancer à tâtons dans la connaissance d'une humanité dont le comportement n'est pas déchiffrable d'emblée. Il en résulte pour lui un réel inconfort, et parfois le sentiment brusque d'un danger, mais aussi, en sens inverse, le plaisir toujours renouvelé de la découverte et de l'étonnement. Dès lors que l'observateur doit payer de sa personne, son propos n'a rien d'abstrait ni de figé. Le chapitre de l'organisation sociale des Indiens retrouve alors les vertus dramatiques du récit d'apprentissage et d'initiation.

---

1 J. de Léry, *HIV*, chap. XVIII, p. 181.

Il faut s'arrêter un instant sur le mode de construction du récit, et donc sur l'écriture de Léry. Après un « eschantillon » de son premier voyage en terre ferme qui comprend à la suite l'épisode du baptême par l'huître et l'invite cannibale par une nuit traversée de cris et de chants, le voilà qui poursuit « à la generalité », pour l'évocation de la salutation larmoyante[1]. De fait, on observe une alternance dans le chapitre XVIII, comme du reste dans le cours de l'*Histoire* tout entière, entre le singulier et le général, entre le parcours initiatique de la première découverte et le tableau « objectif » des mœurs du Brésil. Ce que Léry appelle « l'eschantillon », c'est le récit singulier, autrement dit le « singulatif ». Le singulatif, on l'a vu, consiste à « raconter une fois ce qui s'est passé une fois[2] ». La « généralité », au contraire, c'est l'itératif.

Disséminées dans le cours de la relation, des aventures particulières sont livrées par fragments, pour les besoins de l'exposé. Récits secondaires à l'intérieur du récit principal : la première escapade en terre ferme, qui voit se succéder le baptême et l'invite cannibale, ou bien, située plus avant dans le séjour au Brésil, l'errance dans les bois, sans guide ni truchement, avec la rencontre du monstrueux reptile et au soir du second jour l'hospitalité vraiment royale offerte par les Indiens. Cette deuxième aventure est répartie dans l'*Histoire* en deux massifs textuels fort éloignés l'un de l'autre : le premier, au chapitre X, est pour conter la « journée de l'iguane » ou plutôt « l'après-midi du caïman », quand Léry, sans escorte indigène, et accompagné seulement de deux autres Français aussi inexpérimentés que lui, se retrouve nez à nez avec un horrible reptile couvert d'écailles « blanchâtres, âpres et raboteuses », qui souffle bruyamment et ouvre une large gueule[3]. Le fil du récit est renoué deux cents pages plus loin, au chapitre XVIII, pour rapporter l'épilogue heureux de l'aventure, à savoir l'accueil chaleureux des Indiens amis après deux jours et une nuit d'errance[4]. Une troisième aventure, rapportée à la toute fin du même chapitre et de tonalité moins euphorique, est « un faict contenant la plus grande apparence de danger où je me suis jamais trouvé entre eux[5] ». C'est la soudaine crise de confiance

1 *Ibid.*, p. 454.
2 Gérard Genette, *Figures III*, Paris, Éditions du Seuil, 1972, p. 146. Voir ci-dessus le septième chapitre, p. 181.
3 J. de Léry, *HIV*, chap. X, p. 269.
4 *Ibid.*, chap. XVIII, p. 461-463.
5 *Ibid.*, p. 464-465.

survenue entre le narrateur et ses hôtes indiens, pour une banale histoire de dinde étranglée et plumée.

Chacune de ces aventures particulières s'oriente vers un village différent : Léry reçoit son nom indien à Yabouraci, et c'est un peu plus loin à Euramiri qu'il subit l'épreuve cannibale. Le lavement des pieds au terme des deux jours d'errance dans la forêt a pour théâtre le village de Pavo. Le dernier épisode, qui marque un moment de crise dans les rapports entre Français et Tupi, se déroule dans « ce beau village d'*Okarantin*, duquel j'ay jà plusieurs fois fait mention cy dessus, distant de dix ou douze lieuës de nostre fort[1] ». Quatre toponymes indigènes pour trois excursions : si ces aventures minuscules ne sont situées que de façon fort vague dans le temps, à l'exception de la première qui a valeur initiatrice et se situe donc au début du séjour austral, les lieux en revanche sont toujours précisés. La mémoire de Jean de Léry est une mémoire locale. Même une fois perdu le souvenir de la trame chronologique au jour le jour, il reste ce dispositif spatial, propre à faire ressurgir, de place en place, les moindres circonstances d'événements oubliés. Ainsi fonctionne l'art de la mémoire, dont on sait la vogue à la Renaissance[2]. De surcroît, dans l'économie du récit, la distinction des épisodes selon les lieux favorise le repérage du lecteur[3]. Léry peut d'autant mieux manipuler la matière narrative, la fragmenter en « échantillons », la recomposer selon un ordre thématique et non plus linéaire, qu'il y a ces points d'ancrage topographique solidement fixés au préalable. Muni d'une sorte de carte mentale, le lecteur ne saurait s'égarer dans les méandres capricieux d'une narration qui multiplie les digressions, les ouvertures latérales, les anticipations ou les retours en arrière [ill. 8].

1 *Ibid.*, p. 465. *Cf.* dans le « Catalogue de vingt-deux villages » visités par l'auteur, p. 503 : « 5. *Ocarentin*, beau village. »

2 Frances A. Yates, *L'Art de la mémoire*, trad. fr., Paris, Gallimard, 1975.

3 Cette configuration de lieux permet, à la limite, de dresser une carte. On en veut pour preuve une carte sans date conservée au département des Cartes et Plans de la BnF et intitulée « La France Antarctique autrement le Rio Janairo tirée des voyages que Villegagnon, et Jean de Leri ont faits au BRESIL les années 1557 et 1558 » (Ge F. carte 5425 ; autre exemplaire : Ge DD. 2987, 9481). S'inspirant du « Catalogue de vingtdeux villages » dressé par Léry à la fin de son « Colloque de l'entrée ou arrivée en la terre du Bresil » (chap. XX, p. 502-503), elle propose une hypothèse de répartition des tribus sur tout le pourtour de la baie de Guanabara. L'ordre de l'énoncé a dicté la disposition des légendes de bas en haut en deux colonnes, « du costé gauche quand on entre en ladite riviere », puis « du costé dextre ». Quant aux noms des villages de « la grande isle » ou île des Margajats, ils sont disposés suivant le sens des aiguilles d'une montre. Réparties à intervalles réguliers sur la carte, ces légendes couvrent tout l'espace disponible.

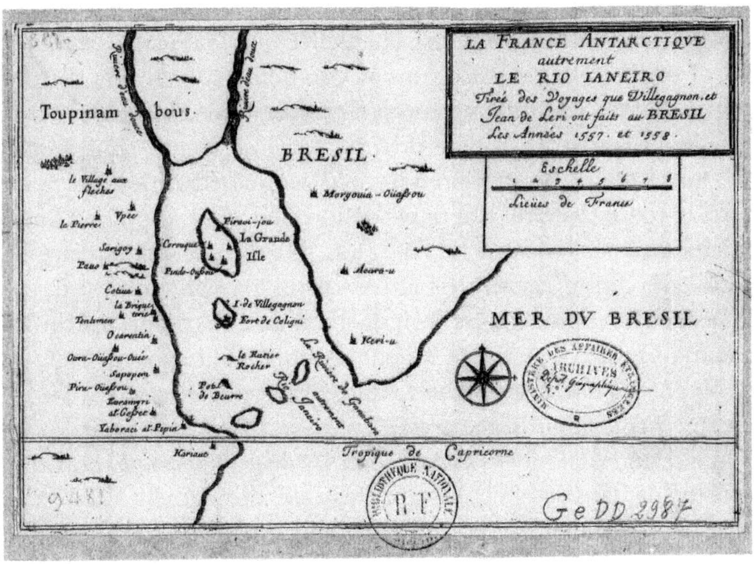

ILL. 8 – « LA FRANCE ANTARCTIQUE / autrement / LE RIO JANEIRO / Tirée des Voyages que Villegagnon, et / Jean de Leri ont faits au BRESIL / les Années 1557. Et 1558. » Carte gravée sans date (XVIIIe s. ?). BnF : Ge F. carte 5425.

Autre facteur de distinction entre des fragments d'épisodes savamment entremêlés : le personnel de chaque aventure est bien différencié. Pour le double rite d'initiation du baptême et de la fête cannibale, le narrateur est seul avec un truchement qui fait office de mystagogue. Dans l'aventure en diptyque de l'errance à travers bois et de l'hospitalité indienne, Léry est accompagné de deux autres Français, selon toute probabilité des jeunes gens de son âge et des « mécaniques » comme lui, tout aussi avides de liberté et d'aventures, animés de surcroît d'une insatiable curiosité et pareillement armés d'imprudence. Le dernier épisode met en scène un personnel plus nombreux. C'est là en effet que la tension atteint à son acmé, et que la relation des colons aux Indiens est bien près de tourner à l'aigre. Il n'y a pas moins de « six François » présents ce jour-là dans le village d'Okarentin, et peut-être même un septième, le jeune garçon confié aux Indiens pour apprendre leur langue et qui est au point de départ de toute l'affaire. L'épreuve de force est d'autant plus à craindre que deux groupes, quoique fort inégaux, se trouvent soudain face à face. Désormais la confrontation n'est plus entre un individu isolé et une société qui l'accueille, et aux usages de laquelle il doit se conformer vaille que vaille, mais entre deux sociétés dont chacune peut avoir intérêt, par la force ou par la ruse, à supplanter l'autre. On reviendra plus au long sur ce changement d'équilibre capital.

Quand on passe de « l'échantillon » à la « généralité », on reste le plus souvent dans le récit. L'aventure cesse simplement d'être individuelle, elle devient synthétique et récapitulative. À ce moment-là, la tension affective s'affaiblit, pour laisser le champ à l'énoncé didactique, qui suppose plus de froideur et de détachement. Ainsi en va-t-il de la déclaration des « ceremonies que les *Toüoupinambaoults* observent à la reception de leurs amis qui les vont visiter[1] », et tout particulièrement de la salutation larmoyante qui est au centre.

Claude Lévi-Strauss, qui a lu à la loupe l'*Histoire d'un voyage* de Léry, en a parfaitement assimilé la poétique. La narration complexe de *Tristes Tropiques* associe en un tout plusieurs voyages au Brésil et vers l'Amérique sur une période qui court de 1935 à 1941, la disparité des épisodes et des expériences étant unifiée par le continuum d'un commentaire tour à tour philosophique, littéraire et anthropologique.

1 J. de Léry, *H1V*, p. 454.

Or dans un chapitre aussi riche en événements et en leçons de divers ordres que celui de la « Leçon d'écriture[1] », le récit respecte la même alternance fondamentale entre singulatif et itératif, jouant du passage de l'un à l'autre pour régler la tension dramatique. C'est ainsi qu'au milieu d'« un épisode grotesque[2] » et de sinistre mémoire une réflexion générale sur l'origine et les usages de l'écriture permet soudain de prendre du champ et d'accéder à une hauteur olympienne. Il y a déjà chez Léry de telles « pauses philosophiques », moins développées, sans doute, et nourries pour l'essentiel de la lecture de la Bible.

Chez Léry, comme plus tard chez Claude Lévi-Strauss, la « généralité » ethnographique concerne aussi l'inventaire. On sait que tout récit de voyage combine en des proportions variables l'aventure et l'inventaire[3]. Aventure d'un sujet singulier en des lieux successivement traversés ; inventaire de curiosités, d'objets, de coutumes, de lieux géographiques et rhétoriques que la relation recense après coup. L'histoire d'une conscience – ou tout nûment celle d'un œil – confère à la relation son unité, alors que le bric-à-brac des objets ou des « vues » inventoriés apporte au récit l'indispensable principe de variété.

Fort habilement, Léry, dans ce chapitre XVIII, a su conjuguer inventaire et aventure, description et narration, tableau et récit. L'exposé s'ouvre par un tour du propriétaire, inventaire des « immeubles » et « meubles » de « ce peuple ». Le chapitre des « immeubles » comprend les champs, que les Indiens ne partagent ni ne bornent, à la différence des « enterrez avaricieux et chiquaneurs de par-deçà[4] », et les longues maisons, démontables et transportables à volonté. Sous la rubrique des « meubles » sont rangés les hamacs ou lits de coton, les poteries et la vaisselle de terre, les couffins et paniers. Sur ce catalogue se greffe, à partir de l'édition de 1580, la description minutieuse de la manière de filer le coton, plus tard comparée à celle des fileuses de Tunisie selon Jean Léon l'Africain. Le décor de la civilisation matérielle étant posé, l'histoire peut commencer : c'est celle d'une visite imaginaire rendue aux Indiens, le narrateur conduisant par la main le lecteur. Une phrase de régie indique cette structure forte :

1 Claude Lévi-Strauss, *Tristes Tropiques*, chap. XXVIII.

2 *Ibid.*, p. 338.

3 Pour ce jeu entre aventure et inventaire, pôles entre lesquels oscille tout récit de voyage, voir ci-dessus p. 87, note 2.

4 J. de Léry, *HIV*, p. 443.

> Voilà donc les maisons de nos sauvages faites et meublées, parquoy il est maintenant temps de les aller voir au logis[1].

La visite fait donc se succéder le rite d'accueil des Indiens, divers exemples de leur hospitalité et pour finir, en guise de contre-épreuve et pour parer à toute objection, le récit d'un malentendu qui aurait pu être lourd de conséquences. Il en va ici comme dans les recueils de nouvelles de la Renaissance, composés selon une architecture cloisonnée. L'« histoire-cadre » qui structure l'ensemble du chapitre est la visite guidée d'un village indien type, sur laquelle se greffe une série d'incidents exemplaires et un épilogue ambigu. Du préambule à la conclusion, la narration ne trace pas une ligne directe, Léry ayant pris soin de saupoudrer l'histoire principale d'échantillons prélevés dans sa mémoire – dans ses mémoires ? – de voyageur au long cours. De la sorte, l'artifice pédagogique de la visite, qui risquerait d'être lassant sur un tel parcours de trente pages, se trouve émaillé de choses vues, animé d'anecdotes vécues, où se condense l'émotion, une émotion communicative, tour à tour surprise, joie, indignation ou inquiétude. Inversement l'exposé, ainsi tiré à hue et à dia, est lesté de digressions documentaires qui le ralentissent à peine, comme le filage du coton ou la technique de confection du feu par giration, qui permet au passage une pique contre Thevet[2].

UNE ALLÉGORIE ET SES OMBRES : LA SALUTATION LARMOYANTE

Le rite d'adoption du baptême par l'huître s'est donc conclu par l'invite cannibale et l'éclat de rire général qui, au petit matin, a salué le héros tremblant et penaud de sa méprise. « Poursuivant à la généralité[3] », le narrateur en vient à l'évocation de la salutation larmoyante. Quelle que soit l'hétérogénéité apparente des fragments narratifs associés dans le cours de l'exposé, l'enchaînement ne manque pas de logique : c'est toujours

1 *Ibid.*, p. 449.
2 *Ibid.*, p. 459.
3 *Ibid.*, p. 454.

d'identité et d'enracinement qu'il est question, et aussi de métamorphose. Ce chapitre de « la police civile entre les sauvages » est décidément placé sous le signe de Circé : Léry était une huître ; le voici qui joue le rôle du revenant, et peu s'en faut qu'il ne prenne bientôt la place du mort.

En effet, le rite étrange de la salutation larmoyante, avec inversion paradoxale du rire aux larmes pour dire la joie de la rencontre, serait dérivé du culte des morts. L'étranger sur lequel on pleure est salué comme un revenant surgi de l'autre monde. Dans *Les Singularitez de la France Antarctique*, Thevet plaçait dans la bouche des pleureuses cette phrase révélatrice : « Tu sois le tres bien venu, tu es de noz bons amys, tu as prins si grand peine de nous venir voir [...][1] ». Et Léry en écho direct : « Tu as pris tant de peine à nous venir voir[2] ».

On comprend pourquoi, dès lors, Léry a pu se découvrir un nom de baptême brésilien. C'est qu'il est toujours *déjà* brésilien. D'une certaine manière, c'est un de ces « Indiens antérieurs » dont le fantôme hante la littérature d'inspiration coloniale sur l'Amérique. Une construction généalogique fort ingénieuse, élaborée notamment par l'historien Marc Lescarbot au tournant du XVIIe siècle dans le but de justifier la colonisation de l'Amérique, voudra que les Français – des Français naufragés sur les côtes du Nouveau Monde et séparés depuis de la mère-patrie – soient les ancêtres des Indiens[3]. Pour asseoir la légitimité de la conquête, il suffira de rendre aux Indiens oublieux la mémoire de leurs origines françaises ! Inutile de dire que Léry, au demeurant l'une des lectures favorites de Lescarbot, est très loin de partager cet optimisme et cette assurance tranquille dans le passé de la conquête.

Aux yeux de l'Indien, le Français, venu d'outre-mer et comme né des vagues de l'Océan – ou craché, vomi par elles, dans le cas de l'Espagnol détesté qu'il appelle « Escume de la mer[4] » –, est un ancêtre venu de loin. Il n'est donc pas étonnant qu'il le reconnaisse pour l'un des siens.

1 André Thevet, *Les Singularitez de la France Antarctique*, chap. 44, f. 85 v° ; *Le Brésil d'André Thevet*, p. 233.

2 J. de Léry, *H1V*, p. 455.

3 Marc Lescarbot, *Histoire de la Nouvelle-France*, Paris, J. Millot, 1609, I, III, p. 17-19 : « Conjectures sur le peuplement des Indes Occidentales ». Passage commenté dans F. Lestringant, *L'Expérience huguenote au Nouveau Monde (XVIe siècle)*, Genève, Droz, 1996, chap. XIV, p. 291-316.

4 J. de Léry, *H1V*, chap. XIII, p. 314. Citant Francisco Lopez de Gomara, *Histoire generalle des Indes Occidentales*, trad. Martin Fumée, Paris, Michel Sonnius, 1568, IV, 108, f. 125 r°.

On constate toutefois que cette signification n'est pas pleinement perçue par le narrateur. Le malentendu observé plus haut se renouvelle, mais cette fois, il ne sera pas levé complètement. On observe d'autre part une manière de symétrie et de renversement par rapport à l'épisode de l'invite cannibale, lorsque le narrateur insomniaque se voyait offrir en pleine nuit un pied « cuict et boucané[1] ». Léry avait peur ; les Indiens riaient de sa peur. À présent, ce sont les Indiennes qui pleurent et se lamentent, sans raison apparente : le protagoniste français qui leur fait face, et qui n'est pas forcément Léry, mais est seulement désigné par le terme de « nouveau venu[2] », rit quant à lui entre ses doigts. La situation est donc retournée, pour révéler au fond la même incompréhension. La tristesse et sa démonstration bruyante, comme tout à l'heure l'inquiétude sans fondement, rencontrent le rire de la dérision. Mais la scène se déroule à fronts renversés. C'est l'Indien ou plutôt l'Indienne qui fait rire, et le Français qui rit comme d'une bonne farce. Léry nous montre en effet les Français « faisant semblant » de pleurer à l'unisson de leurs hôtesses et « jettant quelques souspirs », mais en réalité riant sous cape. Le comble de la comédie est atteint lorsque les voyageurs se prennent au jeu et versent de vraies larmes – « comme j'en ay veu », précise Léry, « de nostre nation, qui oyant la brayerie de ces femmes aupres d'eux, estoyent si veaux que d'en venir jusques-là ».

On pourrait être tenté de proposer une analyse todorovienne de ce passage. La Découverte fait se rencontrer non seulement deux mondes, mais aussi deux langages, deux codes irréductibles l'un à l'autre. Le drame de la destruction du Nouveau Monde prendrait racine dans cette incompréhension mutuelle. Je résume ici à grands traits la thèse de *La Conquête de l'Amérique*[3]. Dans cette perspective, Léry n'échapperait pas à cette tragédie de l'incompréhension, une incompréhension découlant d'une vision ethnocentrique de l'autre, dont le même Todorov fera le procès un peu plus tard dans *Nous et les autres* et dans *Les morales de l'Histoire*[4]. Le Français, donc, rit des larmes de l'Indienne, parce qu'il ne les comprend pas.

Cf. Girolamo Benzoni, *Histoire nouvelle du Nouveau Monde*, trad. Urbain Chauveton, Genève, Eustache Vignon, 1579, III, 23, p. 702.

1 J. de Léry, *HIV*, chap. XVIII, p. 452-453.

2 *Ibid.*, p. 455.

3 Tzvetan Todorov, *La Conquête de l'Amérique. La question de l'autre*, Paris, Éditions du Seuil, 1982.

4 Tzvetan Todorov, *Nous et les autres. La réflexion française sur la diversité humaine*, Paris, Éditions du Seuil, 1989 ; *Les morales de l'Histoire*, Paris, Grasset, 1991.

On objectera à cette hypothèse que la moquerie, ici, n'est pas cinglante, et qu'elle est tempérée par une connivence qui bientôt tourne à l'éloge. Le visiteur se prête délibérément au jeu des Indiennes. Il joue de bon cœur sa partie dans un rite dont il ne détient pas la clef, mais dont il accepte les règles, par défi autant que par curiosité. L'incompréhension entre les partenaires en présence est après tout secondaire. Ce qui importe, en revanche, c'est l'effort du narrateur pour s'adapter à l'autre et régler son attitude, d'instant en instant, sur les faits et gestes de son vis-à-vis. Dans ce faire semblant, il y a une part de jeu sciemment assumée, et pour tout dire une petite scène de comédie où personne n'est vraiment dupe.

Léry fait « comme si », mais au terme de ce « comme si », la complicité ludique débouche sur une considération morale. Les larmes de l'Indienne ont pour contrepoint dans la scène l'indifférence du *Moussacat*, ou maître de maison, qui affecte de tailler une flèche sans prêter attention aux « brailleries » des femmes. Cette indifférence, qui paraît tout aussi étrange, pour ne pas dire choquante, est interprétée par Léry à plus haut sens. En règle générale, quand les attitudes contrastent entre les sexes, quand celle des femmes apparaît dirimante par rapport à celle des hommes – et cette distinction sexuelle est fondamentale dans la description ethnologique de l'*Histoire d'un voyage* –, c'est la seconde que valorise Léry, implicitement comme ici ou explicitement dans le cas de la danse chamanistique au chapitre XVI[1]. Les femmes donnent à rire ; l'homme, dans son détachement affecté, intrigue seulement, et bientôt il inspire le respect et même l'admiration.

D'emblée, Léry oppose sa conduite à celle des Européens : « caresse fort contraire à nos embrassemens, accollades, baisemens et touchemens à la main à l'arrivée de nos amis[2] ». L'Indien se met alors à parler, au style direct et dans sa langue, le plus compendieusement du monde, toujours sur le même mode distant et presque indifférent : « *Eré-joubé ?* c'est-à-dire, Es-tu venu ? puis, Comment te portes-tu ? que demandes-tu ? » L'Indien taciturne, l'Indien mélancolique rappelle un modèle rhétorique bien connu : celui du laconisme. Le laconisme, c'est le style de Sparte, tant vanté par Platon et Plutarque, admiré plus tard par Érasme et Montaigne, un style viril, de l'économie maximale, le style de la virilité guerrière, un style typiquement masculin. Léry cite

---

1 Voir ci-dessus le sixième chapitre, p. 157-159.

2 J. de Léry, *HIV*, chap. XVIII, p. 455.

à ce moment dans son texte, par une sorte de prolepse narrative, le début du « colloque de l'entrée ou arrivée en la terre du Bresil » qui forme le chapitre XX de l'*Histoire d'un voyage*, c'est-à-dire le manuel de conversation français-tupinamba qu'il a intégré à sa relation. Comme il se borne ici à rapporter les premières répliques du dialogue, directes et lapidaires, dépourvues de tout préambule, l'effet de brièveté est d'autant plus net.

Peu loquace, l'Indien, dont la sobre gestuelle s'oppose aux démonstrations d'amitié des gens « de par-deçà », joint le geste à la parole et offre aussitôt à manger au visiteur, fait allumer du feu près du hamac où il l'invite à s'asseoir, commande qu'on lui lave les pieds. Bel exemple, conclut Léry, de « leur charité naturelle », une charité qu'ils exercent entre eux, « en se distribuans et faisans journellement presens les uns aux autres, des venaisons, poissons, fruicts et autres biens qu'ils ont en leur pays[1] », mais qu'ils emploient aussi bien au bénéfice de l'étranger venu d'Europe les visiter. Cette « libéralité » dont ils usent « envers les estrangers leurs alliez » donne à Léry l'occasion de quitter le général discours pour revenir à son témoignage particulier, selon cette oscillation caractéristique de l'*Histoire d'un voyage* entre le tableau panoramique et l'expérience personnelle. L'épreuve autoptique se rapporte à présent non pas à la première escapade en terre ferme, en compagnie du truchement mystagogue, mais à « ceste fois que deux François et moy, nous estans esgarez par les bois, cuidasmes estre devorez d'un gros et espouvantable lezard[2] ».

Par l'éloge de la « charité naturelle » des Indiens, Léry subitement abandonne l'inconnu pour le connu, et réduit l'énigme tour à tour risible ou irritante de l'autre à une topique. Cette topique est celle de l'Évangile. De la salutation larmoyante, on retombe au lavement des pieds[3], ce qui nous ramène à l'univers familier des paraboles christiques, ou plus loin et plus haut, à l'hospitalité légendaire des patriarches de la Genèse, Abraham et Lot, Jacob et Joseph. Léry, dont on « lave les pieds et les jambes » après deux journées harassantes d'errance dans la forêt tropicale, se souvient alors « de la façon des anciens[4] ». Les moussacats

1 *Ibid.*, p. 461.
2 *Ibid.* *Cf.* *H1V*, chap. X, p. 269.
3 *Ibid.*, p. 462.
4 *Ibid.*

sont parents des patriarches de l'Ancien Testament, parents aussi des Grecs du temps d'Ulysse. Un peu plus loin, Léry évoque, d'après le récit des Actes des apôtres, l'hospitalité généreuse des barbares de Malte à l'égard de saint Paul et de ses compagnons naufragés, lorsqu'un grand feu est allumé sur la plage[1].

Du même coup l'autre versant de la vérité se dévoile. Si ces Indiens s'inspirent de la Bible sans la connaître et uniquement conduits par leur bon sens naturel, en revanche les prétendus chrétiens ignorent le devoir de charité et lui substituent des « receptions hypocritiques ». Au lieu de consoler les affligés, ils « n'usent que du plat de la langue ». Voilà donc les gens de par-deçà condamnés et leur prétendue civilité renvoyée à la barbarie authentique, celle de l'avarice et de la philautie. Nous voilà nous-mêmes, lecteurs de Léry, « bien esloign[és] de l'humanité de ces gens, lesquels neantmoins nous appellons barbares ».

Le renversement est complet, par le biais de la révolution sociologique, ce pivotement du rapport traditionnel entre observateur et observé, dont Montesquieu fixera le modèle dans *Les Lettres persanes*[2]. Léry retrouve alors l'éloquence du sermonnaire, le style même de Jésus-Christ dans l'évangile de Matthieu, quand celui-ci renvoyait les Pharisiens à l'exemple de la reine de Saba et des Ninivites, plus attentifs à la voix de l'Éternel que les héritiers prétendus de l'Alliance[3]. Les Tupinamba sont donc les Ninivites des temps modernes !

Par cette allégorisation de l'Indien, qui ne sert plus en définitive que de terme de comparaison, de point de passage obligé et lointain, on pourrait penser que le Brésil n'est qu'un prétexte transitoire, l'étape intermédiaire d'une démonstration dont le point de départ et le terme se situent bien « par-deçà » et non « par-delà », dans la France des guerres de Religion et non pas au Nouveau Monde. Le tableau ethnographique des Tupinamba ferait office d'illustration ou d'*exemplum* particulièrement développé à l'intérieur d'un ample sermon à thème exotique. Il faut se rappeler que Léry fut sans doute l'auditeur de Calvin à Genève dans

1 *Ibid.*, p. 463.

2 Roger Caillois, préface à Montesquieu, *Œuvres complètes*, Paris, Gallimard, « Pléiade », 1947, t. I, p. v ; cité ci-dessus p. 83, note 31.

3 Matthieu, XII, 41-42. Voir Marie-Christine Gomez-Géraud, « Une Bible américaine : la référence scripturaire dans l'*Histoire d'un voyage* », *Jean de Léry, Histoire d'un voyage fait en la terre du Brésil*, *Cahiers Textuel* n° 21, Université de Paris 7-Denis Diderot, 1999, p. 133-144 ; en particulier p. 142.

les années 1562-1563, lors de ses études théologiques et au début de sa carrière de pasteur. L'*Histoire d'un voyage*, en ce cas, privilégierait un interlocuteur unique, le chrétien réformé, toujours tenté de retomber dans l'erreur, coupable de ne pas montrer dans la défense de la foi et dans l'obéissance aux commandements l'intransigeance et la fidélité nécessaires.

LA PLACE DU MORT

On ne saurait toutefois réduire ce chapitre ethnographique à une conclusion moralisante trop étroite. Une fois le livre refermé, la salutation larmoyante continue d'exercer sur le lecteur une bien étrange fascination, qui tient à son ambiguïté même.

À l'intérieur même du livre, la superposition de deux gravures, celle de la salutation larmoyante et celle de la sépulture, aux chapitres XVIII et XIX[1], laisse pressentir l'équivalence que le texte n'a pas explicitement formulée. L'une et l'autre offrent exactement la même construction, avec pleureuse(s) accroupie(s) au premier plan, le hamac au centre traversant la composition, et à l'arrière un homme debout, tour à tour armé de l'arc qu'il taille et du maraca qu'il agite. Or la principale transformation entre les deux planches est que le Français est remplacé par le mort. La courbe du hamac ployé sous le corps a tantôt la forme d'un siège et tantôt celle d'un linceul. Les Tupi enterraient leurs morts recroquevillés dans la position fœtale. Quand il prend place dans le hamac qu'on lui offre et qu'il se penche en avant, la main refermée sur ses yeux clos, l'étranger adopte sans le savoir la même posture aveugle de repli sur l'origine. Au grand pot de caouin placé sous le hamac se substitue bientôt un trou à l'ouverture pareillement circulaire, au corps vêtu un corps nu, au visage barbu une face glabre [ill. 9 et 10][2].

1 J. de Léry, *HIV*, p. 448 et 471.

2 Voir J. de Léry, *Histoire d'un voyage fait en la terre du Brésil-1557*, Montpellier, Max Chaleil éditeur, 1992, « Panoramique VIII », p. 186-187. *Cf.* mon étude « L'iconographie de l'*Histoire d'un voyage faict en la terre du Bresil* (1578-1611) de Jean de Léry : sources et fortunes », *Le Livre du Monde, le Monde des Livres. Mélanges en l'honneur de François Moureau*, Paris, PUPS, 2012, p. 717-755, et en particulier p. 727-729.

Inquiétude et indétermination. Le rapport à l'autre n'est pas si simple que l'on croyait. Celui qui tient la place du mort, ce n'est pas le sauvage, condamné à terme par la Conquête, mais le conquérant lui-même, le visiteur venu de l'autre monde. De sorte que Léry ou son illustrateur a retrouvé le sens profond du rite de la salutation larmoyante, un rite d'accueil ambigu où l'on pleure un mort qui revient sous les traits méconnaissables d'un vivant.

La femme qui pleure, saluant l'étranger ou pleurant son mari mort, est représentée dans la position accroupie. Or c'est dans cette position que l'Indienne accouche ; c'est dans cette posture également qu'elle confectionne, par mastication, le caouin ou bière de mil fermenté. La récurrence de cette attitude symbolique dans les gravures représentant la salutation larmoyante et le deuil montre comment s'opère ici la fusion entre la naissance et la mort, entre la production de nourriture et de vie et la perte de toute chair. Dans son étrange cohérence, la suite gravée pourrait illustrer « ceste admirable condition de l'homme au ventre de sa mere », qui, si l'on en croit Jean Bodin en son *Théâtre de la Nature universelle*, « devroit rabattre quelque peu l'arrogance des superbes[1] ».

Mais il y a dans cette superposition un effet de sens plus immédiat. Ce mort qui saisit le vif et prend exactement sa place laisse percer une sourde menace. Et si le rite d'hospitalité était en réalité un piège ? Si les larmes des Indiennes, au lieu d'être sincères, étaient des larmes de crocodile ? Il faut se souvenir en effet que le prisonnier ennemi, avant d'être mangé solennellement, était d'abord accueilli comme un parent et un frère. On lui donnait gîte et femme, on l'entretenait des mois entiers, avant de l'assommer un beau jour et de le manger jusqu'à la dernière miette. Ne pourrait-il en advenir du « bon petit Français[2] » comme de ce beau-frère d'un genre très particulier ?

L'ambiguïté perceptible dans le diptyque gravé se reflète dans la chute du chapitre XVIII. Les « manchettes » enregistrent cette inquiétude latente : la « juste occasion d'avoir peur[3] » a pour écho, une dizaine de pages plus loin, le « discours sur l'apparence d'un danger[4] ». Même apprivoisé, l'Indien

1 Jean Bodin, *Le Theatre de la Nature universelle*, trad. par François de Fougerolles, Lyon, Jean Pillehotte, 1597, p. 615.

2 Je fais écho au titre du film de Nelson Pereira dos Santos, l'un des meilleurs représentants du *cinema novo* brésilien, *Qu'il était bon, mon petit Français !*

3 J. de Léry, *HIV*, 1994, p. 452.

4 *Ibid.*, p. 465.

ILL. 9 – La salutation larmoyante. Jean de Léry, *Histoire d'un voyage*, Genève, 1578, chap. XVIII, p. 284.

ILL. 10 – Le deuil tupinamba. Jean de Léry,
Histoire d'un voyage, Genève, 1578, chap. XIX, p. 301.

reste redoutable. Son rire est parfois très grinçant. Soucieux de nuancer son évocation des mœurs Tupinamba et afin de « dire le pro et le contra[1] », Léry choisit de clore son propos par une anecdote des plus troublantes.

CRISE DE CONFIANCE

Léry est sensible au malentendu toujours possible entre les deux groupes et les deux cultures. Il en a averti son lecteur dès le début du chapitre. Lui-même est tombé dans l'erreur qu'il va ensuite dénoncer : « Mais comme l'experience m'a monstré plusieurs fois depuis, ce n'estoit que faute de savoir leur maniere de faire[2] ». Le malentendu naît à propos de l'échange d'objets. Dans le livre, c'est une scène de troc qui préside à la première entrevue avec l'Indien, d'emblée marquée par la défiance. Le conflit en puissance n'est donc pas seulement et pas strictement linguistique : il est aussi économique. Lors de l'arrivée sur les côtes du Brésil, les premiers Indiens rencontrés sont des Margajats ennemis, avec lesquels on ne traite que de loin, en se tenant sur ses gardes[3].

Car on n'est jamais trop prudent. Mais cette prudence nécessaire ne doit pas valoir seulement vis-à-vis d'autrui ; elle est requise aussi et d'abord contre soi-même. Telle est la modernité de Léry, que d'avoir pris la mesure de cette responsabilité partagée. Dans la naissance du malentendu, la faute n'incombe pas forcément à l'autre, elle vient aussi bien du protagoniste européen, de ses réflexes et de ses préjugés.

La faute du narrateur est donc de se méprendre sur le code. C'est ce qui se passe lors de sa première escapade en terre ferme, lorsqu'à peine entré dans le village de *Yabouraci*, le jeune Léry se voit instantanément dépouillé par les Indiens de son chapeau, de son épée et d'une partie de ses vêtements. Tout cela n'est qu'un jeu, dont il finit par rire, non sans avoir eu quelque inquiétude sur le moment :

1 *Ibid.*, p. 464.

2 *Ibid.*, p. 450.

3 *Ibid.*, chap. v, p. 148-149. Pour des exemples comparables, voir Odile Gannier, « Traîtres ou alliés ? Le motif de la loyauté dans l'*Histoire d'un voyage faict en la terre du Bresil* de Jean de Léry et des récits de voyages contemporains », *L'Information littéraire*, octobre-décembre 1999, n° 4, p. 24-38.

> eux, di-je, m'estourdissans de leurs crieries et courans de ceste façon parmi leurs villages avec mes hardes, non seulement je pensois avoir tout perdu, mais aussi je ne savois où j'en estois[1].

C'est le premier quiproquo, et la première crise de confiance. Le baptême brésilien n'a pas encore eu lieu, et la peur est pour plus tard. Pour le moment, le héros de l'aventure est seulement un peu perdu, étourdi, dépassé par les événements. Les Indiens gesticulent et crient autour de lui : fatigué par la marche, déboussolé par cet accueil insolite, le voyageur s'inquiète. Vainement : c'est « faute de savoir leur maniere de faire », comme l'explique Léry âgé revenant sur l'incident et en tirant une leçon de portée tout à la fois pratique et morale. Le commentaire se veut rassurant, et, pour dénouer la crise, retourne à la « généralité » :

> car faisant le mesme à tous ceux qui les visitent, et principalement à ceux qu'ils n'ont point encor veus : apres qu'ils se sont un peu ainsi jouez des besongnes d'autruy, ils rapportent et rendent le tout à ceux à qui elles appartiennent[2].

Tension suivie d'une détente : l'affect s'attache au fragment de récit particulier, tandis que le discours général permet au contraire de prendre du recul par rapport à la crise momentanée, et d'en rire. La crise qui clôt le chapitre est autrement plus grave et requiert, pour être résolue, un plus long détour.

Parallèlement, l'épisode témoigne d'un progrès dans la maîtrise du différend. Léry, au départ, se trompait ; à présent, il se détrompe. C'est de fait un jeune garçon, un apprenti truchement qui l'induit en erreur. Ce garçon, « que nous avions mené dans le navire de Rosée pour apprendre la langue du pays, lequel se tenoit en ce village », joue le rôle du tentateur. Il suggère à Léry, qui vient de perdre au jeu son dîner, de s'emparer d'« une belle et grosse cane d'Inde » : « tuez-la, vous en serez quitte en payant[3] ». Aussitôt dit, aussitôt fait. La difficulté vient de ce que le propriétaire du volatile refuse le dédommagement qui lui est proposé. Marchandage, demandes croissantes et de plus en plus irrecevables de la part de l'Indien lésé. Refusant un premier couteau, puis un deuxième, « plus beau », il exige une serpe. Bien que ce soit

1 J. de Léry, *HIV*, chap. XVIII, p. 450.
2 *Ibid.*, *ad loc.*
3 *Ibid.*, p. 465.

« un pris du tout excessif en ce pays-là, de donner une serpe pour une canne », Léry cède et doit lui-même emprunter pour donner. C'est le garçon à l'origine de toute l'affaire qui lui cède la serpe qu'il n'a pas.

Mais l'Indien se rétracte : « il en fit derechef plus de refus qu'il n'avoit fait auparavant des cousteaux[1] ». Décidément, il n'a aucune idée du juste prix. L'exigence de compensation est de plus en plus insupportable. Le potlatch, cette loi du don forcé qui sommeillait en quelque sorte dans les rites d'hospitalité, révèle soudain toute sa violence. La relation agonistique s'intensifie. De l'état de veille, le régime de l'échange passe en quelque sorte à l'état d'alerte.

Le marché est rompu, la menace clairement proférée : « il repliqua, qu'il me vouloit tuer comme j'avois tué sa cane : car, dit-il, Parce qu'elle a esté à un mien frere qui est mort, je l'aimois plus que toute autre chose que j'eusse en ma puissance[2] ». Lorsque l'Indien revient vers Léry, avec une « grosse massue de bois de cinq à six pieds de long », la tension est à son comble. Un second truchement – truchement confirmé celui-là – s'est montré jusqu'alors plutôt conciliant dans la négociation. Il conseille enfin la fermeté, et de tenir tête. Léry met la main à l'épée. L'Indien, hésitant plutôt que repentant, se résigne et va cuver le *caoüin* « qu'il avoit beu tout le long du jour ». Il se réveille après trois heures de somme, veut se réconcilier, allègue que toute la dispute n'était que jeu et mise à l'épreuve : « ce qu'il avoit fait en mon endroit estoit seulement pour esprouver, et voir à ma contenance si je ferois bien la guerre aux Portugais et aux *Margajas* nos communs ennemis ». Bien plus, il appelle Léry « son fils ». Jugeant quant à lui que « telles risées ne sont pas fort plaisantes », Léry décline l'offre d'un « père » aussi irascible[3]. Il lui tourne le dos, et ostensiblement dispense ailleurs ses libéralités. Fondée sur des bases aussi troubles, l'adoption cette fois n'aura pas lieu. Léry ne sera pas membre de cette famille indienne. Ce qui n'empêche pas le narrateur, dans un dernier commentaire, de célébrer à nouveau, comme si de rien n'était, la « loyauté » des Indiens envers leurs amis.

Est-ce à dire qu'au terme de cette histoire il faille conclure à l'échec – échec prévisible d'une naturalisation, échec tout aussi probable d'une

1 *Ibid.*, p. 466.
2 *Ibid.*, p. 466.
3 *Ibid.*, p. 467.

relation fraternelle ou filiale ? En fait, Léry veut bien être Brésilien, mais pas à n'importe quel prix. Tel est le premier fruit de son apprentissage. N'étant plus, comme lors de son premier voyage, dans « l'ignorance de leur coustume envers nostre nation », il tire de ce nouveau savoir une leçon de réalisme politique. S'il a choisi d'affronter l'Indien ivre et menaçant, c'est qu'il a au préalable pesé le rapport de forces. Le plus gros risque n'était pas pour la poignée de Français isolés en terre indienne, mais pour leurs hôtes Toüoupinambaoults, pourtant plus nombreux,

> sachans bien, qu'ayans jà les Portugais pour ennemis, s'ils avoyent tué un François, la guerre irreconciliable seroit tellement declairée entr'eux, qu'ils seroyent à jamais privez d'avoir de la marchandise[1].

Il est admirable de voir Léry maintenir ce que l'on pourrait appeler une fiction éthique, tout en prenant en compte les données tactiques de l'équation. On est loin désormais de la pure effusion du début, quand le rire sans transition succédait au tremblement, ou quand les larmes de l'Indienne faisaient place à l'émotion de la reconnaissance et à la chaleur de l'amitié. Désormais Léry, sans renoncer à la part des sentiments, sait composer avec les faits objectifs. Les Indiens, il l'a bien compris, luttent pour leur survie face aux Portugais. Ils ont donc besoin des Français et de leur technologie civile et militaire. Il leur faut du fer pour se mesurer à des hommes de fer. D'où leur amitié intéressée, parfaitement compatible du reste avec la sincérité et la vertu, comme le suggère cette phrase qui est la toute dernière du chapitre :

> Surquoy, pour conclusion de ce poinct, j'adjousteray, que sur tout les vieillards, qui par le passé ont eu faute de coignées, serpes, et cousteaux (qu'ils trouvent maintenant tant propres pour couper leurs bois, et faire leurs arcs et leurs flesches) non seulement traittent fort bien les François qui les visitent, mais aussi exhortent les jeunes gens d'entr'eux, de faire le semblable à l'advenir.

Que conclure de cette « conclusion » sur l'hospitalité des Indiens ?

Que Léry pose de manière exemplaire, tout au long du chapitre, le rapport à l'autre, déployant un éventail de situations particulièrement riche et complexe, de la sympathie à la défiance, de la connivence instinctive à la franche hostilité et de l'affection spontanée à l'alliance stratégique.

1 *Ibid.*, p. 466-467.

Que cette finesse dans l'analyse psychologique et anthropologique a pour arrière-plan un préjugé favorable que l'épreuve des faits semblerait devoir démentir : la générosité et le désintéressement de l'Indien, charitable par nature et ennemi d'avarice. Ce principe est maintenu, nonobstant le désaveu final. Si ce principe paraît alors pris en défaut, la faute en est rejetée sur l'observateur, ignorant de la coutume, plutôt que sur l'observé.

Que Léry, témoin plus amusé qu'atterré de l'incompréhension entre les peuples, et dressant un peu malgré lui le théâtre d'une rencontre inaboutie, n'en possède pas moins l'intuition du sens profond des rites. La mise en scène de son « baptême » indien en constitue l'indice le plus fort, au même titre que l'échange entre le mort et le vif dans le hamac-linceul de la salutation larmoyante. Qu'importe si le commentaire ici et là laisse le lecteur d'aujourd'hui sur sa faim ; l'essentiel est qu'il ne ferme pas le sens et qu'il laisse ouverte la voie de l'exégèse symbolique.

Que la déception qui pourrait résulter d'une image par trop idéalisée du rapport à l'autre est fortement tempérée par un réalisme politique touchant parfois au cynisme. Léry, comme l'Indien qu'il façonne un peu à son image, n'est pas dupe. Il y a même chez lui quelque chose du paysan madré, quand il reconnaît combien il est aisé de tromper les Indiens sur la valeur réelle des objets du troc. À propos de son hôte qui le festoie comme un grand seigneur en raison des pauvres richesses contenues dans son sac, il remarque non sans roublardise : « tout ce que ce sauvage estimoit tant, qui estoit en somme cinq ou six cousteaux emmanchez de diverses façons, autant de peignes, deux ou trois grands mirouers, et autres petites besongnes, n'eust pas vallu deux testons dans Paris[1] ». Devant tant de naïveté, Léry ne peut s'empêcher de rire : « Et cependant, comme je dis en riant contre un mien compagnon qui estoit là avec moy… » Dans ce cas, toutefois, il juge bon d'accorder à l'Indien ce qu'il n'a pas demandé, un couteau en prime, « le plus grand et le plus beau de mes cousteaux ». Manière de réparer *in extremis* un échange inégal qui tout à la fois l'amuse et le gêne, et de souscrire, pour

1 *Ibid.*, p. 463. Ce passage a été commenté par Natalie Z. Davis dans son *Essai sur le don dans la France du XVIe siècle, op. cit.*, p. 126-130. Je nuancerai sa conclusion plutôt négative sur « l'ingratitude » de Léry vis-à-vis des Indiens : « Bien que d'autres traits de la vie des Brésiliens aient conduit Léry à s'interroger plus avant, il ne semble pas s'être demandé en l'occurrence si le système de don des Tupinambis (*sic*) avait une structure différente et spécifique » (*ibid.*, p. 130).

la façade tout au moins, car il est bien conscient de sa duplicité, aux règles de rivalité généreuse du potlatch.

Léry n'a donc rien de ces candides adulateurs du Bon Sauvage qui viendront après lui et s'en réclameront pour l'avoir lu trop vite. Mais il possède cette générosité foncière, nullement inconciliable avec l'intérêt bien compris, qui scelle les vraies amitiés.

DU BERCEAU À LA TOMBE, UN TRIPTYQUE INÉGAL

Si l'on élargit cette analyse aux deux chapitres qui, de part et d'autre de cet exposé des lois de l'hospitalité, se font pendants, on trouve confirmation de cette ambivalence. Le chapitre XVII, tout à l'euphorie des commencements, puisqu'il est consacré au mariage, à la naissance et à l'éducation des enfants, est l'un des plus « modernes » d'allure, un de ceux dont le ton annonce le plus nettement la philosophie des Lumières et notamment Jean-Jacques Rousseau. L'éloge de l'Indien ne souffre ici que quelques rares réserves. L'institution du mariage, la condamnation de l'adultère (féminin, s'entend ! car les hommes sont libres de leurs mouvements), le mode d'accouchement – presque – sans douleur, l'allaitement maternel, le refus du maillot, tout est donné en exemple aux hommes et surtout aux femmes d'Europe. La polygamie même trouve presque grâce aux yeux de Léry, qui constate l'étonnante concorde régnant entre les femmes et concubines d'un même chef[1]. Chose « esmerveillable », note-t-il, « en ceste multitude de femmes » que l'absence totale de jalousie et d'inimitié entre rivales[2]. Lecteur attentif de Léry, auquel il semble donner la réplique, Montaigne n'est pas loin de partager son admiration sur ce point, tout en nuançant : « Les

1 Même si au fond Léry enveloppe dans la même condamnation les femmes de par-deçà et celles de par-delà, les unes et les autres étant également éloignées de l'idéal divin, comme l'observe Andrea Frisch (« In a Sacramental Mode : Jean de Léry's Calvinist Ethnography », *Representations*, nr 77, Winter 2002, p. 82-106, et notamment p. 88). Il reste que, si le message moral et théologique apparaît ici des plus orthodoxes, le tour adopté est paradoxal, et même provocant.

2 J. de Léry, *HIV*, p. 427.

nostres crieront au miracle ; ce ne l'est pas : c'est une vertu proprement matrimoniale, mais du plus haut estage[1] ».

Léry insiste enfin sur la pudeur et l'hygiène des Indiens. Pudeur paradoxale de ces couples nus qui jamais ne s'unissent en public, contrairement à une légende véhiculée par la littérature des voyages depuis Vespucci. Hygiène non moins surprenante de ces petits enfants sans maillot ni langes et toujours propres sur eux. Léry admire encore la discrétion de ces jeunes femmes dont les règles ne sont jamais apparentes, en dépit de leur nudité intégrale. Il suggère à ce propos une explication médicale qu'il estime lui-même aventureuse. Les incisions et scarifications pratiquées lors du rite de purification ne serviraient-elles pas à « divertir » le flux menstruel, en répartissant l'effusion de sang sur toute la surface du corps[2] ?

Certes il convient de tempérer ce tableau favorable, dans la mesure où il est inséparable de la satire des mœurs européennes, et notamment de l'inconduite prétendue des femmes chrétiennes. Mû par une misogynie foncière, qui n'est pas seulement celle de l'Écriture sainte dont il est l'interprète, Léry ne cesse de vitupérer les femmes de par-deçà. Il leur reproche en premier lieu d'être « comme un diable familier » en leur maison, et il est probable que sur ce point il se souvient de ses propres déconvenues conjugales, au temps de son union malheureuse avec Jeanne Rachel, sa première épouse. Il imagine ensuite le « grabuge de noises et riottes » qu'entraînerait l'instauration de la polygamie en Europe, là où les femmes tupies vivent en bonne intelligence entre elles. Il estime « les nôtres » plus paillardes que les Brésiliennes, en dépit de « la région chaude » où habitent ces dernières[3]. Il blâme enfin la délicatesse des « dames de par-deçà », incapables d'allaiter et d'élever elles-mêmes leurs enfants, à la différence des femmes sauvages. Ces « sucrées » sont renvoyées sans ménagement à « l'école des bêtes brutes[4] ». De manière générale, la bonne conduite des Indiens et Indiennes en matière de sexualité, d'éducation et d'hygiène a pour contrepartie la dénonciation des mœurs contre-nature des chrétiens et chrétiennes. Plus soucieuses de leur teint et de leurs seins que de leur progéniture, les grandes dames ne s'émeuvent guère de la mort de leurs enfants loin d'elles, en des

1 Montaigne, *Essais*, I, 31 : « Des Cannibales », *Essais*, p. 213.
2 J. de Léry, *HIV*, p. 437-438.
3 *Ibid.*, p. 429.
4 *Ibid.*, p. 433.

mains étrangères. Les enfants au berceau étouffent dans leurs maillots trop serrés et cuisent à petit feu durant les chaleurs de l'été. Les « boucs puants » étalent en public leurs turpitudes[1]. Etc.

Malgré tout, c'est la sympathie qui domine ce chapitre XVII. Au contraire, celui qui clôt la séquence montre une distanciation progressive par rapport à l'Indien. Le je du narrateur est moins impliqué dans le récit. Chose exceptionnelle dans l'*Histoire d'un voyage*, on ne trouve, dans tout le chapitre XIX, aucun récit singulatif. La généralité impose un regard distancié, supprimant tout « échantillon » d'aventure particulière, instituant une morne répétition et, de page en page, une condamnation sans équivoque des sauvages : tour à tour sont stigmatisés les « abuseurs » nommés Pagés qui leur tiennent lieu de médecins, la maladie des « Pians » dont l'origine est vénérienne, l'indifférence à l'égard des malades et les plaintes exagérées répandues sur les morts, enfin « l'erreur vrayement diabolique » consistant à nourrir le diable, de crainte qu'il ne mange les morts[2].

Or les échantillons, on l'a constaté, étaient non seulement présents, mais fort développés dans les deux premiers volets du triptyque. Le seul chapitre XVIII rassemblait trois longs récits singuliers marquant les étapes d'une adoption en bonne voie, avant la crise de confiance et sa résolution en demi-teinte. Le chapitre XVII, déjà, rapportait un récit singulatif, situé en un moment crucial de l'exposé. Par cas fortuit, Léry aurait été témoin d'un accouchement. « Un autre François et moy estans une fois couchez en un village, ainsi qu'environ minuict nous ouismes crier une femme … » Léry et son compagnon accourent, croyant à l'irruption d'un jaguar en plein village : il ne s'agit que de la naissance d'un enfant. Léry arrive juste à temps pour voir le père couper l'ombilic « à belles dents[3] ». Ce n'est peut-être pas un hasard si Thevet déjà prétendait avoir assisté à un tel spectacle[4].

Présent à l'origine de la vie, Léry se garde bien d'assister à son terme. Le récit des funérailles et des pleurs démonstratifs des femmes indiennes nous ramène au présent de l'itératif et de la généralité. Ce chapitre des

1 *Ibid.*, p. 437.
2 *Ibid.*, p. 474.
3 *Ibid.*, p. 430-431.
4 André Thevet, *Les Singularitez de la France Antarctique*, chap. 42, f. 80 v° ; *Le Brésil d'André Thevet*, p. 223 : « Le pere coupera le nombril à l'enfant avec les dents : comme j'ay veu y estant ».

maladies, « sepultures et funerailles » forme un parfait contraste avec celui du « mariage, polygamie et degrez de consanguinité ». Ce n'est pas seulement une question de sujet, mais plus encore de point de vue et de regard. Le pasteur a repris le dessus sur le curieux, l'herméneute triomphe en définitive de l'amoureux.

Au lieu que la concorde et la charité étaient louées dans les deux premiers volets du triptyque, Léry souligne à présent l'indifférence des Indiens à l'égard de leurs malades, qu'ils ne prennent pas même la peine de nourrir[1]. L'éloge de la pudeur et de la chasteté au chapitre XVII a pour contrepartie et pour contradictoire l'évocation de la maladie des *Pians*, mal incurable qui « provient de paillardise[2] » et constitue le principal fléau accablant des sauvages d'ordinaire sains et mieux portants que nous. Il est vrai que l'illustration des ravages physiques de cette maladie est offerte par un truchement normand, plus paillard que les Indiens mêmes et dont le visage de « ladre », c'est-à-dire de lépreux, dénonce assez le vice. Léry voit dans cette face défigurée la juste punition de la luxure.

Enfin, s'agissant des funérailles, ces Indiens pratiquent « la plus grande superstition qui se pourroit imaginer », en donnant à manger au diable, pour qu'il épargne le cadavre[3]. Léry, bien évidemment, méconnaît le sens du rite. Il le mésinterprète en fonction de la démonologie rabbinique qu'il a trouvée exposée dans *La Physique papale* de son coreligionnaire et collègue pasteur, le réformateur Pierre Viret[4]. Le chapitre XIX renoue donc *in extremis* avec la leçon du chapitre XVI, qui décrétait la damnation probable des « sauvages Ameriquains ». Cette conclusion pessimiste et même dysphorique est logique, puisque l'exposé désormais abandonne la vie terrestre, dans laquelle les Indiens peuvent servir de modèles, vivant « allègrement[5] » et sans passion, pour envisager la vie céleste, d'où ces mêmes Indiens sont exclus. Il faut donc les laisser sur ce seuil où de toute nécessité ils s'égarent et laisser pleurer les Indiennes « tout leur saoul[6] », que ces larmes soient feintes, comme il semble, ou d'un désespoir trop justifié.

1 J. de Léry, *HIV*, p. 470.
2 *Ibid.*, p. 469.
3 *Ibid.*, p. 474-475.
4 Pierre Viret, *La Physique papale, faite par maniere de devis, et par dialogues*, Genève, Jean Gérard, 1552. Voir référence dans J. de Léry, *HIV*, p. 477, note 1.
5 J. de Léry, *HIV*, p. 421.
6 *Ibid.*, p. 479.

LÉRY JEUNE ET LÉRY AÎNÉ

Dans l'alternance de l'échantillon et de la généralité, du « singulatif » et de l'itératif, il faut distinguer, en outre, entre les deux Léry, Léry jeune et Léry aîné. Présent dans les récits singulatifs, Léry jeune est plus sensible et plus spontané que l'autre, plus narquois aussi. À la fin du chapitre XVIII, il joue son dîner dans un concours de tir à l'arc, le perd, et pour compenser sa perte, ne se fait pas scrupule de voler une dinde[1]. Certes toute forme de jeu n'était pas interdite à Genève, où l'on organisait des concours de tir à l'arc et à l'arquebuse, avec couronnement du vainqueur[2]. Seuls les jeux de hasard étaient proscrits. Toutefois l'existence d'une mise au départ laisse peut-être entendre que Léry ne comptait pas seulement sur son adresse, mais aussi sur la chance. Et que dire du larcin ? La morale de ce Léry à peine sorti de l'adolescence est pour le moins élastique. Le même Léry dérobe ailleurs la nourriture des maracas[3], alors que l'autre Léry, Léry aîné, pasteur mûri à travers les épreuves, âme retrempée dans la théologie de Calvin, condamne le vol par les truchements normands des offrandes disposées sur les tombes[4].

Il est vrai que le vol dans les deux cas n'a pas les mêmes conséquences : dans l'épisode des maracas, le larcin a valeur pédagogique, pour ainsi dire, révélant aux yeux de tous l'imposture des Caraïbes ou sorciers qui se sustentent au détriment des idoles et de leurs crédules adorateurs ; dans le cas des aliments placés sur les tombes, le vol entretient au contraire les Indiens dans leur fausse croyance. En dérobant nuitamment les offrandes destinées aux morts, les truchements de Normandie font accroire à leurs hôtes naïfs que le diable est passé par là. Vivant la Bible au quotidien, dans toute la force de sa vérité actuelle, Léry place ses pas dans ceux du « vray serviteur de Dieu Elie », dont le rapproche en outre la ressemblance des noms[5]. Comme le prophète de l'Ancien Testament et sur son modèle, il renverse les autels de Baal et pourchasse ses servants. Les truchements, quant à eux, renfoncent les Indiens dans

1 *Ibid.*, chap. XVIII, p. 465.
2 Je dois cette information à Nicolas Fornerod.
3 J. de Léry, *HIV*, chap. XVI, p. 407-409.
4 *Ibid.*, chap. XIX, p. 475.
5 *Ibid.*, chap. XVI, p. 409.

leur superstition diabolique. Au lieu de combattre Satan, ils consolident son empire sur ces malheureux.

On pourrait voir aussi dans ces épisodes jumeaux aux significations contraires l'opposition des deux Léry. Dans le vilain tour joué aux Caraïbes, il y a chez Léry du Till Eulenspiegel ou du Panurge. Panurge déjà se posait en militant de l'Évangile et en contempteur des superstitions. Il « gagnait les pardons » d'une étrange manière, en vidant les troncs des églises de Paris et en faisant profiter de ses larcins, pour les marier, les gueuses choisies parmi les plus laides[1]. Léry âgé tire la morale de l'histoire, une morale forcément conforme à l'enseignement de Calvin. L'humanité, dans son immense majorité, est promise à la perdition, et les sauvages, quelque amis qu'ils soient des Français, sont compris dans cet inflexible, quoique juste jugement de Dieu.

Mais s'ils semblent se contredire, les deux Léry, en réalité, se donnent la main. Dans l'épisode des maracas, la leçon théologique suit immédiatement l'espièglerie du narrateur. Le mauvais tour est aussitôt interprété à plus haut sens, tiré vers la signification spirituelle par le précédent biblique d'Élie. Or le jeune Léry s'amuse à des facéties d'un goût douteux. En mangeant les « viandes » disposées devant les hochets de cérémonie, il semble vouloir s'amuser avant tout. Mais Léry aîné vient à la rescousse et fait de cette conduite folâtre un comportement exemplaire. À vrai dire, le texte présente les choses comme s'il y avait continuité de l'un à l'autre. Léry jeune et ses compagnons d'escapade se soucieraient déjà de prosélytisme. Leurs mauvais tours auraient d'emblée pour but de catéchiser les Indiens et de leur enseigner le vrai Dieu, « le Dieu en qui nous croyons et que nous leur annoncions[2] ». Il s'agirait de détromper les sauvages ou plutôt de tromper les trompeurs, d'« abuser les abuseurs ». Les victimes de ce mauvais tour sont les chamans, dans lesquels Léry voit une sorte de clergé exotique, l'équivalent des prêtres de l'Église catholique, ou, comme il les appelle dans son jargon, des « superstitieux et successeurs des prestres de Baal[3] ». La spoliation des chamans justifie par analogie les violences contre les prêtres dans la France des

1 François Rabelais, *Pantagruel*, chap. XVII : « Comment Panurge guaingnoyt les pardons et maryoit les vieilles et des procès qu'il eut à Paris », *in Œuvres complètes*, éd. Mireille Huchon, Paris, Gallimard, « Bibliothèque de la Pléiade », 1994, p. 277-280.

2 J. de Léry, *HIV*, chap. XVI, p. 409.

3 *Ibid.*, note 1.

guerres de Religion[1]. Pour le huguenot Léry, tout à la fois ministre et imprécateur, voler le clergé, cet ordre parasite vautré dans l'idolâtrie et les plaisirs de la chair, c'est, là-bas comme ici, faire œuvre pieuse, œuvre de chrétien réformé.

On voit ici comment Léry âgé tend la main à Léry jeune et l'entraîne dans la voie irrésistible du salut. Léry jeune s'attarde encore un peu dans la verte enfance du Nouveau Monde qu'il quitte à regret, gambadant et jouant, jetant un dernier regard sur le Paradis perdu où s'est découvert le sens de sa vocation. Mais déjà le voici emporté par l'appel inexorable de la grâce.

Le dialogue des deux Léry doit enfin être replacé dans la perspective calviniste qui fournit à l'*Histoire d'un voyage* un cadre général de pensée[2]. La distinction des deux personnes ou plutôt des deux âges, à l'intérieur de l'instance narrative, ne doit pas faire conclure à l'incohérence du livre, bien au contraire. Ces deux figures sont étroitement associées et s'impliquent mutuellement. Léry jeune, c'est, comme le truchement normand ou comme l'huître de Jean-Baptiste Gelli, l'homme vivant selon la chair, avant sa conversion à l'Évangile. Léry âgé, c'est l'élu qui a vérifié, à travers une série d'épreuves, le bénéfice absolu de la grâce. C'est, comme l'auteur le dit lui-même en conclusion de son livre, dans une paraphrase du cantique d'Anne, l'homme pécheur et repentant qui a « experimenté que l'Éternel est celuy qui fait mourir et fait vivre, qui fait descendre en la fosse et en fait remonter[3] ». En d'autres termes, la dissimilitude inscrite entre la terre et le ciel, la vie matérielle et la vie spirituelle ne réside pas seulement dans l'opération ethnographique de différenciation d'avec l'autre ; elle est inscrite d'emblée dans le projet d'autobiographie spirituelle que l'*Histoire d'un voyage*, venant après *Sancerre*, a conduit à son terme.

1 Olivier Christin, *Une révolution symbolique*, Paris, Éditions de Minuit, 1991.

2 Malgré de nombreux désaccords de fond, je renvoie à l'article d'Andrea Frisch, « In a Sacramental Mode : Jean de Léry's Calvinist Ethnography », *Representations*, 77, Winter 2002, p. 82-106.

3 J. de Léry, *H1V*, chap. XXII, p. 550.

TROISIÈME PARTIE

RÉSONANCES

JEAN DE LÉRY DANS LA LITTÉRATURE DE LA RENAISSANCE

LES PSAUMES AU NOUVEAU MONDE

L'AUTOBIOGRAPHIE PAR LES PSAUMES

Exemplarité des psaumes. Dans la perspective typologique de Calvin, le destin de l'élu David, le berger fait roi, offre « un modèle de compréhension pour la propre aventure personnelle » du croyant[1]. Chez Calvin la seule autobiographie digne de ce nom précède le commentaire des psaumes. Olivier Millet a montré en quoi cette attitude d'identification et d'émulation tout à la fois s'inscrivait dans une longue tradition exégétique, mais la dépassait en même temps. Quand Calvin dit des psaumes que c'est une « anatomie des parties de l'âme », il se situe dans la lignée d'un saint Athanase ou d'un Cassiodore, voire plus récemment d'un Luther. Miroir des passions où le fidèle peut se contempler, mais aussi chez Calvin, moule qui préforme et informe l'aventure de l'élu. Contraint par la grâce, tour à tour fugitif et craignant pour sa vie, ou bien recherché et porté malgré lui aux dignités les plus hautes, Calvin a répété en tout, et, bien sûr, à son échelle, qu'il juge plus modeste, le destin de l'Oint d'Israël.

Or l'identification repose sur une réversibilité fondamentale. S'il est indéniable que l'Esprit fait retentir la harpe de David et s'exhale par sa bouche, et que, par conséquent, quand nous chantons les Psaumes, c'est comme si Dieu lui-même « chantoit en nous[2] », la réciproque n'est pas moins véritable. En retour, la voix personnelle, jusque dans son substrat à peine audible, trouve son expression la plus juste et la plus adéquate

1 Olivier Millet, *Calvin et la dynamique de la Parole*, Paris-Genève, Champion, 1992, p. 522. *Cf.* Frank Lestringant, « Calvin et Marot, ou de l'universalité des psaumes ».

2 J. Calvin, *A tous Chrestiens et amateurs de la Parole de Dieu, Salut*, 10 juin 1543, développement de l'*Epistre au Lecteur* de 1542. Cité et commenté par Michel Jeanneret, *Poésie et tradition biblique au* XVI*e siècle. Recherches stylistiques sur les paraphrases des psaumes de Marot à Malherbe*, Paris, José Corti, 1969, p. 30.

dans le chant sacré du psalmiste. La présence de chacun est contenue en creux *ex origine* dans la lyrique des psaumes. Aussi vrai que Dieu est prêt à « chanter en nous », pourvu que nous lui donnions voix, nous sommes disposés, dès l'enfance, à chanter en Dieu, c'est-à-dire en David.

Cela entraîne, en bonne logique, une transitivité de l'identification. Chaque fidèle, à son tour, peut revivre, *mutatis mutandis*, l'expérience privilégiée de Calvin. On connaît les vers fameux de Marot dans l'« Épître aux Dames de France », imaginant le laboureur à sa charrue, le charretier parmi la rue et l'artisan en sa boutique fredonnant un psaume ou cantique, pour distraire la monotonie de son labeur quotidien[1]. Dans ce rêve calqué sur la quatrième églogue de Virgile et qui doit à Lefèvre d'Étaples aussi bien qu'à la *Paraclesis* d'Érasme[2], la Parole partout prêchée et psalmodiée ramènera l'âge d'or perdu, parmi une humanité pacifiée et réconciliée avec le Créateur. On constate par cet exemple que l'imitation de David est offerte au plus grand comme au plus humble.

LE VOL DES PSAUMES,
DU BRÉSIL À LA FLORIDE

Le nomadisme des psaumes, émigrant d'une conscience à l'autre, volant de bouche en bouche, s'élargit virtuellement aux chrétiens du monde entier. Il est inévitable qu'au siècle des grandes navigations, les psaumes passent les mers, pour retentir sur des rivages inconnus, parmi les assemblées que les huguenots tiennent au Brésil ou en Floride dans les terres de refuge du Nouveau Monde.

Il faut distinguer en Amérique entre l'usage collectif et l'usage privé des psaumes. L'usage collectif suppose la communauté rassemblée

1 « Clement Marot aux Dames de France, humble salut », *in L'Adolescence clémentine*, éd. F. Lestringant, Gallimard « Poésie », 1987, p. 283, v. 43-47. *Cf.* éd. Gérard Defaux de Clément Marot, *Œuvres poétiques*, Paris, Bordas, « Classiques Garnier », 1990-1993, t. II, p. 629 : O bien heureux, qui veoir pourra / Fleurir le temps, que l'on oyrra / Le Laboureur à sa charrue, / Le Charretier parmy la rue, / Et l'Artisan en sa boutique, / Avecques ung Psalme, ou Cantique, / En son labeur se soulager.

2 C. Marot, *Œuvres poétiques*, éd. G. Defaux, t. II, p. 1262, note 9.

autour du prédicateur et chantant en signe d'identité et d'union. Tel est le cas lors de l'expédition de représailles de Dominique de Gourgues en Floride au printemps 1568, ou déjà dans la France Antarctique du Brésil au moment de la prédication initiale du pasteur Pierre Richer, le soir même de l'arrivée des quatorze Genevois au Rio de Janeiro.

Dans le premier cas, le psaume sert de signe de reconnaissance entre les Indiens Timucua et les Français venus venger le massacre des leurs par l'Espagnol Menéndez de Avilés trois ans plus tôt. Ce sont les « Sauvages » eux-mêmes qui demandent aux arrivants de chanter des « Psalmes » pour s'assurer « s'ils estoyent vrais François, comme ils disoyent estre[1] ». Gourgues et ses gens s'exécutent, mais cela ne suffit pas à contenter leurs interlocuteurs, décidément suspicieux. Ils leur demandent de chanter trois psaumes précis, le 43, le 50 et le 91, dont ils leur indiquent l'incipit, à chaque fois dans la version de Clément Marot. Le premier mentionné, qui est le psaume 43, résonne en ce contexte comme un chant de vengeance : *Revenge moy, prens la querelle.* Le second, qui est le « pseaulme cinquantiesme », est plus pacifique. Il est parfaitement adapté à la réalité du Nouveau Monde, puisqu'il prophétise, conformément à l'argument du psautier, « comment Dieu debvoit appeller à soy toutes nations par l'evangille » :

> Le Dieu, le fort, l'Eternel parlera,
> Et hault, et clair la terre appellera,
> De l'Orient jusques à l'Occident[2].

On peut penser que ce psaume était employé à un usage missionnaire auprès des Indiens et que ces derniers ont exigé de l'entendre, parce qu'il leur était familier. Le troisième psaume réclamé est le 91e, l'un des plus connus de la liturgie protestante et qui rappelle « de combien de maulx est exempté celluy qui d'une ferme fiance se soubmet du tout à Dieu » :

> Qui en la garde du hault Dieu
> Pour jamais se retire,
> En umbre bonne, et en fort lieu
> Retiré se peult dire.

---

1 Dominique de Gourgues (attribué à), *Histoire memorable de la reprinse de l'Isle de la Floride* (s. l., 1568), in *Les Français en Amérique pendant la deuxième moitié du* XVIe *siècle. Les Français en Floride*, éd. par Suzanne Lussagnet, Paris, P.U.F., 1958, p. 243.

2 C. Marot, éd. G. Defaux, II, p. 649.

Psaume de la réconciliation en Dieu et qui achève le culte, psaume de la certitude retrouvée dans le Refuge, après l'appel à la vengeance et l'affirmation de la prédication universelle de l'Évangile. La séquence des trois psaumes, on le voit, n'est ni arbitraire ni fortuite. Elle conduit de l'appel au secours à l'hymne de louange et à la « fiance » retrouvée.

Le cas de la France Antarctique du Brésil est plus révélateur encore, puisque les psaumes y apparaissent à la fois en situation collective et en situation individuelle, pour dire les affres et les espoirs du narrateur et héros, en l'occurrence Léry, principal témoin de l'aventure.

Partons de la situation ecclésiale : dès son arrivée sur le sol de la terre promise du Brésil, le mercredi 10 mars 1557, la « mission » genevoise célèbre le culte « en une petite salle » couverte de palmes au centre de l'île Coligny, à l'entrée de la baie de Rio. Après l'invocation à Dieu, le ministre Pierre Richer fait chanter à l'assistance le psaume 5 : « Aux paroles que je veux dire[1] ». Chant de circonstance, s'il en fut : l'argument du psautier huguenot l'attribue à « David en exil ayant beaucoup souffert, et s'attendant souffrir davantage par les flatteurs qui estoyent autour de Saul ». Mais le prêche du même Richer porte ensuite sur un autre psaume, le psaume 27, pour une fois traduit par Théodore de Bèze :

> J'ay demandé une chose au Seigneur, laquelle je requerray encores, c'est, que j'habite en la maison du Seigneur tous les jours de ma vie[2],

dont la tonalité est déjà plus positive. Comme le précédent, ce psaume du bannissement et de l'exil est particulièrement approprié à la situation des quatorze réfugiés pour leur foi. « Pseaume propre aux paovres fideles que Dieu a arrachés aux persecuteurs, et qui se sont retirez en l'assemblée du Seigneur ». Le « sens simple », c'est-à-dire la lecture littérale que recommande Calvin pour ce verset 4 que cite Léry, implique que David, « mesprisant toutes ses commoditez particulieres, n'a pensé qu'au service de Dieu, tellement qu'il luy estoit beaucoup plus grief d'estre forclos du Sanctuaire, que de la jouissance de sa maison ». Autrement dit, dans la réalité du Brésil de 1557, les réfugiés huguenots, suivant l'exemple du prophète royal, ont préféré l'institution de l'Église réformée, cette Église chère à Dieu et à leur cœur, à leurs aises matérielles dans le pays de leur

1 J. de Léry, *HIV*, chap. VI, p. 162-163.
2 *Ibid.*, p. 163.

enfance. Forclos de leurs maisons, qu'ils ont dû abandonner pour cause de Religion, reculés jusqu'aux extrémités de la terre, les voici parvenus au cœur du sanctuaire où resplendit la gloire de Dieu.

Les sept autres occurrences des psaumes dans la relation brésilienne de Léry et qui, presque toutes, renvoient à la version de Marot, ont trait pour une part à l'aventure personnelle du héros et pour le reste à la nature nouvelle du Nouveau Monde. La traversée océanique, avec à l'aller comme au retour, ses tempêtes et ses merveilles, constitue un moment clé dans l'épreuve initiatique du voyage et dans ce récit de conversion qu'est aussi l'*Histoire.* Nulle surprise si l'on trouve en ces deux pans symétriques de l'itinéraire une condensation particulièrement forte de citations scripturaires.

Vient en premier, par ordre de fréquence, le psaume 104, quatre fois cité – et parfois longuement. Ce psaume « des splendeurs de la Création » est propre à « congnoistre amplement la puissance de Dieu » à travers le spectacle de la Nature sortie de ses mains. Les deux occurrences les plus étendues encadrent, à la fin du chapitre XIII et au chapitre XVI, le tableau des mœurs des Indiens Tupinamba du Brésil, « féroces, nus et anthropophages », pour pasticher le titre de Hans Staden, même si Léry exalte par ailleurs leurs vertus de courage, de franchise et de générosité. Ces deux citations longues font donc ressortir le contraste qui règne entre la générosité divine, magnifiée par le psalmiste (« O Seigneur Dieu que tes œuvres divers… »), et l'ingratitude de l'homme oublieux de la leçon d'amour partout lisible dans la profuse nature du Nouveau Monde. Au lieu de se mettre à « l'escole » de la magnificence divine, il pratique une guerre continuelle, se nourrit de la chair de son semblable et va jusqu'à exalter la vengeance comme valeur sociale suprême[1].

Comme on l'a vu plus haut, la seconde de ces occurrences, au chapitre XVI, met en scène l'un des rares instants de communion spirituelle associant l'Indien à l'Européen, pour une leçon de théologie en plein air. Marchant par une journée ensoleillée dans la forêt tropicale emplie d'oiseaux « rossignolants », Léry chante à pleine voix le psaume 104. Les Indiens l'écoutent, l'interrogent et s'instruisent dans les mystères du christianisme. Malheureusement la leçon de catéchisme n'aboutit à aucun résultat tangible[2].

1 J. de Léry, *H1V*, chap. XIII, p. 334.
2 Voir ci-dessus le sixième chapitre, p. 167-168.

Le psaume 104, associé au livre de Job, est encore évoqué pour décrire le miracle de la mer suspendue au-dessus d'une terre basse et se retenant de l'engloutir[1], ou encore l'horreur des baleines soufflant et s'ébattant à la surface des eaux[2]. Un ajout de la quatrième édition indique, à propos du franchissement de l'Équateur, que c'est la terre tout entière qui « pend sur rien », retenue de s'effondrer par un miracle évident[3]. Les autres références aux psaumes concernent le *momentum* de la tempête en mer, quand redévalant du ciel à l'abîme, le navigateur « subsiste au milieu d'un million de sepulchres », contraint alors de reconnaître « les grandes merveilles de l'Éternel[4] ». Le lieu biblique est si approprié que Léry le remploie lors du voyage retour, cette double descente au tombeau rejetant le Brésil dans un au-delà que l'on n'atteint qu'au péril de la mort[5].

Bref, si l'Écriture sainte confirme l'élection du juste exilé dans l'autre hémisphère pour vivre selon l'Évangile, elle fait éclater devant lui de terribles merveilles qui transportent son âme en tous sens, le ballottant du désespoir au ravissement.

CALVIN, LÉRY ET L'OCÉAN

Ce transfert du chant du psalmiste jusqu'aux antipodes n'a rien de véritablement étonnant quand on sait la place de l'exil dans le livre des Psaumes, quand on se souvient aussi que ce livre est particulièrement adapté à un exposé cosmographique. Les grandes *Cosmographies* de la Renaissance, et jusqu'à l'*Atlas* de Mercator, s'ouvrent volontiers par une paraphrase des premiers chapitres de la Genèse. Par une chaîne de références quasiment immuable, elles associent au premier livre mosaïque une série de psaumes, les 5, 24, 104, 107, et surtout les derniers chapitres de Job. Cette chaîne de citations scripturaires destinée à exalter

1 J. de Léry, *HIV*, chap. II, p. 124. *Cf.* Psaume 104, 9, et Job, 38, 8-11, double référence indiquée par Léry en manchette.

2 J. de Léry, *HIV*, chap. IV, p. 145. *Cf.* Psaume 104, 26, et Job, 40, 20-28.

3 J de Léry, *HIV*, chap. XXI, p. 515. *Cf.* Psaume 24, 1-2.

4 J. de Léry, *HIV*, chap. II, p. 118. Écho du Psaume 107, 23-26 dans la traduction de Marot.

5 J. de Léry, *HIV*, chap. XXII, p. 527.

les merveilles de la Création se retrouve à l'identique, et à plusieurs reprises, dans l'œuvre homilétique de Calvin et dans les chapitres de navigation de Jean de Léry.

L'idée qui s'en dégage est que la Nature sortie des mains de Dieu est régie par le contraste. Le calme survient après la tempête, la bonace après les abîmes d'eau élevés jusqu'aux nues. Cette idée de contraste se remarque non seulement dans les grandes choses, comme dans la pacifique baleine qui broute la mer et renverse les navires (c'est ainsi que Calvin et Léry comprennent le Léviathan de Job), mais également dans les plus infimes en apparence, telles qu'oiseaux-mouches et poissons volants.

Calvin, qui de ce point de vue est un théologien de plein vent, comme il existe à la Renaissance des « cosmographes de plein vent[1] », offre avec son commentaire du livre de Job le plus bel exposé en la matière. La variété, partout discernable dans la Nature, est la preuve de l'existence de Dieu. Si en effet la nature était purement matérielle et « naturelle », elle obéirait aux règles et raisons humaines. C'est dire qu'elle se développerait en toute uniformité, en toute monotonie, reproduisant à l'infini les mêmes accidents et des individus en tous points semblables[2]. Calvin s'accorde ici pleinement avec la pensée scientifique de la Renaissance. Jean Céard a naguère rappelé le rôle capital joué au XVIe siècle par la notion augustinienne de variété, notion présente en particulier dans la pensée de Jérôme Cardan. La variété, qui suppose à la fois un ordre secret et une bigarrure de surface, manifeste, pour reprendre le mot de Jean Céard, « la diffusion du divin » dans le monde[3]. Elle a pour effet esthétique la surprise et l'admiration, et pour fin pédagogique l'adoration du Très-Haut à travers ses œuvres.

La divine pédagogie de la Nature est inséparable du « jeu » qui récrée le fidèle dont le regard, sans cesse sollicité par des objets nouveaux, ne se lasse pas de contempler l'inépuisable magnificence de Dieu. Ce jeu,

---

1 L'expression est de Lucien Febvre, *Le Problème de l'incroyance au XVIe siècle. La Religion de Rabelais*, Paris, Albin Michel, « L'Évolution de l'humanité », 1968, p. 357. *Cf.* mon *Atelier du cosmographe*, Paris, Albin Michel, 1991, p. 33.

2 *Calvini Opera* (*Corpus Reformatorum*), en abrégé *CO*, 59 t., 1863-1900, t. 35, p. 433. Cité et commenté par Richard Stauffer, *Creator et rector Mundi. Dieu, la Création et la Providence dans l'œuvre homilétique de Calvin*, thèse Strasbourg II, Lille, Service de reproduction des thèses, Université de Lille III, 1978, p. 120-121.

3 Jean Céard, *La Nature et les prodiges. L'insolite en France, au XVIe siècle*, Genève, Droz, 1977, p. 230.

du point de vue de Dieu, montre la disproportion qui existe entre la créature et le Créateur, qui s'amuse des mouvements de la baleine, bien faits pour effrayer l'homme. Dans le commentaire du psaume 104, 25-26, Calvin prend le « jeu » de la baleine au sérieux et y voit curieusement un effet de la *terribilità* divine. Il est évidemment d'autres manières, plus sereines, de considérer le jeu divin de la Nature. Pour Calvin, ce jeu ne manque pas d'effrayer : destiné à jeter l'effroi, à faire sortir l'âme d'elle-même, pour vaincre en l'homme l'ingratitude invétérée, il fait de ce dernier le jouet des éléments. À cette fin, le contraste encore a valeur propédeutique, non plus un contraste spatial, entre couleurs ou reliefs tranchés, mais un contraste chronologique, entre la violence des éléments et leur brusque repos, tout aussi imprévisible. Voici ce que dit Calvin dans son sermon sur le psaume 107, verset 25, passage que cite Léry et qu'il commente du reste dans le même sens :

> Il est bien véritable que les nautonniers peuvent cognoistre par certaines causes naturelles la tempeste à venir : mais les soudaines mutations ne procèdent que de la secrette ordonnance de Dieu[1].

Bref, là encore, la régularité et la progressivité du phénomène ne relèvent que de l'ordre immuable de la nature ; c'est l'accident, le coup du ciel qui montrent à nu l'action de Dieu dans le monde. Le contraste des éléments, qui engendre dans l'âme du pécheur un contraste de sentiments[2], d'une quiétude trompeuse à la peur panique, de la vaine assurance au désespoir, c'est cela, qui, dans le spectacle de la Nature, procède à l'évidence de Dieu[3].

Dans ce mouvement alterné, on perçoit tout ce que les soubresauts de la Nature obéissant à Dieu peuvent engendrer de trouble dans l'âme du croyant, précipitant en lui un mouvement cyclothymique de crainte et d'espoir. Car, comme le dit encore Calvin sur le psaume 22, « l'espérance ne règne vraiment que là où la peur occupe une partie

1 Jean Calvin, Sermon sur le Psaume 107, 23-30, in *Commentaires de Jehan Calvin sur le livre des Pseaumes*, Paris, Charles Meyrueis, 1859, t. II, p. 317. *Cf.* J. de Léry, *HIV*, chap. II, p. 118, et XXII, p. 527.

2 Sur le contraste des émotions exprimées selon Calvin dans les psaumes, voir Olivier Millet, « La "Leçon des émotions" : l'expression des passions et sa légitimité dans le Commentaire de Calvin sur les psaumes », *La Peinture des Passions de la Renaissance à l'âge classique*, Saint-Étienne, Publications de l'Université de Saint-Étienne, 1995, p. 178.

3 Voir par exemple le Sermon sur le Psaume 107, *op. cit.*, t. II, p. 318.

du cœur[1] ». Telle est la théologie pratique vécue par Calvin et Léry, ces voyageurs transportés sur l'océan du monde et plaçant leur « fiance » dans la seule grâce.

L'EXPÉRIENCE ET LA FOI

La notion d'expérience est on ne peut plus ambiguë au XVIe siècle, mais pour cette raison même, elle est fort en faveur chez les philosophes naturels, les voyageurs et les théologiens. Seuls en effet ceux « qui ne voyent goutte en ses œuvres[2] » osent blâmer Dieu ou le corriger. L'œil, donc l'autopsie, permet d'emblée de voir « qu'il n'y a rien en ce monde de confus », et que tout y est agencé par un « conseil » admirable. L'expérience permet ainsi de discerner dans les choses la « Sapience » infinie du Créateur[3].

Cette expérience, chez Calvin aussi bien que chez les cosmographes de son temps – et cela peut nous surprendre aujourd'hui – ne s'attache pas seulement à des faits matériellement repérables à la surface de la terre ; elle s'élève aussi à la compréhension des lois de la cosmologie. Le sermon 95 sur le livre de Job, qui prend appui sur le verset 7 du chapitre 26, en donne l'illustration exemplaire. « On voit cela manifestement » : tel est le constat qui permet de conclure que le ciel et les planètes tournent autour de la terre, n'en déplaise à Copernic et aux esprits forts qui s'en réclament[4]. Le rejet de Copernic n'a rien de véritablement surprenant, ni à cette date de 1556, ni beaucoup plus tard, quand on en retrouve l'écho vers la fin du siècle chez le poète Du Bartas, l'auteur de *La Sepmaine*[5]. Argument pédagogique si l'on veut : chacun des auditeurs est à même de répéter pour son compte l'expérience de Calvin, en regardant le ciel par une belle nuit étoilée[6]. On passe de la

1 J. Calvin, *CO*, 31, 220 : Ps. 22, 2. Cité par Olivier Millet, art. cité, 1995, *loc. cit.*

2 J. Calvin, commentaire sur le Psaume 104, 24, éd. Ch. Meyrueis, t. II, p. 274.

3 J. Calvin, sur le Psaume 104, 1.

4 J. Calvin, *CO*, t. 34, col. 429-430, sur Job, 26, 7 : « Il estend le costé de la Bise sur lieu vague, et la terre est fondée sur rien ».

5 Guillaume de Saluste Du Bartas, *La Sepmaine* (1578), « Quatrième Jour », v. 129-136, éd. Yvonne Bellenger, Paris, Société des Textes français modernes, 1981, t. I, p. 152-153.

6 J. Calvin, *CO*, 34, *loc. cit.*, col. 429.

mentale à l'évidence rhétorique. C'est là un coup de force habituel au style des cosmographes et voyageurs. Le « j'ai vu » emporte l'adhésion et ne souffre aucune discussion[1].

Même argument d'autorité fondé sur l'expérience dans le cas des eaux élevées au-dessus du niveau de la terre et pourtant retenues par une barrière invisible. Le problème est classique, tout comme le précédent, et on le trouve longuement évoqué par Sébastien Münster dans les premiers chapitres de sa *Cosmographie universelle*[2]. C'est Dieu, nul n'en peut douter, qui met ainsi une « barre » à la violence des flots :

> Les nautonniers mesmes peuvent clairement donner cela à entendre : mais, qui plus est, les idiots les plus rudes du monde verront en la mer des monceaux d'eaux eslevez par-dessus la situation de la terre[3].

Lors de sa navigation vers le Brésil, Jean de Léry est à même de vérifier *in situ* l'argumentation que Calvin fondait sur l'autorité des gens de mer et des « idiots les plus rudes ». Longeant la côte de Barbarie, le navire où il se trouve domine à perte de vue l'étendue sablonneuse du Sahara occidental, comme si cette masse d'eau mouvante était suspendue au-dessus de la terre stérile, que la perspective creuse en forme de vallée profonde. Appelés en renfort, Job et les psaumes donnent raison au mirage – vérité des sens qui renvoie à la vérité supérieure de la Révélation :

> Quand d'un costé je regardois ce grand et plat pays qui paroissoit comme une vallée, et d'autre part la mer à l'opposite, sans estre lors autrement esmeue, neantmoins en comparaison, faisant une grande et espouvantable montagne, en me resouvenant de ce que l'Escriture dit à ce propos, je contemploye ceste œuvre de Dieu avec grande admiration[4].

En renfort de l'autopsie ou vue par soi-même, Calvin évoquait quant à lui les inondations de Hollande et de Flandre, régions moins exotiques et plus familières au Picard exilé à Genève.

---

1 L'exemple le plus éloquent de ce genre de terrorisme expérimental est sans doute celui que pratique André Thevet.

2 Sébastien Münster, *La Cosmographie universelle de tout le monde* [augmentée par François de Belleforest], Paris, J. Chesneau et M. Sonnius, 1575, t. I, livre I, chap. 1 : « De la creation du monde, et disposition que Dieu feit de la terre, et de la mer » ; chap. 2 : « De la division de la mer, et de la source des fleuves » ; chap. 3 : « Des isles ».

3 J. Calvin, commentaire sur le Psaume 104, 39, éd. Ch. Meyrueis, t. II, p. 269.

4 J. de Léry, *H1V*, chap. II, p. 124.

L'irréfutable témoignage de l'œil est évoqué une nouvelle fois dans le « Nonantesixieme Sermon qui est le II. sur le XXVI. chapitre de Job, v. 10. » Le regard est deux fois convoqué, une première fois pour prouver que la terre, élément le plus lourd, est au centre du monde[1]. La seconde occurrence relève plus rigoureusement de l'expérience commune :

> Or nous voyons des lieux bas et encavez qui demeurent secs, la mer est eslevée par dessus : et mesmes on le peut appercevoir de la raison que j'ay desja monstré : car quand nous considerons que c'est de la mer, sur tout quand elle se hausse, c'est merveilles, comme il est possible que la terre n'en soit couverte[2].

Chacun peut constater ce « miracle [qui est] tout notoire ». – Ouy, ajoute Calvin, « si les hommes ne ferment les yeux par leur ingratitude ».

On voit donc comment Calvin et Léry, à partir des psaumes et chacun de son côté, utilisent de la même manière les arguments de la théologie naturelle pour prouver l'action bienfaisante de Dieu dans la nature et inviter le chrétien, mais aussi l'infidèle, à se convertir de bouche et de cœur à l'Éternel. L'admiration et l'étonnement – au sens de commotion – qui se succèdent dans l'âme du voyageur – *homo viator* en cette terre menacée et en même temps protégée par l'inscrutable providence de Dieu –, interdisent en fait à la science de suivre les voies indiscrètes de la curiosité. Le regard ferme la voie à toute spéculation. Fort de la certitude indépassable de Job et des psaumes, il est le premier temps de l'adoration.

1 J. Calvin, *CO*, 33, col. 434.
2 J. Calvin, *CO*, 33, col. 435.

RABELAIS AU BRÉSIL

Du rire et de la satire dans l'*Histoire d'un voyage* de Jean de Léry

Après les Psaumes de David, l'éclat de rire de Rabelais. Après la méditation sur la sphère comme cadre général, l'irruption du rire gaulois comme la zébrure d'un éclair dans le ciel serein d'été. Rabelais se transporte jusqu'aux antipodes, figure ambivalente, tour à tour décriée par les calvinistes pour son athéisme prétendu et louée en raison de ses insolences contre les crédules. Figure irréductible, même s'il est difficile de lui pardonner l'éclat insolent, ravageur, du *Quart Livre* contre « les Demoniacles Calvins imposteurs de Geneve[1] ».

RABELAIS AU LONG COURS

Rabelais est bien présent chez Léry. Panurge gagnant les pardons, tel qu'on l'a évoqué à propos des larcins faits aux Caraïbes par Léry et ses compagnons[2], nous conduit à Rabelais, dont l'empreinte est manifeste sur l'*Histoire d'un voyage faict en la terre du Bresil*, comme elle l'est sur toute la littérature polémique du XVIe siècle[3].

Rabelais, à la Renaissance, est aussi un auteur géographique, ne serait-ce qu'en raison des épisodes fabuleux de la navigation des *Quart* et *Cinquième Livres*, qui offrent tout un répertoire de thèmes exotiques

1 François Rabelais, *Quart Livre*, chap. XXXII : « Continuation des contenences de Quaremesprenant », in *Œuvres complètes* éd. Mireille Huchon, Paris, Gallimard, « Bibliothèque de la Pléiade », 1994, p. 615.

2 J. de Léry, *H1V*, chap. XVI, p. 409. Voir ci-dessus le huitième chapitre, p. 225-226.

3 Ce propos a été esquissé ailleurs : « Rabelais, le vin et le voyage, du *Quart Livre* au Brésil de Thevet et Léry », *in* Michel Bideaux éd., *Rabelais-Dionysos. Vin, carnaval, ivresse. Actes du colloque de Montpellier 1994*, Marseille, Éditions Jeanne Laffitte, 1997, p. 51-61.

remontant à l'Antiquité et revus par l'imagination médiévale. Le *Cinquième Livre* contient en outre, avec l'escale au pays de Satin et la caricature de Ouy-dire, tenant « escole de tesmoignerie[1] », l'emblème satirique du savoir géographique. Rabelais s'est du reste servi de cartes marines pour conduire sa fiction. L'épisode du Physétère, l'un des plus spectaculaires de la quête pantagruélique, porte la marque de la *Carta Marina* d'Olaus Magnus et de son septentrion légendaire regorgeant de monstres marins[2].

C'est pourquoi les géographes du XVIe siècle s'en sont parfois pris à Rabelais comme à l'un des leurs. Avec cette absence de charité et cette émulation jalouse qui ne pardonnent pas entre collègues. Voici, à titre d'illustration, une kyrielle d'attaques qu'André Thevet lance tous azimuts contre des concurrents ou prédécesseurs géographes. Le nom de Rabelais revient comme un leitmotiv, associé aux plus étranges singularités. Dans un chapitre décrivant le « Commencement du Royaume de Chine », le cosmographe dénonce avec un visible plaisir la fable des peuples vivant d'odeurs. Privés de bouche, ces « astomes » se nourrissent par les narines des parfums que leur apporte le vent. La réfutation de « telles folies » s'étend bientôt à toute la cohorte nomade des peuples monstrueux, qui ont émigré de Pline à saint Augustin et de saint Augustin aux modernes :

> Mais ne fault s'estonner si quelques uns croyent cecy, veu que Munster en sa Cosmographie, imitant Pline, Solin, et Mela, dit encore choses aussi fabuleuses, sçavoir, que en Afrique, et en Ethiopie, pres l'isle de Meroé, y a des hommes, qui ont la teste faite comme un Perroquet, d'autres comme Chiens, et autres comme Singes : aucuns qui ont septante couldées de hault, d'autres les pieds comme un Cheval, des Chevaux cornuz, et telles resveries. Et voila comment les hommes sont abusez d'avoir la lecture de telles fables : et m'esbahis que Rabelais en son Pantagruel a oublié tels gentils discours : car les lisant, il n'y a homme soubz le ciel, tant barbare, ou fasché fust-il, qu'ils ne le provoquassent à rire[3].

1 Rabelais, *Cinquiesme Livre*, chap. XXX : « Comment au pays de Satin nous veismes Ouy-dire, tenant escole de tesmoignerie », *OC*, p. 803-805. Pour la lecture cosmographique de cet épisode, voir mon étude : « D'un Insulaire en terre ferme : éléments pour une lecture topographique du *Cinquiesme Livre*, ou l'autre monde de Rabelais », *Études rabelaisiennes*, t. XL. *Le Cinquiesme Livre. Actes du Colloque international de Rome (16-19 octobre 1998)*, édités par Franco Giacone, Genève, Droz, 2001, p. 81-101.

2 Rabelais, *Quart Livre*, chap. XXXIII et XXXIV, p. 616-620. Voir F. Lestringant, « Le Souffle et le sens. À propos du Physétère (*Quart Livre*, ch. 33-34) », *in Rabelais et la question du sens*, études réunies et publiées par Jean Céard et Marie-Luce Demonet, avec la collaboration de Stéphan Geonget, « Études rabelaisiennes », t. XLIX, Genève, Droz, 2011, p. 37-58.

3 A. Thevet, *La Cosmographie universelle*, Paris, L'Huillier et Chaudière, 1575, t. I, livre XI, chap. 24, f. 414 v°.

Dans les *Vrais Pourtraits et Vies des hommes illustres*, sorte de Plutarque à la française publié en 1584, Thevet ne craint pas d'entremêler l'éloge d'invectives *ad hominem* contre l'un ou l'autre de ses contemporains. Jean de Léry, on s'en doute, figure parmi ses têtes-de-Turc favorites. C'est en ces termes que Thevet apostrophe le ci-devant cordonnier, dont l'*Histoire d'un voyage* lui porte ombrage :

> En un autre endroit le suppos de sainct Crespin Lery raconte qu'en l'Isle de Panama, où il ne fust oncques, et ne s'en aprocha de mil huict cens lieuës, ils se trouvent des Crocodilles qui sont de plus de cent pieds de long, et grosses à la mesme proportion, la croira qui voudra : quant à moy je suis bien asseuré que la chose est tresfaulse, et aussi veritable que les hommes et poissons gigantins de Panurges, ou de ceux de Gargantua recitez par Rabelais, j'ay dict cecy en passant estant venu le subjet à propos[1].

Pour stigmatiser de pareils abus, Thevet a créé le verbe « pantagruéliser ». « Voila pas bien Pantagrueliser », dit-il encore de Léry, toujours à propos de ses gigantesques crocodiles, dans l'*Histoire de deux voyages aux Indes Australes et Occidentales*, ultime version du reportage brésilien esquissé trente ans plus tôt dans *Les Singularitez de la France Antarctique*[2]. Le degré superlatif du mensonge géographique est atteint dans l'expression aussi redondante que savoureuse : « panurgiquement pantagrueliser ». Telle est l'erreur énorme, abyssale, de Girolamo Benzoni parlant d'une île proche de Cuba et de la cherté de vivres qui y règne :

> Aussy à credit que fait le supposé Bensoni de l'Isle de Luna, en laquelle il fait valoir une vache cent ducats, et une brebis cinquante, ou soixante, qui est par trop panurgiquement pantagruelliser. Je ne daignerois convaincre sa fausseté par la verité, laquelle je sçay estre contraire entierement à son propos[3].

1 A. Thevet, *Les Vrais Pourtraits et vies des hommes illustres*, Paris, veuve J. Kerver et G. Chaudière, 1584, livre I, chap. 19 : « Theodore Gaze, Grec », f. 37 r°. *Cf.* Jean de Léry, *H1V*, chap. x, p. 265.

2 A. Thevet, *Histoire d'André Thevet Angoumoisin, de deux voyages par luy faits aux Indes Australes, et Occidentales*, éd. critique par Jean-Claude Laborie et Frank Lestringant, Genève, Droz, 2006, p. 256 : « Je ne veux dire comme fait Lery, qui se vante avoir veu par delà Crocodile avoir cent pieds de long, et les lesards plus gros qu'un homme, de sept pieds de long, que ce peuple mange. Voila pas bien Pantagrueliser ».

3 A. Thevet, *Histoire d'André Thevet Angoumoisin, de deux voyages*, p. 344. Thevet s'attaque ici à la traduction par le pasteur Urbain Chauveton de Girolamo Benzoni, *Histoire nouvelle du Nouveau Monde*, Genève, Eustache Vignon, 1579.

La formule dut plaire à Thevet, car elle est ici répétée du *Grand Insulaire et Pilotage*[1], autre ouvrage inachevé de sa vieillesse. Panurge, Pantagruel, Gargantua : la famille est réunie au grand complet dans cet univers de la fable qui déborde sur le monde réel. On voit par la même occasion que le monde de Rabelais se transporte, dans le sillage du *Quart Livre*, depuis le Chinonais, où l'on boit frais, à l'Amérique fertile en démons et merveilles. C'est au Brésil des Cannibales et à Terre-Neuve qu'il rencontre ses avatars les plus spectaculaires, dans le contraste des sauvages festoyants et altérés du Rio de Janeiro et des tristes solitudes du Canada, où retentit l'écho des Paroles gelées[2]. Bornons-nous ici au cas du Brésil tropical, terre d'accueil inattendue du vieux cep rabelaisien.

GARGANTUA AU BRÉSIL

Parmi les attaques nourries que Thevet dirige contre Léry, à propos d'une description du Brésil qu'il estime plagiée de la sienne, il en est une qui met en scène le géant Gargantua et sa formidable capacité stomacale :

> Non moins gaillarde est la niaiserie qu'il propose aussy que ces brutaux de Sauvages, quand ils boivent de leur breuvage, qu'ils appellent *Caoyn*, chacun en boira bien pour sa part sans bouger de sa place plus de vingt pots. Il faut bien que leur panse ne doibve rien à celle de Gargantua, ou que leur mesure soit bien plus petite, que celle de par deçà, ou qu'ils se plaisent à carrousser trois ou quatre jours[3].

Thevet fait ici écho au chapitre le plus authentiquement rabelaisien de Léry. Traitant « des grosses racines et gros mil dont les sauvages font farines qu'ils mangent au lieu de pain : et de leur bruvage

---

1 A. Thevet, *Le Grand Insulaire et Pilotage*, ms, *circa* 1586-1587, BnF, Ms fr. 15452, f. 162 v° : « Erreur de Benzoni, pour le peu de bestail qu'il met à Lima ».

2 Voir F. Lestringant, « L'Insulaire de Rabelais ou la fiction en archipel. Pour une lecture topographique du *Quart Livre* », *in* J. Céard et J.-C. Margolin éd., *Rabelais en son demi-millénaire. Actes du colloque de Tours 1984*, Genève, Droz, 1988, p. 264-266. Repris dans *Écrire le monde à la Renaissance*, Caen-Orléans, Paradigme, 1993, p. 174-176.

3 A. Thevet, *Histoire d'André Thevet Angoumoisin, de deux voyages*, p. 255. *Cf.* J. de Léry, *HIV*, chap. IX, p. 252 : « Preuve de l'ivrognerie des sauvages ».

qu'ils nomment *Caou-in* », ce dernier s'étendait longuement sur les prouesses bachiques de ses hôtes, capables de boire sans manger des nuits entières :

> Arriere Alemans, Flamans, Lansquenets, Suisses, et tous qui faites carhous et profession de boire par deçà : car comme vous mesmes, apres avoir entendu comment nos Ameriquains s'en acquittent, confesserez que vous n'y entendez rien au pris d'eux, aussi faut-il que vous leur cediez en cest endroit[1].

Pas de réelle réprobation en face de cette ivrognerie manifeste, mais l'exaltation de la vigueur dionysiaque des Indiens cannibales. La critique est d'autant plus modérée que Léry conduit le parallèle entre le vin et le caouïn. Qu'est-ce, à vrai dire, que ce dernier breuvage, sinon une substance intermédiaire entre la bière et la soupe – autrement dit un potage fermenté ? Ce potage enivrant est bu tiède, Montaigne nous le rappelle dans le chapitre « Des Cannibales[2] ». Rien de plus éloigné du vin, assurément. Il importe assez peu à Léry qui s'emploie au contraire à rapprocher les deux boissons, jusqu'à les identifier l'une à l'autre, dans l'intention qu'on verra.

Le chapitre se termine en effet par une sorte d'éloge paradoxal du caouïn. Dans l'intervalle, Léry a fait part de son dégoût passager envers un breuvage qui a transité par le gosier des jeunes filles du village, vierges de préférence. C'est la salive humaine qui sert communément de ferment au cours de la confection de cette boisson. Les Français ont bien tenté une méthode de remplacement plus hygiénique, en faisant bouillir le manioc pilé mélangé à du mil. Mais cet ersatz s'est révélé très décevant. Force fut donc aux colons d'en revenir au caouïn des vierges ou, à défaut, de sucer des « cannes de sucre » fraîchement coupées, ou encore de laisser ces dernières infuser quelques jours dans de l'eau, pour retrouver un semblant d'ivresse et de « contentement[3] ».

La réhabilitation de la nature sauvage au détriment de la culture importée d'Europe se conclut par un parallèle avec le vin. Aux lecteurs

1 J. de Léry, *HlV*, chap. IX, p. 248-249.

2 Montaigne, *Essais*, I, 31, éd. P. Villey, p. 207 : « Leur breuvage est faict de quelque racine, et est de la couleur de nos vins clairets. Ils ne le boyvent que tiede [...]. Une partie des femmes s'amusent cependant à chauffer leur breuvage, qui est leur principal office ».

3 J. de Léry, *HlV*, chap. IX, p. 255.

qui s'indigneraient de la malpropreté des Indiens et plus encore de l'indulgence de l'auteur à leur égard, Léry rétorque en invoquant la coutume des vignerons qui foulent « à beaux pieds » le raisin dans les cuves, voire les « patrouillent » chaussés de leurs souliers[1]. Le processus de fermentation se charge ensuite de purifier le breuvage de ces immondicités. Même chose pour le vin de mil ou de maïs. Le contact avec le corps sauvage est en quelque sorte aboli dans le produit fermenté.

La comparaison avec le vin est loin d'être indifférente. Elle ressortit à l'évidence à un projet de célébration de l'autre et de critique corollaire de soi, qui est consubstantiel à l'*Histoire d'un voyage*. S'il est patent que les « Toüoupinambaoults » valent bien, pour carousser, les Allemands, les Flamands et les Suisses, il est non moins véritable que le caouïn revêt la même dignité que la purée septembrale.

Mais il y a plus : si le caouïn sauvage est élevé au même rang que le vin de par-deçà, cela veut dire qu'il peut lui être substitué sans dommage. Or la question s'était posée au Brésil de savoir si dans la célébration de la Cène la boisson locale pouvait remplacer la boisson sacramentelle. Le vin venant à manquer, les calvinistes avaient envisagé sans effroi cette éventualité. Si l'expérience coloniale se fût prolongée, la bouillie alcoolisée de mil eût représenté, à sa manière et conformément aux exigences du lieu et du temps, le corps et le sang du Christ[2].

Non pas toutefois que Léry soit prêt à reconnaître la moindre divinité dans le caouïn, pas plus du reste que dans le vin. Fuyant avec horreur le dogme de la transsubstantiation, aussi bien, cela va sans dire, que celui de la consubstantiation cher à Luther, le huguenot ne voit dans les espèces de la communion que des signes de convention. Pour dire le Christ, présent spirituellement au milieu de la communauté rassemblée dans la Parole, et non point corporellement et charnellement, le manioc râpé et le mil fermenté sont aussi acceptables que le pain et le vin en usage par-deçà.

Il reste que, transporté au Brésil, l'imaginaire du vin et de l'ivresse s'acclimate sans difficulté, sous le signe d'un Rabelais omniprésent.

---

1 *Ibid.*, p. 256.

2 J. de Léry, *H1V*, chap. VI, p. 194-195 : « Question si la Cene se pourroit celebrer sans vin ». Sur cette question théologique, *cf.* Alain Dufour, « Un avis de Calvin à ses disciples qui étaient chez les Topinambous », *Bibliothèque d'humanisme et Renaissance*, t. 39, 1977, p. 151-152.

LES DEUX RABELAIS

La référence à Rabelais est marquée chez Léry par une ambivalence profonde. Le portrait du « demi-géant » Quoniambec, chef tupinikin célébré outre mesure par Thevet et moqué par Léry pour cette raison même, entre dans la composition d'un triomphe burlesque, dont le cosmographe fait les frais. Rabelaisienne est indiscutablement cette caricature de Thevet en monarque exotique, juché sur une carapace de tortue géante en guise de char d'apparat, précédé du roi Quoniambec portant un muid de vin entre ses bras et flanqué d'une escorte d'Amazones « du pays de Lanternois[1] ».

D'obédience plus discrètement rabelaisienne et appartenant au fonds commun tiré par le parti huguenot de l'œuvre du Chinonais en vue du combat anticatholique, sont les coups de griffes incessants contre les « caphards », « chattemites » et autres « porteurs de rogatons ». À ce sujet, Léry, après Thevet et bien d'autres avec lui, recycle l'épisode de la tempête en mer, tout en en détournant le sens. Profession de foi évangélique à l'origine, le rite de passage est enrôlé dans la croisade contre l'Église de Rome et les pratiques idolâtres qu'elle couvre de son autorité. Les matelots « papistes » qui multiplient les vœux à l'heure du péril, et promettent à saint Nicolas « une image de cire de la grosseur d'un homme », sont renvoyés à l'exemple de l'Ancien Testament et des faux prophètes combattus par Élie : « mais cela estoit crier apres Baal, qui n'y entendoit rien[2] ».

Cette imprégnation rabelaisienne, dont témoigne de manière éloquente le chapitre du caouinage, n'empêche pas Léry d'évoquer Rabelais géographe en mauvaise part, pour condamner, comme le faisait déjà

1 J. de Léry, *H1V*, chap. III, p. 136, note 1, ajout de la troisième édition (Genève, Antoine Chuppin, 1585) : « Par quoi, à tout hazard, à fin de la retenir, il vaut mieux le monter dessus pour leur aider, couvert d'une rondelle *de ces tant espaisses coquilles qu'une harquebuze ne les peut traverser*, et semblablement avec ses Amazones (du pays de Lanternois) remparé d'une infinité pour les defendre à un besoin, si ceste male-beste se vouloit rebequer : mesmes si pour bravade et plus grande seurté il veut faire marcher devant lui Quoniambec avec un muy de vin entre ses bras, et deux canons bien affutez sur ses espaules, accompagné de ses estafiers pour verser à boire, et mettre le feu és pieces quand il en sera temps, je ne l'empesche pas : tellement qu'en ses confutations, ayant fait du bastelleur et charlatan, je le laisse en tel equipage ».

2 I Rois 18. Cité par J. de Léry, *H1V*, chap. XXII, p. 527-528.

Thevet, les auteurs et historiens trop crédules. Ainsi, dans son exposé du cannibalisme rituel des Tupinamba, il se moque des auteurs de cartes universelles, qui, dans les cartouches de leurs planisphères, représentent des hommes décapités et tournés à la broche, pendant que des sauvages hirsutes, armés de « grands couperets de fer », découpent la viande humaine sur des bancs, en suspendent et mettent « les pieces en monstre, comme font les bouchers la chair de bœuf par-deçà[1] ». La comparaison survient, impérieuse, inévitable :

> Tellement que ces choses, n'estans non plus vrayes que le conte de Rabelais touchant Panurge, qui eschappa de la broche tout lardé et à demi cuit.

L'allusion à l'épisode bien connu de la captivité de Panurge chez les Turcs dans le *Pantagruel*[2], débouche sur cette morale attendue :

> il est aisé de juger que ceux qui font telles Cartes sont ignorans, lesquels n'ont jamais eu cognoissance des choses qu'ils mettent en avant.

Panurge entre au service de l'« autopsie », dont il démontre *a contrario* les mérites et la nécessité absolue en matière d'histoire. À cette leçon d'éthique et de méthode géographiques s'ajoute, à la fin du livre, un avertissement solennel à l'adresse du lecteur chrétien : les « Rabelistes » sont pour Léry synonymes de « mocqueurs et contempteurs de Dieu[3] ». Leur attitude blasphématoire consiste à préférer leur sécurité matérielle au risque de l'aventure et du témoignage : les voici qui, pareils au philosophe indifférent de Lucrèce, « jasent et se mocquent ordinairement sur terre les pieds sous la table, des naufrages et perils où se trouvent ceux qui vont sur mer ». Le proverbe qu'allègue ensuite Léry : « Ha ! qu'il fait bon planter des choux, et beaucoup meilleur ouyr deviser de la mer et des sauvages que d'y aller voir[4] », rappelle les lamentations de Panurge durant la tempête du *Quart Livre* :

---

1 J. de Léry, *H1V*, chap. XV, p. 364-365. Pour cette représentation populaire des anthropophages d'Amérique et d'ailleurs, *cf.* F. Lestringant, *Le Cannibale, grandeur et décadence*, Paris, Perrin, 1994, p. 59-61. L'allusion vise sans doute le cosmographe et cartographe allemand Sébastien Münster.

2 Rabelais, *Pantagruel*, chap. XIV : « Comment Panurge racompte la maniere comment il eschappa de la main des Turcqs », *OC*, p. 263-267.

3 J. de Léry, *H1V*, chap. XXI, p. 520. Le passage a été brièvement commenté par Marcel De Grève, *L'Interprétation de Rabelais au XVIe siècle*, Genève, Droz, 1961, p. 216-217.

4 J. de Léry, *H1V*, p. 520-521.

> O que troys et quatre foys heureulx sont ceulx qui plantent chous. O Parces, que ne me fillastez-vous pour planteur de Chous ? O que petit est le nombre de ceulx à qui Juppiter a telle faveur porté qu'il les a destinez à planter chous. Car ilz ont tousjours en terre un pied : l'aultre n'en est pas loing[1].

Rabelais, bien entendu, et contrairement à ce que semble penser Léry, ne partage nullement l'avis de son personnage, assez discrédité par sa peur panique du naufrage et ses vaines exhortations à la Vierge et aux saints. Sa sympathie et celle du lecteur sans préjugé vont en revanche au sage Pantagruel, qui, après avoir prié Dieu « à haulte voix » au fort de la tempête, a uni ses efforts à ceux des matelots[2].

Léry décrit un épisode de tempête assez proche, dans sa leçon, de celui du *Quart Livre*. Quelques pages seulement séparent la philippique contre les « Rabelistes » de cet avatar réformé du *Naufragium* d'Érasme. L'apparente contradiction traduit sans nul doute l'image diffractée qui est celle du Chinonais au temps des guerres de Religion. D'un côté un Rabelais de caricature, renégat, « épicurien » et ivrogne ; de l'autre, un auxiliaire précieux dans la polémique religieuse et un maître de sagesse évangélique.

Un ajout de la deuxième édition associe à la cohorte des « Rabelistes » la figure emblématique de Diogène : « O combien Diogenes estoit sage de priser ceux qui ayans deliberé de naviguer, ne navigoyent point pourtant[3] ». « Ce vilain Philosophe Cinique » est ailleurs allégué par Léry pour exalter par contraste l'honnêteté naturelle des Indiens du Brésil, qui observent, quoique nus, les règles d'une élémentaire pudeur[4]. Non content de ranger Rabelais dans le troupeau des pourceaux d'Épicure, Léry voit en lui un nouveau Diogène, créature exécrable méprisant Dieu et les hommes, « bouc puant » qui avait en public la compagnie des femmes et prétendait s'en justifier par raisons philosophiques[5].

Il est symptomatique que Léry condamne le « Cinique » Rabelais et que, dans le même temps, il s'en montre subrepticement tributaire. Tel

1 Rabelais, *Quart Livre*, chap. XVIII, *OC*, p. 582-583.
2 *Ibid.*, chap. XXI, p. 590.
3 J. de Léry, *H1V*, p. 521.
4 J. de Léry, *H1V*, chap. XVII, p. 436-437.
5 *Ibid.* : « les hommes d'entre eux, gardans l'honnesteté de nature, n'ayans jamais publiquement la compagnie de leurs femmes, sont en cela non seulement à preferer à ce vilain Philosophe Cinique, qui trouvé sur le fait, au lieu d'avoir honte dit qu'il plantoit un homme : mais qu'aussi ces boucs puants qu'on voit de nostre temps par-deçà, ne se sont point cachez pour commettre leurs vilenies, sont sans comparaison plus infames qu'eux ».

est le « double lien » qui unit, au déclin du siècle, le lectorat protestant au père de Gargantua et de Pantagruel. La fascination est tempérée par la répulsion affectée envers celui que Calvin pourfendait dans le *De Scandalis*[1] ; la dette littéraire et intellectuelle masquée sous les dénégations énergiques.

Il se trouve que dans la relation brésilienne de Jean de Léry, l'ambiguïté morale de la référence au Chinonais, tout à la fois patron éponyme des Rabelistes et pourfendeur des superstitions papistiques, rejoint l'ambivalence du Rabelais des géographes, ce sectateur ironique et désabusé de Ouy-dire[2], dont on feint de prendre les fictions à la lettre, pour mieux les ruiner, mais aussi les savourer secrètement.

1 J. Calvin, *Des Scandales*, éd. O. Fatio, Genève, Droz, 1984, p. 138.
2 Rabelais, *Cinquieme Livre*, chap. XXX, *OC*, p. 803-805.

LÉRY L'AFRICAIN OU JEAN LÉON AU BRÉSIL

Dans une note de son étude sur *Les Fortunes de Jean Léon l'Africain à la Renaissance*, Oumelbanine Zhiri mentionne l'*Histoire d'un voyage faict en la terre du Bresil* de Jean de Léry[1], lequel « compare fréquemment les mœurs des Brésiliens avec celles des Africains[2] ». En vérité, ce ne sont pas moins de seize passages étendus que Jean de Léry a empruntés à l'*Historiale Description de l'Afrique*, traduite de l'italien de Giovan-Battista Ramusio et publiée en 1556 à Lyon par Jean Temporal. Ces passages sont introduits assez tardivement dans la quatrième édition de 1599-1600[3]. Ce ne sont pas les seuls ajouts de cette édition, ni les derniers. La cinquième édition comportera encore un grand nombre d'interpolations nouvelles.

Pourquoi recourir à l'Afrique dans une relation de voyage qui traite essentiellement du Brésil ? Pour être en mesure de répondre, il faut commencer par rappeler ce que fut à l'origine le projet de Léry et la

1 Depuis la rédaction de cette étude, Oumelbanine Zhiri a traité, selon une perspective originale, la question de l'association de l'Afrique avec les peuples de l'Amérique dans la construction du mythe du Bon Sauvage au XVIe siècle, chez Léry, Montaigne, Jean Bodin et Guillaume Bouchet. Comme le remarque l'auteur, le Bon Sauvage africain « vivra toujours d'une existence marginale et précaire, et sa carrière restera incertaine ». Voir Oumelbanine Zhiri, « Sauvages et Mahométans », *in Esculape et Dionysos. Mélanges en l'honneur de Jean Céard. Études réunies et éditées par Jean Dupèbe, Franco Giacone, Emmanuel Naya et Anne-Pascale Pouey-Mounou*, Genève, Droz, 2008, p. 1125-1139 ; cit. p. 1138.

2 Oumelbanine Zhiri, *L'Afrique au miroir de l'Europe. Fortunes de Jean Léon l'Africain à la Renaissance*, Genève, Droz, 1991, p. 144, note 21. *Cf.*, de la même, « Sauvages et Mahométans », art. cité, p. 1125-1130.

3 C'est ce que précise Léry dans l'« Advertissement de l'Autheur » de sa 4e édition (1599 ; *HIV*, « Bibliothèque classique », p. 596-597) : « j'ai pour le contentement des Lecteurs, en plusieurs endroits de ceste quatrieme et derniere [édition] monstré la conformité des Ameriquains, avec les Afriquains, selon que je l'ai recueilli de l'histoire d'Afrique de Jean Leon, qui aussi a remarqué sur les lieux et les coustumes et façons de faire des habitans de ce païs-là : tellement que les matieres que je traite touchant les Sauvages Bresiliens : et mesmes en quoi ils conviennent avec ceux de la Floride et de Virginia (autre partie de l'Amerique n'agueres descouverte par les Anglois), estans par là facilitées, on ne trouvera plus si estrange ce que j'en ai escrit, que plusieurs ont fait par ci devant ».

manière dont il évolua, suite au succès immédiat et continu rencontré auprès du public. Léry, au départ, écrit une *Histoire*, c'est-à-dire, au sens étymologique, un témoignage oculaire, et donc singulier. Il prétend ne dire que ce qu'il a vu et observé pendant les quelque dix mois qu'il a passés dans la baie de Rio de Janeiro et dans ses environs, de Pâques 1557 à janvier 1558, d'abord dans l'île de Coligny où le gouverneur Villegagnon fait régner une discipline de fer, ensuite en terre ferme, dans le voisinage immédiat, et finalement plus confortable, des Indiens Tupinamba anthropophages, les fameux Cannibales de Montaigne.

Léry insiste à loisir sur le caractère singulier et personnel de sa relation. Il s'oppose en cela, et Montaigne le suivra sur ce point, aux prétentions universelles d'André Thevet, le vaniteux cosmographe du roi, qui avait lui-même brièvement séjourné au Brésil et en avait tiré la matière de deux ouvrages, *Les Singularitez de la France Antarctique* en 1557, et tout un livre, le livre XXI de sa *Cosmographie universelle*, en 1575.

À celui qu'il accuse de « mentir Cosmographiquement », Léry oppose par conséquent une parole personnelle, et donc véridique, puisqu'elle se borne à rapporter une expérience particulière, et rien d'autre. Thevet, au contraire, brode et prétend faire fond sur un séjour de dix semaines passées parmi les plus féroces de l'univers, pour parler de toute l'Amérique, et, qui plus est, des trois autres continents, qu'il n'a visités que par les marges : avant de se rendre au Brésil, il a accompli le pèlerinage de Terre Sainte. Récit « singulatif », pour reprendre le terme de Gérard Genette[1], qui décrit une fois ce qui est arrivé une fois, l'*Histoire d'un voyage faict en la terre du Bresil* tire de ses limites mêmes sa pertinence et son autorité. Elle est tout entière le fruit de l'autopsie. Tel qu'il se donne à lire, Léry est « un œil qui écrit[2] ».

Cependant, le succès étant venu, Léry va être tenté d'augmenter cette relation presque nue et de l'enrichir de tous les témoignages qui s'accordent avec le sien et lui apportent, pense-t-il, un crédit supplémentaire. De la relation « autoptique » et « singulative » le projet s'infléchit en « conférence des histoires ». De la déposition d'un témoin isolé, empli de ses seules certitudes de for intérieur, on passe à la confrontation des témoignages.

---

1 Gérard Genette, *Figures III*, Paris, Éditions du Seuil, 1972, p. 146.

2 François Hartog, *Le miroir d'Hérodote. Essai sur la représentation de l'autre*, Paris, Gallimard, 1980, p. 275.

Pour nourrir son *Histoire*, qui va plus que doubler de volume de la première à la cinquième édition, et peu à peu intégrer la voix de l'auteur à un concert d'autorités concordantes, Léry s'est adressé à des sources fort diverses, dont une petite partie seulement, par nécessité, concerne le Brésil. En dehors des livres de Thevet qu'il méprise et affecte de ne pas lire, on ne peut guère citer à ce sujet que la relation de l'arquebusier hessois Hans Staden, mercenaire au service des Portugais et prisonnier pendant plus de six mois des mêmes Indiens Tupinikin qui, deux ans plus tard, réservent un accueil généreux aux huguenots persécutés par Villegagnon. Or le récit de Staden, publié en 1557 à Marburg, puis traduit en latin en 1592 à Francfort, n'avait guère circulé hors d'Allemagne. Il faudra la visite de Léry à Felix Platter, le docteur et humaniste de Bâle, en février 1586, pour que le rarissime opuscule imprimé en gothique et illustré de frustes bois gravés vienne à sa connaissance. Comme Léry ne lit pas l'allemand, il doit se faire traduire des morceaux choisis de ce témoignage qui ressemble tant au sien, tout en en constituant le symétrique et l'inverse[1].

En conséquence, Léry intègre à sa relation primitive, pour en confirmer la véracité, des témoignages portant sur d'autres peuples du Nouveau Monde, voire sur des peuples habitant d'autres régions de la terre. Cette intégration *des histoires* à une histoire singulière va s'opérer par étapes, au fil des quatre éditions progressivement augmentées que Léry publie de son vivant, après l'édition originale de 1578. Dans le tableau d'anthropologie comparée qui en résulte, les Timucua de Floride, décrits par Le Challeux et Laudonnière, sont les premiers à rejoindre les Tupinamba du Brésil. Les rejoignent sans tarder les peuples assujettis par les Espagnols, Aztèques et Incas notamment, d'après l'*Histoire générale des Indes Occidentales* de Francisco Lopez de Gomara. Viennent enfin les Algonquins de Virginie, décrits en termes louangeurs par l'Anglais Thomas Harriot, et, dans la même série d'ajouts de la quatrième édition (1599), les Africains de Jean Léon[2].

L'élargissement du tableau anthropologique du Nouveau Monde à l'ancien n'a, à cette date, rien que de très logique. L'ambition méthodologique de Jean de Léry, au fil des éditions successives de son livre, et de manière corrélative, l'aire géographique embrassée

1 Jean de Léry, *HIV*, addition de D-1599, chap. XXII ; mon édition, p. 544-545.
2 Cette quatrième édition de l'*HIV* de Jean de Léry sera désignée par la lettre D.

par sa description n'ont cessé de s'étendre. En fait Léry ne désire plus seulement confirmer son témoignage par des garants extérieurs, ces garants étant les plus divers et de préférence choisis parmi les étrangers. Maintenant que la vérité de ses dires est reçue par un public de plus en plus nombreux et largement international (il a été traduit en latin dès 1586, puis à nouveau sous forme d'*excerpta* en 1592), Léry recherche une autre sorte de confirmation. Cette confirmation, qui vaut à présent plutôt pour lui-même que pour son public, est que, quelque singuliers ou extraordinaires que soient les traits par lui observés au Brésil, ils rentrent, par toute une série de similitudes et d'analogies, dans un ensemble varié et néanmoins cohérent. Les merveilles naturelles qu'il a consignées en appellent d'autres, par ressemblances et comparaisons : l'inventaire botanique et zoologique, qui déborde désormais le nouveau continent, est une manière de rendre gloire à Dieu de la richesse de sa Création, dans des termes qui trouvent dans le psaume 104 leur plus exacte expression. La confirmation qu'apporte la "conférence des histoires" (ou confrontation des témoignages) est ici d'ordre théologique.

Quant aux singularités humaines, elles ne sont pas moindres en diversité. L'arbitraire de la coutume, que souligne et dénonce un peu plus tard Montaigne, témoigne certes de la faiblesse d'une humanité pécheresse et enfoncée dans l'erreur[1]. Mais dans le même temps la variété des usages n'en permet pas moins de dégager des constantes et des invariants. Loin de partager le scepticisme de l'auteur des *Essais* ou de conclure à la relativité générale des valeurs, Léry, au contraire, décèle des principes généraux, tels que la charité sous ses diverses formes, l'hospitalité, la générosité, le respect des degrés de parenté, l'honneur rendu aux vieillards et aux femmes mariées, le culte de la vaillance et la croyance en l'immortalité de l'âme. De sorte que la conférence des histoires permet de confirmer le dogme chrétien de l'unité du genre humain. Il n'y a chez Léry, pas plus du reste que dans ses sources, de ces peuples monstrueux dont Pline et après lui Solin et Pomponius Mela avaient dressé la liste. Ni Blemmies ni Himantopodes, pas plus que de Sciopodes ou de Pygmées – dont Thevet, quelques années auparavant, avait représenté le combat légendaire contre les

1 Montaigne, *Essais*, I, 23 : « De la coustume et de ne changer aisément une loy receüe », éd. P. Villey, Paris, PUF, 1965, p. 108-123.

grues[1]. Le genre humain est un et, pourrait-on dire, indivisible. Cette unité transparaît aussi bien dans la diversité des croyances que dans l'ingéniosité de manières de faire variées à l'infini. Le pessimisme calviniste du pasteur Jean de Léry est là aussi tempéré par l'admiration exprimée face à l'extrême variété du fait humain.

Cette variété va donc se nourrir de la lecture de Jean Léon, fidèlement cité d'après la traduction de Ramusio par Jean Temporal. Ces citations, tantôt réduites à une ligne, tantôt étendues à une demi-page, sont donc au nombre de seize et se trouvent réparties d'un bout à l'autre de l'*Histoire d'un voyage faict en la terre du Bresil.* Les éléments « confirmatifs » que Jean de Léry trouve dans Jean Léon relèvent tout à la fois de la nature et de la culture.

SINGULARITÉS NATURELLES

Du domaine de la nature relèvent les singularités suivantes : les crapauds géants de Hain-Elchallu, près de Mansoura[2] ; les guenons et leurs petits : « les femelles des Singes en Afrique portent leurs petis sur les espaules, et avec iceux sautent ainsi d'arbre en arbre, et de branche en branche[3] » ; les figues noires de Telensim ou Tlemcen : « il y croist de grosses et longues figues, douces et noires, lesquelles on fait secher pour manger en hyver[4] » ; le bananier, que Jean Léon nomme *Maus*, ou *Muse*, et dont voici la description du fruit : « ce fruict, dit-il, est fort doux et gentil, de la grosseur de petis citrons, estant produit par une petite plante, qui a les fueilles larges, et longues d'une coudée[5] » ; les tortues de Constantine, dont il existe « une

1 André Thevet, *Cosmographie de Levant*, Lyon, Jean de Tournes et Guillaume Gazeau, 1554 et 1556 (édition critique, Genève, Droz, 1985), p. 149.

2 J. de Léry, *HIV*, addition de D-1599, chap. X, p. 160 ; mon édition, p. 267, note 2. D'après Jean Léon, *Historiale description de l'Afrique*, Lyon, Jean Temporal, 1556, livre III, p. 114.

3 J. de Léry, *HIV*, addition de D-1599, chap. X, p. 151-152 ; mon édition, p. 272, note 2. D'après Jean Léon, *Historiale description de l'Afrique*, livre IX, p. 382.

4 J. de Léry, *HIV*, addition de D-1599, chap. XIII, p. 210 ; mon édition, p. 320, note 2. D'après Jean Léon, *Historiale description de l'Afrique*, livre IV, p. 245.

5 J. de Léry, *HIV*, addition de D-1599, chap. XIII, p. 213 ; mon édition, p. 321, note 1. D'après Jean Léon, *Historiale description de l'Afrique*, livre IX, p. 391.

infinité » dans des bains d'eau chaude où elles se dissimulent « sous de grosses pierres[1] ».

Ces singularités naturelles, au nombre de cinq, représentent donc à peu près le tiers des emprunts de Jean de Léry à Jean Léon l'Africain. On peut leur attribuer deux fonctions distinctes. Tantôt ces emprunts visent à enrichir la variété du réel et sont destinés à faire partager au lecteur un sentiment d'admiration face à la fécondité de la Nature créée par Dieu. Tantôt, et cette fonction s'ajoute à la précédente sans la contredire, il s'agit d'opposer à la profuse générosité de la nature la sotte interprétation qu'en tirent les hommes. Le contraste est alors flagrant entre les dons de Dieu, admirables dans leur gratuité, et les erreurs que l'orgueil, le péché et l'infirmité des hommes leur surimposent. Ainsi des tortues de Constantine,

> que les femmes de ce païs-là estiment estre quelques Diables, ou malins esprits, qui leur causent fievres, et autres maladies. Pour à quoi remedier, elles tuent un certain nombre de poules blanches, qu'elles mettent, avec leurs plumes, dans un pot de terre, au bord duquel elles attachent de petites chandelles de cire, puis portent tout cela pres la fontaine d'où sort ceste eau chaude[2].

Jean Léon, déjà, se moquait de cette superstition féminine, et Léry se borne à reproduire littéralement la traduction de Jean Temporal. Il est d'autant plus remarquable de découvrir que la suite offre une ressemblance frappante avec un passage original de l'*Histoire d'un voyage.* Jean Léon explique en effet que ces pauvres femmes sont victimes non seulement de leur crédulité, mais d'un tour que leur jouent « quelques bons compagnons » :

> là où s'acheminent ocultement quelques bons compagnons, suyvans à la desrobée ces simples matrones, qui n'ont pas plustost tourné le pied, qu'ils saisissent le pot et les poulailles, lesquelles ils mettent bouïllir et en font une bonne gorge chaude[3].

Or ce bon tour, c'est celui-là même que Léry et ses camarades du Brésil ont joué aux Indiens qui les ont accueillis sur les bords du Rio

1 J. de Léry, *HIV*, addition de D-1599, chap. XVII, p. 318 ; mon édition, p. 409, note 5.

2 J. de Léry, *HIV*, addition de D-1599, chap. XVII, p. 318-319 ; mon édition, p. 409, note 5. D'après Jean Léon, *Historiale description de l'Afrique*, livre V, p. 267. Le traducteur, que Léry suit très fidèlement, avait écrit : « un pot de terre, aux orles duquel elles atachent… »

3 J. de Léry, *HIV*, addition de D-1599, chap. XVII, p. 319 ; mon édition, p. 409, note 5. D'après Jean Léon, *loc. cit.*

de Janeiro. Eux aussi ont fait les « bons compagnons », en dérobant nuitamment les offrandes de nourriture que les Tupinikin plaçaient devant les maracas ou hochets de cérémonie censés s'en nourrir :

> si nous les prenions et mangions (comme nous avons souvent fait) nos Ameriquains estimans que cela nous causeroit quelque malheur, n'en estoyent pas moins offensez que sont les supersticieux et successeurs des prestres de Baal, de voir prendre les offrandes qu'on porte à leurs marmosets, desquelles cependant au deshonneur de Dieu, ils se nourrissent grassement et oysivement avec leurs putains et bastards[1].

Moins sobre que Jean Léon, Léry ne peut s'empêcher de lancer une pique contre les prêtres catholiques, qu'il désigne ici par la périphrase biblique de « successeurs des prestres de Baal ». La facétie prend dès lors valeur exemplaire, et prolonge outre-Atlantique le combat de ce pasteur huguenot contre les superstitions papistiques. Les chamans indiens, abuseurs et trompeurs, sont proches parents des curés de villages qui se nourrissent aux dépens de leurs ouailles. En définitive, le vol de nourriture aux idoles constitue une pieuse action, dont Léry se félicite. Il est destiné à dévoiler l'imposture. D'où la formule, inscrite dans une « manchette » en marge, qui résume et conclut l'épisode : « Vérité chassant le mensonge[2] ». Mais ailleurs Léry, au risque de se contredire, condamne le vol par les truchements normands des offrandes disposées sur les tombes[3]. C'est que le contexte a changé : dans l'épisode des maracas, le larcin a valeur pédagogique, révélant aux yeux de tous l'imposture des chamans ; dans le cas des aliments placés en évidence sur les tombes, le vol entretient au contraire les Indiens dans leur fausse croyance, selon laquelle le diable rôde autour des cadavres, prêt à les dévorer, et se rabattant sur les nourritures préparées par les parents du défunt.

Du reste, dans la critique des superstitions, la rencontre entre Léry et Léon est ponctuelle. Telle que l'entend Léry, en effet, la polémique religieuse ne se limite pas à condamner l'idolâtrie ou la bêtise d'un peuple trop crédule. Elle n'épargne pas davantage la science prétendue des « Docteurs Mahommetans » concernant l'arbre Maus ou Muse, c'est-à-dire le bananier. Léry refuse de croire comme eux « que c'est le

1 J. de Léry, *H1V*, chap. XVI, p. 407-409.
2 J. de Léry, *H1V*, chap. XVI, p. 409, note 4.
3 J. de Léry, *H1V*, chap. XIX, p. 475. Pour le commentaire de ce passage, voir ci-dessus p. 225-227.

fruict defendu à nos premiers parens, par la bouche du Seigneur : lesquels, n'ayans voulu obtemperer à son sainct commandement, apres en avoir mangé, leurs parties honteuses se descouvrirent, lesquelles voulans cacher (cognoissant leur delit) prindrent des fueilles de ceste plante, qui sont plus propres à cela que nulles autres[1] ». De l'identité exacte de cet arbre, Léry remet le secret à Dieu, inspirateur de la Sainte Écriture, en dehors de laquelle il est vain de vouloir établir des conjectures :

> Voila l'opinion de ces venerables Docteurs, qui asseurent ce que l'Escriture saincte nous taist de cest arbre, duquel Dieu defendit à Adam et à Eve de manger, l'appelant de science de bien et de mal, sans autrement declarer son espece : parquoi je dis, que c'est une resverie d'afermer quel il est[2].

SINGULARITÉS HUMAINES

Les singularités humaines sont au nombre de huit, donc nettement plus nombreuses que les singularités naturelles, et l'on voit par là où se dirige l'intérêt de lecteur de Léry. Elles se distribuent en deux volets. Le premier concerne les confins, là où l'imaginaire géographique loge les mœurs les plus étranges et les peuples les plus improbables ; l'autre volet, au contraire, a trait à l'exotisme proche, qui offre matière à la comparaison et à la réflexion sur soi.

PEUPLES DES CONFINS

Comme l'Amérique, l'Afrique a ses sauvages, à savoir « certains peuples, qui ne sont Mahometans, Juifs, Chrestiens, ni d'autre secte : mais sans foy, sans Religion, et sans aucune ombre d'icelle, tellement qu'ils ne font oraison, ni ne bastissent temples, vivans comme bestes brutes, ayans femmes et enfans en commun[3] ». Les Brésiliens dont parle Léry présentent tous

1 J. de Léry, *H1V*, addition de D-1599, chap. XIII, p. 213-214 ; mon édition, p. 322, suite de la note 1 de la p. 321. D'après Jean Léon, *Historiale description de l'Afrique*, livre IX, p. 391, avec une variante de détail : « qui sont plus propices à cela, que nulles autres qu'on puisse trouver ».

2 *Ibid.*

3 J. de Léry, *H1V*, addition de D-1599, chap. XVII, p. 293-294 ; mon édition, p. 379, note 2. D'après Jean Léon, *Historiale description de l'Afrique*, livre VII, p. 330, à propos des habitants

ces traits. Depuis le début du XVIe siècle, les voyageurs et chroniqueurs parlaient de peuples vivant « sans foi, sans loi, sans roi », et dépourvus de ces trois lettres f, l et r. Mais l'affirmation de Léry est plus radicale encore. Il soutient en effet que les « *Toüoupinambaoults* de l'Amerique [...] ne confessent, ny n'adorent aucuns dieux celestes ny terrestres[1] ». On voit donc comment Jean Léon apporte à Jean de Léry un puissant soutien logistique.

Par une affirmation aussi tranchée, Léry, en bon calviniste, était soucieux de distinguer le bon grain de l'ivraie et d'instaurer un clair partage entre élus et réprouvés. Comme il le dit en conclusion du même chapitre, il a vérifié en la personne des sauvages du Brésil « la difference qu'il y a entre ceux qui sont illuminez par le sainct Esprit, et par l'Escriture saincte, et ceux qui sont abandonnez à leur sens, et laissez en leur aveuglement[2] ». Mais il n'a pas prévu les suites logiques de sa remarque. Or, développée en toute rigueur et jusqu'à ses conséquences ultimes, elle amène à reconnaître qu'il n'existe pas de Révélation universelle. Le fait est que l'existence de peuples athées bat en brèche les prétentions de la religion chrétienne à s'imposer à toutes les nations de la terre. Bien audelà, mais cette pensée est fort éloignée de Jean de Léry, elle menace le dogme de l'unité du genre humain et contient en germe une véritable révolution anthropologique[3]. Au siècle suivant l'érudit libertin François de La Mothe Le Vayer se souviendra de l'accord régnant sur ce point entre Jean Léon et Jean de Léry. Dans son dialogue « De la divinité », il réunira Africains et Brésiliens dans la même ignorance de Dieu :

> Jean Leon nous descrivant le Royaume de Borno en Affrique, où ils vivent encores si naturellement, qu'ils tiennent leurs femmes et enfans en commun, adjouste qu'ils n'ont aucune loy, ny vestige de religion. [...] Tous ceux qui ont escrit du Bresil en disent de mesme[4].

De toute évidence, le pluriel « tous ceux » désigne ici le seul et unique Jean de Léry. Mais il s'agit de faire nombre, et de contredire

---

du royaume de Borno.

1 J. de Léry, *HIV*, chap. XVI, p. 379.

2 J. de Léry, *HIV*, chap. XVI, p. 422-423.

3 Voir Giuliano Gliozzi, « Les Apôtres au Nouveau Monde. Monothéisme et idolâtrie entre révélation et fétichisme », in Francis Schmidt éd., *L'Impensable polythéisme. Études d'historiographie religieuse*, Paris, Éditions des archives contemporaines, 1988, p. 177-213.

4 François de La Mothe Le Vayer, *Dialogues*, in *Œuvres. Nouvelle édition revue et augmentée, précédée de l'abrégé de la vie de La Mothe Le Vayer*, Dresde, Michel Groell, 1756, t. I, « De la divinité », p. 316-317. Je remercie Isabelle Moreau de m'avoir communiqué cette référence.

le dogme chrétien par un concert unanime de témoignages. Non sans une forte ironie, La Mothe Le Vayer enrôle dans le même passage les missionnaires catholiques, et en particulier le jésuite espagnol José de Acosta, parmi les témoins de l'athéisme supposé des peuples primitifs[1].

L'accord entre Jean de Léry et Jean Léon se confirme ailleurs, toujours à propos du royaume de Borno, dans l'absence de noms propres. De même que les Brésiliens, qui donnent des noms de choses, animaux ou objets, à leurs enfants, « ce peuple brutal [...] s'impose les noms selon la qualité des personnes : comme ceux de haute stature, sont nommez hauts : les petis, petis : les louches, louches : et ainsi semblablement de tous autres accidents et particularitez[2] ».

Relève encore de la topique des confins, chez Jean Léon, ce qui est dit de la montagne nommée « Auras » ou Aurès,

> dont les habitans sont fort rudes d'entendement, du tout adonnez au larrecin et brigandage, avec lesquels on ne sauroit aussi pratiquer, ni avoir leur cognoissance, d'autant qu'ils ne veulent pas que leur pays soit cognu, à cause des Arabes, et autres leurs ennemis[3].

Ces peuples hostiles, qui se refusent à tout commerce, aussi bien mercantile qu'humain, sont associés par Léry aux Waitaka ou Oueitaca, ennemis mortels des Tupinamba, et les plus féroces Cannibales du Brésil, avec lesquels les Européens ne troquent qu'à distance respectable et en se tenant sur le qui-vive.

De ces mêmes Waitaka, farouches et rapides à la course, Léry rapproche ensuite, comme appartenant également à cette frange extérieure de l'humanité, en raison de leurs qualités physiques plus animales qu'humaines, « certains Arabes » coureurs de chevaux :

---

1 *Ibid.* : « Acosta nous fait voir que les Indiens Occidentaux n'ayans pas seulement le mot appellatif de Dieu, de sorte que ceux de Mexico et de Cusco, quoy que trouvez avec une sorte de religion, furent contraints de se servir du mot Espagnol, *Dios*, quand on le leur fit aucunement comprendre, n'ayans aucun vocable en leur langue qui respondist à celuy-là ». D'autres références à Jean Léon se rencontrent chez La Mothe Le Vayer, notamment dans ses *Quatre Dialogues faits à l'imitation des Anciens*, Francfort, Jean Sarius, 1606, « De la Philosophie sceptique », p. 33, 36, etc.

2 J. de Léry, *HIV*, addition de D-1599, chap. XVIII, p. 342 ; mon édition, chap. XVII, p. 432, note 1. D'après Jean Léon, *Historiale description de l'Afrique*, livre VII, p. 330.

3 J. de Léry, *HIV*, addition de D-1599, chap. V, p. 55 ; mon édition, p. 153, note 2. D'après Jean Léon, *Historiale description de l'Afrique*, livre V, p. 294-295.

> Comme semblablement, Jean Leon en son histoire d'Afrique, fait mention de certains Arabes qui sont si agiles que le plus lasche et mauvais chemineur d'entre eux suyvra un cheval de pres, encor qu'il soit question de faire un long voyage : et mesme sont si vaillans et hardis qu'ils reputent à grand deshonneur qu'un homme à pied se daigne bouger pour deux qui seront à cheval[1].

DANSEUSES ET FILEUSES

En revanche, le second volet des singularités humaines n'est nullement dépréciatif. Ici le ton est neutre et même laudatif. Il s'agit en effet des peuples citadins d'Afrique du Nord, dont les usages n'ont rien à envier à ceux des Européens, bien au contraire. De ces sociétés limitrophes du bassin méditerranéen et d'ancienne civilisation, Léry semble avoir tout spécialement goûté la composante féminine, vers laquelle son regard se tourne par priorité.

Par exemple, pour donner une idée des frustes bijoux qui constituent tout le vêtement des Brésiliennes, Léry évoque par comparaison les lourds anneaux d'argent que portent aux oreilles, aux poignets et aux chevilles les femmes du Maghreb :

> Jean Leon dit aussi, que certaines femmes en Afrique portent des anneaux et bagues d'argent massives aux oreilles, en chacune desquelles il y en a qui en mettent quatre, et usent semblablement de certains anneaux en forme de boucles : quelques uns pesans une once : portans encores aux doigts et aux jambes des cercles d'argent, cela se pratiquant principalement entre les nobles[2].

C'est sans doute une des gravures, au demeurant peu nombreuses, de l'édition Temporal qui a conduit Léry vers ce détail de la parure des dames « nobles et riches ». Toujours est-il que pour Léry, pasteur calviniste et misogyne fasciné, les femmes voilées et parées du Maghreb sont deux fois des corps étrangers, au même titre que les sauvagesses du Brésil, mais pour des raisons inverses : ces dernières offrent le mystère paradoxal d'une nudité sans message[3]. Au reste, qu'elle soit Brésilienne ou Africaine, intégralement nue ou complètement voilée, la femme étrangère représente pour l'observateur européen, qui est toujours un

1 J. de Léry, *H1V*, addition de D-1599, chap. v, p. 57 ; mon édition, p. 155, note 4. D'après Jean Léon, *Historiale description de l'Afrique*, livre I, p. 17.

2 J. de Léry, *H1V*, addition de D-1599, chap. VIII, p. 124-125 ; mon édition, p. 229, note 4. D'après Jean Léon, *Historiale description de l'Afrique*, livre II, p. 60.

3 Voir ci-dessus le sixième chapitre, p. 157-159.

homme, la forme la plus parfaite de l'altérité, et dès lors elle exerce sur lui un attrait redoublé. Or l'*Historiale Description* de Jean Léon offre un foisonnement d'informations concernant les femmes. Jocelyne Dakhlia l'a justement rappelé, l'Afrique de Jean Léon est un monde érotisé[1]. Deux exemples au moins, les danseuses de Fez et les fileuses de Tunis, montrent que Léry a été sensible à cet aspect de la *Description de l'Afrique.* Témoin au second degré de la place et du rôle des femmes dans les sociétés du Maghreb, Léry les propose en modèle aux Européennes de son temps, tant sur le plan de la morale que sur celui de l'habileté manuelle.

Les danseuses de Fez, tout d'abord. Léry, après Jean Léon, loue la « modestie » des dames de Fez, ville où

> les femmes dansent separées des hommes : tellement que c'est grand honte aux Chrestiens, que pour le moins ils n'ayent autant de modestie en cest endroit que les Sauvages et Mahometans en ont[2].

La danse, grande distraction du XVIe siècle, a été régulièrement condamnée par les synodes réformés. Le théologien calviniste Lambert Daneau, ami de Léry et son compagnon lors du siège de Sancerre, au lendemain de la Saint-Barthélemy, écrivit un *Traité des danses*[3], où il faisait preuve de la même sévérité. Or, quels que soient leur ignorance et leur éloignement de la « vraie » religion, les peuples du Brésil et du Maroc se montrent moins coupables que les soi-disant chrétiens. Réprouvant les danses lascives qui incitent à paillardise, ils observent une rigoureuse ségrégation des sexes. On reconnaît ici l'argument traditionnel de la piété des païens. L'exemplum exotique est destiné ici à valider un sermon. L'autre ne vaut pas pour lui-même ; il n'est que le détour le plus lointain, le plus emphatique aussi, ramenant au même. « Cet intérêt exclusif pour soi fait que les autres ne sont là qu'à titre d'argument ou d'exemple », écrit Tzvetan Todorov à propos de Montaigne[4]. Assez injuste dans le cas de l'auteur des *Essais*, le jugement s'appliquerait mieux à l'*Histoire*

1 Jocelyne Dakhlia, « Jean Léon et les femmes : quand l'adultère fait l'histoire », *Actes du colloque « Léon l'Africain » (EHESS, 22-24 mai 2003).*

2 J. de Léry, *H1V*, addition de D-1599, chap. IX, p. 147-148 ; mon édition, p. 253, note 4. D'après Jean Léon, *Historiale description de l'Afrique*, livre III, p. 156.

3 Lambert Daneau, *Traité des danses, auquel est amplement resolue la question, asavoir s'il est permis aux Chrestiens de danser. Seconde édition*, s. l., Genève, 1580. Pour le rapprochement Daneau-Léry, voir ci-dessus le sixième chapitre, p. 149-153.

4 Tzvetan Todorov, *Les Morales de l'histoire*, Paris, Grasset, 1991, p. 76.

de Jean de Léry, du moins à un passage comme celui-là, où la volonté d'édification et de parénèse est particulièrement évidente.

On aurait tort pourtant de ne voir en Léry qu'un moraliste étroit, tirant prétexte de son voyage au long cours pour chapitrer ses coreligionnaires, en opposant à leur inconduite la décence paradoxale des peuples nus et celle, plus attendue, des peuples voilés. Il y a chez lui une réelle curiosité anthropologique, dont témoigne son attention extrême, non seulement pour les mœurs et les caractères des peuples, mais aussi pour « les gestes et contenances » les plus concrets. À preuve la « gentile façon de filer que les femmes ont au Royaume de Thunes en Afrique ». Léry admire ici, non plus la modestie, mais l'habileté des femmes d'Afrique du Nord, qui jettent, pour filer, leur fuseau de la hauteur du premier étage pour tordre et tendre leur fil :

> Elles se mettent en un haut lieu, ou à la fenestre de la maison qui respond sur la court, ou à quelque pertuis faits expressément sur le solier, et de la laissent tomber en bas le fuseau, qui pour sa pesanteur va piroitant, elles font en ceste sorte leur filet bien tort, tiré et uni[1].

Jean Léon, traduit par Jean Temporal, avait écrit : « et de là laissent tomber en bas piroitant le fuseau, qui pour sa pesanteur rend le filet bien tors, tiré, et uny ». En recopiant Jean Léon, Léry a tenté de s'imaginer la scène. Et il a en conséquence légèrement retouché la syntaxe de son modèle. Le mouvement du fuseau tombant « en pirouettant » jusqu'au rez-de-chaussée l'a tellement fasciné qu'il a introduit une correction et du même coup une légère incohérence.

Même souci de restituer la chose vue dans l'évocation des braseros placés sous les lits au royaume de Zegzeg, pays des noirs :

> Il y a aussi certains peuples en Afrique, selon le recit de Jean Leon, qui mettent du brasier sous leurs chalits qui sont fort hauts, et dorment ainsi à cause de l'extreme froid qu'il fait en ces regions-là[2].

---

1 J. de Léry, *H1V*, addition de D-1599, chap. XIX (XVIII), p. 354 ; mon édition, p. 445, note 1. D'après Jean Léon, *Historiale description de l'Afrique*, livre V : « La grande cité de Thunes », p. 276.

2 J. de Léry, *H1V*, addition de D-1599, chap. XIX (XVIII), p. 367 ; mon édition, p. 456, note 2. Référence en marge à Jean Léon, *Historiale Description de l'Afrique*, Lyon, 1556, « Liv. 7. », « Où il est traité du païs des Noirs ». La citation est à la p. 329.

Léry, en ce cas, s'est contenté de résumer légèrement son modèle :

> Zegzeg, Royaume [, est] partie en plaine, et partie en montagnes : dont l'une est merveilleusement froide, l'autre chaleureuse : tellement que les habitans ne pouvans suporter la vehemence du froid, ont coutume de faire en l'aire de leurs maisons des grans fouyers, là où ils avivent à force brasier : puis le mettent souz les chalis qui sont fort haults, et dorment en cette maniere.

Recherche du pittoresque et plaisir de conter : Léry a admiré aussi en Jean Léon – ou du moins dans son traducteur – le style et la couleur de la description. À travers lui, il a su goûter l'élégance de l'attitude, la beauté du geste et les simples détails de la vie quotidienne.

FACÉTIES ET PRODIGES

Troisième et dernière catégorie des emprunts de Jean de Léry à Jean Léon l'Africain : des histoires exemplaires, facétieuses ou « prodigieuses », de celles que Pierre Boaistuau avait mises à la mode quelques années plus tôt dans un recueil fameux, appelé à devenir un genre littéraire à part entière.

Commençons par une histoire exemplaire, ou plutôt un bref *exemplum*, destiné à démontrer la supériorité de la pratique sur la théorie. C'est l'*exemplum* du paysan astrologue, variante du « pilote sans lettres », plus capable, en raison de son expérience, de conduire un navire que les plus savants personnages :

> Jean Leon, en son histoire d'Afrique, dit aussi qu'il se trouve des paysans Arabes et autres, lesquels, sans avoir jamais manié ni fueilleté livre, pour aprendre les lettres parlent assez suffisamment de l'Astrologie, amenans raisons de leur dire bien vives et apparentes[1].

L'addition se conclut par une sentence « du tres-docte Bartas », le poète de *La Sepmaine ou Creation du Monde* (1578) :

> *Que celui qui combat contre l'experience*
> *N'est digne du discours d'une haute science.*

---

1 J. de Léry, *H1V*, addition de D-1599, chap. IV, p. 43 ; mon édition, p. 141, note 4. D'après Jean Léon, *Historiale Description de l'Afrique*, livre I, p. 38.

La « haute science » dont il est ici question n'est autre que l'astrologie ou connaissance des astres, dont l'évidence, selon Du Bartas et Jean de Léry, s'impose à l'expérience quotidienne du berger et du marin.

Je terminerai par deux anecdotes plus développées, récits secondaires rapportés à l'intérieur de la narration principale, qui montrent que Léry, en dépit d'un penchant indéniable pour la digression, et au risque de morceler sa relation, ne s'égare de son propos qu'en apparence. Les longues incises qu'il tire de Jean Léon ramènent par le plus long détour à l'essentiel.

La première histoire est bien faite pour déclencher la surprise et le rire : un voyageur, lassé de sa longue marche, s'endort sur ce qu'il croit être un rocher et qui est en réalité la carapace d'une gigantesque tortue. Il se réveille au matin « esloigné de trois mille du lieu où il s'estoit couché, dont il fut fort esbahi[1] ».

Jean Léon se moquait en fait d'un autre écrivain, Bichri, historien peu crédible. Tout en étant séduit par le caractère extraordinaire de cette anecdote, Léry a bien conscience de sa portée polémique : « alleguant un certain Bichri, au livre qu'il a fait des Regions et chemins d'Afrique, il dit une chose qui est bien de plus grande merveille. C'est qu'un homme se trouvant en l'un de ces deserts, lassé du long chemin [...] ». Dans la quatrième édition de l'*Histoire d'un voyage*, les tortues de Jean Léon amènent par comparaison celles de Virginie, décrites par l'Anglais Thomas Harriot. L'ensemble de ces additions s'insère juste avant une attaque en règle contre le cosmographe André Thevet, coupable de s'en être pris à Léry dans ses *Vrais Pourtraits et Vies des hommes illustres*. De la sorte, l'anecdote plaisante de Jean Léon se trouve parfaitement à sa place. Son caractère incroyable fait que l'on hésite entre l'admiration et le rire. Dans la version définitive de Léry, elle semble préparer l'apothéose finale, un triomphe parodique où l'on voit Thevet, en héros de carnaval, monté sur une tortue en guise de char d'apparat. Le demi-géant Quoniambec, les épaules chargées de deux canons à la mèche fumante, ouvre le cortège, tandis qu'une infinité d'Amazones archères tient lieu d'escorte[2].

L'anecdote du voyageur et de la tortue sera plus tard mise au compte de Thevet par Guillaume Bouchet, l'auteur des *Serées*[3]. Il est un fait

---

1 J. de Léry, *H1V*, addition de D-1599, chap. III, p. 33 ; mon édition, p. 135, note 1. D'après Jean Léon, *Historiale description de l'Afrique*, livre IX, p. 383.

2 J. de Léry, *H1V*, chap. III, p. 136, note 1.

3 Guilllaume Bouchet, *Les Serées*, Lyon, Pierre Rigaud, 1618, livre III, 36ᵉ Serée, p. 295.

qu'avant Léry, Thevet l'avait déjà empruntée à Jean Léon pour meubler le chapitre de sa *Cosmographie universelle* consacrée aux îles du Cap Vert[1].

La seconde histoire est tout aussi extraordinaire, mais comporte quant à elle une issue tragique. Le titre pourrait en être : « le prix de la soif ». Léry l'insère dans le tout dernier chapitre, qui est l'un des plus poignants de son livre et qui relate les souffrances subies en mer lors du voyage de retour vers la France. Aucune épreuve ne manque à cette odyssée atlantique : incendie à bord, risque du naufrage, tempêtes et calmes plats, et pour finir la faim et la soif, – la « soif plus pressante que la faim[2] ». Pour illustrer ce dernier axiome, Léry allègue longuement l'*Historiale Description de l'Afrique* :

> Jean Leon recite que quand les marchans qui traversent les deserts d'Afrique se voyent en tel peril et extremité de soif, ils ont ce seul remede. C'est qu'ayans tué un de leurs Chameaux, et espuisé l'eau qu'ils trouvent dans les boyaux, ils la departent entre eux, et la boyvent, jusques à tant qu'ils vienent en quelques pays habitables : sinon la seule mort donne fin à leur soif.
>
> Mais ce qu'il dit apres d'un riche marchant, qui traversant un de ses deserts avec une soif extreme, de laquelle se sentant abatu, il acheta une tasse d'eau, d'un voiturier, qui estoit avec lui, la somme de dix mille ducats, monstre jusques au bout combien la soif est pressante, et que les plus avares sont tresliberaux quand ils en vienent la. Et neantmoins (dit Jean Leon) et le marchant, et celui qui lui avoit vendu si cherement ceste tassée d'eau moururent de soif : et voit on encores leur sepulture en ce desert, où les choses susdites sont engravées en une grosse pierre[3].

L'insertion de cette anecdote dans la trame serrée du récit du retour ne trahit pas seulement chez Léry le goût de la parenthèse et l'attrait du sensationnel. Elle suppose tout à la fois la perception d'une métaphore sous-jacente et la volonté d'interpréter à plus haut sens l'épreuve du voyage. La métaphore sous-jacente, c'est celle du désert comme mer, et,

---

1 André Thevet, *Cosmographie universelle*, Paris, L'Huillier et Chaudière, 1575, t. I, livre III, chap. 7, f. 79 r°. Sur la circulation de cette anecdote chez les voyageurs de la Renaissance, voir F. Lestringant, *André Thevet, cosmographe des derniers Valois*, Genève, Droz, 1991, p. 313-314.

2 J. de Léry, *H1V*, chap. XXII, p. 532, note 2.

3 J. de Léry, *H1V*, addition de D-1599, chap. XXIII, p. 454, référence en marge à l'« Hist. d'Afriq. Liv. I. » ; mon édition, p. 533, note 1. *Cf.* l'*Historiale Description de l'Afrique*, livre I, p. 36, où le passage est signalé par les deux manchettes suivantes : « Etrange remede à faute d'eau » ; « Un Marchant pour la grand soif qu'il avoit acheta une tassée d'eau dix mille ducats ».

réciproquement, de la mer comme désert. Quant au sens spirituel, il se dégage sans difficulté de la juxtaposition des anecdotes. Qu'il s'agisse de la solitude des sables ou de celle des eaux, l'homme abandonné à ses seules ressources, et uniquement préoccupé de sa survie terrestre, est un condamné à mort. Telle est la grande leçon que Léry déduit dans les toutes dernières pages de son livre : conformément à l'histoire de Job et au cantique d'Anne, la mère de Samuel, l'Éternel est celui qui fait mourir et qui fait vivre, qui fait descendre en la fosse et en fait remonter[1]. À cet égard, l'*Histoire d'un voyage* tout entière est susceptible d'une lecture allégorique : elle prouve, par l'exemple de la personne même du narrateur, la toute-puissance de la grâce agissant sur l'homme choisi par Dieu en dépit de son péché.

En définitive, la croissance continue qui affecte l'*Histoire d'un voyage* au fil de ses cinq éditions successives, par gloses et rapprochements analogiques, rappelle la croissance assez comparable des *Essais* de Montaigne, œuvre exactement contemporaine. La seule différence est qu'il y a au départ chez Jean de Léry la colonne vertébrale d'un récit de voyage, qui est aussi un récit de conversion, alors que chez Montaigne la glose prolifère librement sur elle-même. Mais la linéarité du récit primitif est bientôt compromise par la masse toujours accrue des exemples confirmatifs. Au fur et à mesure des lectures et des additions, le rapport quantitatif s'inverse entre la relation d'origine et son commentaire dévorant. Si bien que le squelette disparaît sous les proliférations charnues et que la forme originale devient à peine reconnaissable. À cet égard, on pourrait parler de la transductilité de l'exemple[2]. L'illustration finit par définir la norme, le commentaire par phagocyter le texte initial et devenir son propre objet.

Dans ce processus d'accumulation par agrégation analogique, l'*Historiale Description* de Jean Léon est un matériau parmi d'autres. Si elle s'intègre aussi bien au texte d'accueil, c'est qu'elle lui est d'emblée

1 J. de Léry, *HIV*, 1580, chap. XXII, p. 550-552.

2 Gilbert Simondon, *L'Individu et sa genèse physico-biologique*, Paris, PUF, 1964 ; rééd. Jérôme Million, 1995, p. 30 : « Nous entendons par transduction une opération, physique, biologique, mentale, sociale, par laquelle une activité se propage de proche en proche à l'intérieur d'un domaine, en fondant cette propagation sur une structuration du domaine opérée de place en place : chaque région de structure constituée sert à la région suivante de principe de constitution ». Je dois cette référence à l'aimable obligeance d'Ali Benmakhlouf.

homogène, en dépit de la disparité apparente des sujets. Entre Jean Léon et Jean de Léry, Pline l'Ancien est une référence commune : Pline qui ouvre à Léry, comme il le confesse lui-même dans sa Préface[1], un vaste champ de possibles et tout l'univers du croyable ; Pline qui méconnaissait l'Afrique et n'avait pas la moindre idée des Indes Nouvelles, mais dont l'inlassable curiosité et l'insatiable goût de la merveille laissent toutes béantes les avenues qui conduisent au monde concret.

Bien plus, les deux auteurs ont en partage un même système analogique, qui élargit à l'infini l'intertexte descriptif. De la sorte, la conférence des histoires, de l'Amérique à l'Afrique et à l'Europe, tend à confirmer, en même temps que l'inépuisable et savoureuse variété du réel, l'unité profonde, tout à la fois étrange et familière, du genre humain.

1 J. de Léry, *H1V*, 1580, Préface, p. 95, à l'appel de la note 2.

QUATRIÈME PARTIE

LÉRY APRÈS LÉRY

« LE BRÉVIAIRE DE L'ETHNOLOGUE », DE LÉRY À LÉVI-STRAUSS

JEUNESSE ET AGONIE DU NOUVEAU MONDE

Dans sa leçon inaugurale au Collège de France en janvier 1960, Claude Lévi-Strauss exprimait en terminant un regret :

> Comment se peut-il que l'ethnographie n'ait pas reçu sa place quand elle était encore jeune, et que les faits gardaient leur richesse et leur fraîcheur ? Car c'est en 1558 qu'on se plaît à imaginer cette chaire établie, alors que Jean de Léry, revenant du Brésil, rédigeait son premier ouvrage, et que paraissaient *Les Singularitez de la France Antarctique* d'André Thevet[1].

Jeunesse et fraîcheur du monde au temps de Léry, comme d'une aurore qui aurait mal tenu ses promesses. Jeunesse d'une discipline tout juste éclose sur les rives opposées de l'Atlantique et qui n'avait pas encore reçu de nom. L'illusion rétrospective est si prégnante qu'elle hante l'œuvre et la vie de l'anthropologue. On la retrouve, exprimée dans toute sa vigueur, au détour de l'entretien réalisé par Dominique-Antoine Grisoni pour servir de préface à l'*Histoire d'un voyage faict en la terre du Bresil* en collection de poche :

> La lecture de Léry m'aide à m'échapper de mon siècle, à reprendre contact avec ce que j'appellerai une « sur-réalité » – qui n'est pas celle dont parlent les surréalistes : une réalité plus réelle encore que celle dont j'ai été le témoin. Léry a vu des choses qui n'ont pas de prix, parce que c'était la première fois qu'on les voyait et que c'était il y a quatre cents ans[2].

---

1 Claude Lévi-Strauss, *Anthropologie structurale II*, Paris, Plon, 1973, p. 43. Les *Singularitez* de Thevet furent publiées, en fait, à l'automne 1557.

2 Claude Lévi-Strauss, « Sur Jean de Léry », préface à Jean de Léry, *HIV*, Paris, LGF, 1994, p. 13.

La présence hallucinatoire de l'Indien chez Léry nous transporte dans un autre temps, qui est le temps des origines. Il nous permet de vivre ce miracle. L'*Histoire d'un voyage faict en la terre du Bresil* représenterait en ce sens le comble de la littérature d'évasion, le pur chef-d'œuvre du genre. À sa lecture, comme par magie, chacun de nous échapperait au triste présent et renouerait avec l'euphorie des commencements, quand tout était encore possible, et que sur l'autre rive de l'Océan, l'humanité qui se levait n'était pas déjà condamnée, prématurément usée, assassinée dans l'enfance par une conquête effroyable entre toutes.

Le charme et l'efficace de l'*Histoire d'un voyage* de Léry viendraient d'abord du fait qu'il s'agit d'un « récit de première rencontre ». – Première rencontre, pour peu que l'on fasse abstraction du précédent d'André Thevet, nullement méprisable, au contraire de ce que dit Léry. Il serait vain de dénoncer l'illusion sur laquelle se fonde une telle remarque. En vérité, Léry, à la différence de Montaigne, n'avait pas l'impression de découvrir un monde enfant, « encore tout nud au giron de sa mere nourrice[1] ». Son Brésil est un monde déjà vieux ; l'humanité qui l'habite appartient sans conteste à « la race corrompue d'Adam ». La malédiction qui la frappe ne sera levée qu'à la condition d'une conversion, fort improbable, au christianisme. La tentation du primitivisme existe bien chez Léry, comme elle est présente chez Lévi-Strauss. Chez tous deux cependant, mais plus fortement peut-être chez l'auteur de l'*Histoire d'un voyage* que chez son lointain émule, cette tentation est conjurée, et comme « contrée », par le constat de la dégradation universelle – de « l'empirement », dirait Léry ; de la dégénérescence, eût dit Gobineau. « Régressifs sont les Nambikwara », qui donnent pourtant, dans leur dénuement extrême, l'image trop parfaite de l'humanité primitive[2]. Leur état présent, pire aujourd'hui que dans les années 1930, est en fait l'aboutissement d'une décadence accélérée par la Conquête. Ainsi des Caduveo, des Bororo et de la plupart des autres tribus visitées par l'ethnologue dans l'entre-deux-guerres. Pour Léry, cette décadence est un fait incontestable, qui remonte bien plus haut, au lendemain du péché originel. En témoignent les pertes de mémoire de l'Indien, son oubli des principaux arts et techniques, et plus encore de la Parole[3]. De

1 Montaigne, *Essais*, III, 6, éd. P. Villey, p. 908.
2 Claude Lévi-Strauss, *Saudades do Brasil*, Paris, Plon, 1994, p. 14.
3 Voir ici même le quatrième chapitre, p. 96-117.

sorte que l'impression d'innocence qui se dégage de l'*Histoire* pourrait être trompeuse. C'est avant tout un effet de l'art, destiné à accuser par contrecoup la perversité combien plus grande de l'Europe. Plutôt que la réalité, un artifice d'autant plus probant qu'il se nourrit des désillusions de l'époque. Si enfance il y a au Nouveau Monde, elle est depuis longtemps corrompue. La seule jeunesse dont il soit question dans l'*Histoire d'un voyage*, c'est celle du héros et narrateur, lequel, mûri depuis et précocement vieilli, n'en finit pas de se souvenir et de regretter. Mais n'est-ce pas, là encore, une illusion ?

De fait, l'écriture, chez Jean de Léry, a pour fonction essentielle de restituer une présence perdue. Par le recours à l'*enargeia*, elle s'arroge toutes les puissances de l'image. Elle fait voir, plutôt qu'elle ne donne à lire. Elle met sous les yeux une réalité abolie par le temps et l'éloignement dans l'espace. Ce qui n'empêche pas Léry de déplorer continuellement l'échec de son entreprise. Par exemple, au terme du chapitre sur les animaux terrestres, il reproche à son camarade Jean Gardien, l'un « de nostre compagnie, expert en l'art de pourtraiture », de n'avoir pas accédé à sa demande de « contrefaire » la faune du Brésil inconnue en France[1]. Comment par exemple, sans le secours du dessin, donner la moindre idée du coati, cet animal « estrangement defectueux, eu esgard à ceux de nostre Europe » ? Pareillement, en conclusion du chapitre VIII et parvenu au terme de l'*ekphrasis* du défilé vestimentaire, Léry souligne l'écart entre son effort de mémoire et la pauvreté du résultat obtenu concernant les sauvages, grands et petits, leur nudité, leurs attitudes, leurs jeux incessants : « j'en auray à jamais l'idée et l'image en mon entendement : si est-ce neantmoins, qu'à cause de leurs gestes et contenances du tout dissemblables des nostres, je confesse qu'il est malaisé de les bien representer, ni par escrit, ni mesme par peinture[2] ». L'écriture est décidément œuvre de deuil.

La remarque de Claude Lévi-Strauss tendrait à prouver que Léry s'est trompé. Par excès de modestie, il aurait sous-estimé la réussite littéraire de son livre. On pourrait alors se demander si ces aveux d'échec répétés n'entrent pas dans une stratégie globale, et si le constat d'imperfection, en dépit de sa composante légèrement ironique, n'a pas pour but précisément de parfaire le dispositif. C'est un appel à l'aide adressé au

1 J. de Léry, *H1V*, chap. X, p. 275.
2 *Ibid.*, chap. VIII, p. 234.

l'aide adressé au lecteur, une requête pour prolonger le geste inachevé de la restitution. Il en va souvent ainsi, du reste, du procédé de l'*enargeia*. L'insistance placée sur l'opération en cours, la multiplication des indicateurs de régie feignent une distance critique pour mieux l'abolir ensuite, dans un jeu subtil et toujours au bord de la rupture d'équilibre, entre distanciation soupçonneuse et adhésion aveugle[1]. Requis de coopérer à l'illusion, le lecteur entre dès lors, bon gré mal gré, dans le jeu de l'hallucination partagée. L'exemple de Lévi-Strauss lecteur de Léry montre que le dispositif fonctionne à merveille, malgré un intervalle de quatre siècles.

L'illusion dans ce cas est d'autant plus réussie que deux expériences du Brésil se superposent, qui sont deux expériences de la perte et du deuil. L'*Histoire d'un voyage* de Léry court en filigrane de *Tristes Tropiques*, lisible d'un bout à l'autre de ce voyage en palimpseste. Qu'il s'agisse d'évoquer le pot-au-noir[2], l'étui pénien[3], les peintures faciales des Indiens et Indiennes[4], les « guillochis, lacs d'amour » et autres motifs géométriques qui fleurissent sur les visages et les poteries[5], la confection du *caouin* où la salive des vierges sert d'agent de fermentation[6], les oiseaux *mutum* au plumage de jais[7], les aras déplumés des villages Bororo sur lesquels l'étranger trébuche au réveil[8], les abeilles qui s'agglutinent sans dommage sur les yeux[9], les grillons rongeurs, lesquels depuis des siècles colonisent les tribus Tupi-Kawahib[10], les éclats lancéolés de bambous dont ces mêmes Indiens se servent pour défendre leurs villages et piéger l'ennemi[11], la référence à Léry est constante, régulière, sous-jacente. On la perçoit encore dans l'éloge de la polygamie indienne, laquelle n'empêche pas femme et concubines d'un même chef de vivre

1 Voir Perrine Galand-Hallyn, *Les Yeux de l'éloquence*, Orléans, Paradigme, 1995, p. 101 : « La théorie même de la "vive représentation" prévoit sa propre dénonciation en tant qu'artifice ».

2 J. de Léry, *H1V*, chap. IV, p. 138 ; Lévi-Strauss, *Tristes Tropiques*, Paris, Plon, 1955 (en abrégé *TT*), p. 79-80.

3 J. de Léry, *H1V*, chap. VIII, p. 215-216 ; Lévi-Strauss, *TT*, p. 327.

4 J. de Léry, *H1V*, chap. VIII, p. 230 ; Lévi-Strauss, *TT*, p. 203-224.

5 J. de Léry, *H1V*, chap. XVIII, p. 447 ; Lévi-Strauss, *TT*, chap. XX, p. 203-224.

6 J. de Léry, *H1V*, chap. IX, p. 247-248 ; Lévi-Strauss, *TT*, p. 403.

7 J. de Léry, *H1V*, chap. XI, p. 278 ; Lévi-Strauss, *TT*, p. 381.

8 J. de Léry, *H1V*, chap. XI, p. 280 ; Lévi-Strauss, *TT*, p. 248.

9 J. de Léry, *H1V*, chap. XI, p. 290 ; Lévi-Strauss, *TT*, p. 307.

10 J. de Léry, *H1V*, chap. XI, p. 291 ; Lévi-Strauss, *TT*, p. 405.

11 J. de Léry, *H1V*, chap. XIV, p. 346 ; Lévi-Strauss, *TT*, chap. XXXII, p. 398.

en bonne intelligence entre elles[1], dans l'allusion discrète et amusée à l'homosexualité des jeunes Indiens[2], ou bien dans les noms de baptême tirés d'objets ou d'animaux familiers[3].

La proximité ne se limite pas à l'univers « objectif » des Indiens, identique, ou presque, malgré l'écoulement des siècles et la catastrophe de la conquête et du génocide ; elle s'étend au domaine subjectif de l'émotion. Le *caouin* de mil ou la *chicha* de maïs est toujours « intermédiaire entre la bière et la soupe », et sa dégustation s'accompagne d'une répugnance instinctive[4]. Les chants cadencés des Indiens procurent à quatre siècles d'intervalle le même ravissement. C'est pour Lévi-Strauss comme pour Léry une joie sans mélange et « un émerveillement de les entendre[5] ». L'admiration pour les danses est ressentie avec une intensité toute particulière par le second qui parle de « l'éblouissant cotillon métaphysique » des Bororo[6]. Le chapitre XVII de l'*Histoire d'un voyage*, qui nous fait pénétrer dans l'intimité heureuse de la famille Tupinamba, annonce, par-delà l'*Émile* de Rousseau, l'extraordinaire idylle Nambikwara décrite dans le chapitre « En famille » de *Tristes Tropiques*[7]. Dans les deux cas, l'attirance sexuelle agit avec force sur l'observateur, qui invoque, pour sa défense, la pudeur paradoxale du nu indigène, y compris dans les plus tendres ébats[8]. « Le plaisir recherché paraît moins d'ordre physique que ludique et sentimental », écrit par exemple Lévi-Strauss. Ayant à subir l'insolent et frais voisinage des jeunes filles Nambikwara, ce dernier a toutefois la franchise de dire qu'il est difficile parfois de garder son sang-froid[9]. Léry, en pareil cas, se retranchait derrière une impassibilité de principe, détournant *in extremis* l'attention du lecteur sur le spectacle infiniment plus répréhensible des « sucrées » de par-deçà, indécentes quoique vêtues avec recherche[10].

De la sorte, Léry offre par avance à Lévi-Strauss, en plus d'un répertoire d'attitudes et de sentiments, un miroir où l'ethnologue du XXe siècle

1 J. de Léry, *HIV*, chap. XVII, p. 427-428 ; Lévi-Strauss, *TT*, chap. XXIX, p. 360.
2 J. de Léry, *HIV*, chap. XVII, p. 430 ; Lévi-Strauss, *TT*, chap. XXXIV, p. 412.
3 J. de Léry, *HIV*, chap. XVII, p. 431 ; Lévi-Strauss, *TT*, chap. XXVI, p. 317.
4 J. de Léry, *HIV*, p. 247-248 ; Lévi-Strauss, *TT*, p. 383.
5 J. de Léry, *HIV*, p. 403 ; Lévi-Strauss, *TT*, chap. XXII, p. 248.
6 J. de Léry, *HIV*, p. 406 ; Lévi-Strauss, *TT*, chap. XXIII, p. 276.
7 Cl. Lévi-Strauss, *TT*, XXVII, p. 320-336.
8 J. de Léry, *HIV*, p. 437 ; Lévi-Strauss, *TT*, chap. XXVII, p. 326.
9 J. de Léry, *HIV*, chap. XVII, p. 438. *Cf.* Lévi-Strauss, *TT*, chap. XXVII, p. 327.
10 J. de Léry, *HIV*, chap. VIII, p. 234-236.

se reconnaît pas à pas, trouvant dans ce détour par la Renaissance la voie la plus directe vers la sincérité. Tel qu'il s'exprime dans *Tristes Tropiques*, l'amour pour les Indiens du Brésil passe largement par Léry, qui sert tout à la fois d'éclaireur, d'initiateur et presque de grand frère au voyageur moderne.

Le sentiment exprimé face à l'autre n'est pas, il est vrai, toujours aussi euphorique. La méfiance, voire la crainte surgissent à l'occasion par exemple d'un troc où le partenaire indien, soudain, fait montre de mauvaise foi, menace, joint le geste à l'insulte. Mais là encore, il semble que Léry conduise par la main son lointain émule jusqu'à la résolution heureuse du différend[1].

C'est enfin dans la conclusion du voyage, dans ce regard d'après-coup jeté sur l'idylle révolue parmi les Indiens, que Lévi-Strauss se souvient de Jean de Léry. « Je regrette souvent que je ne suis parmi les sauvages [...][2] ». La confidence est sans équivalent dans la littérature des voyages du XVIe siècle, même si on ne peut la dissocier de son contexte moral et polémique. Il s'agit pour Léry de stigmatiser l'ingratitude de la mère-patrie, par le détour du plus lointain et du plus barbare. Il reste que dans leur formulation abrupte, les « regrets » de Jean de Léry ouvrent à un avenir philosophique des plus féconds.

Dans la conclusion de sa leçon inaugurale de 1960, Claude Lévi-Strauss nous invitait tout à la fois à « renouveler » et à « expier la Renaissance », pour « étendre, ajoutait-il, l'humanisme à la mesure de l'humanité[3] ». En récrivant l'*Histoire d'un voyage*, en variant et en amplifiant ce témoignage fondé sur la nostalgie et le remords, *Tristes Tropiques* renouvelle assurément la Renaissance dans sa dimension la plus généreuse. Dans la mesure aussi où elle hérite de l'*Histoire* la part insondable du deuil, l'œuvre seconde reprend le rite d'expiation là où la première l'avait laissé, et le prolonge, le nourrit de toute l'amertume de la mauvaise conscience postcoloniale.

1 J. de Léry, *HIV*, chap. XVIII, p. 467 ; *cf.* Lévi-Strauss, *TT*, chap. XXVIII, p. 346-348. Voir ci-dessus p. 216-221.

2 J. de Léry, *HIV*, chap. XXI, p. 508.

3 Cl. Lévi-Strauss, *Anthropologie structurale II*, p. 44.

VIES PARALLÈLES

De *Tristes Tropiques* à l'*Histoire d'un voyage*, la superposition est d'autant plus facile qu'il y a au départ identification de deux destins. Lévi-Strauss s'est montré sensible aux hasards qui l'ont fait à plusieurs reprises croiser l'aventure terrestre de Léry. Il le confesse, dans son entretien-préface à l'*Histoire d'un voyage* :

> [...] j'ai l'impression d'une connivence, d'un parallélisme, entre l'existence de Léry et la mienne. Je l'ai ressenti, dès le début, et cela n'a fait que se développer au fil des années. Léry part pour le Brésil à vingt-deux ou vingt-trois ans ; j'en ai vingt-six quand j'entreprends le même voyage. Léry attend dix-huit ans avant de rédiger son *Voyage* ; j'en attends quinze avant d'écrire *Tristes Tropiques*. Dans l'intervalle, pendant ces dix-huit années pour Léry, ces quinze pour moi, que s'est-il passé ? Pour Léry : les guerres de Religion, les désordres de Lyon, de la Charité-sur-Loire, le siège de Sancerre – qu'il a vécu et sur lequel il a écrit un livre. Et pour moi : la Seconde Guerre mondiale, également la fuite devant les persécutions[1].

On observe une sorte de chiasme existentiel entre ces deux vies : d'un côté un huguenot qui se prenait pour un Juif de l'ancienne alliance, reclus au désert et y faisant l'expérience mystique de son élection ; de l'autre, un Français d'origine juive qui aurait voulu être ce huguenot du XVIe siècle, exilé loin de l'Europe déchirée et réfugié en pays sauvage. Entre le protestant de la Renaissance et le Juif d'aujourd'hui, les tragédies renouvelées de l'Histoire assurent, bien plus qu'une connivence, une parenté profonde de destins. Les guerres de Religion, dont la violence a culminé dans la nuit de la Saint-Barthélemy, et l'Holocauste, ou plutôt la destruction des Juifs d'Europe par les nazis, représentent, en dépit de la différence d'échelle, les traumatismes jumeaux qui ont traversé ces vies parallèles et secrètement apparentées par-delà l'intervalle des siècles. D'où l'« intimité » que Lévi-Strauss découvre dans son rapport à Léry. Pour l'un comme pour l'autre, le voyage au Brésil apparaît rétrospectivement comme une expérience initiatique, une brève escale dans un semblant de paradis avant les désillusions et les épreuves de l'Histoire.

1 Cl. Lévi-Strauss, « Sur Jean de Léry », préface citée, p. 7.

Sans doute le parallélisme est-il un peu truqué. Lévi-Strauss dispose par rapport à Léry d'un surplomb temporel qui lui ouvre un plus large champ d'investigation et une perspective critique plus lucide. Ce surplomb de quatre siècles constitue un avantage épistémologique non négligeable. En vérité, les vies parallèles de Léry et de Lévi-Strauss s'inscrivent dans un rapport d'inclusion : Lévi-Strauss s'identifie à un calviniste du XVIe siècle qui se prenait lui-même pour un Juif du deuxième millénaire avant Jésus-Christ. En découvrant son « intimité » avec Léry, en remontant, de conserve avec lui, vers le temps mythique de l'Ancien Testament et en communiant avec ce « Juif imaginaire », ce « circoncis spirituel », au sens de l'apôtre Paul, Claude Lévi-Strauss redécouvre ses véritables origines, cette famille juive de Versailles qu'il évoque très pudiquement dans quelques-uns de ses derniers livres. En d'autres termes, Léry est pour Lévi-Strauss la médiation et le détour qui le ramènent à lui-même, ou plutôt à un avant lui-même, à la préhistoire collective de son histoire individuelle.

Étant donné cette « intimité » de fond, les disparités n'en prennent que plus de relief et, serait-on tenté de dire, de signification. Les désaccords apparents entre Léry et Lévi-Strauss portent sur l'écriture et sur l'image. On a vu plus haut que leurs « leçons d'écriture » s'opposaient diamétralement dans leurs conclusions respectives. À l'éloge de l'écriture, invention quasi divine, chez Léry, répondait chez Lévi-Strauss un véritable réquisitoire[1].

L'IMAGE, DU PLEIN AU VIDE

Mêmes divergences sur le rôle et le pouvoir de l'image. Accusant la paresse de son coreligionnaire Jean Gardien le mal nommé, Léry regrette de n'avoir pas constitué au Brésil de dossier iconographique. Comment son lecteur pourra-t-il reconnaître ce que lui seul a vu – de ses propres yeux vu, cette *évidence* qui passe toute description ? Lévi-Strauss, au contraire, comme tout ethnologue compétent, a fait provision d'images. Il a filmé et photographié tant et plus durant ses divers séjours brésiliens, des « bouts de film » de format 8 mm et « quelque trois mille négatifs »,

1 Voir ci-dessus le cinquième chapitre : « Le livre du monde », p. 123-130.

parmi lesquels il a sélectionné, pour les publier, cent quatre-vingts clichés en noir et blanc. Mais pas plus que Léry, il n'est satisfait du résultat. Cette surabondance aboutit là aussi à une déception. C'est ainsi qu'il constate, au seuil de l'album *Saudades do Brasil*, titre intraduisible que l'on pourrait rendre par « nostalgies du Brésil », et qui est un hommage indirect au compositeur Darius Milhaud :

> Regardées à nouveau, ces photographies me laissent l'impression d'un vide, d'un manque de ce que l'objectif est foncièrement impuissant à capter[1].

Le cliché photographique, loin de restituer la vie même, accuse un manque, dénonce une absence et pour tout dire fonde une imposture. Les clichés ne sont pas un fragment d'expérience miraculeusement échappé au travail destructeur du temps, ils n'en sont que les indices, des indices arrachés à leur contexte et de la sorte étrangement mutilés :

> Indices d'êtres, de paysages et d'événements dont je sais encore que je les ai vus et connus ; mais après si longtemps, je ne me souviens plus toujours où ni quand. Les documents photographiques me prouvent leur existence, sans témoigner pour eux ni me les rendre sensibles[2].

On pourrait croire qu'à cet égard, tout comme pour la leçon d'écriture, Léry et Lévi-Strauss pensent au rebours l'un de l'autre. Léry fait l'éloge de l'écriture, qui est mémoire et puissance ; Léry estime que l'image est l'auxiliaire indispensable du texte dans la conservation du passé et, ce qui revient au même, du lointain. Au contraire Lévi-Strauss jette le discrédit sur l'écriture, moyen de tromperie et d'oppression, et récemment, dans son dernier livre, qui est pourtant un livre d'images, il dénonce « l'imagerie muette » de clichés sans signification et sans substance.

Or dans toute l'œuvre de Claude Lévi-Strauss, il n'y a sans doute pas de livre plus « écrit » que *Tristes Tropiques* qui dénonce l'imposture fondamentale de l'écriture. Quant au dossier iconographique réuni dans *Saudades do Brasil*, il est difficile d'acquiescer au dire de l'auteur et photographe, selon lequel « l'objectif est foncièrement impuissant à capter » la réalité indigène.

1 Cl. Lévi-Strauss, *Saudades do Brasil*, p. 9.
2 *Ibid.*

Il serait pourtant trop simple de ne voir là que purs paradoxes. Les divergences entre les deux écrivains sont réelles, mais elles reflètent moins une opposition que des nuances d'interprétation à partir d'un même constat fondamental. La mort, inexorablement, fait son œuvre. Mort de l'individu, mort des peuples, mort de l'espèce tout entière. De la vie lointaine, mystère tout juste entrevu, ni l'écrit ni l'image, que cette dernière soit dessinée, gravée ou impressionnée par la lumière, ne sauraient retenir l'essence fugitive. Au regard de ce que nous dit Lévi-Strauss, la confiance que Léry place dans l'écriture et dans le « pourtrait » crayonné sur le vif nous paraît à tout le moins exagérée.

La vérité est que, s'agissant de l'écriture et de l'image, les deux auteurs ne parlent pas de la même chose, ce qui explique que l'un en attende tellement, et l'autre, au contraire, si peu. L'écriture, pour le réformé Léry, comporte la promesse d'une rédemption. Elle est déjà, si l'on peut dire, la résurrection en marche. Loin de se borner à la lettre qui tue, comme dans les missives que les conquistadors espagnols s'adressent l'un à l'autre, et qui condamnent à son insu l'indigène qui les transmet[1], l'écriture est portée, inspirée, emplie et débordée par l'esprit qui vivifie. Pour Claude Lévi-Strauss, du moins dans le chapitre déjà étudié de *Tristes Tropiques*, l'écriture assujettit les âmes et ouvre la voie à la servitude des corps.

Quant à l'image, elle n'est pas non plus de même nature ici et là. Léry pense à une copie fidèle de la réalité, non point par un procédé mécanique comme la photographie, mais par le processus médiat de la miniature et du trompe-l'œil. Les seules images dont un homme du XVIe siècle pût disposer étaient des reconstructions plutôt que des reproductions du réel. La part de l'intellection y était dominante, alors qu'elle est toujours sommaire dans la technique photographique[2]. Les images dont Léry aurait voulu s'aider dans sa « démonstration » du Brésil ne pouvaient être des instantanés ; elles résultaient nécessairement de la médiation d'une intelligence et d'un savoir-faire, si imparfaits fussent-ils. De sorte qu'elles offraient comme des synthèses approximatives de l'objet, mais des synthèses pleines, si l'on peut dire, à l'inverse des indices mutilés rassemblés dans l'album photographique de l'ethnologue.

1 Voir à ce sujet l'anecdote résumée par J. de Léry, *H1V*, chap. XVI, p. 381, d'après Francisco Lopez de Gomara. *Cf.* la note 1 de la même page.

2 J'emprunte ces distinctions à Cl. Lévi-Strauss, *Regarder, écouter, lire*, Paris, Plon, 1993, p. 32-33.

Telles qu'on peut les découvrir dans les ouvrages d'André Thevet par exemple, et telles que Léry les a maladroitement annexées dans la seconde édition de son *Histoire d'un voyage*, ces synthèses d'objets, de personnages, de scènes, quelque approximatives qu'elles nous paraissent aujourd'hui, étaient pénétrées d'humanité. Je pense notamment à « l'Haüt » de Thevet, l'aï ou paresseux, à la « figure douce, rêveuse », au sourire presque enfantin[1] – cet Haüt que Léry représente ricanant, sous un avatar diabolisé, dans le paysage de « l'Enfer brésilien » peuplé de démons en tout genre[2]. Résultat d'un bricolage plus ou moins abouti, ces images accomplissaient « l'union du sensible et de l'intelligible[3] ». Elles produisaient un effet de présence tout différent de ces bribes de vies et de postures immobilisées et multipliées dans leur figement par l'objectif de l'ethno-photographe.

SAUDADES DO BRASIL

Léry et Lévi-Strauss se rejoignent en définitive dans cette quête rétrospective d'une présence abolie. L'un se place depuis l'éternité du Salut, qui sera confirmé aux derniers temps, lors du Jugement ; l'autre au seuil du « rien » qui un jour, inévitablement, résumera l'histoire humaine, quand « d'une planète elle aussi vouée à la mort », quelque part dans les remous d'un cosmos immuable et silencieux, l'homme aura disparu. De toute l'histoire des hommes, des croisements de leurs races et des traces de leur art, il ne restera rien. Dernier mot des *Mythologiques*[4], ce « rien » n'est ni le *nada* des mystiques espagnols ni le *nihil* de la théologie négative. C'est le « quelque chose » ; c'est la chose même, sans être et sans forme, inerte. La puissante et large symphonie des *Mythologiques* se clôt comme se concluait l'*Essai sur l'inégalité des*

1 Planche de la *Cosmographie universelle* d'André Thevet, t. II, f. 941 r°. Le commentaire est de Gustave Flaubert, *Carnet 16*, conservé à la Bibliothèque historique de la Ville de Paris. La planche est reproduite dans F. Lestringant, *André Thevet, cosmographe des derniers Valois*, Genève, Droz, 1991, p. 337.

2 J. de Léry, *H1V*, chap. XVI, p. 383, figure 20.

3 Cl. Lévi-Strauss, *Regarder, écouter, lire*, p. 32.

4 Cl. Lévi-Strauss, *L'Homme nu. Mythologiques IV*, Paris, Plon, 1970, p. 621.

races humaines de Gobineau, par le spectacle « d'un monde au visage désormais impassible », sans avenir, sans passé et dès lors sans signification[1]. Tel est le néant blanc fantasmé par Gobineau ; tel encore le non-être inéluctable que Lévi-Strauss considère quant à lui avec une sérénité toute lucrétienne. Le pessimisme de Léry l'amenait à lire dans leurs mythes cosmogoniques l'annonce apocalyptique faite aux Indiens ; le pessimisme de Lévi-Strauss le fait porter sur la terre sans hommes un regard d'une sombre sérénité.

Mais Léry dans la troisième édition de 1585 ajoute cinq portées musicales, pour faire résonner jusqu'aux oreilles du lecteur de France et de Suisse l'étendue sonore d'un monde perdu. Et Lévi-Strauss, au soir d'une carrière bien remplie, « révèle », presque au sens photographique du terme, les archives visuelles de ses missions d'avant-guerre au Brésil.

Il faut tout le vertige de la mélancolie pour faire revenir au jour, depuis cet horizon de mort – que cette mort soit l'entrée dans la vraie vie ou dans le pur néant –, la présence éphémère et fascinante de l'autre. Or c'est toujours un corps qui revient, et le cortège d'images, de sons, de sensations qui l'accompagne. Plus forte et plus insistante que l'épreuve photographique, chez Lévi-Strauss, l'odeur de la créosote, imprégnant les carnets de notes du voyageur, rend immédiatement présentes, après plus d'un demi-siècle, « les savanes et les forêts du Brésil central, composante indissociable d'autres odeurs, humaines, animales et végétales, et aussi de sons et de couleurs[2] ».

Ce phénomène de brusque réminiscence et la synesthésie qui l'accompagne rappellent inévitablement la trop fameuse madeleine de Proust. La madeleine de l'ethnologue, ce serait la peu comestible créosote, ce liquide huileux, transparent, désinfectant, composé de phénol et de crésol, dont on enduit les cantines « pour les protéger des termites et de la moisissure ». L'étymologie indique utilement que la créosote conserve : formée des mots grecs *kréas*, la « chair », et *sôzein*, « sauver », la créosote, littéralement, retient la chair sur la voie inéluctable de la pourriture. Métaphoriquement ici, elle empêche le passé de disparaître. Elle rappelle à la vie le spectre charnel des peuples assassinés.

---

1 Cette filiation a été reconnue – et même revendiquée – par Cl. Lévi-Strauss dans *Regarder, écouter, lire*, p. 147-148.

2 Cl. Lévi-Strauss, *Saudades do Brasil*, p. 9.

Pour le lecteur peu familier de l'ethnologie brésilienne, l'odeur de créosote évoque, non sans humour, *La Recherche du temps perdu*, que Lévi-Strauss s'est plu ailleurs à commenter[1]. Mais pour le connaisseur des choses du Brésil, elle ramène une fois de plus à Jean de Léry, ce qui, bien sûr, n'exclut pas Proust. Il y a, dans l'*Histoire d'un voyage*, la notation, tout à fait exceptionnelle au XVIe siècle, d'une correspondance olfactive. La farine de manioc crue, avec le suc blanc qui en sort, « a la vraye senteur de l'amidon, fait de pur froment long temps trempé en l'eau quand il est encore frais et liquide[2] ». Léry ne se contente pas de faire le rapprochement, suivant l'habituel va-et-vient critique entre le par-deçà et le par-delà. Il a d'abord expérimenté l'analogie avant d'en poser les termes :

> tellement que depuis mon retour par-deçà m'estant trouvé en un lieu où on en faisoit, ce flair me fit ressouvenir de l'odeur qu'on sent ordinairement és maisons des sauvages, quand on y fait de la farine de racine[3].

Le Brésil sauvage surgit par un jour de grande lessive dans un village de Bourgogne. La réminiscence lie ce qui devrait être séparé. Instantanément elle fait communiquer et confond le par-deçà et le par-delà, l'hier et l'aujourd'hui, abolissant tout intervalle, réparant toute perte, suscitant une plénitude inouïe. Cette expérience d'ordre métaphysique, qui sera celle de *La Recherche*, est déjà, dans certaines limites, celle de l'*Histoire d'un voyage*.

À deux différences près toutefois : c'est que la fusion n'unit pas seulement deux temps, mais aussi deux espaces séparés, deux mondes situés à des mois de navigation l'un de l'autre. Et que cette euphorie soudaine n'est pas interprétée spontanément comme une promesse d'éternité. Pour Léry, la seule éternité vient de Dieu, comme le rappelle l'invocation finale de l'*Histoire*, tirée du cantique d'Anne, mère de Samuel, le prophète et juge d'Israël :

> Ne puis-je pas bien dire, avec ceste saincte femme mere de Samuel, que j'ay experimenté que l'Eternel est celuy qui fait mourir et fait vivre ? qui fait descendre en la fosse et en fait remonter ? ouy certainement, ce me semble aussi à bonnes enseignes qu'homme qui vive pour le jourd'huy[4].

1 *Ibid.*, p. 9-11.
2 J. de Léry, *H1V*, chap. IX, p. 238.
3 *Ibid.*
4 *Ibid.*, chap. XXII, p. 550.

Le phénomène de la mémoire involontaire, chez Léry, n'entraîne ni salut ni espérance, seulement la joie indéfiniment répétée et toujours inexhaustible du ressouvenir. Son bénéfice se situe sur un plan purement humain et terrestre. La dilatation de l'être qui l'accompagne procure un état de bonheur instantané, mais sans conséquence aucune pour la suite de la vie. Replié sur l'origine, au lieu de s'orienter vers l'avenir, ce bonheur accuse une perte irréversible, et se borde d'un liseré de tristesse. Même joie, légèrement obombrée de deuil, quand le narrateur, au comble de l'émotion – « le cœur m'en tressaillant » –, croit entendre la mélopée des danseurs chantant leurs mythes d'origine[1].

Cette illusion de présence n'est pas bornée au seul instant ; elle se prolonge et s'installe dans la durée. À force de contempler les sauvages, « les grands et les petits », Léry les voit toujours, à présent qu'il s'est éloigné d'eux :

> m'estant advis que je les voye tousjours devant mes yeux, j'en auray à jamais l'idée et l'image en mon entendement[2].

L'*Histoire d'un voyage* entretient cette rémanence, elle en élargit le bénéfice à autrui. L'hallucination du style produit entre narrateur et lecteur une émotion partagée, mais ce bonheur n'est véritablement appréciable que depuis le balcon du ciel, depuis ce hors-champ et ce hors-lieu qu'est le salut éternel, d'où l'on a vu que l'Indien est pratiquement exclu. De sorte qu'il y a, chez Léry comme plus tard chez Lévi-Strauss, une beauté du mort. Le monde des Nambikwara est un monde perdu, de même que l'Amérique de Léry est le Nouveau Monde dévasté qu'ont peint Las Casas et Théodore de Bry, un monde détruit par les Espagnols, reconquis à l'idolâtrie sous son avatar catholique et de toute manière promis à la perdition imminente, selon la prophétie de l'ange. C'est à ce prix que l'on peut contempler de loin, et dans toute sa fragilité préservée par la mémoire, le corps perdu de l'Indien. Son « nu perdu », pour parler comme René Char[3].

1 *Ibid.*, chap. XVI, p. 403. Voir ci-dessus le sixième chapitre, p. 160-165.
2 *Ibid.*, chap. VIII, p. 233-234.
3 René Char, *Le Nu perdu*, Paris, Gallimard, 1971.

CORPS MYSTIQUE, CORPS SAUVAGE

Michel de Certeau, lecteur de Jean de Léry

Michel de Certeau lecteur de Jean de Léry[1] poursuit à son tour la quête du nu perdu. Dans *L'Écriture de l'Histoire*, ouvrage publié en 1975, il a donné ce qui reste à ce jour l'analyse la plus pénétrante consacrée à Léry[2]. Dans ce modèle d'essai historique « entre psychanalyse et fiction[3] », Certeau convoque les autorités les plus hétéroclites en apparence, de Jacques Lacan à Marguerite Duras, en passant par Claude Lévi-Strauss, pour décrire le surgissement de l'écrit face à l'oralité du sauvage. L'*Histoire d'un voyage* de Léry serait en ce sens l'acte de naissance de l'ethnographie. Léry tente de confisquer la parole de l'autre, de la ravir et de la renfermer dans l'écrin idolâtrique du livre, tout en la perdant irrémédiablement. Ce scénario de la jouissance et de la perte, de la possession éphémère et du deuil interminable qui en résulte, s'aggrave des tribulations du corps mystique de l'Église chrétienne.

Outre la fameuse « leçon d'écriture », en ses deux avatars que séparent, de Léry à Lévi-Strauss, quatre siècles, et que l'on a commentée plus haut[4], le principal point mis en lumière par Michel de Certeau dans sa lecture de l'*Histoire d'un voyage* est celui du corps et de la rémanence. C'est là peut-être que l'analyse pèche par omission – ou du moins par une étonnante ellipse qui oblige à lire entre les lignes de cette première

1 Une première version de ce chapitre a paru sous le titre « Lectures croisées de Jean de Léry : à propos du "bréviaire de l'ethnologue" » dans *Michel de Certeau. Les chemins d'histoire*, sous la direction de Christian Delacroix, François Dosse, Patrick Garcia et Michel Trebitsch, Paris Éditions Complexe, 2002, p. 55-75.

2 M. de Certeau, *L'Écriture de l'histoire*, Paris, Gallimard, 1975, p. 215-248 : « Ethno-graphie. L'oralité, ou l'espace de l'autre : Léry ».

3 M. de Certeau, *Histoire et psychanalyse entre science et fiction*, présentation de Luce Giard, Paris, Gallimard, « Folio essais », 1987.

4 Voir ci-dessus p. 125-130.

étude une interprétation qui sera livrée à découvert quelques années plus tard, dans quelques brèves et denses pages de *La Fable mystique*, en un tout autre contexte[1]. Il est un fait que la naissance de l'ethnographie croise chez Léry la controverse eucharistique, débat théologique central qui va bientôt plonger la France dans les guerres de Religion et la chrétienté tout entière dans un schisme durable. L'aventure du jeune Léry dans le Brésil des années 1555-1560 se déroule parallèlement à un débat sanglant sur l'interprétation du sacrement. Dans l'île Coligny, calvinistes et catholiques disputent à perte de vue sur la Présence réelle du Christ dans les espèces de la communion. À l'arrière-plan, d'authentiques anthropophages, que l'on imagine incrédules et surpris, attendent patiemment la conclusion de cette dispute surréaliste en apparence, auquel un roman récent vient de rendre sa savoureuse et dramatique incongruité[2].

Dans *La Fable mystique*, le rapprochement est suggéré en une incise fulgurante, comme en passant. La révolution symbolique qui s'opère ou, plus exactement, qui s'achève au XVIe siècle avec le temps des Réformes, affecte simultanément la communication linguistique et la communication du sacré, en un mot la communion. Retracée par Michel de Certeau d'après les travaux du père de Lubac[3], cette révolution symbolique commence après le milieu du XIIe siècle, lorsque l'expression de « corpus mysticum » cesse de désigner l'Eucharistie, pour s'appliquer à l'Église. Le corps mystique, ce sera donc l'Église invisible du Christ auquel renvoient ces corps visibles que sont du côté catholique le sacrement, du côté protestant le corps des Écritures, le *corpus* des deux Testaments. De la sorte, deux corps « objectifs », deux *vrais* corps, hostie catholique et Bible protestante, rivalisent et se font concurrence dans la manifestation d'un troisième corps caché, un corps secret, le corps mystique de l'Église qui coïncide avec celui du Christ ressuscité. D'où, sous la plume de Michel de Certeau, la comparaison lapidaire, inattendue, lumineuse : « C'est désormais grâce au corps lisible des origines et/ou au signe visible de l'Eucharistie qu'un corps mystique ecclésial doit être inventé, *comme il y aura invention du Nouveau Monde*[4] ».

1 M. de Certeau, *La Fable mystique (XVIe-XVIIe siècles)*, Paris, Gallimard, 1982, p. 107-114.
2 Jean-Christophe Rufin, *Rouge Brésil*, Paris, Gallimard, 2001.
3 Henri de Lubac, *Corpus mysticum*, Paris, Aubier, 2e éd., 1949.
4 M. de Certeau, *La Fable mystique*, *op. cit.*, p. 114. C'est moi qui souligne.

Retenons au passage que la Réforme protestante insiste sur le scriptible et donc le lisible, alors que la Réforme catholique ou Contre-Réforme réaffirme avec force le privilège du visible, privilège nulle part plus évident que dans le geste d'ostension par le prêtre du Saint-Sacrement aux yeux des fidèles.

Il se trouve que dans le Brésil de Jean de Léry ces deux « inventions », géographique et mystique, sont simultanées. Mais alors que le Nouveau Monde des cartographes se rencontre en sa présence charnelle et substantielle, le corps de l'Église en est encore à se chercher et à se perdre. Tout le chapitre VI, le plus long de l'*Histoire d'un voyage faict en la terre du Bresil* dans sa version originale, rapporte précisément la controverse eucharistique qui déchire la colonie française et en précipite la perte. Sans doute *L'Écriture de l'Histoire* évoque-t-elle « les débats théologiques dont le fort de Coligny, dans la baie de Rio, fut le théâtre[1] », mais elle n'en précise pas la nature. Si clair, si précis jusqu'alors, l'exposé devient tout à coup allusif. Par une ellipse qui est contournement ou saut par-dessus l'obstacle, et où il est difficile de ne pas voir l'effet d'une censure, Certeau passe immédiatement aux conséquences ou aux symptômes d'une controverse ici sans nom et sans objet apparent, innommée, parce que peut-être innommable. Au lieu de réunir et de remembrer la communauté des chrétiens isolés aux extrémités de la terre, « l'île Coligny, médiation entre l'ancien et le nouveau monde, est un lieu où règnent la division et *la confusion des langues*. C'est Babel dans l'entre-deux de l'Univers[2] ». Magnifique formule, que l'absence de contexte rend quelque peu énigmatique. Pourquoi tant de bruit et de fureur, et pour finir la mort de trois « martyrs » huguenots, précipités les fers aux pieds au fond de la baie de Rio ?

Le fait est que Babel est la conséquence, et en même temps l'envers, d'une Pentecôte ratée. Car si dans la minuscule enclave française du Brésil – une enclave insulaire coupée du continent d'arrivée comme elle l'est du continent de départ –, le langage n'a plus d'ancrage dans la réalité, s'il est « pris dans les retournements indéfinis d'un leurre », comme le dit très justement Michel de Certeau[3], c'est bien parce que la question du sens, qui est centrale dans le débat sur la Présence réelle,

1 M. de Certeau, *L'Écriture de l'Histoire*, p. 231.
2 *Ibid.*, p. 232. Le soulignement, cette fois, est dans le texte original.
3 *Ibid., loc. cit.*

aboutit à une impasse. Deux positions inconciliables ont surgi en vis-à-vis : d'un côté celle du catholique Villegagnon, le chef de la colonie, lequel, à en croire Léry, veut manger la chair de Jésus-Christ « grossierement, plustost que spirituellement », et, qui plus est, la « mascher et avaler toute crue[1] » ; de l'autre, celle des ministres réformés, Richer et Chartier, qui « enseignent et prouvent par la parole de Dieu » – je cite toujours Léry – « que le pain et le vin ne [sont] point réellement changez au corps et au sang du Seigneur, lequel aussi n'[est] pas enclos dans iceux, ains que Jesus Christ est au ciel, d'où, par la vertu de son sainct Esprit, il se communique en nourriture spirituelle à ceux qui reçoivent les signes en foy[2] ».

Bien sûr, Jean de Léry caricature la position catholique ; bien sûr, il blasphème. Et ce saint blasphème qui renvoie à l'horreur de l'idolâtrie le dogme honni de l'adversaire[3], a inévitablement choqué Michel de Certeau, homme d'Église et membre d'un ordre religieux, et quand bien même en congé de son ordre, quand bien même critique par rapport à sa hiérarchie, jusqu'au bout membre militant de cette Église et de cet ordre. Là est en effet le nœud de l'affaire ; là réside la clef de l'*Histoire d'un voyage*. « Il n'y a écriture que là où le signifiant peut être isolé de la présence », écrit Certeau[4]. Précisément, la conception calvinienne du signe, héritée de saint Augustin, souligne cet isolement et ce hiatus. Comme le leur reprocheront plus tard les auteurs de la *Logique de Port-Royal*, Calvin et les calvinistes ont tendance à conclure de la présence du signe à l'absence de la chose signifiée[5]. Autrement dit, pour Calvin, il n'y a signe que là où la chose est absente. S'agissant de l'Eucharistie, la conséquence est immédiate : le corps de Jésus-Christ ne saurait être présent, sous peine de scandale, dans les espèces de la communion. Pour qu'ils fonctionnent comme signes, le pain doit rester pain, le vin doit rester vin, et non pas se transsubstantier en corps et en sang du Christ. Faute de quoi, en effet, il n'y aurait plus sacrement, mais une répugnante boucherie de chair humaine, de celles que les Espagnols

---

1 J. de Léry, *HIV*, chap. VI, p. 177.

2 *Ibid.*, p. 175-176.

3 F. Lestringant, *Une sainte horreur, ou le voyage en Eucharistie*, Genève, Droz, 2012, chap. III-V, p. 87-174.

4 M. de Certeau, *L'Écriture de l'Histoire*, p. 225.

5 Antoine Arnauld et Pierre Nicole, *La Logique ou l'art de penser*, I, IV (addition de 1683 ; éd. critique de P. Clair et F. Girbal, Paris, Vrin, 1981, p. 53).

établirent au Nouveau Monde durant la Conquête pour nourrir leurs alliés indiens[1]. « Sujet obsessionnel », et nulle part plus obsessionnel que chez Jean de Léry, l'anthropophagie n'est pas seulement le thème central de la future ethnologie, comme le remarque Michel de Certeau[2], elle est au cœur du différend mortel opposant au sujet de l'Eucharistie catholiques et réformés.

À vrai dire, l'anthropophagie permet à Léry de confondre catholiques et cannibales dans la même condamnation, de coudre ensemble ces deux horreurs et de les jeter dans le même sac. Ou plutôt le cannibalisme des Indiens sert de terme de comparaison pour dénoncer d'autant plus vivement la perversion pire du catholicisme. Non seulement, par rapport aux religions primitives, le christianisme dans sa variante romaine et « papiste » ne marque aucun progrès, mais il représente le comble de la régression. Le catholique mange cru le Dieu incarné, alors que l'Indien du Brésil cuit au moins son ennemi avant de le manger !

De la dissociation du signe et de la chose signifiée[3] résulte une bien étrange conséquence – sauf pour les catholiques, bien sûr, qui agglutinent les mots aux choses et l'esprit à la chair : le symbole chasse le réel. Cela est vrai non seulement de la Cène calviniste, d'où Jésus-Christ est absent en corps, mais aussi de l'anthropophagie rituelle des Tupinamba, telle que la représente Léry. Dans les villages indiens du Brésil, lors du sacrifice des prisonniers, de la même manière que dans les temples de la nouvelle religion, lorsque les fidèles sont réunis autour de la sainte table et que le pain et la coupe passent de main en main, le sang n'est pas du sang, mais un signe, la chair n'est pas viande, mais une métonymie de viande. De ce point de vue, Calvin et son disciple Léry sont saussuriens avant la lettre. Nul hasard si le Suisse Ferdinand de Saussure, l'auteur du *Cours de linguistique générale*, était de religion calviniste[4].

---

1 Voir sur ce point la planche de Théodore de Bry illustrant la *Narratio regionum Indicarum* traduite de Las Casas (Francfort, 1598) ; reproduite dans *Une sainte horreur*, chap. VII, p. 256, et commentée p. 259-260.

2 M. de Certeau, *L'Écriture de l'Histoire*, p. 242.

3 Cette dissociation a été relativisée par Andrea Frisch, qui souligne au contraire le lien analogique qui existe dans la théologie de Calvin entre nourriture terrestre et nourriture spirituelle. Voir Andrea Frisch, « In a Sacramental Mode : Jean de Léry's Calvinist Ethnography », *Representations*, nr 77, Winter 2002, p. 82-106, et notamment p. 88-89.

4 M. de Certeau, *L'Écriture de l'Histoire*, p. 233, suggère furtivement ce lien, à propos d'une question connexe, qui est celle de la traduction : « *L'opération* traductrice ne rend plus nécessaire, Calvin le suggérait déjà, la réduction des langages à une langue première

Que, sous l'influence du repas eucharistique, le banquet rituel des Indiens puisse être interprété comme un processus de signification n'empêche pas qu'il soit effectivement consommé. N'en déplaise à Léry, le signe, à ce moment, coexiste avec la chose et lui est étroitement joint. Tel n'est pas le moindre scandale que cette jointure ou ce « mélange ». Le dogme réformé a beau rejeter la chair dans la malédiction des origines ; le fait est qu'au Brésil ce corps refoulé est partout, au cœur des pratiques religieuses, au centre des banquets festifs, et que dans chaque moment de la vie quotidienne il se manifeste sans détour et sans voile.

Il en va alors du sacrement comme du cannibalisme rituel et du cannibalisme comme de la nudité. On sait la place que Michel de Certeau a accordée dans son commentaire à la figure de l'Indienne rejetant tous vêtements et courant nue dans la nuit étoilée : « La nudité de ces femmes de nuit folles de plaisir est une vision très ambivalente. Leur sauvagerie fascine et menace », observe-t-il[1]. Secouée de spasmes lors de la danse chamanistique du tabac, la même Indienne échevelée et nue mange le prisonnier qu'elle a eu pour amant : « Cette sauvage répète le fantasme occidental des sorcières dansant et criant de nuit, ivres de plaisir et dévoreuses d'enfants[2] ».

Tout est fait, dans l'éloquente démonstration de Léry, pour tenir à distance ces anatomies avenantes d'Indiennes rieuses et dont la plastique ne laisse rien à désirer. « Car la nudité n'est pas seulement un état, c'est un message », écrit le sociologue Jean-Didier Urbain à propos des exhibitions balnéaires d'aujourd'hui : « elle se dit tout autant qu'elle se montre[3] ».

La difficulté pour le jeune Léry, bouillant de ses vingt-trois ans, mais déjà tenu en lisières par cette Parole impérieuse qui fera de lui un prédicateur, est qu'il ne possède la clef ni du rire des Indiennes ni de leur peau offerte aux intempéries de l'air comme aux caresses du regard. Pour conjurer cette présence par trop « brutale », il va devoir l'interpréter. Comme le corps de l'autre est trop évidemment nu dans

d'où ils découleraient tous ; elle substitue à l'être-là d'une origine une *transformation* qui se déroule à la surface des langues, qui fait transiter un même sens de langue en langue et qui accordera bientôt à la linguistique, science de ces transformations, un rôle décisif dans toute stratégie récapitulatrice ».

1 *Ibid.*, p. 243.

2 *Ibid., loc. cit.*

3 Jean-Didier Urbain, *Sur la plage. Mœurs et coutumes balnéaires*, Paris, Payot, 1994, p. 296-297.

sa proximité chatoyante, force est de l'écrire, de le couvrir d'écriture comme d'un vêtement. La nudité radieuse de l'Indienne devient le support d'un texte, la cire malléable où inscrire du doigt un message moral ou théologique, le tableau noir de génipat où les lettres blanches de la théologie vont déposer leur sceau rédempteur. Dès lors la nudité n'est plus nue. Elle signifie. Synonyme d'innocence première, elle devient le signe paradoxal de la chasteté et de la décence.

Une page de l'*Histoire* décrit à merveille ce processus d'idéalisation, qui tire de l'altérité un prétexte allégorique. À ceux de ses lecteurs qui pourraient s'indigner de la nudité intégrale et quotidienne des jeunes Indiennes, estimant qu'une telle fréquentation « incite à lubricité et paillardise », Léry est bien aise de répondre

> que les attifets, fards, fausses perruques, cheveux tortillez, grands collets fraisez, vertugales, robbes sur robbes, et autres infinies bagatelles dont les femmes et filles de par-deçà se contrefont et n'ont jamais assez, sont sans comparaison cause de plus de maux que n'est la nudité ordinaire des femmes sauvages[1].

Léry ne s'arrête pas à la nudité réelle de l'autre, qui, de toute évidence, le fascine. Il l'allégorise[2]. Au-delà de « ceste nudité ainsi grossière », comme il dit, il aperçoit autre chose, une signification qu'il reconnaît et où il se trouve en pays de connaissance. La nudité sauvage renvoie à l'habit civilisé et en dénonce l'hypocrite séduction. De la sorte l'exaltation du nu exotique conduit à la satire misogyne des « sucrées » et coquettes de la vieille Europe. Dépassant le choc initial, l'allégorèse ramène aux sentiers battus d'une morale éprouvée. Non seulement le corps insolent de l'Indienne peut être accepté par les censeurs les plus sourcilleux, mais, ce qui importe davantage, il est, sinon innocenté, du moins neutralisé aux yeux mêmes du voyeur et témoin[3].

1 J. de Léry, *H1V*, chap. VIII, p. 234.

2 Je maintiens cette lecture, en dépit des objections d'Andrea Frisch, art. cité, p. 88 (et note 31, p. 102), qui estime que Léry renvoie exactement dos à dos Européennes et sauvagesses, au nom de la modestie requise du chrétien, et de l'égal éloignement de ces deux coutumes vestimentaires par rapport à l'idéal divin. C'est bien ce que le texte dit littéralement, mais le moins qu'on puisse dire est que, ce faisant, Léry esquive un tabou majeur avec une stupéfiante habileté.

3 Sur cette voie moralisatrice, mais néanmoins scabreuse, qu'ouvre Léry et qui conduira aux philosophes des Lumières, le père capucin Claude d'Abbeville, dès le début du siècle suivant, lui emboîte le pas avec une indéniable allégresse, comme en témoignent ces lignes consacrées aux belles de l'île de Maragnan, le Maranhão des Portugais : « Joinct que la

Or le signifié, jamais, n'abolit le signifiant. La nudité des Brésiliennes a beau dire autre chose que ce qu'elle montre, ici et maintenant ; elle n'en subsiste pas moins, intacte, brûlante, tout à la fois révoltante et désirable. De même, il ne suffit pas de dire avec Léry, ou plus tard Montaigne, que le cannibalisme « représente une extrême vengeance[1] ». La représentation ne supprime pas l'acte en tant que tel. S'il en va de l'Eucharistie comme de la nudité, c'est que la chair ici et là impose envers et contre toutes les interprétations son spectacle fascinant. La peur du nu et la hantise de l'idole traduisent au fond le même sentiment ambivalent à l'égard du corps : un corps vivant, une chair ouverte et qui saigne. Le rêve calviniste était de substituer une parole à ce corps. Le code que l'on superpose à l'insultante silhouette de la vierge brésilienne rend compte de cette volonté d'en finir avec le substrat charnel du signe. Telle est en définitive l'intention qui préside à l'interprétation réformée de la Cène comme mémorial.

Mais las ! la chair inexorable revient. Au lieu de lire des caractères sur la rondeur chaude et vivante des êtres, voilà que des chairs tout à la fois savoureuses et répugnantes transparaissent sous les mots, remontent à la surface du sacrement, envahissent le rituel et le ravalent au rang d'une orgie bestiale. Non seulement, par rapport aux religions primitives, le christianisme dans sa variante romaine et « papiste » ne marque aucun progrès, mais il représente en ce sens le comble de la régression.

De cette malédiction, il est toutefois possible de tirer une ressource. La hantise au plan de l'expérience concrète, avec l'échec prévisible du refoulement, devient dans l'ordre esthétique une recherche délibérée et méthodique, promise au succès. Rejetée de la croyance et du rite, la Présence charnelle devient l'enjeu et le but de l'écriture. Mais il n'est plus question du corps lointain du Dieu ressuscité, siégeant au plus haut ciel à la droite du Père. À la place de ce corps décidément et heureusement inaccessible, hors d'atteinte de la morsure des dents et de la souillure du ventre, le corps de l'autre, en l'occurrence celui de l'indigène, est

---

difformité ordinaire ne donne pas peu d'aversion, la nudité de soy n'estant peut estre si dangereuse ny si attrayante que sont les attifets lubriques avec les effrenées mignardises et nouvelles inventions des Dames de par deçà, qui causent plus de pechez mortels et ruinent plus d'ames que ne font les femmes et filles Indiennes avec leur nudité brutale et odieuse » (Claude d'Abbeville, *Histoire de la Mission des Peres Capucins en l'Isle de Maragnan*, Paris, François Huby, 1614, f. 217 r°).

1 Montaigne, *Essais*, I, 31, éd. P. Villey, p. 209.

inscrit au cœur du texte. Ce corps que l'ethnographe mange symboliquement – Michel de Certeau parle à cet égard de la « comestibilité » du sauvage[1] – introduit sans doute la tentation d'une nouvelle idolâtrie, comparable à celle du catholique ingérant l'hostie consacrée qui est le « vrai corps » du Christ. Pour conjurer ce risque, il suffira d'associer à cette présence exotique le deuil et la nostalgie. Laïcisée désormais, la présence est sujette à la mort, attachée à la terre et arrachée au ciel. Le texte ethnographique est un tombeau et un mémorial, non pas un autel.

Dans son étude pionnière de 1975, « Ethno-graphie. L'oralité, ou l'espace de l'autre : Léry », Michel de Certeau relisait Claude Lévi-Strauss à travers Jean de Léry, son lointain prédécesseur et son modèle hautement reconnu. À mon tour et trente ans plus tard, j'ai tenté de retrouver Certeau en Léry et de traquer l'insaisissable corps mystique, qui est tout à la fois la communauté humaine réunie dans une même foi et une même attente, et le symbole tangible du Dieu incarné. Ce corps mystique, chez Léry, s'épuise et se fragmente. En ce qui concerne le sacrement, il se vide de sa substance. La communauté des chrétiens, quant à elle, éclate en discordes théologiques et, pour finir, se disperse. Reste, face au noyau des rares élus qui subsiste en lisière du monde sauvage avant de rembarquer pour l'Europe, le corps irréductible de l'autre, tout à la fois désirable et terrifiant. L'entreprise d'apprivoisement de l'autre par le symbole sera au point de départ du mythe du Bon Sauvage. Mais il aura fallu pour cela négliger la résistance que le corps de l'Indien – et, bien sûr, de l'Indienne – oppose à cette tentative de réduction intellectuelle, résistance que l'*Histoire* de Léry met en scène de manière exemplaire, et dont elle ne vient à bout que sur le mode rétrospectif du souvenir et du récit.

Après toutes ces années et plusieurs livres, je m'aperçois que mon enquête était tout entière contenue au départ dans un chapitre de *L'Écriture de l'Histoire*. Non pas qu'elle se soit bornée à amplifier les denses propositions de ce texte programmatique ; l'essai de Michel de Certeau m'a plus exactement fourni une sorte d'histoire-cadre, comme on dit pour les recueils de nouvelles de la Renaissance. D'entrée de jeu il délimitait un espace structuré et compartimenté où divers scénarios théoriques étaient possibles, où plusieurs trajectoires se dessinaient tantôt en traits

1 M. de Certeau, *L'Écriture de l'Histoire*, p. 242.

étaient possibles, où plusieurs trajectoires se dessinaient tantôt en traits nets, tantôt en pointillé. Surtout il aménageait en son centre un vide fécond, le creux d'une ellipse. De cette « réserve », au sens graphique du terme, c'est-à-dire de cette partie laissée en blanc dans la composition d'origine, s'est levé le fantôme d'une controverse où se jouèrent, en des destins solidaires, l'intelligence du signe et le statut de l'Incarnation.

BIBLIOGRAPHIE

LE TEXTE

Le texte de référence est Jean de Léry, *Histoire d'un voyage faict en la terre du Bresil*, texte établi, présenté et annoté par Frank Lestringant. Précédé d'un entretien avec Claude Lévi-Strauss. – Paris : L.G.F., Le Livre de Poche, « Bibliothèque classique », 1994.

Le texte de base est la « seconde édition » de 1580 (Genève, Antoine Chuppin). L'apparat critique enregistre les variantes et ajouts des éditions ultérieures (1585, 1599-1600, 1611).

AUTRES ÉDITIONS

Léry, Jean de, *Histoire d'un voyage faict en la terre du Brésil*, avec une introduction et des notes par Paul Gaffarel. – Paris : A. Lemerre, 1880, 2 vol. in-8°.
Donne le texte de 1580. C'est cette édition dont procèdent la plupart des rééditions modernes, dont :

Le Voyage au Brésil de Jean de Léry, 1556-1558, avec une introduction par Charly Clerc ; gravures d'un anonyme du XVIe siècle. – Paris : Payot, 1927.
Édition abrégée et modernisée du texte de 1580, d'après Gaffarel.

Reverdin, Olivier, *Quatorze calvinistes chez les Topinambous : Histoire d'une mission genevoise au Brésil (1556-1558)*. – Genève-Paris : Droz-Minard, 1957.
Extraits du texte de 1611, présentés thématiquement.

Journal de bord de Jean de Léry en la terre de Brésil (1557), présenté et commenté par M.-R. Mayeux. — Paris : Éditions de Paris, 1957.
Texte de 1580, modernisé et présenté selon un ordre différent de l'original. Riche iconographie.

Léry, Jean de, *Voyage au Brésil*. Établissement du texte et glossaire de Michel

Contat. Postface de Jean-Claude Wagnières. – Lausanne : Bibliothèque romande, 1972. Texte de 1580, modernisé.

LÉRY, Jean de, *Indiens de la Renaissance : Histoire d'un voyage fait en la terre du Brésil (1557)*. Présentation par Anne-Marie Chartier. – Paris : Épi, coll. « Les Autres », 1972.
Texte modernisé, d'après Gaffarel, des chapitres VIII à XIX.

LÉRY, Jean de, *Histoire d'un voyage fait en la terre du Brésil*. Édition, présentation et notes par Jean-Claude Morisot. Index des notions ethnologiques par Louis Necker. – Genève : Droz, « Les Classiques de la pensée politique », 9, 1975.
Fac-similé du texte de 1580 (« À Geneve, pour Antoine Chuppin »), avec introduction, notes et variantes, bibliographie, glossaire et index.

LÉRY, Jean de, *Histoire d'un voyage fait en la terre de Brésil*. Introduction de Sophie Delpech. — Paris : Plasma, « Mémoire du Nouveau Monde », 1980.
Texte de 1580, modernisé d'après l'édition de M.-R. Mayeux, Paris, 1957. Introduction suggestive.

LÉRY, Jean de, *Histoire d'un voyage fait en la terre du Brésil – 1557*. Préface et épilogue de Frank Lestringant. – Montpellier : Max Chaleil éditeur, « Classiques du protestantisme », 1992.
Texte de 1580, modernisé à partir de l'édition originale. Dossier iconographique incluant les sources et les imitations des gravures de Léry, ainsi que l'ensemble des cartes anciennes de la France Antarctique.

AUTRES RELATIONS SUR LE BRÉSIL

Il est indispensable de placer le témoignage de Léry en regard de celui de son grand adversaire, le cosmographe André Thevet (1516-1592), dont les différentes versions de la relation brésilienne ont été rééditées.

THEVET, André, *Le Brésil d'André Thevet. Les Singularités de la France Antarctique (1557)*. Édition intégrale établie, présentée et annotée par F. Lestringant. Nouvelle édition. – Paris : Éditions Chandeigne, 2011.

THEVET, André, *Les Français en Amérique pendant la deuxième moitié du* XVI*e* *siècle. Le Brésil et les Brésiliens par André Thevet*. Introduction de Charles-André Julien. Choix de textes et notes par Suzanne Lussagnet. – Paris : PUF, « Les Classiques de la colonisation », 1954.
Renferme la majeure partie du livre XXI de *La Cosmographie universelle* (Paris, 1575), qui constitue la version la plus ample et la plus fouillée du

« reportage » brésilien selon Thevet, ainsi que de larges extraits de l'*Histoire de deux voyages* et du *Grand Insulaire* inédits. C'est à la *Cosmographie universelle* que l'*Histoire d'un voyage* de Léry réplique directement.

THEVET, André, *Histoire d'André Thevet Angoumoisin, Cosmographe du Roy, de deux voyages par luy faits aux Indes Australes, et Occidentales (BnF, Ms fr. 15454). Édition critique*, en collaboration avec Jean-Claude Laborie. — Genève : Droz, « Travaux d'humanisme et Renaissance » n° 416, 2006.
L'*Histoire de deux voyages aux Indes Australes et Occidentales*, composée dans les années 1587-1588, est l'ultime riposte de Thevet à Léry. À l'autopsie simple de Léry, Thevet répond en quelque sorte par une autopsie double. Léry n'a pas eu connaissance de ce livre resté à l'état manuscrit.

THEVET, André, *Les Singularités de la France Antarctique*, édition en fac-similé présentée par Jean Baudry. Avant-propos de Pierre Gasnault. – Paris : Le Temps, 1982.

On consultera également :

Anonyme, *Un Flibustier français dans la mer des Antilles (1618-1620).* Manuscrit inédit du début du XVIIe siècle présenté par Jean-Pierre Moreau (Carpentras, Bibl. Inguimbertine n° 590). – Clamart : J.-P. Moreau, 1987, et Paris : Seghers, 1990.

BRUNEAU DE RIVEDOUX, capitaine Jean Arnaud, *Histoire véritable de certains voyages périlleux et hasardeux sur la mer (1599)*, présenté par Alain-Gilbert Guéguen. – Paris : Les Éditions de Paris, 1996.
Le dernier voyage, « Étrange maladie et contagieuse [...] », p. 93-99, a trait notamment au Brésil.

BRY, Théodore de, *Le Théâtre du Nouveau Monde. Les Grands Voyages de Théodore de Bry.* Présenté par Marc Bouyer et Jean-Paul Duviols. – Paris : Gallimard, « Découvertes Gallimard Albums », 1992.
La troisième partie, p. 94-128 (commentaires, p. 196-227), renferme l'iconographie complète de l'*Americae tertia pars* (Francfort, 1592), associant les relations complémentaires de Hans Staden et de Jean de Léry.

La Découverte du Brésil. Les premiers témoignages (1500-1515). – Paris : Chandeigne, 1999. [Témoignages de Pêro Vaz de Caminha, Amerigo Vespucci, Gonneville, etc.]

GONNEVILLE, Binot Paulmier de, *Le Voyage de Gonneville (1503-1505) et la découverte de la Normandie par les Indiens du Brésil*, étude et commentaire de Leyla Perrone-Moisés, traduits par Ariane Witkowski. – Paris : Chandeigne, 1995.
C'est la première relation française sur le Brésil.

La Mission jésuite du Brésil. Lettres et autres documents (1549-1570), édition et traduction de Jean-Claude Laborie, en collaboration avec Anne Lima. – Paris : Chandeigne, 1998.
Point de vue catholique et portugais sur le Brésil et, accessoirement, sur la tentative de colonisation des « luthériens » français au Rio de Janeiro.

MONTAIGNE, Michel de, *Les Essais*, éd. par P. Villey. – Paris : PUF, 1965 et 1978 [chap. I, 31 : « Des Cannibales » ; III, 6 : « Des Coches »].

MONTAIGNE, Michel de, *Le Brésil de Montaigne*. Anthologie préfacée et annotée par Frank Lestringant – Paris : Éditions Chandeigne, 2005.

STADEN, Hans, *Nus, féroces et anthropophages (Marburg, 1557)*, traduction Henri Ternaux-Compans, présentation par Marc Bouyer et Jean-Paul Duviols. – Paris : A.-M. Métailié, 1979, et « Points Seuil », 1990.
Relation d'un mercenaire allemand au service des Portugais, prisonnier pendant près d'un an des Indiens Tupinikin alliés des Français. Ce récit est d'une certaine manière le complément et symétrique de celui de Léry. Léry, qui ne lit pas l'allemand, n'en aura connaissance que tardivement (voir *Histoire d'un voyage*, variante de 1599, p. 544-545).

YVES D'ÉVREUX, *Suitte de l'Histoire des choses plus memorables advenues en Maragnan es annees 1613 et 1614. Second traité.* – Paris : François Huby, 1615. (réédition modernisée et abrégée présentée par Hélène Clastres, Paris : Payot, 1985).

LÉVI-STRAUSS, Claude, *Tristes Tropiques.* – Paris : Plon, « Terre humaine », 1955 [repris en « Terre humaine/Poche », Pocket, 1995].
L'*Histoire d'un voyage* de Léry court en filigrane de ce grand classique du XXe siècle. Excellent résumé de l'aventure de la France Antarctique au chap. IX : « Guanabara ». C'est là que l'on trouve la formule fameuse : « Jean de Léry, bréviaire de l'ethnologue ».

ORIENTATION HISTORIQUE ET CRITIQUE

INTRODUCTION AU CADRE HISTORIQUE GÉNÉRAL

BERNAND, Carmen, et GRUZINSKI, Serge, *Histoire du Nouveau Monde. ** Les Métissages (1550-1640).* – Paris : Fayard, 1993, chap. XIII : « Le tropique des péchés ».

CHAUNU, Pierre, *L'Amérique et les Amériques.* – Paris : Armand Colin, 1964.

CHAUNU, Pierre, *Conquête et exploitation des nouveaux mondes.* – Paris : Presses Universitaires de France, « Nouvelle Clio », 1969.

DICKASON, Olive Patricia, *The Myth of the Savage and the Beginnings of French Colonialism in the Americas.* – Edmonton : The University of Alberta Press, 1984. Traduction française : *Le Mythe du sauvage.* – Sillery (Québec) : Éditions du Septentrion, 1993.

LAPOUGE, Gilles, *Equinoxiales.* – Paris : Flammarion, 1977, et Livre de Poche, 1979.

LESTRINGANT, Frank, éd., *La France-Amérique (XVIe-XVIIIe siècles). Actes du XXXVe colloque international d'études humanistes (Tours, 1992)*, Paris, Champion, « Le savoir de Mantice », 1998. [Voir notamment les communications de F. Lestringant, B. Conconi, J. Whatley, C. Rawson, W. Washburn].

MILHOU, Alain, *Colomb et le messianisme hispanique*, version française de Mayli Milhou-Binard ; revue par l'auteur. – Montpellier : ETILAL, 2007. [Traduction de : *Colon y su mentalidad mesianica en el ambiente franciscanista espanol.* – Valladolid : Casa-Museo de Colon, 1983].

SUR LE GENRE DU RÉCIT DE VOYAGE
ET LA LITTÉRATURE GÉOGRAPHIQUE À LA RENAISSANCE

AFFERGAN, Francis, *Exotisme et altérité.* – Paris : PUF, 1987.

ATKINSON, Geoffroy, *Les Nouveaux Horizons de la Renaissance française.* – Paris : Droz, 1935.

BALMAS, Enea, éd., *La Scoperta dell'America e le lettere francesi.* – Milan : Cisalpino-Istituto Editoriale Universitario, 1992.

BEUCHAT, Robin, « Voyage, récit et connaissance : le cas Léry », *Poétique*, 2006/1 (nº 145), p. 43-57.

CARILE, Paolo, *Lo Sguardo impedito. Studi sulle relazioni di viaggio in "Nouvelle-France" e sulla letteratura popolare.* – Fasano di Puglia : Schena, 1987 ; trad. fr. : *Le Regard entravé. Littérature et anthropologie dans les premiers textes sur la Nouvelle-France.* – Sillery (Québec) : Éditions du Septentrion, et Rome : Aracne, 2000.

CÉARD, Jean, et MARGOLIN, Jean-Claude, éd., *Voyager à la Renaissance. Actes du colloque de Tours 1983.* – Paris : Maisonneuve et Larose, 1987. [Voir en particulier les communications de M.-L. Demonet, M.-Ch. Gomez-Géraud, Amy G. Gordon, F. Lestringant, N. Pellegrin, ainsi que les Conclusions de J. Céard].

CERTEAU, Michel de, *L'Écriture de l'histoire.* – Paris : Gallimard, 1975, chap. V : « Ethno-graphie. L'oralité ou l'espace de l'autre : Léry », p. 215-248. [Un livre de fond, une étude pionnière sur Jean de Léry].

CERTEAU, Michel de, « Le lieu de l'autre. Montaigne : "Des Cannibales" », *Œuvres et critiques*, t. VIII, 1-2, 1983, p. 59-72.

CHINARD, Gilbert, *L'Exotisme américain dans la littérature française au XVIe siècle.* – Paris : Hachette, 1911. [Réimpr. Genève : Slatkine, 1978].

CONCONI, Bruna, « 'Mais la voix divine nous a baillé autres regles'. L'historien protestant face au devoir d'une nouvelle méthode », *Cahiers V. L. Saulnier* n° 19 : *L'Histoire en marge de l'histoire à la Renaissance*, Paris, Éditions rue d'Ulm, 2002, p. 157-176.

DUCHET, Michèle (dir.), *L'Amérique de Théodore de Bry. Une collection de voyages protestante au XVIe siècle.* – Paris : Éditions du CNRS, 1987. [Quatre études par Daniel Defert, Michèle Duchet, Jacques Forge et F. Lestringant].

DUVIOLS, Jean-Paul, *Voyageurs français en Amérique. Colonies espagnoles et portugaises.* – Paris : Bordas, 1978. [Un guide bibliographique commode].

DUVIOLS, Jean-Paul, *L'Amérique espagnole vue et rêvée. Les livres de voyages de Christophe Colomb à Bougainville.* – Paris : Promodis, 1985.

GEWECKE, Frauke, *Wie die neue Welt in die alte kam.* – Stuttgart : Klett-Cotta, 1986. [Un chapitre sur Léry, p. 175-187].

GOMEZ-GÉRAUD, Marie-Christine, *Écrire le voyage en France au XVIe siècle.* – Paris : PUF, « Recto-verso études littéraires », 1999.

GREENBLATT, Stephen, *Learning to Curse. Essays in Early Modern Culture.* – New York-Londres : Routledge, 1990.

GREENBLATT, Stephen, *Marvelous Possessions. The Wonder of the New World.* – Oxford : Clarendon Press, 1991. Traduction française : *Ces merveilleuses possessions.* – Paris : Les Belles Lettres, 1996.

HARTOG, François, *Le Miroir d'Hérodote. Essai sur la représentation de l'autre*, Paris, Gallimard, « Bibliothèque des histoires », 1980. [Léry et le principe d'autopsie, p. 249-316, *passim*].

Homo viator. Le voyage de la vie (XVe-XVXe siècles), Revue des sciences humaines, n° 245, janvier-mars 1997.

Immobiles à grands pas. Écriture et voyage, Revue des sciences humaines, n° 214, 1989-2.

LESTRINGANT, Frank, *L'Atelier du cosmographe ou l'image du monde à la Renaissance.* – Paris : Albin Michel, 1991. [Les mythologies de la colonisation au Brésil, principalement chez Thevet et Léry, chap. IV, p. 103-145 ; *cf.* « L'invention du Brésil », chap. III, p. 79-101].

LESTRINGANT, Frank, *Écrire le monde à la Renaissance. Quinze études sur Rabelais, Postel, Bodin et la littérature géographique.* – Caen-Orléans : Éditions Paradigme, 1993.

LESTRINGANT, Frank, *Le Livre des îles. Atlas et récits insulaires de la Genèse à Jules Verne.* – Genève : Droz, « Les Seuils de la modernité », 2002. [Les fictions cartographiques de Thevet et leur critique par Léry, chap. V, p. 161-177 : « L'archipel du Brésil »].

LESTRINGANT, Frank, *« Sous la leçon des vents ». Le monde d'André Thevet, cosmographe de la Renaissance.* – Paris : Presses de l'Université de

Paris-Sorbonne, « Imago Mundi » n° 6, 2003. [Sur le bestiaire moralisé de Léry, chap. XIII, p. 247-260 : « Poissons volants ». Sur l'autopsie et ses relais, chap. XIV, p. 261-294 : « La flèche du Patagon ou la preuve des lointains »].

LESTRINGANT, Frank, « Le Récit de voyage et la question des genres : l'exemple des *Singularitez de la France Antarctique* d'André Thevet (1557) », *Revue française d'histoire du livre*, n° 96-97, 3e et 4e trimestres 1997, p. 249-264. [Repris dans *Sous la leçon des vents*, *op. cit.*, p. 195-209].

LESTRINGANT, Frank, « L'Exotisme en France à la Renaissance, de Rabelais à Léry », *Littérature et exotisme, XVIe-XVIIIe siècle*. Conférences réunies par Dominique DE COURCELLES. – Paris : École des Chartes, « Études et rencontres de l'École des Chartes », 1998, p. 5-16.

MAHLKE, Kirsten, *Die Offenbarung im Westen. Schreiben ou Lesen huguenottischer Amerika-Berichte im 16. Jahrhundert.* – Francfort-sur-le-Main : Inauguraldissertation der Johann-Wolfgang-Goethe-Universität, 2002.

MAROUBY, Christian, *Utopie et primitivisme. Essai sur l'imaginaire anthropologique à l'âge classique.* – Paris, Éditions du Seuil, « Des travaux », 1990. [Sur l'attitude « primitiviste » de Léry, p. 128-135].

PASQUALI, Adrien, *Le tour des horizons. Critique et récits de voyages.* – Paris : Klincksieck, 1994. [Le récit de voyage n'est pas un genre, mais une réunion de genres].

TINGUELY, Frédéric, *Le Voyageur aux mille tours. Les ruses de l'écriture du monde à la Renaissance.* –Paris : Honoré Champion, 2014. [Plusieurs chapitres sur Jean de Léry, dont « Les métamorphoses du tapir » (chap. VI, p. 97-110), « L'épreuve du tillac » (chap. IX, p. 143-154), « Le lézard et le nourrisson » (chap. X, p. 155-168), « L'apprenti voyageur », (chap. XI, p. 169-180)].

TODOROV, Tzvetan, *La Conquête de l'Amérique. La question de l'autre.* – Paris : Éditions du Seuil, 1982. [Concerne essentiellement la conquête du Mexique, mais la question herméneutique soulevée dans cet ouvrage est transposable à d'autres aires coloniales et à d'autres corpus de voyages].

TODOROV, Tzvetan, *Nous et les autres. La réflexion française sur la diversité humaine.* – Paris : Le Seuil, 1989 [Une analyse excessivement réductrice, notamment sur Montaigne ; sur Léry, voir p. 302-303].

TODOROV, Tzvetan, *Les Morales de l'histoire.* – Paris : Grasset, 1991.

WEHRHEIM-PEUKER, Monika, *Die gescheiterte Eroberung. Eine diskursanalystische Betrachtung früher französischer Amerikatexte.* Tübingen : Gunter Narr Verlag, 1998. [Bilan bien informé, dressé dans une perspective déconstructionniste].

WOLFZETTEL, Friedrich, *Le discours du voyageur. Pour une histoire littéraire du récit de voyage en France, du Moyen Age au XVIIIe siècle.* – Paris : PUF, 1996. [Essai de seconde main pour le XVIe siècle].

SUR LA FRANCE ANTARCTIQUE DU BRÉSIL (1555-1560)

BATAILLON, Marcel, « L'Amiral et les "nouveaux horizons"français », *Actes du colloque "L'Amiral de Coligny et son temps"(octobre 1972)*. – Paris : Société de l'histoire du protestantisme français, 1974, p. 41-52. [Définit le « corpus huguenot » des textes sur l'Amérique].

GAFFAREL, Paul, *Histoire du Brésil français au seizième siècle*. – Paris : Maisonneuve, 1878.

HAUSER, Henri, « Les Huguenots français au Brésil (1560-1584) d'après des documents portugais », *Bulletin de la Société de l'histoire du protestantisme français*, t. 87, 1937, p. 93-115.

HEMMING, John, *Red Gold. The Conquest of the Brazilian Indians, 1500-1760*. – Cambridge, Mass. : Harvard University Press, 1978. [Chap. 6 : « Antarctic France », p. 119-132].

HEULHARD, Arthur, *Villegagnon, roi d'Amérique. Un homme de mer au XVIe siècle (1510-1572)*. – Paris : E. Leroux, 1897. [Documentation exploitée sur le mode polémique et dans une perspective très hostile à Léry et au parti de Genève].

JULIEN, Charles-André, *Les Voyages de découverte et les premiers établissements (XVe-XVIe siècles)*. – Paris : Presses Universitaires de France, 1948. Réédition : SEDES, 1992. [Ouvrage d'ensemble sur les tentatives françaises au Nouveau Monde].

LESTRINGANT, Frank, « Fictions de l'espace brésilien à la Renaissance : l'exemple de Guanabara », *in* Christian JACOB et F. LESTRINGANT, éd., *Arts et légendes d'espaces*. – Paris : Presses de l'École normale supérieure, 1981, p. 205-256. [La cartographie de la France Antarctique selon Thevet, telle que Léry la critique dans son chap. VII].

LESTRINGANT, Frank, *Le Huguenot et le Sauvage. L'Amérique et la controverse coloniale en France, au temps des Guerres de Religion*, troisième édition revue et augmentée. – Genève, Droz, « Titre courant », 2004. [Chap. I, p. 39-75 : historique de la colonisation française au Nouveau Monde au XVIe siècle].

LESTRINGANT, Frank, *André Thevet, cosmographe des derniers Valois*. – Genève : Droz, « Travaux d'humanisme et Renaissance », vol. 251, 1991. [Voir surtout les chap. IV : « L'aventure de la France Antarctique », et viii : « L'Europe des doctes contre Thevet (1575-1586) »].

LESTRINGANT, Frank, *Une sainte horreur, ou le Voyage en Eucharistie (XVIe-XVIIIe siècle)*, 2e édition revue et corrigée. – Genève : Droz, 2012. [Cet essai porte sur la rencontre, en plein XVIe siècle, de l'Eucharistie et du Nouveau Monde, notamment à travers l'expérience de la France Antarctique. Voir les chap. IV, p. 111-146 : « La Cène à Guanabara 1557-1560 », et v, p. 147-174 : « La Messe brésilienne 1560 »].

LESTRINGANT, Frank, *L'Expérience huguenote au Nouveau Monde.* – Genève : Droz, « Travaux d'humanisme et Renaissance » n° CCC, 1996. [Rassemble 21 articles publiés antérieurement et mis à jour. Sept d'entre eux portent en totalité ou en partie sur Jean de Léry : chap. IV à VIII, X, Épilogue 1. Voir en particulier, sur la dispute eucharistique au Brésil, le chap. V, p. 119-139 : « Tristes Tropistes. Du Brésil à la France, une controverse à l'aube des guerres de Religion »].

LESTRINGANT, Frank, « Le Cannibale et la Marmite », *Bulletin du bibliophile*, 1996, 1, p. 82-107. [Étude du *Renversement de la grand marmite*, estampe satirique d'inspiration protestante datant de 1561 ou 1562 (BnF, Cabinet des Estampes, Qb1(1585)), et à laquelle Léry fait allusion au chap. VI, p. 191. Villegagnon y est représenté en Cannibale]. [Repris dans F. Lestringant, *Le Huguenot et le sauvage*, 3e éd., Genève, Droz, 2004, p. 420-448].

MC GRATH, John, « Polemic and History in French Brazil, 1555-1560 », *The Sixteenth Century Journal*, XXVII/2, 1996, p. 385-397. [Dénonce « les exagérations et falsifications » de Crespin et Léry].

SUR JEAN DE LÉRY (1534-1613)

ARGOD-DUTARD, Françoise, éd., *Histoire d'un voyage en la terre du Bresil. Jean de Léry. Journées d'étude (10 et 11 décembre 1999)*, Pessac. [Contributions de F. Argod-Dutard, Janine Baudry, Charlotte de Castelnau, Anne-Marie Cocula, Nathalie Dauvois, Véronique Larcade, Frank Lestringant, Catherine Magnien, Jean-Claude Margolin, José Alexandrino de Souza Filho, Catherine Trotot.]

BINZ, Louis, « Le huguenot et les sauvages : Jean de Léry et son *Histoire d'un voyage au Brésil* (1556-1557) », *Annals de la 3era Universitat d'estiu. Andorra 84.* – Andorre : Conselleria d'Educacio i Cultura, 1985, p. 47-59.

CONCONI, Bruna, « Verità storica e strategia poetica : l'uso del tragico nell' "Histoire memorable" di Jean de Léry », *Studi di Letteratura Francese XVIII. Tragedia e sentimento del tragico nella lettteratura francese del Cinquecento.* – Florence : Leo S. Olschki, 1990, p. 291-316.

CONCONI, Bruna, *Le Prove del testimone. Scrivere di storia, fare letteratura nella seconda metà del Cinquecento : l'"Histoire memorable" di Jean de Léry.* Tesi di Dottorato. – Università di Milano, 1992 ; Bologne : Pàtron, 2000. [Étude critique de l'*Histoire mémorable de la ville de Sancerre* et documents annexes.]

CONCONI, Bruna, « *'Quasi luci sint offundendae, ut illustretur, tenebrae'* : l'ombre de Thucydide sur la reddition de Sancerre », in *Méthodes et écritures de l'histoire XIVe-XVIe siècle. Actes du colloque de Bordeaux 19-21 septembre 2002*, Genève, Droz, 2005.

GOMEZ-GÉRAUD, Marie-Christine, et LESTRINGANT, Frank, éd., *D'encre de Brésil. Jean de Léry écrivain.* – Orléans : Paradigme, 1999. [Quatorze études par G. Gliozzi, M.-C. Gomez-Géraud, M. Jeanneret, F. Lestringant, I. S. Majer, F. Tinguely, J. Whatley].

LESTRINGANT, Frank, *Le Huguenot et le Sauvage. L'Amérique et la controverse coloniale en France, au temps des guerres de Religion*, 3e éd. revue et augmentée. – Genève : Droz, « Titre courant », 2004. [Chap. II et III, p. 77-204 : la carrière et l'œuvre de Jean de Léry, replacées dans le contexte des guerres de Religion et de la rivalité entre puissances coloniales au Brésil et dans le Nouveau Monde ; chap. IV, p. 205-225 : Léry et Montaigne].

LESTRINGANT, Frank, *Le Cannibale, grandeur et décadence*. – Paris : Perrin, 1994. [Chap. VI : « Jean de Léry ou l'obsession cannibale », p. 124-142].

LESTRINGANT, Frank, *L'Expérience huguenote au Nouveau Monde*. – Genève : Droz, 1996. [Chap. IV, p. 77-118 : « Calvinistes et Cannibales : les écrits protestants sur le Brésil français (1555-1560). I. Jean de Léry, ou l'élection. II. La *Réfutation* de Pierre Richer »].

MATHIEU-CASTELLANI, Gisèle, éd., *Jean de Léry, Histoire d'un voyage fait en la terre du Brésil. Actes de la Journée d'étude sur Jean de Léry (6 novembre 1999), Cahiers "Textuel"* n° 21, 1999. [Contributions de Frank Lestringant, Paolo Carile, Géralde Nakam, Franck Neveu, Chantal Liaroutzos, Olivia Rosenthal, Gisèle Mathieu-Castellani, Frédéric Tinguely, Marie-Christine Gomez-Géraud et Marie Madeleine Fontaine].

NAKAM, Géralde (préface et éd.), *Au lendemain de la Saint-Barthélemy. Guerre civile et famine. Histoire mémorable du Siège de Sancerre (1573) de Jean de Léry*. – Paris : Éditions Anthropos, 1975. [Édition critique et commentée du premier livre publié sous son nom par Jean de Léry en 1574. En juillet 1573, le siège de la ville protestante de Sancerre a culminé dans un épisode d'anthropophagie. Témoin du drame et négociateur de la reddition, Léry traduit le désarroi de ses coreligionnaires tout en esquissant une apologie personnelle. Le souvenir du Brésil est déjà présent dans cette première *Histoire*].

Op. cit. Revue de littérature française et comparée (Publications de l'Université de Pau), n° 13, novembre 1999. [Contributions de Michel Bideaux, Adrien Blazquez, Marie-Christine Gomez-Géraud et Frank Lestringant].

SIMONIN, Michel, « La version primitive inédite de l'*Histoire des délivrances de la ville de Sancerre* de Jean de Léry (août 1573) », *L'Intelligence du passé. Les faits, l'écriture et le sens. Mélanges offerts à Jean Lafond par ses amis*, Tours, Publications de l'Université François-Rabelais, 1988, p. 127-137.

ASPECTS PARTICULIERS DE L'ŒUVRE

FRISCH, Andrea, « In a Sacramental Mode : Jean de Léry's Calvinist Ethnography », *Representations*, 77, Winter 2002, p. 82-106.

GANNIER, Odile, « Traîtres ou alliés ? Le motif de la loyauté dans l'*Histoire d'un voyage faict en la terre du Bresil* de Jean de Léry et des récits de voyages contemporains », *L'Information littéraire*, octobre-décembre 1999, nº 4, p. 24-38.

GOMEZ-GÉRAUD, Marie-Christine, « Jean de Léry : des parcours aventureux des manuscrits aux destinées du livre », *Littérales. Cahiers de l'Institut de Français, « Livre et Littérature : dynamisme d'un archétype »*, Université de Paris X-Nanterre, 1986, p. 21-35. [Repris dans Gomez-Géraud, M.-C., et Lestringant, F., éd., *D'encre de Brésil*, 1999].

GOMEZ-GÉRAUD, Marie-Christine, « Du verbal au visuel : sonnets liminaires à l'*Histoire d'un voyage fait en la terre du Brésil* de Jean de Léry », *Renaissance et Réforme*, 24, 3, 1988, p. 215-222.

JEANNERET, Michel, « Léry et Thevet : comment parler d'un monde nouveau ? », *Mélanges à la mémoire de Franco Simone*, t. IV : *Tradition et originalité dans la création littéraire.* – Genève : Slatkine, 1983, p. 227-245. [Repris dans *D'encre de Brésil*].

LAJARTE, Philippe de, « Une écriture à hauts risques : l'*Histoire d'un voyage en terre de Brésil* de Jean de Léry », *Réforme, Humanisme, Renaissance* [RHR], nº 76, 2013, p. 87-106. [« L'image du "sauvage" que donne l'*Histoire* est une image en morceaux qui, pour s'ordonner à une série de paradigmes hétérogènes, se trouve éclatée en une pluralité de figures souvent antinomiques » (p. 101)].

LESTRINGANT, Frank, « Calvin et Marot, ou de l'universalité des psaumes », *in* Olivier MILLET, éd., *Calvin et ses contemporains. Actes du colloque de Paris 1995.* – Genève : Droz, 1998, p. 247-260. [Présence et fonction des psaumes chez Léry, p. 252-260].

LESTRINGANT, Frank, « Le baptême brésilien de Jean de Léry. Étude du chapitre XVIII de l'*Histoire d'un voyage en la terre du Bresil* (1578) », *Histoire d'un voyage en la terre du Bresil. Jean de Léry. Journées d'étude (10 et 11 décembre 1999)*, Pessac, Université Michel de Montaigne, Centre Montaigne, 2000, p. 201-220.

LESTRINGANT, Frank, « Sous le signe de l'épée : l'histoire morale du Brésil, d'après les chapitres XIV à XVI de l'*Histoire d'un voyage* de Jean de Léry », *Énoncer/dénoncer l'autre. Discours et représentations du différend confessionnel à l'époque moderne*, sous la direction de Chrystel Bernat et Hubert Bost, Turnhout, Belgique, Brepols, 2012, p. 211-222.

MAHLKE, Kirsten, « Indianer und Narren. Zur karnevalesken Rezeption von Jean de Lérys *Histoire d'un voyage fait en la terre du Brésil* », in Renate Schlesier, Ulrike Zellmann éd., *Reisen über Grenzen. Kontakt und Konfrontation, Maskerade und Mimikry*, Münster-New York-Munich-Berlin, Waxmann, 2003, p. 101-118.

MAJER, Irma S., « La fin des voyages : écriture et souvenirs chez Jean de Léry », *Revue des sciences humaines*, n° 214, 1989-2, p. 71-83.

POT, Olivier. *L'Inquiétante Étrangeté. Montaigne : la pierre, le cannibale, la mélancolie.* – Paris, Champion, 1993. [Sur Léry, Montaigne et *La Servitude volontaire*, p. 114-117 ; plus généralement sur Léry et Montaigne, p. 105-174].

TINGUELY, Frédéric, « Jean de Léry et les vestiges de la pensée analogique », *Bibliothèque d'humanisme et Renaissance*, t. LVII, 1995, n° 1, p. 25-44. [Repris dans *D'encre de Brésil*].

TINGUELY, Frédéric, « Jean de Léry et les métamorphoses du tapir », *Littératures*, n° 41, automne 1999, p. 33-45.

WHATLEY, Janet, « Impression and Initiation : Jean de Léry's Brazil Voyage », *Modern Language Studies* 19, 3 (Summer 1989), p. 15-25.

ZINGUER, Ilana, « Hebrew and anthropology in Léry's *Voyage en terre de Bresil* », in I. ZINGUER, *L'Hébreu au temps de la Renaissance.* – Leyde-New York-Cologne : Brill, 1992, p. 227-244.

LÉRY ET LA QUESTION DES LANGUES :
LE « COLLOQUE » FRANÇAIS-TUPI DU CHAPITRE XX

DEMONET, Marie-Luce, « Les mots sauvages : étude des listes utiles à ceux qui veulent naviguer », *in* J. CÉARD et J.-C. Margolin, éd., *Voyager à la Renaissance.* – Paris, 1987, p. 497-508.

DEMONET, Marie-Luce, *Les Voix du signe. Nature et origine du langage à la Renaissance (1480-1580).* – Paris : Champion, 1992, p. 438-440.

FOLTYS, Christian, « Colloque de l'entrée ou arrivée en la terre du Bresil [...] », *Neue Romania* n° 13, 1992, p. 17-105. [Édition critique et commentée du « Colloque », pièce rapportée dans l'*Histoire*, mais d'une réelle valeur ethnolinguistique].

GOMEZ-GÉRAUD, Marie-Christine, « Un colloque chez les Toououpinambaoults ou du bon usage du modèle », *Littérales*, 1988, p. 97-111. [Repris dans *D'encre de Brésil*.]

L'Inscription des langues dans les relations de voyage (XVIe-XVIIIe siècles), sous la dir. de Michèle DUCHET, *Cahiers de Fontenay* n° 65/66, 1992. [Communications sur Cartier, Champlain, etc. ; rien en particulier sur Léry].

LÉRY ET LA PENSÉE ANTHROPOLOGIQUE

BERNHEIM, Pierre-Antoine, et STAVRIDES, Guy, *Cannibales !* – Paris : Plon, 1992.

BUCHER, Bernadette, *La Sauvage aux seins pendants.* – Paris : Hermann, 1977. [Étude structurale consacrée à l'iconographie des *Grands Voyages* de Théodore de Bry, collection à laquelle la relation de Léry est intégrée dès 1592].

CARNEIRO DA CUNHA, Manuela, « Imagens de Indios do Brasil : O Século XVI », *Estudos Avançados* (Univ. de São Paulo), 4/10, 1990, p. 91-110.

COMBÉS, Isabelle, *La Tragédie cannibale chez les anciens Tupi-Guarani.* – Paris : Presses Universitaires de France, 1992.

DAVIS, Natalie Zemon, *Essai sur le don dans la France du XVIe siècle.* — Paris : Éditions du Seuil, 2003. [Sur J. de Léry et le « don manqué » avec les Tupinamba, p. 126-132].

FLEISCHMANN, Ulrich, RÖHRIG-ASSUNÇÂO, Matthias, ZIEBELL-WENDT, Zinka, « Die Tupinamba : Réalität und Fiktion in den Berichten des 16. Jahrhunderts », *Spektrum. Berliner Reihe zu Gesellschaft, Wirtschaft und Politik in Entwicklungsländern*, Band 21 : « Ethnizität im Wandel », 1989, p. 93-118.

FRISCH, Andrea, « In a Sacramental Mode : Jean de Léry's Calvinist Ethnography », *Representations*, 77, Winter 2002, p. 82-106.

GLIOZZI, Giuliano, *Adamo e il nuovo mondo. La nascita dell'antropologia come ideologia coloniale dalle genealogie bibliche alle teorie razziali (1500-1700).* – Florence : La Nuova Italia, 1977 ; trad. fr., *Adam et le Nouveau Monde*, Lecques, Théétète Éditions, 2000. [Cet ouvrage capital passe en revue les différentes théories concernant le peuplement du Nouveau Monde, depuis les généalogies bibliques – Adam et sa famille, les trois fils de Noé – jusqu'à l'invention des théories raciales au XVIIIe siècle, liées à l'affirmation du polygénisme. Léry, non sans hésitation, penche pour l'hypothèse chamitique, la moins favorable à son époque. Sur Léry, voir p. 111-129].

GLIOZZI, Giuliano, « Les Apôtres au Nouveau Monde. Monothéisme et idolâtrie entre révélation et fétichisme », *in* Francis SCHMIDT éd., *L'Impensable polythéisme. Études d'historiographie religieuse.* – Paris : Éditions des archives contemporaines, 1988, p. 177-213. [Les fortunes du chap. XVI de l'*Histoire d'un voyage*, où Léry formule en passant l'hypothèse de peuples athées]. [Repris dans *D'encre de Brésil*.]

HASSINGER, Erich, « Die Rezeption der Neuen Welt durch den französischen Späthumanismus (1550-1620) », *in* REINHARD Wolfgang éd., *Humanismus und Neue Welt.* – Weinheim : Acta Humaniora, VCH, 1987, p. 89-132.

KEEN, Benjamin, « The Vision of America in the Writings of Urbain Chauveton », *in* Fredi CHIAPELLI (éd.), *First Images of America.* – Berkeley-Los Angeles : University of California Press, 1976, vol. I, p. 107-120.

LESTRINGANT, Frank, *Le Cannibale, grandeur et décadence.* – Paris : Perrin, 1994. [IIe Partie, p. 97-189 : Le « cannibalisme d'honneur » des Brésiliens, selon Thevet, Léry, Montaigne, contre le cannibalisme de nécessité selon Cardan et plus tard Malthus].

LÉVI-STRAUSS, Claude, *La Pensée sauvage.* – Paris : Plon, 1962.

LÉVI-STRAUSS, Claude, *Anthropologie structurale deux.* – Paris : Plon, 1973. [Chap. Ier : « Le champ de l'anthropologie »].

LÉVI-STRAUSS, Claude, *Histoire de lynx*. – Paris : Plon, 1991.

LÉVI-STRAUSS, Claude, *Saudades do Brasil*. – Paris : Plon, 1994.

LÉVI-STRAUSS, Claude, « Eine Idylle bei den Indianern. Ueber Jean de Léry », *in* KOHL, Karl-Heinz, éd., *Mythen der Neuen Welt. Zur Entdeckungsgeschichte Lateinamerikas*. – Berlin : Frölich und Kaufmann, 1982, p. 68-70.

MAROUBY, Christian, *Utopie et primitivisme. Essai sur l'imaginaire anthropologique à l'âge classique*. – Paris : Éditions du Seuil, « Des travaux », 1990. [Sur l'attitude « primitiviste » de Léry, p. 128-135].

MÉTRAUX, Alfred, *La Religion des Tupinamba et ses rapports avec celle des autres tribus tupi-guarani*. – Paris : E. Leroux, 1928.

MÉTRAUX, Alfred, *Religions et magies indiennes d'Amérique du Sud*. – Paris : Gallimard, 1967. [Chap. Ier, p. 11-41 : « Messies indiens » ; chap. II, p. 45-78 : « L'anthropophagie rituelle des Tupinamba »].

PAGDEN, Anthony, *The Fall of Natural Man. The American Indian and the Origins of Comparative Ethnology*. – Cambridge : Cambridge University Press, 1982 ; édition augmentée, 1986.

PAGDEN, Anthony, *European Encounters with the New World. From Renaissance to Romanticism*. – New Haven & Londres : Yale University Press, 1993.

RAWSON, Claude, *God, Gulliver and Genocide. Barbarism and the European Imagination, 1492-1945*. — Oxford : Oxford University Press, 2001. [Chap. I : « Indians and Irish from Montaigne to Swift », p. 17-91].

STEINKOHL, Franz, *Die gottlosen guten Wilder. Das Bild der "sauvages" in J. de Lérys "Histoire d'un voyage fait en la terre du Bresil" (1611)*. – Rheinfelden-Berlin : Schäuble, 1996.

STURTEVANT, William C., « First Visual Images of Native America », in Fredi CHIAPPELLI (éd.), *First Images of America*. — Berkeley-Los Angeles : University of California Press, 1976, vol. I, p. 417-454.

VANDENBERG, Vincent, *De chair et de sang : images et pratiques du cannibalisme de l'Antiquité au Moyen âge*, Rennes, Presses universitaires de Rennes ; Tours, Presses universitaires François-Rabelais de Tours, 2014.

VIVEIROS DE CASTRO, Eduardo, *Araweté. Os deuses canibais*. – Rio de Janeiro : Jorge Zahar editor/Anpocs, 1986. Traduction anglaise augmentée : *From the Enemy's Point of View. Humanity and Divinity in an Amazonian Society*, translated by Catherine V. Howard. – Chicago et Londres : The University of Chicago Press, 1992.

WHATLEY, Janet, « Food and the Limits of Civility : The Testimony of Jean de Léry », *Sixteenth Century Journal* 15 (1984), p. 387-400.

WHATLEY, Janet, « *Une révérence réciproque* : Huguenot Writing on the New World », *University of Toronto Quaterly* 57, 2 (Winter 1987-1988), p. 270-289.

FORTUNES DE JEAN DE LÉRY

CONCONI, Bruna, « Les Fortunes de la France Antarctique de Villegagnon au temps de la crise de la conscience européenne : les métamorphoses d'une controverse », *in* F. Lestringant éd., *La France-Amérique (XVIe-XVIIIe siècles)*, Paris, Champion, 1998, p. 143-166.

DUCHET, Michèle, *Anthropologie et histoire au siècle des Lumières.* – Paris : François Maspero, 1971 ; réédition avec une postface de Claude Blanckaert, Paris, Albin Michel, 1995.

LANDUCCI, Sergio, *I Filosofi e i selvaggi (1580-1780).* – Bari : Laterza, 1972.

LESTRINGANT, Frank, « L'Expérience coloniale de la France du seizième siècle (Brésil et Floride) dans l'*Histoire des deux Indes* : sources, réécritures, représentations », *in* Hans-Jürgen LÜSEBRINK et Anthony STRUGNELL éd., L'Histoire des deux Indes *: réécriture et polygraphie (Actes du colloque de Passau, juillet 1992)*, Oxford, Voltaire Foundation, « Studies on Voltaire and the Eighteeenth Century » 333, 1996, p. 173-188. [Repris dans Gomez-Géraud, M.-C., et Lestringant, F., éd., *D'encre de Brésil*, 1999].

LESTRINGANT, Frank, « L'effacement du Brésil français : les *Lettres* jésuites portugaises en France (1570-1590) », *Naissance du Brésil (1500-1808)*, sous la direction de Katia de QUEIROS MATTOSO, Paris, PUPS, « Centre d'études sur le Brésil », 1998, p. 143-158. [Repris dans *D'encre de Brésil*].

LESTRINGANT, Frank, « L'*Histoire d'un voyage faict en la terre du Bresil* ou les *Tristes Tropiques* de Jean de Léry », *Actes de la Journée d'étude sur Jean de Léry, Cahiers Textuel* n° 21, 1999, p. 11-30.

LESTRINGANT, Frank, « Léry-Strauss : Jean de Léry's *History of a Voyage to the Land of Brazil* and Claude Lévi-Strauss's *Tristes Tropiques* », *Viator. Medieval and Renaissance Studies*, vol. 32, 2001, p. 417-430. [Traduction anglaise de l'article précédent].

LESTRINGANT, Frank, « Lectures croisées de Jean de Léry : à propos du "bréviaire de l'ethnologue" », in Christian Delacroix, François Dosse, Patrick Garcia et Michel Trebitsch dir., *Michel de Certeau. Les chemins de l'histoire*, Paris, Éditions Complexe, 2002, p. 55-75.

LOTY, Laurent, « Anthropologie, religion et politique : images du 16e siècle au 18e siècle… selon le 20e siècle », *Cahiers d'histoire culturelle* n° 11 : *Les représentations du 16e siècle et de la Renaissance aux 18e et 19e siècles.* Actes du colloque international « Le 16e siècle entre deux siècles : modes de présence et modèles de représentations de la Renaissance aux 18e et 19e siècles », Tours, 7-9 décembre 2000, publiés par Didier Masseau et Jean-Jacques Tatin-Gourier pour le Groupe de recherches « Histoire des représentations », Université de Tours, 2002, p. 245-259.

MELLO FRANCO, Afonso Arinos de, *L'Indien brésilien et la Révolution française : les origines brésiliennes de la théorie de la bonté naturelle* ; trad. du portugais par Monique Le Moing. – Paris : la Table ronde, 2005. [Traduction de : *O Indio brasileiro e a Revoluçâo francesa.* – Rio de Janeiro, José Olimpio, 1937]. [Léry père du Bon Sauvage des Lumières].

WHATLEY, Janet, « "Sea-Changes". L'*Histoire d'un voyage* de Jean de Léry et *La Tempête* de Shakespeare », *in* F. LESTRINGANT éd., *La France-Amérique (XVIe-XVIIIe siècles)*, Paris, Champion, 1998, p. 475-489. [Repris dans *D'encre de Brésil*.]

INDEX DES NOMS

ABRAHAM : 123, 127, 210
ACOSTA, José de : 262
ADAM : 66, 90, 178, 179, 190, 274
ADAM, Jean-Michel : 182, 190, 260
ADHÉMAR, Jean : 22
AGLAFÉMOS : 196, 197, 198
ALAIN DE LILLE : 133
ALBE, Fernando Alvarez de Toledo, duc d'– : 117
ALEXANDRE LE GRAND : 15, 67
ALIZET, Benoît : 41-43
ALVARADO, Pedro de – : 149
ALVARES, Francisco : 57
AMURAT II : 108, 110, 116
ANCHISE : 17
ANDRADE, Oswald de – : 85
ANDRIES, Lise : 80
ANEAU, Barthélemy : 65, 70
ANNE, mère de Samuel : 197, 269, 285
ANTONI : 182
APELLE : peintre : 67
ARATOS : 90
ARISTOTE : 88, 98
ARNAULD, Antoine : 290
ATHANASE, saint : 231
ATKINSON, Geoffroy : 50
AUBIGNÉ, Agrippa d'– : 90, 102, 125, 137, 158, 159, 171, 172, 181
AUDUSTA, chef timucua : 156
AUGUSTE, Octave, empereur romain : 15, 67
AUGUSTIN, saint : 34, 97, 102, 104, 244
AYGNAN (Anhanga) : 132
AYROSA, Plinio : 94
BAAL : 176, 225, 226, 249, 259
BACBUC : 104
BADIUS, Conrad : 58, 62
BAILLY, Aymée de : 41
BALBOA, Vasco Nunez de – : 93
BARATAUD, Christian : 69
BARIDON, Michel : 80
BARRÉ, Nicolas : 58, 64
BATAILLON, Marcel : 58
BEAULIEU, Anne-Marie : 71
BELLEFOREST, François de – : 20, 240
BELLENGER, Yvonne : 136, 239
BELON, Pierre, dit Pierre Belon du Mans : 16, 23, 89, 115, 116
BENMAKHLOUF, Ali : 269
BENVENISTE, Émile : 191, 193
BENZONI, Girolamo : 55, 57, 58, 208, 245, 246
BÉRENGER DE TOURS : 141
BERNAT, Chrystel : 8, 175
BÈZE, Théodore de – : 34, 37, 40, 55, 108, 197, 234
BICHRI : 267
BIDEAUX, Michel : 243
BILLÉ, Philippe : 93, 94
BLUMENBERG, Hans : 133
BOAISTUAU, Pierre : 193, 194, 196, 266
BODIN, Jean : 142, 143, 158, 159, 213, 253
BOEMUS, Joannes : 59
BORDIER, Henri : 41
BOSCH, Jérôme : 94
BOST, Hubert : 8, 175
BOTTICELLI, Sandro : 114
BOUCHET, Guillaume : 54, 253, 267
BOUGAINVILLE : 25, 101

BOUYER, Marc : 143
BREMME, Hans Joachim : 39
BREYDENBACH, Bernhard de – : 16
BRUNO, Giordano : 146
BRUNON, Hervé : 70
BRY, Théodore de – : 57, 58, 59, 143, 144, 147, 160, 286, 291
BUCHER, Bernadette : 51, 161
BUSQUET, Gérard : 195

CAILLOIS, Roger : 97, 211
CALLIOPE : 42, 43
CALLISTE, Nicéphore : 140
CALVIN, Jean : 16, 33, 34, 39, 47, 82, 121, 122, 128, 135-139, 159, 164, 171, 211, 226, 231, 232, 234, 237-241, 243, 252, 290, 291
CARDAN, Girolamo Cardano, dit Jérôme : 30, 237
CARTIER, Jacques : 15
CASSIODORE : 231
CATANEO, Pietro : 70
CATHERINE DE MÉDICIS : 180
CÉARD, Jean : 59, 70, 71, 91, 97, 158, 237, 244, 246
CERTEAU, Michel de – : 7, 21, 82, 95, 113, 114, 123, 124, 146, 153, 160, 164, 287-296
CÉSAR, Jules : 15, 17
CHAIX, Paul : 50, 58
CHALCONDYLE, Laonicus : 55, 108, 110
CHAM : 168, 190
CHAMPLAIN, Samuel de – : 68
CHAR, René : 286
CHARLEMAGNE : 17
CHARLES IX, roi de France : 38
CHARPENTIER, Françoise : 137
CHARTIER, Guillaume : 34, 290
CHASSANION DE MONISTROL, Jean : 150, 151, 159
CHAUDIÈRE, Guillaume : 22, 50
CHAUTEMPS, Jehan : 36
CHAUVETON, Urbain : 49, 55, 57, 58, 59, 208, 245
CHIAPPELLI, Fredi : 50
CHOMARAT, Jacques : 98
CHRISTIN, Olivier : 227
CHUPPIN, Antoine : 39, 50
CICÉRON, Marcus Tullius : 90, 121, 127, 187
CIORANESCU, Alexandre : 71
CIRCÉ : 30, 193, 196, 197, 207
CLAUDE D'ABBEVILLE : 293, 294
COHN, Norman : 108
COLIGNY, Gaspard de –, amiral de France : 33, 64, 114
COLOMB, Christophe : 14, 155
CONCONI, Bruna : 38, 70
CONDÉ, Louis de Bourbon, prince de – : 37
COPERNIC, Nicolas : 239
CORNILLAUD, Noël : 39
CORNILLIAT, François : 30
CORTÉS, Hernan : 15
COTTRET, Bernard : 82
COURCELLES, Dominique de : 104
CRESPIN, Jean : 52, 58
CTÉSIAS DE CNIDE : 49
CURTIUS, Ernst Robert : 133, 190

DAKHLIA, Jocelyne : 264
DANEAU, Lambert : 149, 150, 151, 159, 164, 165, 264
DAVID, roi d'Israël : 70, 167, 231, 232, 234, 243
DAVIS, Natalie Zemon : 192, 220
DEE, John : 145
DEFAUX, Gérard : 232, 233
DEFOE, Daniel : 82
DE GAETANO, Armand L. : 198
DE GRÈVE, Marcel : 250
DELACROIX, Christian : 7, 287
DEL CANO, Sébastien : 15
DEMONET, Marie-Luce : 244
DERRIDA, Jacques : 125, 128, 129, 130
DIDEROT, Denis : 101
DIDIER, maître : 36
DIDON, reine de Carthage : 17

DIGOINE, baron de : 40
DIOGÈNE LE CYNIQUE : 251
DORAT, Jean : 87
DOSSE, François : 7, 287
DRACULA, Vlad III, dit – : 55, 108
DU BARTAS, Guillaume de Saluste, seigneur – : 90, 136-139, 239, 266
DUBOIS, Claude-Gilbert : 21
DUCHET, Michèle : 160
DUFOUR, Alain : 40, 50, 58, 248
DU MOULIN, Joachim : 71
DU MOULIN, Pierre : 82, 83
DUPÈBE, Jean : 253
DU PINET, Antoine : 11
DU PLESSIS-MORNAY, Philippe : 34, 88, 91, 122, 130, 131, 134, 135
DURAS, Marguerite : 287
DU TILLET, Louis : 82
DUVIOLS, Jean-Paul : 103, 143, 149

ÉLIE, le prophète : 225, 226
ÉNÉE : 17, 132
ÉPICURE : 251
ÉRASME, Désiré : 16, 98, 127, 128, 209, 232, 251
ESPAULLE, Pierre et Claude : 36
ESTIENNE, Henri II : 56
ÈVE : 129, 260

FARIBAN, capitaine : 69
FEBVRE, Lucien : 237
FEEST, Christian F. : 143
FERLAND, Rémi : 87
FILARETE, Antonio : 70
FLAUBERT, Gustave : 51, 94, 283
FONTAINE, Marie Madeleine : 70
FORGE, Jacques : 160
FORNEROD, Nicolas : 8, 35, 36, 40, 45, 225
FRAGONARD, Marie-Madeleine : 137
FRANÇOIS Ier, roi de France : 16
FRISCH, Andrea : 7, 221, 227, 291, 293
FUMÉE, Martin : 207

GAFFAREL, Paul : 25
GALAND-HALLYN, Perrine : 110, 276
GALILÉE : 146
GANNIER, Odile : 216
GARCIA, Patrick : 7, 287
GARDIEN, Jean : 275, 280
GARGANTUA : 15, 128, 245, 246, 252
GAULTIER, Léonard : 22
GAZE, Théodore : 245
GELLI, Giovanni Battista : 193, 194, 195, 196, 197, 198, 227
GENETTE, Gérard : 57, 181, 254
GENTILLET, Innocent : 181
GENTON, Hervé : 40
GEONGET, Stéphan : 244
GERMANICUS, César : 90
GESNER, Conrad : 89
GIACONE, Franco : 244
GIARD, Luce : 287
GILMONT, Jean-François : 50
GIRAUDET, Gabriel : 16
GLARDON, Philippe : 116
GLIOZZI, Giuliano : 173, 261
GOBINEAU, Joseph Arthur de – : 274, 284
GOMARA : voir *Lopez de –, Francisco*
GOMEZ-GÉRAUD, Marie-Christine : 16, 30, 87, 90, 104, 211
GOURGUES, Dominique de – : 233
GRÉGOIRE LE GRAND, saint : 133
GRÉVIN, Jacques : 61
GRISONI, Dominique-Antoine : 169, 273
GUILLEMINOT, Geneviève : 47

HAAG, Émile : 41
HAAG, Eugène : 41
HAKLUYT, Richard : 57
HALLYN, Fernand : 128, 133
HARRIOT, Thomas : 49, 57, 58, 143-147, 255, 267
HARTOG, François : 49, 254
HÉCATÉE DE MILET : 49
HENRI II, roi de France : 61, 67
HÉRACLITE : 24
HERCULE : 132

HÉRODE : 150
HÉRODIADE : 150
HÉRODOTE : 19, 49, 56
HÉSIODE : 155
HOMEM, Lopo : 10
HOMÈRE : 132, 193
HONDIUS, Josse : 15
HOTMAN : François, 39
HUCHON, Mireille : 13, 104, 226, 243
HULTON, Paul : 57

ISIDORE DE SÉVILLE : 19
ITTACOS D'ATHÈNES : 194

JACOB : 210
JACOB, Christian : 61
JACQUOT, Jean : 146
JAMBLIQUE : 158
JAVRON, Jean-Marie : 195
JEAN L'ÉVANGÉLISTE : 189
JEAN (Frère) : 13
JEAN-BAPTISTE : 150
JEAN CASIMIR : 150
JEAN CHRYSOSTOME, saint – : 150, 151
JEANNERET, Michel : 87, 231
JÉRÉMIE, le prophète : 38
JÉSUS-CHRIST : 34, 43, 97, 132, 145, 150, 181, 186, 211, 248, 288, 290, 295
JOB : 25, 38, 236, 237, 239, 240, 241, 269
JODELLE, Étienne : 87
JONVILLIERS, Charles de – : 39
JOSEPH : 127, 210
JOSÈPHE, Flavius : 38, 49, 55
JUGE, Claude : 39
JUPITER : 251

LABORIE, Jean-Claude : 33, 245
LACAN, Jacques : 287
LA CHÂTRE, Claude de – : 38
LACHÈVRE, Frédéric : 70, 73
LACOUTURE, Jean : 24
LACTANCE FIRMIN : 196
LA FAIE, M. de – : 40
LAFITAU, Joseph-François, S. J. : 144
LA FONTAINE, Jean de – : 193, 194
LAHONTAN, Louis Armand de Lom d'Arce, baron de : 87
LA MOTHE LE VAYER, François de : 261, 262
LANFRANC DE CANTORBÉRY : 141
LA POPELINIÈRE, Lancelot Voisin de – : 21, 59, 71
LAPOUGE, Gilles : 68
LA ROCHE : 53
LAS CASAS, Bartolomé de – : 55, 103, 108, 117, 149, 286, 291
LAUDONNIÈRE, René de – : 58, 156, 157, 255
LE BLOND, Jean : 65
LE CHALLEUX, Nicolas : 49, 255
LEFÈVRE D'ÉTAPLES, Jacques : 232
LE HUEN, Nicole : 16
LE MOYNE DE MORGUES, Jacques : 57, 58
LÉON L'AFRICAIN, Jean : 8, 49, 56, 152, 205, 253-270
LE SAIGE, Jacques : 16
LESCARBOT, Marc : 59, 68, 207
LESTRINGANT, Maryvonne : 8
LÉVI-STRAUSS, Claude : 7, 18, 23, 25, 26, 32, 125, 126, 129, 130, 169, 170, 171, 175, 192, 204, 205, 273-286, 287, 295
L'HUILLIER, Pierre : 50
LITTRÉ, Émile : 64
LOPEZ DE GOMARA, Francisco : 55, 57, 207, 255, 282
LOUIS DE GRENADE : 133
LOT : 80, 210
LUBAC, Henri de –, S. J. : 288
LUCRÈCE : 24, 250
LUSSAGNET, Suzanne : 32, 50, 51, 76, 156, 233
LUTHER, Martin : 16, 231, 248
LYCURGUE : 200

MACHIAVEL : 69, 180, 181, 186
MAGELLAN, Fernand de – : 14
MAGNUS, Olaus : 244
MAHOMÉTANS : 260, 264

MAIRE-MONAN : 169
MANDEVILLE : Jean de, 15, 19
MARGOLIN, Jean-Claude : 55, 108, 246
MARLOWE, Christopher : 145, 146
MAROT, Clément : 135, 179, 232, 233, 235, 236
MAROUBY, Christian : 112
MARTIN, Pierre : 193
MARTINI, Francesco di Giorgio : 70
MATTHIEU, saint –, l'apôtre : 140, 150, 211
MAUSS, Marcel : 192
MEHMET II, sultan ottoman : 116
MELA, Pomponius : 244
MENENDEZ DE AVILÉS, Pedro : 233
MERCATOR, Gérard : 15, 236
MICHÉE, le prophète : 107
MICHELET, Jules : 37
MIERNOWSKI, Jan : 136
MIGGRODE, Jacques de – : 103, 117, 149
MILHAUD, Darius : 281
MILHOU, Alain : 103, 149
MILLET, Olivier : 231, 238, 239
MOECKLI, Gustave : 50
MOÏSE 82, 127
MONCY, Jean de – : 71
MONTAIGNE, Michel de – : 19, 24-26, 97, 98, 105-107, 133, 134, 142, 151, 158, 173, 180, 183, 184, 190, 199, 200, 209, 221, 222, 247, 253, 256, 264, 269, 274, 294
MONTESQUIEU, Charles de Secondat de – : 97, 211
MORE, Thomas : 14, 65, 70-72, 77
MOREAU, Isabelle : 261
MOUREAU, François : 77, 212
MÜNSTER, Sébastien : 240, 244, 250

NAKAM, Géralde : 38, 48, 55
NAMBIKWARA, Indiens : 32, 125, 172, 192, 274, 277, 286
NAVAUD, Guillaume : 65
NICOLAS, saint : 249
NICOLAS DE CUES : 133
NICOLAY, Nicolas de – : 16
NICOLE, Pierre : 290
NICOLLIER, Béatrice : 40
NOÉ : 168

OCTAVE : 15
OSORIO, Jérôme : 55
OUELLET, Réal : 87
OVIDE : 17, 90, 132, 155

PAGDEN, Anthony : 107
PALISSY, Bernard : 69
PANTAGRUEL : 11, 15, 104, 226, 246, 250, 251, 252
PANURGE : 11, 104, 226, 243, 245, 246, 250
PARÉ, Ambroise : 91
PAUL, saint, apôtre : 197, 211, 280
PEREIRA DOS SANTOS, Nelson : 213
PERRET, Jacques : 69, 70
PHILAUTE : 58, 62
PIERROT, Claire : 71
PIGAFETTA, Antonio : 15
PINAULT, Georges : 184
PINEAUX, Jacques : 41, 43
PINON, Laurent : 89, 92
PLANTIN, Christophe : 107, 110
PLATON : 98, 125, 126, 128, 200, 209
PLATTER, Felix : 255
PLINE SECOND, dit Pline l'Ancien : 11, 19, 88, 91, 92, 94, 244, 270
PLUTARQUE : 55, 67, 98, 125, 209, 245
POIRION, Daniel : 131
POLO, Marco : 15
POLYPHÈME : 53
POSSOT, Denis : 16
POSTEL, Guillaume : 14, 16
POT, Olivier : 172
POUILLON, François : 8
PRÉVOST, abbé Antoine-François : 101
PROUST, Marcel : 160, 284, 285

QUINN, David Beers : 57

RABELAIS, François : 7, 11, 12, 13, 14, 15, 16, 104, 119, 128, 164, 226, 243-252
RACAULT, Jean-Michel : 81
RACHEL, Jeanne : 36, 222
RACONIS, Philippe de Savoie, comte de –, lieutenant du duc de Savoie : 40
RALEIGH, Sir Walter : 19, 143, 145
RAMUSIO, Giovan-Battista : 253, 257
RATBERT, Paschase : 141
RAWSON, Claude : 106
RAYNAL, abbé Guillaume-Thomas : 101
REVERDIN, Olivier : 47
REY, Alain : 191
RICHER, Pierre : 34, 52, 53, 58, 62, 66, 67, 233, 234, 290
ROBINSON CRUSOÉ : 82, 83
ROCHEFORT, Charles de – : 109
RONDELET, Guillaume : 89
ROUSSEAU, Jacques : 25, 187
ROUSSEAU, Jean-Jacques : 25, 125, 126, 169, 167, 221
RUFIN, Jean-Christophe : 288
RUSCELLI, Girolamo : 30

SÀ, Mem de : 63
SABA, reine de : 211
SALLUSTE : 90
SALOMÉ : 150
SAMUEL, prophète et juge d'Israël : 197, 269, 285
SATAN : 123, 141, 143, 154, 159, 226
SAÜL, roi d'Israël : 234
SAUSSURE, Ferdinand de – : 41, 291
SAUZET, Robert : 55
SCHMIDT, Francis : 261
SEBOND, Raymond : 133, 134, 138
SÉNÈQUE : 108
SERENUS : 133
SEZNEC, Jean : 51
SHAKESPEARE, William : 107
SHAW, Helen A. : 58, 62
SHYLOCK : 107
SIMON DE TRENTE : 108
SIMONDON, Gilbert : 269
SIMONIN, Michel : 194, 196
SOCRATE : 125-128
SOLIMAN LE MAGNIFIQUE : 16
SOLIN, Caius Julius Solinus, dit – : 244
SOULIÉ, Marguerite : 128
STADEN, Hans : 32, 49, 58, 235, 255
STAUFFER, Richard : 237
STRUBEL, Armand : 131
STURTEVANT, William C. : 50, 143
SWIFT, Jonathan : 106

TAMERLAN : 17
TEMPORAL, Jean : 253, 257, 258, 263, 265
TERNAUX-COMPANS, Henri : 64
THAMOUS AMON : 126
THÉNAUD, Jean : 16
THÉRIEN, Gilles : 87
THEUTH, inventeur mythique de l'écriture : 126
THEVET, André : 12, 17-24, 29, 32, 33, 39, 47-51, 54, 58, 59, 61, 63, 65, 68, 69, 73, 74, 76-78, 80, 87, 93, 103, 121, 169, 170, 176, 183, 185, 186, 195, 206, 207, 223, 244-247, 249, 250, 254-257, 267, 268, 274, 283
THIERRY, André : 102
THILL, Andrée : 184
THOMAS, saint, l'apôtre : 140
THOU, Jacques-Auguste de – : 59
TILL EULENSPIEGEL : 226
TIMOTHÉE : 197
TINGUELY, Frédéric : 90, 92, 124
TITUS, empereur romain : 38
TODOROV, Tzvetan : 105, 155, 173, 208, 264
TOURN, Christine : 44
TRAJAN, empereur romain : 108
TREBITSCH, Michel : 7, 287, 311
TURACAN : 116

ULYSSE : 30, 132, 193, 194, 195, 196, 198, 211
URBAIN, Jean-Didier : 292

VALOIS (dynastie) : 12
VANAUTGAERDEN, Alexandre : 50
VAN NECK, Jacob Corneliszoon : 71
VARTHEMA, Lodovico di – : 49, 56
VÉNUS : 114
VERGILE, Polydore : 11, 12, 17, 127
VERSTEGAN, Richard Rowlands, dit Richard – : 107, 110
VESPUCCI, Amerigo : 15, 222
VILLAMONT, Jacques de : 16
VILLEGAGNON, Nicolas Durand de – : 17, 30, 33, 34, 35, 47, 53, 58, 62, 64, 66, 67, 68, 69, 82, 113, 115, 188, 202, 254, 255, 290
VIRET, Pierre : 141, 224
VIRGILE : 132, 232
VIVEIROS DE CASTRO, Eduardo : 32

WHITE, John : 57, 143, 144, 145, 160
WIER, Jean : 158
WOLF, Édith : 182, 185

YATES, Frances A. : 202

INDEX DES NOTIONS

âge d'or : 26
allégorie : 104, 106, 206, 293
allusion verbale : 30
Amazonie : 19
analogie : 90
anatomie : 111, 159
anthropologie : 129
anthropophagie rituelle : 31, 32, 35, 39, 95, 106, 114, 179, 184, 192, 291
Apocalypse : 105, 125, 141, 167, 172, 173, 178, 179, 189, 190
Archipel : 16
art de la mémoire : 202
athéisme : 123, 132
autopsie : 48, 49, 50, 185, 210, 239, 250
aventure : 17, 87, 204, 205

Babel : 289
bacchanale : 115, 158
baptême : 30-32, 193, 204, 206
Bible : 18, 30, 127, 128, 134, 146, 155, 205, 211, 225
blason : 111
bois braise : 29, 30, 108
boucan : 31, 186
Brésil : 18, 29, 32, 63, 88, 91, 95, 98, 99, 100, 103, 104, 121, 125, 128-130, 134-136, 142, 143, 146, 165, 180, 201-204, 210, 216, 232, 236, 253, 257, 275, 284, 289

cannibalisme : 25, 98, 102, 106, 108, 110, 178, 180, 202, 204, 250
caouinage : 218, 247, 248, 277
cartographie : 74-77, 202, 203, 250
catholique : 176
Cène : 248
chamanisme : 147, 152, 153, 154, 156, 157, 161, 162, 166, 226, 292
« chantrerie » : 153, 158, 164, 165, 166
charité : 210, 256
christianisme : 88
Chute : 116, 179, 190
classification : 88-92
commentaire : 48, 204
« conférence des histoires » : 256, 270
conformité : 56, 57
consubstantiation : 34, 248
cosmographie : 15, 20
cosmologie : 239
Création : 235, 256

danse : 149-154, 162-165
declamatio : 98
déluge (mythe du) : 131, 154, 155
démonologie : 18, 161, 224
diable : 150, 151
dignitas hominis : 89, 196

écriture : 123, 124, 126-132, 134, 139, 146, 164, 175, 178, 201, 205, 280, 281, 282
Écriture sainte : 34, 88, 124, 127, 128, 131, 133, 134, 139, 176, 178, 222, 236, 260, 288
Éden : 18, 35, 62, 105, 116, 129, 172, 173
ekphrasis : 169, 171, 275
élection : 197, 198
enargeia : 110, 171, 183, 184, 275
endotisme : 166
Enfer : 18, 77, 94, 103, 116, 117, 142
eschatologie : 100
ethnocentrisme : 129, 208

Eucharistie : 34, 35, 176, 289
Évangile : 210
exotisme : 106, 119
expérience : 21

fantastique : 93
Floride : 156, 157, 232, 233, 253, 255
France Antarctique : 33, 47, 61, 69, 95, 125, 176, 202, 203, 233, 234
funérailles : 223

géographie : 14
gymnosophiste : 98

habits : 111, 112, 114
herméneutique (démarche) : 155, 172
hiérarchie des êtres : 88, 91
histoire : 54, 172, 254, 255
histoire-cadre : 206, 295
histôr : 48
hospitalité : 201, 204, 210, 221, 256
hygiène : 222
hyperbole : 21

idoles : 227
images : 280-283
inquiétante étrangeté : 105
integumentum : 131
intertexte : 57
inventaire : 17, 87, 205
Islam : 16
itératif : 181, 182, 205, 223
ivresse : 151, 152

jeu : 209, 225
Jugement dernier : 182, 190

laconisme : 209
leçon d'écriture : 205
lisible/visible : 134, 164, 171
livre de la nature : 132, 133, 134, 136, 139
livre du monde : 132, 133, 134, 135, 138, 178
logocentrisme : 128
Lumières (philosophie des) : 25, 87, 101, 221, 293

machiavélisme : 69, 180, 181, 186
maladies : 223, 224
malédiction : 167
mélancolie : 68, 151
mémoire : 123, 127, 140-142, 283-286
mémoire artificielle : 15, 202
métaphore : 21
métonymie : 34, 291
microcosme/macrocosme : 135
miracle : 17, 22, 47, 56, 149, 153, 157, 168, 169, 196, 199, 200, 222, 236, 241, 274
monstres : 88, 256

nature : 88, 112, 136, 237, 238
nominalisme : 34
Normandie : 186
Nouveau Monde : 135, 207, 211, 227, 232, 233, 235, 275, 288, 289
nudité : 113-115, 122, 161, 251, 255, 263, 292, 293, 294

Occident : 14, 207
Orient : 14
oubli : voir *mémoire*

Pantagruélion : 11, 13
paradis terrestre : 72, 76, 129, 178, 227
pédagogie divine : 237
pensée sauvage : 17, 101, 309
pessimisme : 25, 26, 124, 140, 146, 257, 284
philautie : 211
polygamie : 221, 222, 224
potlatch : 192, 218
prédestination : voir *élection* : 105, 123, 140
présence : 153, 154, 172, 274, 275, 286, 290
primitivisme : 80, 112, 274

prisca theologia : 123, 147, 166
Providence : 88, 98, 101, 131
Psaumes : 164, 166, 167, 168, 231-241

Réforme : 147, 176
religion : 88, 99, 130, 152
réminiscence : 126, 153, voir aussi *mémoire*
Révélation : 131, 132
révolution sociologique : 97, 211
robinsonnade : 23, 80-83

sabbat : 166
salutation larmoyante : 201, 207, 208, 210, 212, 213, 214
sauvage : 105, 109, 167, 173, 221, 253, 295
sermon : 166
singulatif : 181, 182, 183, 185, 201, 205, 223, 225
Sodome : 80
sorcières : 115, 146, 161, 165

témoignage : 134, 210, 220, 256
terribilità : 238
théâtre : 100, 109, 110, 113, 116
Thélème : 13
théologie naturelle : 134, 167, 241
torture judiciaire : 107
transductilité : 269
transsubstantiation : 34, 248, 290
tropes : 22, 34
truchement : 32, 33, 204, 217, 218, 225, 259

utopie : 13, 65, 66, 68, 70-73, 76, 77, 81, 200

varietas : 205, 237, 256, 258
vin : 248
vocation : 25, 48

INDEX DES PEUPLES

Africains : 253, 255, 261
Algonquins, Indiens : 57, 143-148, 160, 161, 255
Amazones, peuple fabuleux : 19, 54, 88, 249, 267
Arabes : 136, 262, 266
Aztèques : 149, 255

Blemmies, peuple monstrueux : 19, 102, 256
Bororo, Indiens : 170, 274, 276, 277

Caduveo, Indiens : 274
Cannibales : 26, 98, 106, 108, 109, 134, 151, 187, 199, 246, 247, 254
Cyclopes, peuple monstrueux : 102

Espagnols (les) : 56, 117, 119, 255, 286

Géants : 19, 54

Himantopodes : 256

Incas : 121, 255

Juifs : 38, 43, 56, 107, 108, 260, 279, 280

Marakaia, Indiens, dits aussi Margajats : 64, 180, 182, 185, 202, 216, 218
Mexicas : 121

Ninivites : 211

Ouetacas : voir *Waitaka*, 34, 35
Ouy-dire : 244

Portugais : 33, 35, 55, 112, 137, 218, 219, 255, 293
Pygmées : 256

Quoniambec : 17, 19, 20, 21, 54, 249, 267

Sciopodes, peuple monstrueux : 256
Scythes, peuple : 136

Tartares, peuple : 136
Timucua, Indiens : 156, 233, 255
Tupinamba ou « Toüoupinambaoult », Indiens : 17, 18, 32, 55, 56, 88, 102, 121, 131, 140, 141, 144, 147, 148, 149, 151, 157, 175, 177, 179, 180, 181, 189, 191, 193, 195, 197, 198, 200, 202, 204, 207, 211, 212, 216, 219, 220, 235, 248, 250, 254, 255, 261, 262, 276, 277
Tupinikin, Indiens : 25, 35, 49, 53, 167, 188, 249, 255, 259
Turcs, peuple : 16, 56, 109, 117, 250

Virginiens : 143-148, 160

Waitaka (ou Ouetacas), Indiens : 34, 35, 154, 262

TABLE DES ILLUSTRATIONS

ILL. 1 – Le tropique paradisiaque : l'Atlantique et le Nouveau Monde, de la Floride au Brésil. – Lopo Homem (?), *Atlas Miller*, 1519. Paris, BnF, Cartes et Plans 10

ILL. 2 – André Thevet, « Gouffre de la riviere de Ganabara [Guanabara] ou Janaire », carte en taille-douce destinée au *Grand Insulaire et Pilotage, circa* 1586. – BnF, Cartes et Plans, Rés. Ge DD 2987, n° 9480 74

ILL. 3 – Anonyme, « Le Grand Royaume d'Antangil », carte insérée dans I.D.M.G.T., *Histoire du grand et admirable royaume d'Antangil. Incogneu jusques à présent à tous Historiens et Cosmographes* [...]. *Le tout comprins en cinq livres*, À Saumur, Par Thomas Portau, 1616. – Paris, BnF, Rés. Y2. 2062 75

ILL. 4 – « Nana, fruit fort excellent ». L'ananas, d'après André Thevet, *Les Singularitez de la France Antarctique*, Paris, chez les héritiers de Maurice de la Porte, 1557, f. 89 v° ; *Cosmographie universelle*, 1575, II, f. 936 r° 78

ILL. 5 – Famille Tupinamba à l'ananas et au hamac. Jean de Léry, *Histoire d'un voyage*, Genève, 1578, chap. VIII 79

ILL. 6 – La danse chamanistique du tabac d'après Jean de Léry. Théodore de Bry, *Americae tertia pars*. – Francfort, Théodore de Bry, 1592, p. 228 162

ILL. 7 – « Maniere dont les Prêtres Caribes souflent le Courage ». Bernard Picart, *Ceremonies et coutumes religieuses de tous les peuples du monde*, Amsterdam, J. F. Bernard, 1723, t. I, planche située entre les p. 174 et 175 163

ILL. 8 – « LA FRANCE ANTARCTIQUE / autrement / LE RIO JANEIRO / Tirée des Voyages que Villegagnon, et / Jean de Leri ont faits au BRESIL / les Années 1557. Et 1558. » Carte gravée sans date (XVIIIe s. ?). BnF : Ge F. carte 5425 . . . 203

ILL. 9 – La salutation larmoyante. Jean de Léry, *Histoire d'un voyage*, Genève, 1578, chap. XVIII, p. 284 214

ILL. 10 – Le deuil tupinamba. Jean de Léry, *Histoire d'un voyage*, Genève, 1578, chap. XIX, p. 301 215

TABLE DES MATIÈRES

AVERTISSEMENT SUR LA TROISIÈME ÉDITION 7

OUVERTURE

Pour une Renaissance au long cours 11

« Phebol voyra Theleme » 11

Toute la mémoire du monde 15

Le passé du Nouveau Monde 17

Léry et la « révolution du croyable » 20

Le voyage comme philosophie
et comme théologie pratiques 24

PREMIÈRE PARTIE

L'INVENTION DU RÉCIT DE VOYAGE

JEAN DE LÉRY LE BRÉSILIEN 29

Histoire d'huître 29

L'excursion brésilienne (1557-1558) 33

Le retour en France
et les débuts du prédicateur (1560-1562) 36

Le temps des épreuves, de Belleville à Sancerre (1563-1573) . . . 37

L'*Histoire d'un voyage* ou le Brésil retrouvé 39

La Calliope chrestienne 41

Appendice. Serment prêté par Léry
devant le Conseil de Berne (5 mai 1589) 45

JEAN DE LÉRY, TÉMOIN DE SON SIÈCLE 47
L'histoire de l'*Histoire* 47
De l'autopsie à la « conférence » 48
L'héritage d'une querelle 52
Vers une « nouvelle histoire » 55

L'UTOPIE REFUSÉE 61
Fictions cartographiques du Brésil (chapitre VII) 61
Du bon usage de l'utopie 66
Le paradigme utopique : Antangil 70
La carte et le corps 77

DEUXIÈME PARTIE

L'INVENTION DU SAUVAGE

JUSQU'À L'EXHAUSTION 87
Thevet et Léry : l'inventaire et l'aventure 87
L'inventaire de la faim (chapitres IX à XIII) 88
Le philosophe nu (chapitres XIII, XV, XVI, XVIII, XXI) 96
L'épreuve exotique (chapitres XV ET XVI) 104
Théâtres anatomiques (chapitres VIII et XV*bis*) 109
Retour à Sancerre, ou l'aveu (chapitre XV*bis*) 117

LE LIVRE DU MONDE 121
Écriture et élection 121
Leçons d'écriture 125
L'oubli comme faute 130
Les deux livres de la Révélation 132
Nouveau Monde, fin du monde 140
De Léry à Harriot, ou la réforme des Indiens 142

LA CHORÉGRAPHIE DES INDIENS,
OU LE RAVISSEMENT DE JEAN DE LÉRY 149
Traité des danses 149
Le miracle d'une présence 153
Détour par la Floride 156
Fascinante sorcière 157
L'espace de la transgression 160
De la danse au psaume 165
« Un enchantement » 169
L'herméneute et l'amoureux 172

SOUS LE SIGNE DE L'ÉPÉE
L'histoire morale du Brésil
d'après les chapitres XIV à XVI de l'*Histoire d'un voyage* 175
Situation des chapitres XIV à XVI 177
La beauté de la guerre (chapitre XIV) 180
L'irreprésentable cannibalisme (chapitre XV) 184
L'omniprésence du témoin (chapitre XVI) 187
Sous le signe de l'épée :
le deuxième sceau de l'Apocalypse 189

L'HOSPITALITÉ INDIENNE ET LE TRIPTYQUE DES TROIS ÂGES
(*Histoire d'un voyage*, chapitres XVII-XIX) 191
Histoire d'huître, suite et fin 193
Le singulier et le général 199
Une allégorie et ses ombres :
la salutation larmoyante 206
La place du mort 212
Crise de confiance 216
Du berceau à la tombe, un triptyque inégal 221
Léry jeune et Léry aîné 225

TROISIÈME PARTIE

RÉSONANCES

JEAN DE LÉRY DANS LA LITTÉRATURE DE LA RENAISSANCE

LES PSAUMES AU NOUVEAU MONDE 231
L'autobiographie par les Psaumes 231
Le vol des Psaumes, du Brésil à la Floride 232
Calvin, Léry et l'Océan 236
L'expérience et la foi 239

RABELAIS AU BRÉSIL
Du rire et de la satire
dans l'*Histoire d'un voyage* de Jean de Léry 243
Rabelais au long cours 243
Gargantua au Brésil 246
Les deux Rabelais 249

LÉRY L'AFRICAIN OU JEAN LÉON AU BRÉSIL 253
Singularités naturelles 257
Singularités humaines 260
Facéties et prodiges 266

QUATRIÈME PARTIE

LÉRY APRÈS LÉRY

« LE BRÉVIAIRE DE L'ETHNOLOGUE »,
DE LÉRY À LÉVI-STRAUSS 273
Jeunesse et agonie du Nouveau Monde 273

Vies parallèles 279
L'image, du plein au vide 280
Saudades do Brasil 283

CORPS MYSTIQUE, CORPS SAUVAGE
Michel de Certeau, lecteur de Jean de Léry 287

BIBLIOGRAPHIE 297

INDEX DES NOMS 313

INDEX DES NOTIONS 321

INDEX DES PEUPLES 325

TABLE DES ILLUSTRATIONS 327